Von Open Access zu Open Science

Von Open Access zu Open Science: Zum Wandel digitaler Kulturen der wissenschaftlichen Kommunikation

Christian Heise

meson press

Zgl.: Lüneburg, Universität, Dissertation, 2017

Bibliographische Information der Deutschen Nationalbibliothek
Die Deutsche Nationalbibliothek verzeichnet diese Veröffentlichung in der Deutschen Nationalbibliographie; detaillierte bibliographische Informationen sind im Internet unter http://dnb.d-nb.de abrufbar.

Veröffentlicht 2018 von meson press, Lüneburg
www.meson.press

ISBN (Print): 978-3-95796-130-3
ISBN (PDF): 978-3-95796-131-0
ISBN (EPUB): 978-3-95796-132-7
DOI: 10.14619/1303

Designkonzept: Torsten Köchlin, Silke Krieg
Umschlaggrafik: Jackie Aim, Flickr
Korrektorat: Sabine Manke

Die Printausgabe dieses Buchs wird gedruckt von Books on Demand, Norderstedt.

Die digitale Ausgabe dieses Buchs kann unter www.meson.press kostenlos heruntergeladen werden.

Inhalt

Vorspann

Im Prozess meiner Auseinandersetzung mit dem Wandel digitaler Kulturen und mit der Offenheit in der wissenschaftlichen Kommunikation entstand relativ schnell die Frage: Wie offen und transparent kann eine wissenschaftliche Arbeit erstellt werden? Ich wollte wissen, ob es möglich wäre, alle Informationen zu einem solchen Vorhaben und den Arbeitsprozess selbst möglichst umfassend direkt und unmittelbar während der Erstellung für jeden, jederzeit frei zugänglich im Internet unter einer offenen und freien Lizenz (CC BY-SA) einsehbar und verfolgbar zu machen.

Von Beginn an stellten die Beantwortung dieser Frage, der Selbstversuch sowie der damit einhergehende Anspruch an Offenheit mehrere Herausforderungen dar. Zum einen für mich selbst, zum anderen aber auch für die Institution Universität und die rechtlichen Anforderungen der aktuell geltenden Prüfungsordnung. Diese beruht noch immer auf der Veröffentlichungsform eines individuell verfassten und während des Erstellungsprozesses nicht öffentlich einsehbaren, abgeschlossenen Werks. Aus dieser Perspektive entsteht eine Doktorarbeit als Monografie am Schreibtisch des Promovenden und ohne die Möglichkeit, öffentlichen Einblick in den Erstellungsprozess sowie die damit verbundenen Dokumente und Daten zu gewähren. Eine solche Einsichtnahme in die verschriftlichten Ergebnisse der Arbeit war bisher nur nach Abschluss des gesamten Promotionsverfahrens vorgesehen und möglich. Im Falle von Daten und weiteren Dokumenten ist eine Veröffentlichung auch nach Abschluss des Verfahrens zumeist nicht vorgesehen.

Mit einem Schreiben an die Promotionskommission versuchte ich dieser rechtlichen Unsicherheit zu begegnen. Ich erklärte mein Vorhaben, erfragte die Bedingungen für diese Art der offenen Erstellung der Arbeit und legte eine mögliche Begründung für die Vereinbarkeit mit der Promotionsordnung dar. Nach der fast einjährigen rechtlichen Prüfung durch die Kommission und das Justiziariat der Universität entsprach die Promotionskommission am 12. Dezember 2013 mehrheitlich dem Gesuch, die Arbeit unter den genannten Bedingungen „offen" verfassen zu dürfen. Dabei handelte es sich allerdings nur um ein Meinungsbild der Kommission, denn die finale Annahme oder Ablehnung einer Dissertation geschieht erst, wenn diese eingereicht wird. Somit war nicht ausgeschlossen, dass die Kommission die Arbeit bei Einreichung doch noch ablehnen würde.

Im Laufe von drei Jahren ist unter diesen Voraussetzungen und den daraus resultierenden technischen, rechtlichen und strukturellen Herausforderungen bei der Erstellung ein aus wissenschaftlicher Perspektive zweifach reflexives Projekt entstanden: Es handelt sich dabei um die wissenschaftliche Analyse von akademischen Paradigmen und Praxen und auch um ein Vorhaben, das sich in seiner experimentellen und offenen Herstellung selbst noch einmal spiegelt.

Die Forschung fand dabei aus drei Perspektiven statt: Erstens aus einer intellektuell-kontemplativen Perspektive durch die Auseinandersetzung mit den Forschungsfragen und der historischen Einordnung sowie durch die Erarbeitung der Motive und Beweggründe von Wissenschaftlern und Wissenschaftlerinnen für ein offenes wissenschaftliches Kommunizieren. Zweitens aus der Perspektive des empirischen Forschers, der in seinem Forschungsdesign die Rahmenbedingungen des untersuchten Gegenstands definiert und die in diesem Rahmen erhobenen Ergebnisse mit historischem Material und den eigenen theoretischen Annahmen abgleicht. Und drittens aus der Perspektive eines Diskursteilnehmers, der sein Vorhaben als praktischen Beitrag zur Debatte der zur Neugestaltung wissenschaftlicher Kommunikation versteht.

Mit diesem Vorspann und rund ein Jahr nach Fertigstellung der eigentlichen Dissertation möchte ich den Selbstversuch, ein Promotionsvorhaben so offen wie möglich zu gestalten, zum Abschluss führen, denn dieses endet nicht mit der Einreichung der Arbeit, sondern erst nach der Begutachtung, der Verteidigung und der Veröffentlichung derselben.

Die Gutachten und die Benotung

Nach Einreichung der Arbeit im Juni 2016 wurden die Gutachten durch die drei Gutachter erstellt, die Note ermittelt und ein Termin für die Disputation festgelegt. In der Zwischenzeit hatte der praktische Teil, das offene Erstellungsverfahren, das mediale Interesse verstärkt. Im Interview für die Helmholtz-Gemeinschaft, für das Merton Magazin der Stiftung Mercator sowie für netzpolitik.org, einem der reichweitenstärksten deutschsprachigen Blogs zu digitalen Freiheitsrechten und netzpolitischen Themen, habe ich Fragen zu meiner offenen Promotion beantwortet.

Ende November 2016 trafen alle Gutachten ein und die erstellte Arbeit wurde zusammen mit den Gutachten vom 25. November 2016 bis zum 23. Dezember 2016 hochschulöffentlich an der Leuphana Universität ausgelegt. Welche Herausforderung diese neue Arbeitsweise an die rechtlichen Rahmenbedingungen stellte, zeigt sich daran, dass es bislang in den Regularien nicht vorgesehen ist, die Gutachten zu einer Promotion zu veröffentlichen. Auf die Anfrage an die Promotionskommission, ob die Gutachten zu meiner

Doktorarbeit online zum Download zur Verfügung gestellt werden dürften, wurde mit Verweis auf die Promotionsordnung eine solche Veröffentlichung nicht gestattet.

Inhaltlich bewerteten die beiden Gutachter und die Gutachterin die Arbeit durchweg positiv und bewegten sich in einem ähnlichen Rahmen der Benotung. Die Kritik beschränkte sich vornehmlich auf strukturelle Schwierigkeiten in der Arbeit. So wurde angemerkt, dass es in der Abgabefassung meiner Dissertation nicht immer gelungen sei, die Komplexität des Themas zu bändigen, und dass es im Verlauf der Arbeit oft zu sprachlichen und inhaltlichen Wiederholungen gekommen sei. Diese Mängel wurden in der hier vorliegenden Druckversion weitestgehend korrigiert.

Die Verteidigung

Nach Auslage der Gutachten Ende 2016 und der Annahme der Dissertation durch die Promotionskommission Anfang 2017 erfolgte im Februar 2017 die mündliche Verteidigung (Disputation). Die Disputation wird als hochschulöffentliches, wissenschaftliches Streitgespräch beziehungsweise als mündliche Doktorprüfung abgehalten, bei der Fragen durch Gutachter und Gutachterinnen sowie die erarbeiteten Argumente abgewägt und diskutiert werden.

In der Vorbereitung zur Disputation hatte ich die Gelegenheit, den gesamten Prozess mit einer zeitlichen Distanz erneut zu reflektieren und daraus entstandene zusätzliche Aspekte in meinen Vortrag einzubauen. In der Verteidigung skizzierte ich mein Vorhaben und stellte heraus, dass es bisher kaum Versuche gegeben hat, die theoretischen Erkenntnisse von wissenschaftlichen Untersuchungen praktisch-experimentell zu überprüfen; außerdem dass die Diskussion und kritischen Ausblicke bisher wenig differenziert seien, wenn es um die Weiterentwicklung der Anwendung, Neuinterpretation und Verarbeitung von Forschungsergebnissen geht. Ich stellte meine Hypothesen, Herangehensweise, die Methode und die erarbeiteten Ergebnisse dar und erläuterte sie. In der darauffolgenden Diskussion wurden die Punkte der Gutachten besprochen und über Möglichkeiten der Veränderungen bei wissenschaftlichen Qualifikationsarbeiten diskutiert.

Die Veröffentlichung

Seit der Einreichung der Arbeit im Juni 2016 hat sich viel verändert. Technologisch haben sich die Möglichkeiten zur offenen Publikation wissenschaftlicher Arbeiten weiterentwickelt. Politisch sind klare Zeichen für eine Novellierung der rechtlichen Rahmenbedingungen wissenschaftlicher Kommunikation erkennbar und gesamtgesellschaftlich werden Forderungen nach einer Öffnung der Wissenschaft und den wissenschaftlichen Organisationen lauter. Laut der Ausgabe 16/2017 der Wochenzeitung DIE ZEIT sind die „Chancen für einen Aufbruch (...) wohl noch nie so gut wie heute“. Und trotzdem bleibt es primär bei theoretischen Forderungen, Demonstrationen oder zaghaften politischen Reaktionen.

Im Gegensatz zu der rein theoretischen Auseinandersetzung mit dem Wandel digitaler Kulturen und mit der Offenheit in der wissenschaftlichen Kommunikation hoffe ich mit dieser Arbeit einen konkreten, praktischen Beitrag zur Debatte um Offenheit in Wissenschaft und Forschung geleistet zu haben. Das wohl eindeutigste Ergebnis meines Vorhabens ist, dass mehr Offenheit in Wissenschaft und Forschung sowie bei wissenschaftlichen Qualifikationsarbeiten schon heute grundsätzlich möglich und umsetzbar sind.

Bevor sich wissenschaftliche Institutionen öffnen und offene wissenschaftliche Kommunikation im Forschungsalltag eine ernst zu nehmende Rolle spielen wird, braucht es mehr konkrete Experimente zu Offenheit und den Grenzen der Offenheit in der wissenschaftlichen Gemeinschaft. Wissenschaftlerinnen und Wissenschaftler sollten nicht nur Forderungen stellen, sondern in Experimenten versuchen, konkrete Veränderungen zu erzielen. Wir befinden uns bei der Erforschung von Offenheit noch immer erst am Anfang.

Die Danksagung: Die letzten Worte eines Unpromovierten

Ich versichere, dass ich die eingereichte Dissertation selbstständig und ohne unerlaubte Hilfsmittel verfasst habe, dennoch wäre sie ohne die Unterstützung vieler Menschen niemals zustande gekommen. Um dem Rechnung zu tragen, möchte ich mich an dieser Stelle des Vorspanns bei allen Personen bedanken, die mich über die Jahre der Erstellung dieser Arbeit vielfältig unterstützt haben.

An erster Stelle gilt mein Dank meinem Doktorvater und Erstgutachter Herr Prof. Dr. Martin Warnke der mir neben seiner wissenschaftlichen und methodischen Unterstützung während der gesamten Bearbeitungsphase meiner Dissertation auch viel Freiraum bei der Ausarbeitung ließ. Dabei muss auch hervorgehoben werden, dass ohne seinen Einsatz das experimentelle Vorgehen in dieser Arbeit nicht möglich gewesen wäre.

Außerdem danke ich Prof. Dr. Götz Bachmann – der auch als Zweitgutachter fungierte – und Dr. Armin Beverungen, die mich in zahlreichen und unermüdlichen Gesprächen in den unterschiedlichsten Lebenslagen, mit vielen Ratschlägen und zielführenden Anmerkungen während der gesamten Erstellung der Arbeit begleitet und vielseitig unterstützt haben. Dieser fachliche und persönliche Beistand bewahrte mich vor so manchem Fehltritt. Für die Übernahme des Drittgutachtens geht mein Dank an Prof. Dr. Isabella Peters.

Ein besonderer Dank gilt auch meiner Mutter, die mich auf meinem Weg durch das Promotionsstudium und bei der Erstellung dieser Arbeit immer sehr motivierend begleitet hat und mich mit unzähligen hilfreichen Ratschlägen und Korrekturen unterstützt hat.

Der wichtigste Dank richtet sich an meine Frau Rhea, ohne deren Unterstützung diese Arbeit niemals beendet worden wäre. Sie hat mich mit ihrem schier grenzenlosen Rückhalt, ihrem unermüdlichen Verständnis und ihrer Liebe während der gesamten Erarbeitung dieser Dissertation unterstützt. Diese Arbeit möchte ich deshalb auch unserem ersten gemeinsamen Sohn Luk Jonathan widmen.

Mit dieser Danksagung beende ich den Selbstversuch, ein Promotionsvorhaben so offen wie möglich zu gestalten.

[1]
Einführung

Die Kenntnis des gegenwärtigen Wissensstands sowie uneingeschränkte und offene Kommunikation werden als wichtige Voraussetzungen für wissenschaftliche Forschung betrachtet (Glaeser 2006, Gibbons 1994). Offenheit und Transparenz werden zudem als wesentliche Bestandteile einer Ethik der Wissenschaft bezeichnet (Peters 2014, Resnik 2005) und sind Grundlage für den gesellschaftlichen Auftrag des Wissenschaftssystems (Hanekop 2014: 3), neues überprüfbares Wissen zu produzieren und zu verbreiten (Luescher 2014: 551, Luhmann 1998: 298, Graefen 2007: 100). In dieser Arbeit wird untersucht, welche Auswirkungen die Digitalisierung und die Forderungen nach Öffnung der Wissenschaft auf die wissenschaftliche Kommunikation von Universitäten, wissenschaftlichen Einrichtungen und einzelnen Wissenschaftlern und Wissenschaftlerinnen haben.

Die gestörten Gleichgewichte im aktuellen wissenschaftlichen Publikationssystem (Joseph 2006), die Mängel in den wissenschaftlichen Anreizsystemen (Osterloh 2008), der steigende Publikationsdruck, die finanzielle und ideelle Notlage von Bibliotheken (Russell 2008, Sietmann 2007), Herausforderungen bei der Wahrung der Freiheit und Unabhängigkeit von Wissenschaft und Forschung (Goetting 2015), fehlende Transparenz, der Anstieg an Wissenschaftsskandalen (Brembs 2015) und die zunehmende Ökonomisierung des Universitätsbetriebs (Bauer 2006) führen dabei zu der Frage, ob das wissenschaftliche Kommunikationssystem der theoretischen

Aufgabe von Wissenschaft uneingeschränkt gerecht werden kann (Schekman 2013) oder jemals in vollem Umfang gerecht werden konnte.

Mit der zunehmenden Verbreitung und Etablierung des Internets als Kanal für die wissenschaftliche Kommunikation, für Forschungsaktivitäten und den Austausch von Informationen wurden neue Hoffnungen für die Verbesserung der „fatalen und unhaltbaren Situation“ (Brembs 2015: 155) sowie für die Öffnung des Wissenstransfers (Schulze 2013, Albert 2006) und des wissenschaftlichen Kommunikationsprozesses geweckt (Hanekop 2014, European Commission 2006, Goodrum 2001, Lawrence 1999). Diese Erwartungen umfassen unter anderem den Wunsch nach „unbeschränktem Zugang zur gesamten wissenschaftlichen Zeitschriftenliteratur“ (BOAI 2002), nach mehr Transparenz im wissenschaftlichen Erkenntnisprozess (European Commission 2015a), nach Möglichkeiten der Steigerung von Effizienz und Effektivität von Wissenschaft (Partha 1994) und „dass die alten Zugangs- und Nutzungsbeschränkungen sukzessive ausgeräumt werden“ (BOAI 2002) können. Grundlage dafür ist die Annahme, dass die Folgen der technologischen Entwicklungen „zwangsläufig zu erheblichen Veränderungen im Wesen des wissenschaftlichen Publizierens führen und einen Wandel der bestehenden Systeme wissenschaftlicher Qualitätssicherung einleiten“ (Berliner Erklärung 2003) würden.

Im Zuge dieser technologischen Entwicklungen, politischen Forderungen und gesellschaftlichen Annahmen gab und gibt es auf der einen Seite ein großes Interesse an der offenen Kommunikation und Unterstützung für den Wunsch nach freiem Zugriff auf wissenschaftliche Informationen. Auf der anderen Seite hat die Medien- und Technikgeschichte gezeigt, dass es bei Einführung eines neuen Mediums mit größerer Reichweite immer wieder zu Irritationen (Näder 2010) und Irrelevanz- oder gar Verlustängsten kommt (Hagner 2015). So wurde in den ersten Experimenten mit dem Internet als neuem Kommunikationskanal für den wissenschaftlichen Austausch deutlich, dass es sehr viel schwieriger sein würde, das wissenschaftliche Kommunikationssystem zu öffnen, und dass die Hürden für einen Wandel des Systems größer sind, als ursprünglich angenommen (Bjoerk 2004).

Somit bestehen trotz der zunehmenden Digitalisierung wissenschaftlicher Kommunikationssysteme und -prozesse weiterhin umfangreiche Barrieren beim Zugang zu wissenschaftlichen Informationen sowie bei den Möglichkeiten der (Weiter-)Verwendung dieser Informationen. Nur sehr langsam führen die ersten Modifikationen im System Wissenschaft zu positiven Effekten in Hinblick auf die Verfügbarkeit von Wissen für die

Gesamtgesellschaft. Auch rund 25 Jahre nach den ersten elektronischen Verfahren zum offenen Austausch wissenschaftlicher Publikationen (Albert 2006) und 350 Jahre nach dem Erscheinen der ersten wissenschaftlichen Fachzeitschrift (Moxham 2015) muss das „alte" System demnach noch immer als weitestgehend stabil bezeichnet werden (Brembs 2015, Hanekop 2014, Warnke 2012) und eine Veränderung der Tradition der wissenschaftlichen Praxis im Sinne einer „wissenschaftlichen Revolution" (Kuhn 2012) scheint bisher (noch) nicht absehbar. Die Gründe und Einflussfaktoren für diese Entwicklung in Wissenschaft und Forschung werden im Folgenden dargestellt, empirisch und experimentell überprüft sowie abschließend diskutiert und zusammengefasst.

Relevanz des Themas

Im Rahmen des postulierten Wandels stehen nicht nur die Wissenschaftler und Wissenschaftlerinnen, sondern auch das ganze Universitätssystem sowie andere Bildungseinrichtungen und wissenschaftliche Bibliotheken vor bedeutenden Herausforderungen (Mueller 2010, Harter 2006, Guedon 2004, Osterloh 2008, Beverungen 2014). Die wissenschaftliche Kommunikation hat sich dabei in den letzten Jahrhunderten nur marginal verändert. „Nach innen" (wissenschaftsintern) bietet sie zwar einen gewissen Grad an Offenheit, aber nach außen ist sie geschlossen (Kelty 2004). Die Institution Universität sowie wissenschaftliche Einrichtungen laufen im Kontext dieser Entwicklungen Gefahr, ihre Bedeutung als Ort der Wissensproduktion und -evaluation (weiter) zu verlieren (Kruecken 2001: 343). Denn spätestens mit der Privatisierung der Verarbeitung, Speicherung und Übertragung von Wissen seit der zweiten Hälfte des 20. Jahrhunderts hörten Universitäten auf, selber Bücher zu verlegen (Joseph 2006). Darüber hinaus fordert die Wirtschaft (zunehmend) eine öffentliche Finanzierung der Wissensproduktion und erwartet gleichzeitig die privatwirtschaftliche Aneignung und Nutzung des produzierten Wissens (Weingart 2001). Dieses Prinzip der kollektiven Wissensproduktion, bei dem die Wirtschaft unentgeltlich an wissenschaftliche Informationen gelangt, wird vor allem von Verlagen für ihre Wertschöpfung genutzt. Neben dem entgeltlichen Vertrieb der wissenschaftlichen Informationen ermöglichen diese Verlage den Autoren und Autorinnen, durch den „Rückgriff auf informal konstituierte Reputationen" (Luhmann 1970: 237) als Gegenleistung die Chance auf Anerkennung von der wissenschaftlichen Community und Reputation im wissenschaftlichen System (Bernius 2009).

Im Zusammenhang mit dem Wandel sind besondere Herausforderungen für die Wissenschaftler und Wissenschaftlerinnen, und damit abgeleitet auch für die Institutionen, die Wahrung der Freiheit von Wissenschaft und Forschung bei möglichst uneingeschränkter Verbreitung wissenschaftlicher Erkenntnisse (Hagner 2015; BBAW 2015; Buss 2001) auf der einen sowie die Forderung nach besseren (Selbst-)Steuerungs- und Leistungsprozessen (Adler 2009; Gibbons 1994) auf der anderen Seite. Ebenfalls von besonderer Bedeutung sind die Auswirkungen des Wandels auf das Kommunikations- und Reputationssystem der Wissenschaft.

Das in den letzten Jahrzehnten zu verzeichnende Auseinanderdriften der Interessen einer privatwirtschaftlichen Nutzung wissenschaftlicher Erkenntnisse und der ursprünglichen Aufgabe von Wissenschaft, neues überprüfbares Wissen zu produzieren und zu verbreiten, führten zu einer wissenschaftlichen Publikations- und Kommunikationskrise. Sie ist durch den wachsenden Kostendruck, Preissteigerungen (Lewis 2011), Publikations- (Egger 1997; Fanelli 2012; Beverungen 2012; Brembs 20013) und Reportbias (Chan 2008; Dickersin 2011), Cargo Cult Science (Feynman 1974) und die Einschränkung des Zugriffs auf wissenschaftliche Informationen (Hess 2006, Offhaus 2012) gekennzeichnet. Das aktuelle System mit den genannten Problemen steht dem Bestreben der Wissenschaft entgegen, in der es im Kern um Erkenntnisse und die uneingeschränkte Zurverfügungstellung derselben geht (Hanekop 2006). Infolgedessen entstand unter den Wissenschaftlern und Wissenschaftlerinnen auch die Befürchtung, dass es durch Publikationsdruck und den Druck, anwendungsorientierter zu forschen, wahrscheinlicher werde, dass veröffentlichte Forschungsergebnisse falsch seien (Ioannidis 2005). Die genannten Entwicklungen befördern die Geschlossenheit des wissenschaftlichen Kommunikationssystems, erschweren nachhaltig den Zugang zu Wissen, beeinträchtigen die Entstehung von neuem Wissen (Willinsky 2006, Feyerabend 1986, Luhmann 1998) und führen zu einem zunehmend unhaltbaren Zustand bei der wissenschaftlichen Kommunikation (Schekman 2013).

Sucht man nach Gründen für die Beibehaltung des bisherigen Modells durch die Wissenschaftsgemeinschaft, wird deutlich, dass vor allem Unwissen über die wirtschaftlichen Entwicklungen, rechtliche Bedenken und das etablierte wissenschaftliche Reputationssystem zentrale extrinsische Motivationsfaktoren für die Unterstützung des bisherigen Systems durch die wissenschaftliche Gemeinschaft darstellen (Herb 2015). Als weiterer Grund wird die komfortable Situation der Wissenschaftler und Wissenschaftlerinnen genannt: Diese müssen nur selten auf den Zugang zu wissenschaftlichen Publikationen verzichten und sind von der

Auseinandersetzung mit den finanziellen Aspekten wissenschaftlicher Kommunikation weitestgehend befreit (Sietmann 2007, Hanekop 2006). Zudem wird den Wissenschaftlern und Wissenschaftlerinnen davon abgeraten, die vorherrschenden Paradigmen der wissenschaftlichen Praxis zu hinterfragen (Siegfried 2013, Loeb 2013). Dennoch tragen die Verschärfung der Krise und die langsam spürbaren Auswirkungen auf die wissenschaftliche Gemeinschaft dazu bei, dass die Forderung nach Veränderung des Systems zunehmende Unterstützung erfährt.

Die Suche nach einem Ausweg aus dieser Kommunikations- und Publikationskrise führte zu der anhaltenden Forderung nach einer besseren öffentlichen Verfügbarkeit von Ergebnissen wissenschaftlicher Forschung und Arbeit und nach Alternativen für das geschlossene wissenschaftliche Publikations- und Kommunikationssystem. Ergänzend zu den erstmals artikulierten Forderungen nach der Öffnung dieser geschlossenen Form der Kommunikation in Wissenschaft und Forschung befinden wir uns infolge der neuen Möglichkeiten durch die Digitalisierung und Globalisierung inmitten eines „radikalen Wandels" (Poynder 2011) des tradierten wissenschaftlichen Kommunikationssystems. Dieser Wandel bietet nicht nur die Chance für die Lösung der Herausforderungen im aktuellen wissenschaftlichen Kommunikationssystem, sondern ermöglicht auch eine umfassende „Beschleunigung des Wissensumschlages" (Giesecke 1991: 540) und führt potenziell dazu, dass Innovationen für mehr Offenheit, zumal im Bereich wissenschaftlicher Kommunikation, den privaten und staatlichen Forschungsbereich effizienter machen (Chesbrough 2006) sowie den gesamtgesellschaftlichen Fortschritt in bisher unbekannter Weise beschleunigen (Chesbrough 2003).

Ungeachtet dieser Entwicklungen ist unübersehbar, dass das System der wissenschaftlichen Kommunikation noch immer „weitgehend stabil" (Hanekop 2014: 2) geblieben ist und im aktuellen Steuerungssystem der Wissenschaft weiterhin anhand der tradierten wissenschaftlichen Bewertungssysteme Reputation, Mittel und Stellen verteilt werden (Hollricher 2009, de Vries 2001). Die analog gedruckten und bewährten Journale sowie andere Publikationsformen der großen wissenschaftlichen Verlage werden bisher – bei nahezu unverändertem Geschäftsmodell – einfach nur zusätzlich digital verbreitet (Hanekop 2014, BOAI 2012).

Trotz umfangreicher Literatur zu den Themengebieten liegen bisher nur wenige Untersuchungen und Experimente zur Öffnung wissenschaftlicher Kommunikation vor. Dies trifft vor allem auch für die Geisteswissenschaften zu (Näder 2010). Daraus ergeben sich die Relevanz und

Notwendigkeit, die bisherigen Entwicklungen im Bereich der Öffnung wissenschaftlicher Kommunikation aus geistes- und kulturwissenschaftlicher Perspektive genauer zu untersuchen, den Erkenntnissen aus der Literatur zur Öffnung wissenschaftlicher Kommunikation empirisch erhobene Daten gegenüberzustellen, die Erkenntnisse praktisch-experimentell zu überprüfen, das Ergebnis zu diskutieren und einen Ausblick für die weitere Entwicklung zu wagen.

Zielsetzungen der Arbeit

Diese Arbeit untersucht die Auswirkungen der Digitalisierung sowie der Forderung nach Öffnung der wissenschaftlichen Kommunikation auf Universitäten, wissenschaftliche Einrichtungen, aber auch auf den einzelnen Wissenschaftler und die einzelne Wissenschaftlerin. Von besonderem Interesse sind in diesem Zusammenhang die Unterschiede zwischen dem reinen Zugang zu publiziertem Wissen (Open Access) auf der einen und dem kompletten Zugriff auf den gesamten wissenschaftlichen Erkenntnisprozess (Open Science) auf der anderen Seite. Es wird danach gefragt, inwieweit es sich bei der Öffnung von Wissenschaft im Rahmen von Open Access und Open Science tatsächlich um einen grundlegenden Wandel in der wissenschaftlichen Kommunikation handelt beziehungsweise um eine Entwicklung, die den Kreis derjenigen tatsächlich erweitert, die einen freieren Zugang zu Wissen haben.

Zur Beantwortung dieser Fragen werde ich das Thema wissenschaftlicher Kommunikation im historischen Kontext betrachten und mit Hilfe einer Befragung der am wissenschaftlichen Kommunikationssystem beteiligten Akteure Argumente für und gegen die Öffnung wissenschaftlicher Kommunikation erheben. In diesem Zusammenhang werden die wissenschaftlichen, disziplinübergreifenden Debatten um die Öffnung von Wissenschaft und Forschung dargestellt – begrenzt auf den deutschsprachigen Raum – und Katalysatoren und Hindernisse für eine Öffnung der wissenschaftlichen Kommunikation bei den wissenschaftlichen Akteuren erhoben.

Auf Grundlage der theoretischen Debatten und empirischen Daten soll dann ein Abgleich der theoretischen Annahmen mit den praktischen Gegebenheiten im wissenschaftlichen Alltag erfolgen. Die Erfahrungen und Meinungen der Wissenschaftler und Wissenschaftlerinnen werden dabei auch den Erfahrungen aus einem Selbstversuch gegenübergestellt: dem Selbstexperiment des offenen Verfassens dieser Arbeit. Mit dem „offenen Verfassen" ist an dieser Stelle gemeint, dass diese Arbeit direkt und unmittelbar bei der Erstellung in den Jahren 2013, 2014 und 2015 für jede Person, jederzeit frei zugänglich im Internet unter einer offenen und freien Lizenz (CC BY-SA) verfügbar war. Die Dokumentation meiner Erfahrungen mit diesem Prozedere zeigt auf, welche Hürden, Grenzen und welcher Aufwand durch die Öffnung der formellen Kommunikation für Wissenschaftler und Wissenschaftlerinnen tatsächlich entstehen.

Abschließend möchte ich erörtern, welche möglichen Auswirkungen ein umfassender Prozess der Öffnung für das Selbstverständnis der Wissenschaft und für die wissenschaftliche Reputation in den unterschiedlichen Disziplinen erwarten lässt sowie konkrete Handlungsempfehlungen für die Umsetzung von Open-Access- und Open-Science-Ansätzen geben.

Aufbau der Arbeit

Die Arbeit ist in acht Hauptkapitel unterteilt. Nach der „Einführung" in die Thematik, die Relevanz des Themas sowie die Beweggründe und Positionen des Autors betrachtet Kapitel 2 („Grundlagen") die Hintergründe, Begriffsbestimmungen und Debatten des Themenbereichs genauer. Es stellt die historischen Entwicklungslinien wissenschaftlicher Kommunikation dar, erläutert die Hintergründe der Forderung nach Öffnung wissenschaftlicher Kommunikation und insbesondere die Veränderungen durch die Digitalisierung und stellt diese Aspekte in den Kontext der wissenschaftlichen Reputation, des wissenschaftlichen Ethos und Diskurses.

Kapitel 3 zu den „Herausforderungen in der wissenschaftlichen Kommunikation" liefert einen Überblick über Ergebnisse der Forschungsliteratur zum Thema und leitet daraus Anknüpfungspunkte für die empirische Untersuchung ab.

Kapitel 4 widmet sich der Methodenwahl sowie der Formulierung von Forschungsfragen. Insbesondere erläutert es die Entscheidung für einen Methodenmix, der beschrieben, begründet und kritisch betrachtet wird.

Kapitel 5 („Befragung") dokumentiert eine empirische Untersuchung zur Prüfung der identifizierten Katalysatoren und Hindernisse für die Öffnung von Wissenschaft und Forschung, die mittels einer Online-Befragung im Rahmen dieser Arbeit durchgeführt wurde, und wertet diese aus. Dabei wird auf die Defizite und die aktuellen Debatten um die Begriffe „Open Access" und „Open Science" auf Grundlage der Erkenntnisse aus den vorhergehenden Kapiteln zurückgegriffen.

Kapitel 6 („Experimentelle Untersuchung“) behandelt den offenen Erstellungsprozess im Sinne eines prospektiven Realexperiments und liefert eine Dokumentation des Experiments. Dieses erweitert den empirischen Ansatz der Befragung um praktisch gewonnene Erkenntnisse und ermöglicht so einen ergänzenden verstehenden Zugang zu den Forschungsfragen und den Zielen der Arbeit. Im Ergebnis werden Vorteile und Nachteile der offenen Anfertigung der Arbeit dargestellt, die Praxistauglichkeit überprüft, der Aufwand dokumentiert und Handlungsempfehlungen für das offene Verfassen wissenschaftlicher (Qualifikations-)Arbeiten abgeleitet.

Die letzten beiden Kapitel „Diskussion“ (Kapitel 7) und „Zusammenfassung und Ausblick“ (Kapitel 8) fassen die gewonnenen Ergebnisse abschließend zusammen und diskutieren diese kritisch vor dem Hintergrund der Vorgehensweise und den Fragestellungen dieser Arbeit. Auf Grundlage der Forschungsergebnisse und der eigenen Erfahrungen werden Empfehlungen zum Schreiben offener wissenschaftlicher Arbeiten sowie ergänzend ein Ausblick auf die weitere Entwicklung offener Strukturen im Rahmen wissenschaftlicher Tätigkeit formuliert.

Beweggründe und eigene Position

Die Beweggründe für die Erstellung der vorliegenden Arbeit sind die Folge einer langjährigen Beschäftigung des Autors mit dem Konzept von „Offenheit“ als wissenschaftlicher Mitarbeiter am Hybrid Publishing Lab der Leuphana Universität und als Vereinsvorstand der Open Knowledge Foundation Deutschland. Die hier angestrebte Auseinandersetzung mit den Konzepten rund um Offenheit im wissenschaftlichen Kommunikationssystem zielt somit auch auf die kritische Auseinandersetzung und das Hinterfragen der eigenen Positionen.

Die eigene Position zum Beginn des Erstellungsprozesses der Arbeit muss als klar befürwortend gegenüber den Forderungen nach Öffnung des wissenschaftlichen Kommunikations- und Erkenntnisprozesses bezeichnet werden. Sie fußte auf den Erfahrungen des beruflichen sowie ehrenamtlichen Engagements in der Förderung, Forderung und Ausgestaltung offener und transparenter Kommunikation in den gesellschaftlichen Teilbereichen Wissenschaft, Politik und Verwaltung. Im Rahmen der Auseinandersetzung mit dem Konzept von Offenheit bildet auch die differenzierte Betrachtung der eigenen Auffassung einen Schwerpunkt dieser Arbeit und wird im Zusammenhang mit den jeweiligen Betrachtungen immer wieder eine Rolle spielen.

Ziel dieser Auseinandersetzung ist es, die anhaltenden Forderungen nach Öffnung wissenschaftlicher Kommunikation mit Hilfe des Einsatzes von Technik als soziales und kulturelles Phänomen besser zu verstehen und diese Entwicklung einer differenzierten und kritischen Analyse zu unterziehen. Die Wandlungsprozesse des wissenschaftlichen Kommunikationssystems werden auf soziotechnische Grundlagen hin untersucht, wobei eine kritische Distanz gewahrt bleiben soll. Im Rahmen der offenen Anfertigung dieser Arbeit werden auch die eigene Position und die Praxistauglichkeit der eigenen Forderungen an das wissenschaftliche Kommunikationssystem überprüft und kritisch hinterfragt.

Die Betrachtung der Rolle von offenem Wissen und Technologie im Rahmen wissenschaftlicher Kommunikationsprozesse sowie die empirische Erforschung der Wissensproduktion und -verbreitung, die Betrachtung der epistemologischen Voraussetzungen von offenem Wissen und den daraus resultierenden Konsequenzen (Beck 2014: 12) sehe ich als einen Beitrag zur Wissenschafts- und Technikforschung. Auch wenn die Kombination von akademischer Arbeit und Aktivismus nicht einfach ist, da in der akademischen Welt ein gewisser Druck herrscht, die Arbeit von sozialem Engagement zu trennen, kann ein solches doppeltes Engagement lohnend für die Sache sein (Flood 2013: 25).

[2]

Historische Entwicklungslinien wissenschaftlicher Kommunikation, Begriffsbestimmungen etc.

Das System der wissenschaftlichen Kommunikation, das in der derzeitigen Form seit mehreren hundert Jahren besteht, basiert neben der Forschung auf der Begutachtung, dem Druck und der Kommunikation der Ergebnisse in wissenschaftlichen Publikationen, der Verbreitung sowie dem Verkauf derselben an Bibliotheken und andere wissenschaftliche Institutionen und dem anschließenden Diskurs in der wissenschaftlichen Fachöffentlichkeit (BBAW 2015). Der Fortschritt in diesem System ist demnach maßgeblich durch den offenen und freien Austausch sowie durch die Verbreitung von Informationen bedingt (Yiotis 2005).

Die Grundlagen, Annäherungsversuche an Definitionen und Debatten um die Öffnung von Kommunikation in Wissenschaft und Forschung sind in der gängigen Literatur weder einheitlich dargestellt und inhaltlich klar abgegrenzt noch unumstritten (Mueller 2010, Schulze 2013). Von hervorgehobenem Interesse sind im Rahmen dieser Arbeit die historische Entwicklung wissenschaftlicher Kommunikation, die Ökonomie des Kommunikationssystems, die Herausforderungen im aktuellen Kommunikationssystem, die Debatten und Anknüpfungspunkte zur Öffnung von Wissenschaft, die Katalysatoren und Hindernisse dieser Entwicklung und der damit einhergehende Wandel mit Fokus auf den Bereich wissenschaftlicher Reputation, Ethos und Diskurs.

Im Folgenden werden wesentliche Anknüpfungspunkte an die Open-Access- und Open-Science-Bewegung in Wissenschaft und Forschung dargestellt und erläutert. Die Auswahl der berücksichtigten Werke bezieht sich auf die für die Fragestellungen relevanten Beiträge und wird um die Betrachtung der Debatten von Open Access und Open Science ergänzt. Dabei gibt es nicht die *eine* Debatte um die Öffnung von wissenschaftlicher Kommunikation, es sind vielmehr zahlreiche Auseinandersetzungen mit Bezug auf unterschiedliche Bedenken und Interessen einer fluktuierenden Gruppe von Akteuren (Beals 2013), die nicht selten polemisch geführt werden (Lossau 2007, Näder 2010).

Um ein möglichst umfassendes Bild zu erhalten, wird „Entwicklung" hier in den drei folgenden Dimensionen erfasst: erstens als „analytische Kategorie", zweitens als „Forschungsgegenstand" und drittens als „politische Praxis in der moralischen Auseinandersetzung über die Wünschbarkeit von Zuständen" (Bierschenk 2014).

Die Betrachtungen in dieser Arbeit erfolgen aus der Perspektive des Produzenten (Wissenschaftler als Autore) sowie aus der, damit nicht immer harmonierenden, Perspektive des Rezipienten beziehungsweise Medienkonsumenten (Wissenschaftler als Leser). Es wird zudem angesprochen, inwiefern Macht beziehungsweise regulierende Prinzipien wie die Verknappung sowie die Ein- und Ausgrenzung im Rahmen wissenschaftlicher Diskurse mit den Modellen Open Access, Open Science und wissenschaftlicher Reputation in der Kommunikation vereinbar sind oder diesen entgegenstehen.

Ziel ist es, den Forschungsstand zu den verwendeten Begriffen und deren Entwicklung darzulegen sowie aufzuzeigen, in welchen Bereichen weitere Forschung angestrebt werden sollte (Webster 2002). Für die Auswertung wurden zahlreiche Quellen mit thematischem Bezug zur Öffnung von Wissenschaft und Forschung ausgewählt.

Die oben skizzierten Fragestellungen lassen sich im Folgenden noch einmal spiegelstrichartig zusammen:

- Welche historischen Entwicklungen haben die Entwicklung der wissenschaftlichen Kommunikation und die Forderung nach Öffnung beeinflusst?
- Wie funktioniert die Ökonomie der wissenschaftlichen Kommunikation?
- Was bedeutet die Digitalisierung für das wissenschaftliche Kommunikationssystem?
- Welche Rolle spielen die wissenschaftliche Reputation, das wissenschaftliche Ethos und der wissenschaftliche Diskurs im Rahmen des Kommunikationssystems?

- Welche Indikatoren für Reputationsverteilung im wissenschaftlichen Kommunikationssystem werden in der Literatur genannt?

Wissenschaftliche Kommunikation

Wissenschaftliche Kommunikation stellt einen wesentlichen Bestandteil des wissenschaftlichen Systems und der wissenschaftlichen Arbeit dar (Garvey 2014, Luhmann 1998: 63). Sie basiert auf dem Austausch zwischen Wissenschaftlern und Wissenschaftlerinnen, die auf einen „gemeinsamen Wissensbestand" zugreifen, „den sie testen, verändern und erweitern" (Glaeser 2007: 438), und ist eng mit dem „Prozess des Veröffentlichens wissenschaftlicher Publikationen" (Weller 2011) verknüpft. Sinn und Zweck der Kommunikation beruht auf dem bestmöglichen Austausch zwischen den Mitgliedern der Wissenschaftsgemeinschaft. Er dient der Überprüfung der Zuverlässigkeit von Informationen und ermöglicht die kritische Auseinandersetzung innerhalb der Gemeinschaft (Fox 1983). Jede kommunizierte Erkenntnis trägt dabei theoretisch zur Produktion von Wissen bei (Kaden 2009). Grundvoraussetzung dafür ist, dass Wissenschaftler und Wissenschaftlerinnen den Willen zur umfassenden Kommunikation untereinander haben.

Bisher fehlt in der Literatur eine allgemein verbindliche Definition für „wissenschaftliche Kommunikation", in einigen Fällen wird dieser Begriff von den Autoren und Autorinnen zwar verwendet, aber nicht definiert (Seidenfaden 2005: 2). Um den Terminus hier dennoch inhaltlich zu präzisieren, folgt diese Arbeit der häufig zitierten, breit gefassten Definition der australischen Wissenschaftler Burns, Connor und Stocklmayer aus dem Jahr 2003. Demnach kann wissenschaftliche Kommunikation oder Wissenschaftskommunikation

> als Einsatz von angemessenen Fähigkeiten, Medien, Aktivitäten und des Dialogs beschrieben werden, um eine oder mehrere der folgenden persönlichen Reaktionen in der Auseinandersetzung mit Wissenschaft zu bewirken: Erkenntnis, Vergnügen oder andere affektive Reaktionen, Interesse, Meinungsbildung und Verständnis (Burns 2003: 191).

Diese Kommunikation kann „praktizierende Wissenschaftler, Mediatoren und die Öffentlichkeit involvieren, entweder unmittelbar oder zwischen Gruppen" (Burns 2003: 191).

Auch in der theoretischen Betrachtung wissenschaftlicher Kommunikation finden sich unterschiedliche Modelle der Organisation und „vielfältige Erscheinungsformen" (Graefen 2007: 9), die sich im Laufe der Zeit immer wieder verändert haben (Konneker 2013, Hagner 2015). Grundsätzlich ist dabei eine Unterscheidung in *formelle* und *informelle* sowie *interne* und *externe* wissenschaftliche Kommunikation etabliert und verbreitet (Seidenfaden 2005), aber nicht unumstritten.

Was nach dieser Betrachtung genau als *„formell"* oder *„informell"* gilt (siehe Tabelle 1), hängt unter anderem von der jeweiligen Fachdisziplin ab, „ist historisch gewachsen und damit durchaus unterschiedlich" (Hanekop 2014: 5). Eine wesentliche Plattform für die wissenschaftliche Kommunikation, für Fortschritt und Forschungsförderung bilden Publikationen in Journalen und Monografien (Cope 2014, Fox 1983). Das wissenschaftliche Journal sowie die Monografie sind (in den meisten wissenschaftlichen Disziplinen) wichtige Kanäle für die *formelle* wissenschaftliche Kommunikation und essenziell für Wissenschaftler und Wissenschaftlerinnen, um auf dem Laufenden zu bleiben (Cope 2014).

informelle Kommunikation	**formelle Kommunikation**
beschränkter Zugang	öffentlicher Zugang (ggf. mit Barrieren)
temporäre Aufbewahrung (im Rahmen der jeweiligen Tätigkeit/Anstellung)	langfristige Aufbewahrung (Archivierung)
schwer zugänglich (z.B. private E-Mails, Gespräche, Telefonate)	einfacher zugänglich (je nach Modell z.B. Bibliotheken, Online-Plattformen)
aktuellere Informationen	eher ältere Informationen
vorselektiert vom Verbreiter	selektiert vom Nutzer
interaktiv	begrenzt interaktiv
prozessorientiert (Gespräche und Austausch vor oder im Erkenntnisprozess)	publikationsorientiert (Zeitschriften, Sammel- und Konferenzbände, Monographien, Arbeitspapiere, Poster)
kein direkter Einfluss auf die Reputation	direkter Einfluss auf die Reputation

Tabelle 1: Traditionelle Trennung von informeller und formeller wissenschaftlicher Kommunikation (Seidenfaden 2005)

Die *formelle* Kommunikation wird an bestimmte Bedingungen der wissenschaftlichen Gemeinschaft geknüpft und hat einen direkten Einfluss auf die Reputation der einzelnen Mitglieder der wissenschaftlichen Community.

Diese Art der Kommunikation beinhaltet die Einbeziehung Dritter, die die Funktion der Einordnung und Bewertung der Kommunikation übernehmen. Der bisherige Outputkanal für diese Kommunikation ist die gedruckte Publikation (Winkler 2011), denn „es wird für den Druck geforscht" (Luhmann 1997). Durch sie „wird festgeschrieben, was nach den Kriterien des jeweiligen Fachs als geprüftes Wissen gelten kann" (BBAW 2015: 11). Ziel dieser Art der Kommunikation ist die Sicherung des Verbleibs und die Positionierung des einzelnen Wissenschaftlers innerhalb der wissenschaftlichen Gemeinschaft. Diese Formalisierung der Kommunikation ist wichtig, um das Wissenschaftssystem und das Wissen strukturell sowie nachhaltig zu sichern, und sie macht Erkenntnisprozesse nachweisbar (Kaden 2009). Erst mit einer formell begutachteten Publikation wird eine wissenschaftliche Entdeckung als solche erkennbar (Brembs 2015).

Formelle wissenschaftliche Kommunikation beruht nach dem Bibliothekswissenschaftler Ben Kaden auf folgenden drei abstrakten Faktoren (Kaden 2009):

- Publizität meint die Veröffentlichung der Erkenntnisse in einem wissenschaftlichen Fachmedium. Eine Erkenntnis wird durch die Veröffentlichung bekannt gegeben und so für die Community „registriert" (Kaden 2009, Seidenfaden 2005: 5). Sie muss dabei „zeitnah" in einer „wahrnehmbaren" Form vorliegen (Schimank 2012), damit sie intersubjektiv vermittelbar ist.
- Vertrauenswürdigkeit meint das Vertrauen auf die Einhaltung der Regeln und die Möglichkeit der Zertifizierung (Seidenfaden 2005: 6) im wissenschaftlichen Kommunikationssystem durch alle Teilnehmer und Teilnehmerinnen des Systems. Das Vertrauen wird bei einer Publikation durch die Überprüfung (Peer Review) bestätigt und durch Bezugnahme (Zitationen) anderer Wissenschaftler und Wissenschaftlerinnen auf die Publikation zur Reputation. Eine Zitation ist – aus Sicht der zitierten Arbeit – eine formelle Erwähnung der Arbeit innerhalb einer anderen wissenschaftlichen Publikation (Weller 2011).
- Zugänglichkeit bezieht sich auf die dauerhafte Sicherung, Archivierung (Seidenfaden 2005: 6) und Zugänglichkeit in einer allgemein verfügbaren Form für die (Fach-)Öffentlichkeit (Näder 2010), um anderen Wissenschaftlern und Wissenschaftlerinnen zu ermöglichen, die Erkenntnisse, die für ihre eigene Tätigkeit von Relevanz sind, für die eigene Forschung zu nutzen (Seidenfaden 2005: 6).

Die Möglichkeiten der *informellen* Wissenschaftskommunikation sind höchst vielfältig und reichen „vom persönlichen Gespräch über Vorträge, Konferenzen, Zwischen- oder Abschlussberichte aus Projekten, Working

Papers und vieles andere mehr“ (Hanekop 2014). *Informelle* Kommunikation umfasst alle Arten der Kommunikation, die einem Wissenschaftler oder einer Wissenschaftlerin einen schnellen und direkten Austausch mit Kollegen ermöglichen und die keinen direkten Einfluss auf die wissenschaftliche Reputation des einzelnen Wissenschaftlers oder Wissenschaftlerin haben.

	Interne Kommunikation	**Externe Kommunikation**
Zielgruppe	Wissenschaftler, Studenten	Öffentlichkeit, Stakeholder, Geldgeber
verfolgte Ziele	expertenorientierte Kommunikation innerhalb der Wissenschaft unterstützen; Wissenschaftler zur Kommunikation mit der Öffentlichkeit befähigen; Bedeutung der Wissenschaftskommunikation verdeutlichen	Vermittlung von wissenschaftlichen Ergebnissen; Nachwuchs für Wissenschaft gewinnen; Vertrauen in Wissenschaft bei Zielpersonen wecken und Glaubwürdigkeit erhalten/erreichen; Bereitstellung ausreichender Ressourcen für die Wissenschaft sichern; Verhandlungen über Art der Wissenschaft und den (gesellschaftlichen) Umgang mit den Ergebnissen
Kommunikationsmedien (formal)	Wissenschafliche Zeitschrift (print/online), Konferenzbände, Monografien, Patente	Massenmedien, Fachzeitschriften, Ausstellungen

Tabelle 2: Zielgruppen, Ziele und Kommunikationsmedien der Wissenschaftskommunikation (Seidenfaden 2005)

Die *informelle* Kommunikation findet üblicherweise zu Beginn und nach Abschluss des wissenschaftlichen Erkenntnisprozesses statt. Sie umfasst zum Beispiel die Ideenfindung, die Entwicklung von Fragestellungen oder Konkretisierung des Forschungsvorhabens und hilft Wissenschaftlern und Wissenschaftlerinnen dabei, relevante Ideen für die *formelle* Kommunikation „herauszukristallisieren“ (Hanekop 2014). *Informelle* Kommunikation ist aufgrund ihrer Heterogenität und impliziten

Verankerung weniger präzise differenzierbar und erfassbar (Kaden 2009). Die Abgrenzung *informeller* Kommunikation zu „nicht-wissenschaftlicher Kommunikation" resultiert daraus, dass diese meist auf „die Erzeugung formeller Kommunikation hinarbeitet" (Kaden 2009).

Im Gegensatz zur Segmentierung von *formeller* und *informeller* Kommunikation zielt die Unterscheidung zwischen *interner* und *externer* Kommunikation auf die jeweilige Zielgruppe des Austauschs ab (siehe Tabelle 2). *Interne* Kommunikation beschreibt alle Prozesse, die der Kommunikation innerhalb der wissenschaftlichen Gemeinschaft dienen. *Externe* Kommunikation beschreibt die Kommunikation, die an Akteure außerhalb der wissenschaftlichen Gemeinschaft gerichtet ist (Konneker 2013).

In der vorliegenden Arbeit bezieht sich der Begriff „wissenschaftliche Kommunikation" vornehmlich auf jene Kommunikation, die in der Theorie sowohl *formelle* und *interne* organisatorische Bezugspunkte aufweist als auch einen Einfluss auf die wissenschaftliche Reputation des Wissenschaftlers oder der Wissenschaftlerin hat. Im Rahmen des Öffnungs- und Digitalisierungsprozesses der wissenschaftlichen Kommunikation wird allerdings von einem Aufbrechen dieser Trennung ausgegangen, deshalb wird diese tradierte Klassifizierung der wissenschaftlichen Kommunikation auch im Sinne der Herangehensweise der Wissenschafts- und Technikforschung im Laufe der Arbeit immer wieder hinterfragt (Bowker 2000: 326).

Historische Entwicklungslinien wissenschaftlicher Kommunikation

Für ein erweitertes Verständnis der Prozesse, die zu der Öffnung von Wissenschaft und Forschung führen, sowie für die Darstellung der Beziehung neuer digitaler Kommunikationssysteme zu ihren analogen Vorläufern ist eine historische Betrachtung der Entwicklung wissenschaftlicher Kommunikation sowie der Forderung nach Offenheit in Wissenschaft und Forschung unabdingbar. Diese bildet zum einen die Grundlage für die Analyse von Offenheit und ebnet zum anderen den weiteren Weg für die Darstellung des „Forschungsgegenstands" (Bierschenk 2014). Diese historische Betrachtung bietet einen ersten Ansatzpunkt für die Erforschung der unterschiedlichen Definitionen und Debatten um Open Access und Open Science (Scheliga 2014), da diese historischen Übergänge bisher immer nur unzureichend dargestellt wurden (CREATe 2014).

Angelehnt an die Arbeiten des kanadischen Philosophen Marshall McLuhan und des Germanisten Horst Wenzel können dabei drei bedeutende Umbrüche der Medienentwicklung im Rahmen der Kommunikation von Wissen genannt werden (Wunderlich 2008, Wenzel 2007):

- der Übergang vom Körpergedächtnis oder geistigem Gedächtnis (brain memory) zum Schriftgedächtnis (script memory)
- der Übergang von der Handschriftenkultur zur Druckkultur (print memory)
- und der Übergang vom Buch zum Bildschirm (electronic memory)

Wissenschaft und wissenschaftliche Kommunikation in prämodernen Zivilisationen

In der Antike stellten der orale Dialog und Disput, der Vortrag und die Lehrstunde die Formen „wissenschaftlicher Kommunikation" dar (Hollricher 2009). Dabei bezog sich „Wissenschaft" in prämodernen Zivilisationen unmittelbar auf die täglichen Bedürfnisse. Wissen und Informationen wurden als nicht besitzbare Ware angesehen (May 2006; Steiner 1998) und im Vergleich zu den heutigen Möglichkeiten war in den vormodernen Zivilisationen der Wissensaustausch stark beschränkt (Hollricher 2009). Es gab keine „scharfe Grenze zwischen dem vorhandenen und dem aktuell benutzten Wissen" (Luhmann 1998, 161). Die Produktion von Literatur beschränkte sich in den vorwissenschaftlichen Gesellschaften vornehmlich auf „die Überlieferung und Kommentierung des althergebrachten Wissens, insbesondere des theologischen" (Steiner 1998). Was die Gelehrten „zu sagen und zu schreiben hatten, war nicht als Beitrag zum Fortschritt von Wissenschaft als einem kollektiven Unternehmen zu verstehen, sondern eher als Dokumentation ihrer persönlichen Erkenntnisfortschritte" (Graefen 2007: 51). Sie hatten vor allem die Aufgabe, das Wissen „zu erhalten und zu tradieren" (Luhmann 1998: 148). Eine Textart, die dem heutigen wissenschaftlichen Artikel entspricht oder mit ihm vergleichbar ist, existierte bis zum Mittelalter nicht. „Noch im 15. und 16. Jahrhundert sind nur wenige Texte fachinterner Kommunikation, also schriftlicher Kommunikation unter Vertretern eines Faches über fachliche Inhalte, nachgewiesen" (Graefen 2007: 51). Texte, die wir heute als wissenschaftlich bezeichnen würden, wurden im Mittelalter nur dann von der Gemeinschaft akzeptiert, wenn sie einen Namen eines Autors trugen (Foucault 2000).

Die Sprachwissenschaftlerin Graefen hat exemplarisch die Entwicklung zum wissenschaftlichen Text wie folgt zusammengefasst:

> Erst wenn ein gesamtgesellschaftlicher Bedarf an Wissen und an ständiger Wissenserweiterung allgemein erkennbar wird und entsprechende Leistungen von Individuen auch persönliche Vorteile versprechen, findet eine Umorientierung von sporadischer individueller wissenschaftlicher Betätigung hin zu gesellschaftlich anerkannter und zur Kenntnis genommener, kollektiv beziehungsweise arbeitsteilig betriebener Wissenschaft statt (Graefen 2007: 56).

Einführung des Buchdrucks als Grundlage der modernen Wissenschaft

Die Geschichte der modernen Wissenschaft ist eng mit der Geschichte des Buchdrucks verbunden. Diese beginnt maßgeblich mit Johannes Gutenbergs (eigentlich: Gensfleischs) Beiträgen zur Buchdruckerkunst in der Mitte des 15. Jahrhunderts (Wittmann 1999). Gutenberg führte um 1460 die Druckerpresse ein, „die er von den Weinpressen der rheinischen Winzer abgeschaut und dann verbessert haben dürfte" (Stober 2014: 22). Die Einführung des Buchdrucks führte nicht nur zu neuen Möglichkeiten der Kommunikation, sondern zu einer Veränderung der generellen Aufgabe der Wissenschaft, insbesondere ihrer Orientierung auf den täglichen Bedarf (Luhmann 1998: 148). Durch die neuen Möglichkeiten der Vervielfältigung und Massenverbreitung veränderte sich das Selbstverständnis der europäischen Kultur in bis dahin unbekannter (Giesecke 1991) und revolutionärer Weise (Wunderlich 2008, Stober 2014, Porter 1964: 211).

Der Buchdruck stellte somit die „Grundlagen und Meilenstein sowohl für die Kommunikation der Menschheit insgesamt als auch für den wissenschaftlichen Gedankenaustausch im Besonderen dar" (Schirmbacher 2009: 7), er war ein „Bestandteil des Übergangs vom Mittelalter in die frühe Neuzeit" (Lange 2008: 32) und die Druckerpresse nahm die „entscheidende Schwelle für das Entstehen der neuzeitlichen Wissenschaften" (Luhmann 1997: 602).

Diese neue Technologie führte zu einem bis dahin unbekannten, explodierenden Informationsangebot. Infolgedessen entwickelte sich eine neue Denkstruktur (Eisenstein 1997), bei der das „mittelalterliche Denken in Bildern und Metaphern" von der „wissenschaftlich-systematischen Methodik" abgelöst wurde (Wunderlich 2008: 16). Sie führte zur Befreiung des jeweiligen Autors aus der weitgehenden Anonymität mittelalterlicher Manuskriptkultur und zur Entkopplung der „Herstellung und Verbreitung vom singulären Interesse eines Autors, Kopisten oder Auftraggebers" (Wunderlich 2008: 15).

Mit der Entwicklung der Buchdrucktechnologie folgte im 16. Jahrhundert die Verbreitung eines „freien Marktes als Vertriebsnetz für typographische Informationen“ (Giesecke 1991: 27) und die „Kapitalisierung der Buchproduktion“ (Steiner 1998: 40). Das gedruckte Wort führte somit zu einem Verlust an „Macht und Herrschaft über das geschriebene Wort“ (Wunderlich 2008: 16). Anfangs handelte es sich bei der Technologie nur um ein „elitäres und teures Medium für die gebildete Klasse“ (Hartmann 2008: 14), Bücher waren „Luxusgegenstände“ und die Gewinnspannen der Buchdrucker und -händler waren „enorm“ (Stober 2014: 27). Die Technologie führte weder von Beginn an zum zeitlich unmittelbaren Zugang zu Wissen noch war sie für die Allgemeinheit zugänglich (Hartmann 2008). Die wissenschaftliche Elite der damaligen Zeit forderte deshalb, dass Werke ohne Rücksicht auf Profitgier und „Geiz“ (Luther 1876) erscheinen sollten, und appellierte an eine „obrigkeitliche Lenkung“, damit der Buchhandel „seiner Aufgabe der Verbreitung von nützlichem Wissen gerecht würde“ (Wittmann 1999: 102). Gutenbergs Druckinnovation sollte als sogenannte „Schlüsseltechnologie“ (Jaeger 1993: 189) eine neue Dimension der Informations- und Wissensverbreitung für die Gesamtgesellschaft ermöglichen.

In der Übergangszeit von der primären Kommunikation zwischen den Gelehrten anhand von Briefen und der Verbreitung des Buchdrucks kam es zu einer Vielzahl sogenannter Prioritätsstreite (Schirmbacher 2009), denn die meisten wissenschaftlichen Erkenntnisse waren zuvor zwar im direkten Briefwechsel, aber noch nicht öffentlich verbreitet worden. Deshalb konnte zu dieser Zeit selten ein für alle nachvollziehbarer Bezug zum jeweiligen Entdecker hergestellt werden. Als beispielhaft für einen solchen Prioritätsstreit kann die Auseinandersetzung zwischen Isaac Newton und Gottfried Wilhelm Leibniz um eine Veröffentlichung zur Fluxionsrechnung im 17. Jahrhundert genannt werden. Leibniz rezensierte eine von Newton verfasste Veröffentlichung anonym und stellte sich selbst namentlich als Erfinder der Methode der Fluxionen dar (Padova 2013, Rommel 2011: 252), ohne auf eine öffentliche Publikation seiner vorhandenen Erkenntnisse hinweisen zu können (Schirmbacher 2009). Aufgrund des fehlenden öffentlichen Nachweises wurde Leibniz durch die Royal Society, einer der ersten Gelehrtenvereinigungen, des Plagiats für schuldig befunden und die Entdeckung Newton zugesprochen. Doch selbst wenn Newton seine Fluxionsrechnung „früher entwickelt hat, geht die algorithmische Eleganz von Differentialen und Integralen doch auf Leibniz zurück“ (Kittler 1996).

Der Buchdruck, wie auch die ersten wissenschaftlichen Zeitungen, wurden für die wissenschaftlichen Autoren somit nicht nur zu einem neuen Kommunikationsinstrument, einem Instrument zur „Erlangung von Reputation“

oder zu einem Instrument „zur Generierung finanzieller Erträge", sondern auch zu einem „Nachweisinstrument" (Schirmbacher 2009: 8) zur Vermeidung solcher Prioritätskonflikte. Darüber hinaus „waren gedruckte Meinungen schwerer zu widerrufen oder umzuinterpretieren als nur mündlich geäußerte oder nur wenigen zugängliche (etwa Briefe)" (Luhmann 1997: 603).

Die Verbreitung des Buchdrucks fand in der damaligen Gesellschaft aber nicht ungebremst und nicht ohne umfassende Kritik statt. Vor allem kirchliche Instanzen waren über eine „wachsende theologische Begriffsverwirrung" und die Verbreitung der Schriften in Volkssprachen besorgt (Giesecke 1991: 175). Sie stellten die größte Gruppe an Kritikern des Buchdrucks dar und versuchten, die neue „Bücherflut" zu unterbinden (Giesecke 1991: 175). Zudem führte die Einführung des Buchdrucks zu einer neuen Bedeutung der Zensur, als „prohibitives Instrument für die Überwachung der Lektüren" (Wunderlich 2008: 16) und als Mittel gegen zu viel Wissen und unerwünschte Literatur (Giesecke 1991: 178). Beispielhaft für diese Art der Zensur zitiert der Kommunikations- und Medientheoretiker Michael Giesecke aus einem Gutachten dieser Zeit: In den Anfängen muß man Widerstand leisten [gegen das Übel des Drucks von Büchern, die aus den heiligen Schriften in die Volkssprache übersetzt sind] damit nicht durch Vermehrung der deutschsprachigen Bücher der Funke des Irrtums endlich sich zu einem großen Feuer entwickle (Giesecke 1991: 177).

Zusammenfassend nennt Giesecke vor allem folgende grundlegende Einwände gegen den Buchdruck als unregulierte, „freie" Kunst (Giesecke 1991: 180) für die Verbreitung von Wissen und Informationen:

- Die Einführung des Buchdrucks wurde von vielen Warnungen vor Missbrauch der Technologie begleitet (Lange 2008). Im Mittelpunkt der Warnungen standen der anti-religiöse Missbrauch durch die Verbreitung gefährlichen Gedankenguts (Kruse 2003), die bewusste Falschinformation und Verfälschung von Inhalten (Besch 1998), die willkürliche Informationsverbreitung über Bücher ohne Zustimmung der geistlichen und weltlichen Regenten (Rother 2002) sowie die Angst der Traditionalisten, die ihre Herrschaft durch das Monopol auf die Interpretation der Bibel gefährdet sahen (Lange 2008).
- Ein weiterer Einwand drückte die Befürchtung aus, dass die Qualität und Reinhaltung der besten Texterzeugnisse beim Buchdruck nicht sichergestellt werden können (Giesecke 1991).
- Auch die Nachlässigkeit und Unachtsamkeit von Buchdruckern und Setzern wurde früh kritisiert. Sie spielten im Buchdruckprozess eine entscheidende Rolle, da sie großen Einfluss auf die Qualität der Nachdrucke

hatten. Nachlässigkeit oder ungenaues Arbeiten führten zu erheblichen strukturellen und inhaltlichen Qualitätsverlusten, was von Autoren wie Martin Luther schon früh beklagt wurde (Besch 1998, Stober 2014, Luther 1876).
- Der Vorwurf der Vervielfältigung von Fehlern durch den Tatbestand, dass sich sämtliche gedruckten Exemplare auch in ihren Fehlern völlig gleichen, schließt an die Kritik der Qualität der gedruckten Bücher an. Die Befürchtung gründete auf der Irreversibilität der Verbreitung fehlerhafter Inhalte beim Buchdruck – ein Anspekt, der in Anbetracht der geringeren Anzahl handschriftlicher Kopien bis dahin eine wesentlich geringere Rolle gespielt hatte (Kittler 2004).
- Die staatlichen und geistlichen Obrigkeiten befürchteten durch die Demokratisierung der Vervielfältigung und Verbreitung von Wissen die Verwirrung der „Laien" (der Glaubensgemeinschaft) und damit einen Kontrollverlust über die bestehende gesellschaftliche Ordnung (Giesecke 1991).
- Demzufolge befürchtete die Obrigkeit die Auflösung der ständischen Ordnung, da der „Zugang zu den Speichern des Wissens nicht länger bestimmten Schichten vorbehalten bleibt", das „Schreiben und Lesen wird von einer ständischen zu einer gemeinen Tätigkeit". Heute mag diese Sicht aufgrund der damals sehr geringen Alphabetisierungsrate und der noch immer sehr geringen Anzahl an Büchern Ende des 15. Jahrhunderts als unbegründet erscheinen, dennoch wurden die sozialen Umwälzungen durch den Buchdruck beschleunigt und unumkehrbar gemacht (Giesecke 1991).
- Die Auflösung des „Amts" des Bücherschreibers als eigenes Handwerk.
- Die Angst vor dem Überfluss an Büchern und Wissen stellte einen weiteren Einwand dar. Die Kritiker der Buchdrucktechnologie befürchteten durch die massenhafte Verbreitung ein Chaos an Informationen (Giesecke 1991). Dieser Kritikpunkt geht über in „psychische Bedenken", wenn das Anhäufen von Informationen – wie im 15. Jahrhundert – als „gefährliches und verwirrendes Unterfangen" gilt und zu der Annahme führt: „je gelehrter, je verkehrter" (Giesecke 1991).
- Sogar physische Konsequenzen wurden befürchtet: „Augen schmerzen vom Lesen, unsere Finger vom Blättern" (Giesecke 1991)

Die genannten Einwände fußten allesamt auf den Ängsten oder Befürchtungen vor den Veränderungen und deren Auswirkungen auf die etablierten Machtstrukturen, die ihrerseits die Informationsverbreitung bis Ende des Mittelalters beeinflusst hatten, und weisen punktuell Parallelen zu den Debatten der heutigen Veränderungsprozesse auf (Hagner 2015).

Vor der Einführung des Buchdrucks wurde vorab entschieden, was veröffentlicht und verbreitet wurde, und es gab klare Instanzen, die die Weitergabe von Wissen (meist Auftragsarbeiten) organisierten. Der Buchdruck kehrte dieses System um, da nun Texte erstmals verbreitet wurden und man es dem Markt überließ, welche Information (Giesecke 1991: 642). Niklas Luhmann fasste diese Veränderung wie folgt zusammen: „Wer für den Druck schreibt, gibt die Situationskontrolle auf" und „produziert für das Gedächtnis des Systems", bei dem weder „Kommunikationsvorgang" noch der „Wissenszuwachs" abgeschlossen sind (Luhmann 1998: 57).

Die Etablierung und schnelle Verbreitung des Drucks führte zu einer Veränderung der Sozialisierung von Informationen (Giesecke 1991: 66). Das Medium der Schrift wurde demnach unter den Buchdruckbedingungen als eine Verbreitungstechnologie für Informationen genutzt, die zwar die unmittelbare Interaktion zwischen Sender und Empfänger (weiterhin) ausschloss, aber mittelbar nur mithilfe von Empfängern zu Wissen werden konnte (Luhmann 1998: 57).

Die Einführung des Buchdrucks stellte somit einen Bestandteil des „Übergangs vom Mittelalter in die frühe Neuzeit dar" (Lange 2008: 32), da zwischen Buchdruck und demokratischen Freiheiten „sowohl faktisch als auch ideologisch" (Giesecke 1991: 189) ein Zusammenhang hergestellt werden kann. Dieser Zusammenhang wird darin deutlich, dass im Gegensatz zum Mittelalter, in dem jede breitere Sozialisierung und Verbreitung privater Gedanken „legitimationsbedürftig" war, nun jeder Eingriff in die „Freiheit, Meinungen oder Informationen" zu drucken einer politischen Legitimation bedurfte (Giesecke 1991: 189). Der Buchdruck kann als „Katalysator des kulturellen Wandels" (Giesecke 1991: 21) im Rahmen der „fundamentalen Umbrüche in Politik und Verwaltung, Ökonomie und Handel, Religion, Bildung und nicht zuletzt in den Prozessen der kognitiven Welterkenntnis" (Pscheida 2010: 132) verstanden werden.

Um den Arbeitsaufwand der Drucker zu honorieren und die verlegerische Leistung zu würdigen (Szilagyi 2011), wurden mit der Entstehung des Druckerwesens auch erste Privilegien vergeben (Gieseke 1995), die es den Druckern erlaubten, die Buchdruckkunst für einen bestimmten Zeitraum allein beziehungsweise in einem bestimmten Gebiet auszuüben (Martin 2008, Kohler 1980). Diese Privilegien räumten den Begünstigten Sonderberechtigungen oder -rechte gegenüber den damals üblichen allgemeinen Rechtsregeln ein (Jaenich 2002). Im Zuge der Verbreitung der Drucktechnologie und des steigenden Wettbewerbs kam es auch zu ersten Privilegien für Urheber, die bereits im 15. Jahrhundert damit begannen, ihre Manuskripte zu verkaufen (Hesse 2002), ebenso für Erstverleger, die damit versuchten, sich gegen das Nachdrucken und gegen Raubdrucke zu wehren. Die erfolgreiche Einforderung dieser Privilegien führte schon früh zu einer Art Monopolstellung einiger Druckereien und zu einem generellen Nachdruckverbot für bestimmte Werke in einem bestimmten Gebiet oder für einen bestimmten Zeitraum (Szilagyi 2011, Hesse 2002). Später wurden auch erste Autorenprivilegien gewährt, welche als die ersten Ursprünge für das heutige Verwertungs- und Urheberrecht im Publikationssystem gelten (Kohler 1980).

Wissenschaftliche Journale als Medium der wissenschaftlichen Kommunikation

Noch zu Beginn des 17. Jahrhunderts stellte das Schreiben von Briefen oder Büchern die häufigste Form des wissenschaftlichen Austauschs dar (Porter 1964: 212). Der Brief als besonders exklusive Form der Kommunikation stand dem Buch als sehr zeitaufwendige Form gegenüber (Fecher 2014).

Erst die „drucktechnische Möglichkeit der schnellen Produktion, Vervielfältigung und Verbreitung von Texten“ und „die Loslösung der Wissenschaft(en) von Religion und schöner Literatur“ machten eine „Umorientierung von sporadischer individueller wissenschaftlicher Betätigung hin zu gesellschaftlich anerkannter und zur Kenntnis genommener, kollektiv bzw. arbeitsteilig betriebener Wissenschaft“ möglich (Graefen 2007: 56). Die Gründung von Akademien als einer Art von nationalen Gelehrtengesellschaften im 17. und 18. Jahrhundert führte zu Veränderungen der wissenschaftlichen Literatur (Graefen 2007: 53) und zur Verschiebung der Darstellung wissenschaftlicher Praxis in separate Experimentierräume (Weingart 2005). Die Akademien fungierten als Vereinigungen einzelner Gelehrter und „durch sie fand eine Konzentration vereinzelter wissenschaftlicher Anstrengungen und Leistungen statt“ (Graefen 2007: 53). Die „Einführung von Präzisionsmessungen als Teil der experimentellen Praxis“, sowie „die Einrichtung separater Experimentierräume, um der Sensibilität der Präzisionsinstrumente gerecht zu werden“, ging mit einer „Veränderung der Umgangsformen in der Akademie einher“. Damit verlagerte sich „das Problem, andere zu überzeugen, von der unmittelbaren Demonstration von Evidenz auf die mittelbare Darstellung in Texten“ (Weingart 2005).

Mitte des 17. Jahrhunderts kam es infolge der Gründung der Royal Society als Akademie zur Förderung naturwissenschaftlicher Experimente zu einer Diskussion über die Etablierung einer „neuen Philosophie für die Förderung von Wissen“ (Frize 2013, Hall 1965). Die Mitglieder der Royal

Society hegten den Wunsch nach einer Verbesserung bei der Verbreitung ihrer wissenschaftlichen Erkenntnisse und einer „wissenschaftlichen Revolution" mithilfe der Drucktechnologie (Dear 1985). Als ein Ergebnis der 1660 gegründeten Akademie erschienen 1662 die ersten beiden Bücher, John Evelyns „Sylva" und „Micrographia" von Robert Hooke (Hall 1992). Am 6. März 1665 wurde mit „Philosophical Transactions" eine der ersten wissenschaftlichen Fachzeitschriften veröffentlicht (Peters 2014), „die bis ins 20. Jahrhundert hinein eine der angesehensten Fachzeitschriften blieb" (Graefen 2007: 53). Im gleichen Jahr, bereits am 5. Januar 1665, erschien das „Journal des sçavans" in Frankreich (Ball 2011, Hollricher 2009), das zu Beginn über aktuelle Entdeckungen berichtete (Weiner 2001). Bis zum 17. Jahrhundert folgten circa 30 weitere Journalgründungen. Die Journale unterschieden sich in ihrer Struktur stark von den heutigen und wiesen bis Ende des 18. Jahrhunderts kaum eine fachliche Spezialisierung auf. Sie beinhalteten „auch anwendungs- und praxisbezogene Beiträge" (Graefen 2007). Sie enthielten im Vergleich zu den heutigen Fachzeitschriften jeweils eine nur sehr geringe Anzahl an Beiträgen und waren – meist in der Ich-Form gehalten – an wissenschaftliche Briefe angelehnt, die Wissenschaftler vor der Entwicklung der Journale noch direkt aneinander verschickt hatten (Weiner 2001). „Oft handelte es sich gar nicht um Originalbeiträge, sondern die Herausgeber teilten der gelehrten und gebildeten Menschheit mit, was sie aus ihren Briefwechseln mit Gelehrten Interessantes entnahmen" (Graefen 2007).

Mit der Einführung wissenschaftlicher Journale änderte sich auch die Rolle des Autors und es wurden, im Gegensatz zum Mittelalter, auch solche Texte als wissenschaftliche Texte akzeptiert, deren „Garantie" in der Zugehörigkeit zu einem systematischen Ganzen – der Wissenschaft – bestand und nicht mehr nur aus dem Verweis auf das Individuum (Foucault 2000). Infolgedessen wurden Entdeckungen manchmal in Form eines Anagramms veröffentlicht, so etwa Galileis Entdeckungen der Jupitermonde (Miner 2007) und Hookes Elastizitätsgesetz (Szabo 2013). Auf diese Weise konnten Prioritätsrechte gesichert werden, ohne dass die Entdeckung selbst veröffentlicht werden musste (Miner 2007), Geheimnisse vor Diebstahl geschützt und religiöse Verfolgung vermieden werden (Resnik 2005). Erst ab der Mitte des 19. Jahrhunderts „verlagerte sich die Produktion immer mehr auf das Hier und Jetzt" (Hagner 2015: 28).

Noch bis in das 19. Jahrhundert hinein waren Publikationen mit zwei oder mehr Autoren ausgeschlossen und Bücher wurden unter dem Eindruck einer „Unsterblichkeitsnorm geschrieben, die darauf baute, dass erst die

Nachwelt das eigentliche Anliegen eines Buches verstehen würde" (Hagner 2015: 28).

Die wissenschaftliche Fachzeitschrift oder das wissenschaftliche Journal, wie wir es heute kennen, geht strukturell auf das 19. Jahrhundert zurück, in Zusammenhang mit der Konstruktion der modernen deutschen Universität (Paletschek 2002), als die Forschungsaktivitäten und das öffentliche Interesse an der Wissenschaft generell anstiegen. In dieser Zeit kam es zu den meisten Gründungen der heutigen großen Fachzeitschriften (Porter 1964: 212). Bis zur Etablierung des Peer-Review-Verfahrens als Qualitätssicherungsstandard in der zweiten Hälfte des 20. Jahrhunderts gab es sehr unterschiedliche oder keine Verfahren zur Sicherung der Qualität von Inhalten in den Journalen. Im 20. Jahrhundert folgte auf die weltweite Intensivierung wissenschaftlicher Aktivitäten ein weiterer rasanter Anstieg der wissenschaftlichen Journale (Haustein 2012: 23). Im Jahr 1961 wurde die erste quantitative Studie zur Anzahl wissenschaftlicher Journale durchgeführt. Im Rahmen dieser Erhebung wurde von 50.000 wissenschaftlichen Zeitschriften und von einer Verdoppelung der Anzahl aller wissenschaftlichen Journale alle 15 Jahre ausgegangen (de Solla Price 1982).

Rolle der Verlage und die Publikationskrise

Ursprünglich wurde Wissen an Universitäten gespeichert, übertragen, verarbeitet, aufgezeichnet und später in wissenschaftlichen Journalen und Büchern gedruckt (Kittler 2004). Dieses Wissen wurde in gleicher Weise verbreitet und war Eigentum derer, die dafür schrieben oder es lasen (Weiner 2001). Journale wurden von den wissenschaftlichen Akademien oder akademischen Fachgesellschaften, die die inhaltliche Ausrichtung verantworteten und die finanzielle Trägerschaft übernahmen (Weiner 2001), als Kommunikationsmedium organisiert. Erst im 20. Jahrhundert kam es zu divergierenden Entwicklungen bei der Verbreitung verschiedener Veröffentlichungsformate innerhalb und zwischen den Fachdisziplinen (Hagner 2015).

Mit dem weltweiten Anstieg der wissenschaftlichen Forschung in der Mitte des 20. Jahrhunderts und der stetig steigenden Anzahl wissenschaftlicher Publikationen nach dem zweiten Weltkrieg stieß das universitätseigene Journalsystem an seine Grenzen und es entwickelte sich zu einem „Flaschenhals" (Weiner 2001) im Kommunikationssystem der Wissenschaft. Dem Anstieg an wissenschaftlicher Forschung und dem zunehmenden Publikationsdruck der Wissenschaftler und Wissenschaftlerinnen konnte das System nicht mehr gerecht werden. Kommerzielle Verlage entdeckten diese Lücke und begannen, den Markt mit Unterstützung der überforderten Universitäten zu absorbieren (Hirschi 2015).

Nachdem die Privatisierung und Kommerzialisierung des Systems anfangs gut funktionierte, kam es zunehmend zu einem Bruch. Die Anforderungen des Marktes entsprachen nicht mehr denen der akademischen Gemeinschaft (Weiner 2001). Dennoch verharrte die wissenschaftliche Gemeinschaft in einem „weltfremden" Zustand, in dem der Druck zu veröffentlichen dazu führte, dass sie ein System unterstützte, das sie ausnutzte (Weiner 2001). Sie sahen sprachlos mit an, wie die „Zeitschriften immer größere Anteile der Bibliotheksetats verschlangen" (Hagner 2015). Auch in Deutschland nahmen Anfang der 1990er Jahre die wissenschaftlichen Verlage eine marktbeherrschende Stellung ein und agierten als exklusive Distributoren bei der Veröffentlichung wissenschaftlicher Informationen (Schloegl 2005, Offhaus 2012).

Diese Entwicklung basiert auf dem in der Welt des geistigen Eigentums ungewöhnlichen Umstand, dass seit der Einführung des ersten wissenschaftlichen Journals im Jahr 1665 wissenschaftliche Autoren nicht vordergründig von finanzieller Belohnung profitierten, sondern maßgeblich von der weiten Verbreitung und den Hinweisen auf ihre Arbeit sowie von den wissenschaftlichen Erkenntnissen ihrer Forschung (Albert 2006). Darüber hinaus ist es eine Besonderheit des Systems, dass Wissenschaftler und Wissenschaftlerinnen sowohl Produzenten als auch Konsumenten der Wissenschaftskommunikation sind und damit ihre eigene Zielgruppe darstellen (Hess 2006). Die kommerziellen Verlage haben sich dieses System zunutze gemacht.

Zunehmend erlangten die Verlage eine Vormachtstellung im wissenschaftlichen Publikations- und Distributionssystem. Diese stützt sich bis heute auf drei Säulen (Offhaus 2012, Bargheer 2006: 177):

1. „Urheberrecht, wonach Verlage [...] weitgehende Ansprüche an dem veröffentlichten Werk erwerben"
2. „redaktionelle Themenbündelung (bundling)"
3. Organisation der „Qualitätssicherung durch Begutachtung (Peer Review)"

Die marktbeherrschende Stellung der Verlage führte zu einer Situation, in der die Verlage vorerst im englischsprachigen Raum die Preise für wissenschaftliche Publikationen weitgehend diktierten und Preiserhöhungen unlimitiert durchsetzen konnten. Als Folge der ungebremsten Ausnutzung dieser Marktmacht kam es kurz vor der Jahrtausendwende zur sogenannten „Zeitschriftenkrise" (Eve 2013, Mueller 2010, Schirmbacher 2009, Parks 2002). Die Zeitschriftenkrise, „die richtigerweise

Zeitschriftenpreiskrise oder Zeitschriftenpreisexplosion genannt werden müsste" (Brintzinger 2010), kam als Begriff das erste Mal in den 1990er Jahren auf (Bonim 2010). Diese Krise war das Ergebnis folgender Entwicklungen auf der Angebots- und Nachfrageseite (Brintzinger 2010): Auf der Angebotsseite wurden durch einen „Konzentrationsprozess" „innerhalb von etwas mehr als einem Jahrzehnt im Bereich der Zeitschriften mittelständische Verlage nahezu vollkommen durch internationale Kapitalgesellschaften substituiert" (Brintzinger 2010). Unterstützt von der Nachfrageseite resultierte daraus eine „monopolistische Preispolitik" der Verlage (Brintzinger 2010). Ein zeitgleicher Anstieg der Titelvielfalt, bei der aus „einer mehr generalistischen Zeitschrift drei oder vier Spezialzeitschriften" entstanden, „die dann allesamt wieder von Bibliotheken abonniert werden mussten" (Brintzinger 2010), verschärfte das Problem. Eine weitere Ursache für die krisenhafte Zuspitzung der Situation besteht in der Organisation der Literaturbeschaffung an den Hochschulen und wissenschaftlichen Einrichtungen. Bei der Arbeitsteilung von Bibliothekaren und Wissenschaftlern war und ist es für das Ansehen des einzelnen Fachs durchaus rational, mit einem möglichst hohen Anteil am Gesamtetat der Literaturbeschaffung zu partizipieren. Für individuelles Sparen auf einer der beiden Seiten der Arbeitsteilung gibt es nur wenig Anlass, da beide Systeme unabhängig voneinander funktionieren (Brintzinger 2010).

Die Preisexplosion konnte auch durch die Bildung von Bibliothekskonsortien, „deren Aufgabe es war, für Bibliotheken kostengünstige Rahmenbedingungen auszuhandeln", nicht gebändigt werden (Fladung 2003, Brintzinger 2010). Gleichzeitig standen die Wissenschaftler und Wissenschaftlerinnen unter einem starken Publikationszwang, der mit „Publish or Perish" (Clapham 2005) beziehungsweise „Impact Factor Fever" (Cherubini 2008) und „Impact Factor Race" (Brischoux 2009) beschrieben wurde (Offhaus 2012). „Publish or Perish" beschreibt das Problem, dass im Rahmen der „wachsenden Konkurrenz um Forschungsförderung und akademische Positionen [...] kombiniert mit dem zunehmenden Einsatz bibliometrischer Parameter für Evaluation" (Fanelli 2010) junge Akademiker viel und vornehmlich mit positiven wissenschaftlichen Ergebnissen publizieren müssen, um Anerkennung und gegebenenfalls eine Anstellung im Wissenschaftsbetrieb zu erreichen (Pscheida 2010, Beasley 2005, Hamilton 1990). Das führte zu einer „beinahe explosionsartigen Entwicklung der Anzahl wissenschaftlicher Publikationen" (Bortz 2006a: 36) und zu der damit einhergehenden Vermutung von viel „nutzloser Forschung und Artikel" (Smith 1990: 313), einem „leeren Größenwachstum" (BBAW 2015: 34) und vielen wissenschaftlichen Arbeiten mit „vernachlässigbaren Beiträgen zum Wissen“ (Hamilton 1990). Inwieweit diese Entwicklungen allein zu einer „Lawine von niedriger Qualität der Forschung“ (Bauerlein 2010) in dem beschriebenen Umfang geführt haben oder ob die neuen (digitalen) Möglichkeiten die schon immer bestehenden Qualitätsunterschiede wissenschaftlicher Publikationen einfach nur sichtbar gemacht haben, ist umstritten (Rekdal 2014).

Die genannten Entwicklungen machten dennoch mehrere der problematischen Effekte im Publikationssystem sichtbar: Erstens führte die vermehrte Einreichung von Manuskripten bei begutachteten Publikationsmedien zu einer „schädlichen und vermeidbaren zusätzlichen Belastung der Begutachtung“, zweitens erhöhen das „Größenwachstum“ auf Seiten des erwarteten Lesepensums von Wissenschaftlern „den Aufwand für Auswahl, Beschaffung und Lektüre von Publikationen“ und drittens „steigen (...) die Kosten für das Publikationssystem insgesamt“ (BBAW 2015: 34).

Computer und Internet als neue Medien wissenschaftlicher Kommunikation

Mit dem Aufkommen des Computers in der zweiten Hälfte des 20. Jahrhunderts entwickelte sich der Begriff „Medien“, unter dem in der älteren Medientheorie entweder neutrale technische Infrastrukturen oder Kommunikations-, Wahrnehmungs- oder kulturdeterminierende Techniken verstanden wurden (Beck 2005: 12), zu einem Sammelbegriff. Bei genauerer Betrachtung des Begriffs in den unterschiedlichen Disziplinen, die sich mit Medien beschäftigen, „sind die Gebrauchsweisen und Bestimmungen des Begriffs Medium äußerst heterogen“ und „es hat den Anschein, als könnte die Frage, was Medien sind, zu keiner befriedigenden Antwort führen“ (Burkhardt 2015: 33).

Der Begriff „digitale Medien“ hat in dieser Zeit das Denken über Medien nachhaltig beeinflusst (Burkhardt 2015: 30). Digitale Medien können als Medientechnologien bezeichnet werden, die durch Computer verarbeitet werden (Nünning 2010). Durch die zunehmende Verbreitung des Computers und des Internets Ende der 1980er Jahre wurde dem Medienbegriff eine weitere Dimension hinzugefügt (Burkhardt 2015). Dennoch gilt das Internet als Paradigma für digitale Medien, da hier unterschiedliche Medien mehrfach vernetzt werden: Zum einen werden miteinander vernetzte Computer lokal und global über Telekommunikationskanäle miteinander verbunden, zum anderen konvergieren in diesem globalen Netz Schrift, Bild und Ton (Nünning 2010).

Der Bestand der Rechenkapazitäten an Universitäten hat sich seit 1989 konstant weiter verdichtet (Rutenfranz 1997). Ende des letzten Jahrtausends eröffnete das Internet „neue Nutzungsmöglichkeiten, durch welche die Schrift als ein Medium einsetzbar wird, das den permanenten Wechsel zwischen Sender- und Empfängerposition ähnlich flexibel zu gestalten erlaubt, wie es im gesprochenen Gespräch der Fall ist" (Sandbothe 2000: 70). Die Vernetzung schaffte auch in der Wissenschaft eine mediale Schnittstelle zwischen Autoren und Rezipienten, die keiner menschlichen Vermittlung durch Dritte (wie zum Beispiel Verlage) mehr bedarf (Näder 2010). Mit der Etablierung eines globalen Kommunikationsnetzes ging auch die Vermutung einher, „dass im Internet als einem frei zugänglichen Medium mit geringen Zugangsbarrieren andere [...] Zugang zur Öffentlichkeit erhalten können, der ihnen bei den alten Medien verwehrt bleibt" und „Verbreitung von und der Zugang zu Informationen dezentralisiert wird" (Gerhards 2007). Auch wenn sich im Internet bisher nicht per se eine demokratischere Kommunikation finden lässt, herrscht weiterhin große Euphorie bezüglich der verminderten Zugangsbarrieren, der umfassenden Möglichkeiten für die Verbreitung und Vermittlung von Inhalten sowie für die Transformation klassischer Kommunikationsmedien und -kanäle (Gerhards 2007).

Digitale Souveränität und die Nutzung des Internets werden in Deutschland strukturell vom Bildungsniveau und der erworbenen Medienkompetenz bestimmt. Bei einer repräsentativen Befragung gaben 2014 92 Prozent der Teilnehmer und Teilnehmerinnen mit abgeschlossenem Hochschulstudium an „Online" zu sein (Initiative D21 2014). Ganz pragmatisch ausgedrückt, gehören zum Einsatz digitaler Medien in den Geisteswissenschaften „die Nutzung von Textverarbeitungssoftware genauso wie die Recherche im Bibliothekskatalog mittels OPAC und die Informationsbeschaffung und Kommunikation mittels World Wide Web und E-Mail" (Näder 2010).

Im Zusammenhang mit der zunehmenden Verbreitung von Computer und Internet entwickelte sich der Webbrowser zu einer Kreuzung aus Buch und Fernseher, bei dem das multimediale Dokument als zentrales Wahrnehmungsobjekt aus der Buchkultur übernommen wurde, zugleich aber darüber hinausgreift (Warnke 2011). Als weitere Veränderung in Abgrenzung zur Technologie des Buchdrucks revidierte das Internet „die Vorstellung von einem geschlossenen Sinngehalt" (Sandbothe 2000) mit einem Anfang und Ende wie zum Beispiel in einem Buch.

Die Buchkultur wird von einer Dialogkultur abgelöst, aber nicht vollständig verdrängt. Das Gedruckte kommt demnach als eine Art Rückzugs- oder Entlastungsmedium zum Einsatz (Hagner 2015). Dabei sind „wechselseitige

Steigerungen, funktionale Kopplungen und vielfältige Kombinationen" zu erwarten und der damit einhergehende Medienwandel verändert vor allem „die bereits verbreiteten Medien und damit die medialen Verhältnisse einer Gesellschaft" (Koenen 1997: 246), er verdrängt sie aber nicht zwangsläufig.

Die Entwicklung des Internets Ende des 20. Jahrhunderts war eng mit der Idee verbunden, dass es „Freiheit" sichert, bietet, verbessert oder verstärkt. Der Computer, als Zugangsgerät zu digitalen Informationen, ermöglicht eine neue Form der Zusammenarbeit unterschiedlicher wissenschaftlicher Richtungen an einer gemeinsamen Arbeitsstation, eröffnet die Perspektive einer methodischen Integration unterschiedlicher wissenschaftlicher Betrachtungen und bietet die Chance der Vereinigung von bisher getrennten Notationssystemen von Alphabeten und mathematischen Symbolen (Kittler 2004). Doch auch nach 25 Jahren kann nicht abschließend evaluiert werden, inwieweit die Freiheit diesen Technologien tatsächlich innewohnt und mit „free" nicht nur der Preis gemeint ist (Stallman 2002) beziehungsweise wie diese Freiheit gestaltet werden kann (Kelty 2014).

Erste Experimente mit offenem Zugang zu wissenschaftlichen Publikationen

Die Zeitschriftenkrise und der gestiegene Publikationsdruck stellen zwei fundamentale Gründe für das Aufkommen der Forderungen nach Öffnung des Zugangs zu wissenschaftlicher Literatur dar (Brintzinger 2010, Wein 2010). Als Reaktion auf die Herausforderungen und auf Basis der Digitalisierung gründete Anfang der 1990er Jahre der Physiker Paul Ginsparg mit der Internetseite arXiv.org den ersten wissenschaftlichen Pre-Print-Dienst des Internets (Willinsky 2006, Bjoerk 2004), der es Wissenschaftlern und Wissenschaftlerinnen ermöglichen sollte, Ideen vor der gedruckten Veröffentlichung zu teilen.

Ein Ausgangspunkt dafür waren die ersten Experimente mit offenem Zugang und freien Lizenzen für Publikationen in der Wissenschaft aus den 1960er Jahren und somit schon vor der Zeit der Erfindung des Internets. Noch bevor die digitalen Nutzungsmöglichkeiten verfügbar waren und bevor an das „globale Dorf" (McLuhan 1962) zu denken war, wurde vor allem in den Technik- und Naturwissenschaften eine „Pre-Print-Kultur" entwickelt, bei der die Autoren und Autorinnen ihre zur Begutachtung eingereichten Artikel zeitgleich mit der Veröffentlichung oder bevor diese veröffentlicht wurden unter Kollegen über den Postweg zirkulieren ließen, um den Kommunikationsprozess zu beschleunigen (Hofmann 2016: 6).

Darüber hinaus gab und gibt es „informelle Wege des Zugangs“ zu wissenschaftlichen Publikationen: zum Beispiel durch Kollegen an Institutionen, die auf die Publikation zugreifen können, oder durch die direkte Anfrage einer Kopie beim Autor oder bei der Autorin (Davis 2011).

Mitte der 1990er Jahre forderte Steven Harnad die wissenschaftliche Community dazu auf, sofort mit der digitalen Selbstarchivierung und öffentlichen Zurverfügungstellung ihrer Beiträge zu beginnen (Albert 2006), um „den Barrieren, die zwischen ihrer Arbeit und ihrer (kleinen) Leserschaft aufgestellt werden, zu entkommen“ (Harnad 1995).

Durch die zunehmende Verbreitung und Nutzung dieser digitalen Pre-Print-Dienste gründete sich im Oktober 1999 im Rahmen der „Santa Fe Convention“ die „Open Archives Initiative“, die sich maßgeblich mit den technischen und organisatorischen Aspekten der Transformation der wissenschaftlichen Kommunikation beschäftigte (van de Sompel 2000).

2001 wurde der europäische Ableger von der Scholarly Publishing and Academic Resources Coalition (SPARC), einer der späteren „major player“ der Open-Access-Bewegung, gegründet (Russell 2008, Herb 2012). Als Konsequenz aus der Zeitschriftenkrise sollte diese 1998 in den USA gegründete Allianz zwischen Universitäten und wissenschaftlichen Bibliotheken dafür Sorge tragen, dass die Kosten für wissenschaftliche Publikationen reduziert und Letztere durch die Bereitstellung kostengünstiger oder freier, nicht-kommerzieller, Peer-Review-Fachzeitschriften ersetzt würden. Durch Weiterbildung, politische Arbeit und die Förderung alternativer Geschäftsmodelle war es das Ziel von SPARC, Initiativen für offenes wissenschaftliches Publizieren zu stimulieren (SPARC 2015).

Die Manifestierung der Forderung nach offenem Zugang

Im Jahr 2001 erschien Open Access erstmals im wissenschaftlichen Diskurs als öffentlichkeitswirksames Thema (SCIENCE Editors 2001, Roberts 2001). Die Public Library of Science (PLoS), gegründet im Oktober 2000, forderte die gesamte wissenschaftliche Gemeinschaft in einem offenen Brief im Mai 2001 dazu auf, ab September 2001 nur noch in denjenigen Zeitschriften zu veröffentlichen und nur noch diejenigen Zeitschriften zu begutachten, zu editieren und zu abonnieren, deren Beiträge spätestens sechs Monate nach ihrer Erstveröffentlichung für jedermann im Internet kostenlos und unentgeltlich einsehbar seien (PLOS 2000). Innerhalb von zwei Jahren unterzeichneten nach eigenen Angaben rund 33.000 Wissenschaftler und Wissenschaftlerinnen aus über 180 Nationen das Schreiben (PLOS 2003).

Auf diesen Brief folgte eine 20-monatige, sehr aktive und öffentlichkeitswirksame Phase der Forderung nach Öffnung der wissenschaftlichen Kommunikation. In diesen 20 Monaten wird neben PLoS der britische Verlag Biomed Central als weiterer „Wegbereiter" für Open Access (Hofmann 2016: 8) gegründet und es entstehen drei der bis heute wichtigsten Erklärungen im Bereich der Öffnung des Zugangs zu wissenschaftlicher Kommunikation (CREATe 2014):

1. Erklärung der Budapest Open Access Initiative (Dezember 2002 und 2012)

Im gleichen Jahr, in dem der PLoS-Brief erschienen war, wurden im Rahmen einer Konferenz des Open Society Institutes in Budapest mit der „Budapest Open Access Initiative" (BOAI 2002) erstmals die Bemühungen um Open Access in einer eigenen Erklärung zusammengefasst (Yiotis 2013, Garcia 2010, Bernius 2009). Im Fokus dieser Erklärung steht die Forderung nach freiem Zugang (ausschließlich) zu wissenschaftlichen Zeitschriftenpublikationen, „die zuvor einen Peer-Review-Prozess durchlaufen haben und anschließend, parallel zur Veröffentlichung in der Zeitschrift, im Netz frei zur Verfügung gestellt werden sollten" (Schirmbacher 2007). In der BOAI manifestiert sich erstmals, dass wissenschaftliche Peer-Review-Fachliteratur

> kostenfrei und öffentlich im Internet zugänglich sein sollte, so dass Interessenten die Volltexte lesen, herunterladen, kopieren, verteilen, drucken, in ihnen suchen, auf die Volltexte verweisen, sie indexieren, sie als Daten weiterverarbeiten und sie auch sonst auf jede denkbare legale Weise benutzen können, ohne finanzielle, gesetzliche oder technische Barrieren jenseits von denen, die mit dem Internet-Zugang selbst verbunden sind (BOAI 2002).

Die Erklärung fordert zudem:

> [In] allen Fragen des Wiederabdrucks und der Verteilung und in allen Fragen des Copyrights überhaupt, sollte die einzige Einschränkung darin bestehen, den Autoren Kontrolle über ihre Arbeit zu belassen und deren Recht zu sichern, dass ihre Arbeit angemessen anerkannt und zitiert wird (BOAI 2002).

Die Erklärung entwarf erstmals ein Bild davon, was eine Open-Access-Publikation von einer Veröffentlichung in einer herkömmlichen Fachzeitschrift und von einer kostenlosen, aber nur sehr eingeschränkt nutzbaren Digitalversion eines Artikels unterscheidet, und eignet sich demnach als Anknüpfungspunkt für die Open-Access-Bewegung (Näder 2010). Sie bezog sich dabei explizit erst einmal nur auf wissenschaftliche Zeitschriftenliteratur (BOAI 2002).

Anlässlich des zehnten Jahrestags der BOAI wurde von der Open Society Foundation mit der BOAI 10 (2012) die ursprüngliche Erklärung um weitere Richtlinien und Empfehlungen für die Entwicklungen und Herausforderungen bei der Öffnung wissenschaftlicher Kommunikation ergänzt. Die Initiatoren kommen unverändert zu dem Schluss, dass „noch immer Zugangsbeschränkungen zu Peer-Review-Forschungsliteratur, meist eher zugunsten der Verlage, als zugunsten der Autoren, Reviewer oder Redakteure und damit auch auf Kosten der Forschung, Forscher und Forschungseinrichtungen" (BOAI 2012) bestehen. Dazu heißt es in der überarbeiteten Erklärung:

> Nichts aus den letzten zehn Jahren lässt darauf schließen, dass das ursprüngliche Ziel von Open Access weniger sinnvoll oder erstrebenswert erscheint. Im Gegenteil, die Notwendigkeit, dass Wissen für jeden, der es nutzen, anwenden oder darauf aufbauen kann, offen verfügbar sein sollte, ist dringlicher als je zuvor (BOAI 2012).

Darüber hinaus erfolgte auch eine Adaption der weiterführenden Aspekte der Stellungnahme von Bethesda und der Berliner Erklärung.

2. Die Bethesda-Stellungnahme (Juni 2003)

Ein Jahre nach Veröffentlichung der initialen Version der BOAI-Erklärung, im Juni 2003, verabschiedete eine Gruppe von Forschungsförderern, wissenschaftlichen Gesellschaften, Verlegern, Bibliothekaren, Forschungseinrichtungen und einzelnen Wissenschaftlen im US-Bundesstaat Maryland das „Bethesda Statement on Open Access Publishing" (Suber 2003a). Ziel der Erklärung war die Stimulation der Diskussion in der biomedizinischen Forschung, „wie man schnellstmöglich den offenen Zugang zu der primären wissenschaftlichen Literatur in der Biomedizin erreichen könnte" (Suber 2003a). Ähnlich wie in der BOAI benannten die Autoren und Autorinnen des „Bethesda Statements on Open Access Publishing" die Bedingungen für den offenen Zugang zu wissenschaftlichen Publikationen (Suber 2003a):

- Erstens werden Autoren und Urheberrechts-Inhaber aufgefordert, für alle Benutzer ein freies, unwiderrufliches, weltweites und unbefristetes Recht auf den Zugang zu genehmigen sowie eine Lizenz zu verwenden, die das Kopieren, Nutzen, Verbreiten, Übertragen und öffentliche Darstellen der Publikation ermöglicht. Darüber hinaus soll es erlaubt sein, abgeleitete Werke zu verteilen und in jedem digitalen Medium für beliebige Zwecke zu veröffentlichen, vorbehaltlich einer angemessenen

Zuordnung der Urheberschaft. Das beinhaltet auch das Recht auf eine kleine Anzahl gedruckter Kopien für den persönlichen Gebrauch.
- Zweitens muss eine vollständige Version der Arbeit und aller ergänzenden Materialien, einschließlich einer Kopie der Genehmigung, wie oben erwähnt, in einem geeigneten elektronischen Standardformat unmittelbar bei der ersten Veröffentlichung in mindestens einem Online-Repositorium, das von einer wissenschaftlichen Einrichtung unterstützt wird, hinterlegt werden. Dieses muss von einer wissenschaftlichen Gesellschaft, Regierungsbehörde oder einer anderen etablierten Organisation offiziell anerkannt sein. Diese Repositorien müssen sich für einen offenen Zugang, uneingeschränkte Verbreitung sowie Interoperabilität und Langzeitarchivierung verpflichtend einsetzen (für die biomedizinischen Wissenschaften ist PubMed Central ein solches Repository).

Die Bethesda-Stellungnahme ist in einigen Punkten präziser als die Budapester Erklärung, öffnet zudem ihren Wirkungsraum auch für Monografien und nicht-wissenschaftliche Publikationen. So enthält die Stellungnahme samt dem damit einhergehenden Definitionsversuch Erweiterungen, die später in der sogenannten Berliner Erklärung ebenfalls aufgegriffen werden, adressiert die Zugänglichkeit von im Rahmen der Publikationen erarbeiteten Zusatzmaterialien wie Mess- und statistische Daten, fordert das „Recht zur Erstellung und Publikation abgeleiteter Werke“ (Derivate), „bindet Open Access unmittelbar an digitale Medien“, schreibt sofort nach der Erstveröffentlichung die frei zugängliche Veröffentlichung vor und rückt Open Access in die Nähe offener und freier Inhalte im weiteren Sinne (Näder 2010).

3. Die Berliner Erklärung (Oktober 2003)

Einen weiteren Meilenstein für die Verbreitung der Idee von Open Access auf dem europäischen Kontinent stellten die „Berlin Konferenzen“ (CREATe 2014) dar. Die erste Tagung wurde 2003 von der Max-Planck-Gesellschaft und dem Projekt European Cultural Heritage Online (ECHO) organisiert, um über „Zugangsmöglichkeiten zu Forschungsergebnissen“ zu diskutieren. In diesem Rahmen entstand 2003 auch die „Berliner Erklärung über den offenen Zugang zu wissenschaftlichem Wissen“, in der die Verfasser über die Budapester und die Bethesda-Erklärung hinausgehen und neben dem kostenlosen und freien Zugang zu wissenschaftlichen Endergebnissen in Form von Publikationen auch den freien und offenen Zugang zu wissenschaftlichen Daten fordern. „Open Access-Veröffentlichungen umfassen originäre wissenschaftliche Forschungsergebnisse ebenso wie

Ursprungsdaten, Metadaten, Quellenmaterial, digitale Darstellungen von Bild- und Graphik-Material und wissenschaftliches Material in multimedialer Form" (Berliner Erklärung 2003).

Mit dieser Ausweitung der Erklärung auf die den Publikationen zugrunde liegenden Daten formiert sich erstmals ein klares, weites Verständnis von Open Access. Damit entsteht auch die Grundlage für eine erste Eingrenzung des Open-Science-Begriffs, da hier der offene Zugang als eine „umfassende Quelle menschlichen Wissens und kulturellen Erbes, die von der Wissensgemeinschaft bestätigt wurde" (Berliner Erklärung 2003) verstanden wird. Die Erklärung schließt damit jegliche wissenschaftlichen und nicht-wissenschaftlichen Arbeiten ein, „unabhängig von Disziplin und Art der Publikation" und „jedweder Herkunft" (Näder 2010). Dennoch konzentrieren sich die zeitgenössischen Diskussionen um die Berliner Konferenzen hauptsächlich auf den bereits abgeschlossenen wissenschaftlichen Prozess und die finale wissenschaftliche Publikation.

Die Autoren und Autorinnen der Berliner Erklärung erahnten die Bedeutung und möglichen Konsequenzen ihrer umfassenden Forderungen sowie die Herausforderungen in der Umsetzung. Nur so erklärt sich die „Diskrepanz zwischen der kompromisslosen Proklamation der Prinzipien und der durch vorsichtige Wortwahl geprägten Unterstützung des Übergangs zum ‚Prinzip des offenen Zugangs' in der Praxis" (Lossau 2007).

Alle drei Erklärungen, auch die „three Bs" genannt (Suber 2004), gelten als die anerkanntesten Erklärungen zu Open Access. Sie stimmen in den wesentlichen Merkmalen überein (Albert 2006), divergieren aber in Detailfragen (Näder 2010). Sie alle eint vor allem die Kernforderung nach der Beseitigung der preislichen und partiell der rechtlichen Barrieren bezüglich des freien Zugangs zu den wissenschaftlichen Publikationen. Sie alle haben zwar keine rechtlich bindenden Interventionen und keine Sanktionsmechanismen, nutzen aber Anreizelemente für die Durchsetzung der definierten Forderungen. Weiterhin eint sie, dass alle drei Erklärungen ihre Ursprünge in den naturwissenschaftlichen, technischen und medizinischen Fächern haben und vornehmlich auf den Erfahrungen mit der Zeitschriftenkrise in diesen Fächern basieren (Näder 2010). Trotz der Unterschiede im Detail ähneln sich die Erklärungen auch bei der geforderten Beseitigung der Barrieren für die kommerzielle Nutzung und die Erstellung von Derivaten (CREATe 2014). Die drei Erklärungen wurden darüber hinaus „von unterschiedlicher Seite vielfach präzisiert, interpretiert, eingeschränkt und erweitert" (Näder 2010), woraufhin sich eine „BBB-Definition (Budapest-Bethesda-Berlin) von Open Access etabliert hat" (Schirmbacher 2007).

Diese wird von mir jedoch nur als ein weiterer grundsätzlicher Bezugsrahmen für die Annäherung an die Begrifflichkeiten von Open Access und Open Science betrachtet.

Schon ein Jahr vor der ersten Open-Access-Erklärung, im Jahr 2001, folgte die Entwicklung und 2002 die Veröffentlichung der ersten Creative-Commons-Lizenzen (Garcia 2010). Diese Lizenzen waren inspiriert von den Lizenzen der freien Softwarebewegung und wurden kostenlos zur Verfügung gestellt (Minjeong 2007). Sie ermöglichten das freie Lizenzieren von Werken für bestimmte Verwendungen unter bestimmten Bedingungen oder ermöglichten die gemeinfreie Nutzung ohne Einschränkungen. Die Creative-Commons-Lizenzen bilden bis heute die urheberrechtliche Grundlage für eine Vielzahl der Open-Access-Publikationen weltweit (Hofmann 2014). Ende 2004 waren 4,7 Millionen Werke unter einer CC-Lizenz verfügbar (Creative Commons 2015a). Nach eigenen Angaben von Creative Commons (Creative Commons 2015b) stieg die Anzahl der unter CC lizenzierten Werke auf 50 Millionen im Jahr 2006, 400 Millionen im Jahr 2010 und 882 Millionen im Jahr 2014. Seit 2010 ist auch ein Wechsel hin zu offenen Lizenzmodellen innerhalb der CC-Lizenzen ersichtlich. Waren 2010 noch 60 Prozent der 400 Millionen Werke unter den restriktiven CC-Lizenzen veröffentlicht, sank der Anteil 2014 auf 44 Prozent. Die modularen Lizenzen sind im Kontext von Open Access besonders wichtig, „um (Nach-)Nutzungs-möglichkeiten für Texte, Daten und andere wissenschaftliche Erzeugnisse festlegen zu können" (Hofmann 2014: 163).

Die fortschreitende Etablierung von Offenheit

Im Jahr 2003 entstand das Portal „Directory of Open Access Journals" (DOAJ), das bis zum Jahr 2013 von der schwedischen Universität Lund betrieben wurde (DOAJ 2015). Das Portal ist eine zentrale Anlaufstelle für Open-Access-Journale (Suber 2015) und „zielt darauf ab, Ausgangspunkt für qualitative und peer-reviewte open access Materialien zu sein" (DOAJ 2015). 2012 folgte dem DOAJ-Modell mit dem „Directory of Open Access Books" (DOAB) ein Portal für qualitätsgeprüfte Open-Access-Bücher und -Monografien (Adema 2013).

Anfang 2006 reagierte die Deutsche Forschungsgemeinschaft (DFG) auf die Entwicklungen und verabschiedete eine Richtlinie (DFG 2006), nach der sie zwar nicht voraussetzt, aber „erwartet", dass Publikationen aus DFG-geförderten Projekten „möglichst" als Open Access veröffentlicht werden (DFG 2014a). Eine ähnliche Erklärung verabschiedete auch die größte amerikanische Förderinstitution National Institutes of Health (NIH) und stellte „mit

PubMed Central (PMC) dazu auch gleich eine entsprechende Plattform bereit" (Mueller 2010). Anfangs wurde die „offene" Veröffentlichung der Publikationen unter Maßgabe der deklarierten Kriterien und Bedingungen aufgrund eines Aufschreis der Verlage nur „empfohlen". Die Verlage sahen in der Richtlinie einen Untergang der wissenschaftlichen Qualitätssicherungsprozesse (Baggs 2006). 2008 wurde die Open-Access-Veröffentlichung NIH-geförderter Publikationen nach einer Embargozeit dennoch verpflichtend (Hanekop 2014). Aktuell gibt es in Deutschland keine zentrale Plattform wie PMC und die Veröffentlichung der geförderten Ergebnisse als Open Access ist weiterhin nicht bindend.

Auf die Entwicklungen folgten viele weitere „anerkennende" weiche Erklärungen unterschiedlicher Gruppen, die mit „Bekenntnissen", „Empfehlungen" und „Einladungen" das Ziel der Öffnung wissenschaftlicher Kommunikation fördern wollen. Hier eine Auswahl der Dokumente:

- 2004 erschien die „Declaration on Access to Research Data" (OECD 2004) der Organisation für wirtschaftliche Zusammenarbeit und Entwicklung (OECD). Die Regierungen „erkennen in dieser Erklärung die Forderung zum Zugang zu wissenschaftlichen Publikationen aus steuerfinanzierter Forschung an" und „bekennen sich" zu der Notwendigkeit eines Zugangs zu wissenschaftlichen Daten. In der Erklärung bekennen sich die OECD-Staaten (darunter auch Deutschland) darüber hinaus dazu, gemeinsame Regelungen für den Zugang zu mit öffentlichen Mitteln finanzierten digitalen Forschungsdaten unter Berücksichtigung sozialer, wissenschaftlicher und ökonomischer Interessen zu schaffen.
- Die „Kronberg Declaration on the Future of Knowledge Acquisition and Sharing" der Organisation der Vereinten Nationen für Bildung, Wissenschaft und Kultur (UNESCO) aus dem Jahr 2007 thematisiert generell das Thema Wissen und dessen Zukunft und sieht dieses als Schlüssel zu sozialer und wirtschaftlicher Entwicklung. Zudem beschreibt sie Veränderungen bei der Erstellung, Aneignung und Verbreitung des Wissens im Rahmen neuer Informationstechnologien. Sie entstand im Rahmen des Treffens einer Expertengruppe am 22. und 23. Juni 2007. Wie die vorherigen Erklärungen beinhaltet sie zwar weder konkrete Ziele noch Anreiz- oder Zwangsmechanismen, setzt aber konkrete Anknüpfungspunkte und kommuniziert „Empfehlungen" an die Weltgemeinschaft für den Umgang mit Wissen in den nächsten 25 Jahren. Im Gegensatz zu den „three Bs" fokussiert sie dabei nicht nur wissenschaftliche Kommunikation, sondern fordert die weitere Unterstützung für Open Access und ebenfalls die Öffnung von Daten. Die Teilnehmer und

Teilnehmerinnen der Arbeitsgruppe besaßen mehrheitlich einen wissenschaftlichen Hintergrund (UNESCO 2007).

- 2007 veröffentlicht der Rat der Europäischen Union die „Council Conclusions on scientific information in the digital age: access, dissemination and preservation" (EU Council 2007) und „lädt" die Mitgliedsländer und die europäischen Institutionen ein, neue Strategien und Strukturen für die Verbesserung des Zugangs zu und die Sicherung und Verbreitung von wissenschaftlichen Informationen zu entwickeln.
- 2012 setzt sich das „The Cost of Knowledge Manifesto" (Gowers 2012) im Gegensatz zu den bisher genannten Erklärungen nicht direkt für die Verbesserung des Zugangs zu wissenschaftlichen Informationen ein, sondern gegen die Praxis eines konkreten Wissenschaftsverlags: Elsevier. Dazu startete der Mathematiker Gowers einen Boykottaufruf gegen die überhöhten Subskriptionspreise des Verlags, die Form der Bündelung von wissenschaftlichen Inhalten sowie gegen die politische Arbeit von Elsevier gegen die Verbreitung von Open Access. Mittlerweile haben fast 17.000 Wissenschaftler und Wissenschaftlerinnen (Stand: November 2017) haben das Manifest bisher unterzeichnet und öffentlich auf der Webseite angegeben, in welcher Weise sie in Zukunft die Zusammenarbeit mit dem Verlag einstellen wollen. Elsevier antwortete im Februar 2012 auf den Boykott (Elsevier 2012), konnte aber die Vorwürfe nicht restlos ausräumen.

Von Open Access zu Open Science

Die zunehmende Verbreitung des Internets, die zunehmende Digitalisierung wissenschaftlicher Abläufe und die Möglichkeiten des kollaborativen Arbeitens über digitale Infrastrukturen haben die „praktischen und wirtschaftlichen Bedingungen für die Verbreitung von wissenschaftlichem Wissen und kulturellem Erbe grundlegend verändert" (Berliner Erklärung 2003). „Publikationen" erstrecken sich bei dem Konzept der offenen Wissenschaft (Open Science) auf möglichst sämtliche Prozesse, die zum wissenschaftlichen Erkenntnisprozess beitragen.

Die 2010 veröffentlichten „Panton Principles" (Murray-Rust 2015) greifen einen Teil dieser Erweiterung des offenen Zugangs zu wissenschaftlichen Publikationen auf und ergänzen diesen um den offenen Zugang zu den (Roh-)Daten der jeweiligen Publikation. Sie folgen unter anderem der Annahme, dass andere Wissenschaftler und Wissenschaftlerinnen sowie die Gesamtgesellschaft nur dann vollumfänglich von wissenschaftlicher Forschung profitieren können, wenn auch der Kern der Forschung, die

Daten, auf der sie basiert, unter den Kriterien der „Open-Definition" (Open Definition 2014) zur Verfügung stehen.

Die Mehrzahl der bis dahin veröffentlichten Open-Access-Erklärungen bezogen sich auf die Öffnung der finalen wissenschaftlichen Publikationen (mit Ausnahme der Berliner Erklärung, die auch auf die Öffnung von Daten eingeht), mit maximal geringfügiger Änderung des Kommunikationssystems. *Open Science* zielt dagegen auf eine Transformation des gesamten wissenschaftlichen Erkenntnisprozesses. Die Europäische Kommission sieht in diesem Transformationsprozess, vor allem in Hinblick auf die Demokratisierung von Forschung, die Entstehung von neuen Disziplinen und Forschungsthemen, die Symbiose aus Wissenschaft, Gesellschaft und Leitlinien sowie transparenter, reproduzierbarer Forschung (European Commission 2015a).

Im Jahr 2013 konsultierte die Europäische Kommission in diesem Zusammenhang über 130 Vertreterinnen und Vertreter aus Forschung, Industrie, Forschungsförderung, Bibliotheken, Verlagen und Anbietern von Forschungsinfrastrukturen, um die Implikationen aus diesem raschen technologischen Wandel zusammenzufassen sowie Grundlagen für das kommende europäische Forschungsförderungsprogramm (Horizon 2020) zu definieren. Dabei stehen vor allem Forschungsdaten und die Digitalisierung wissenschaftlicher Kommunikation im Vordergrund. Aus Sicht der Forscher und Forscherinnen umfassen Forschungsdaten alle Daten aus einem Experiment, Analyse oder Messung, einschließlich Metadaten und Details über die Verarbeitung der Daten (European Commission 2013). Für Verlage handelt es sich dabei ausschließlich um Daten, die mit der finalen Publikation verknüpft sind (European Commission 2013).

Soziale Medien und die technologischen (Weiter-)Entwicklungen im letzten Jahrzehnt in Bezug auf die Geschwindigkeit der Verbreitung von Informationen und die Speicherkapazität für Daten ermöglichen erstmals die digitale Bereitstellung sämtlicher Erkenntnisse und Informationen, die in der Wissenschaft gewonnen werden. Die Berliner Erklärung (siehe Abschnitt 2.1.a.vii.) nimmt diese Gedanken schon 2003 auf und ergänzt die oben bereits erwähnte Forderung nach offenem Zugang zu originären wissenschaftlichen Forschungsergebnissen um „Ursprungsdaten, Metadaten, Quellenmaterial, digitale Darstellungen von Bild- und Graphik-Material und wissenschaftliches Material in multimedialer Form" (Berliner Erklärung 2003).

Im April 2012 wurde die Erklärung „Open Science for the 21st century" vom Zusammenschluss der Europäischen Akademien (ALLEA) verabschiedet

(ALLEA 2012). Sie war nur eine von mehreren Erklärungen und Positionspapieren für die Öffnung von Wissenschaft durch international angesehene Einrichtungen, durch die deutlich wurde, dass die Forderung nach offenem Umgang mit Wissen und Information im wissenschaftlichen Bereich zunehmend an Relevanz gewinnt (Schulze 2013).

2013 folgte mit der „San Francisco Declaration on Research Assessment" (DORA, DORA 2013) der öffentliche Aufruf, nicht länger auf journalbasierte Metriken bei der Einstellung und Beförderung von Wissenschaftlern sowie bei Förderentscheidungen für Forschungsprojekte zu setzen oder diese als Qualitätsmaßstäbe für einzelne Forschungsartikel heranzuziehen. Die Erklärung fordert zudem Forschungsförderer auf, die gesamte Forschungsleistung sowie die Wirkung von Wissenschaftlern und Wissenschaftlerinnen zu berücksichtigen. Dazu gehören neben der Publikation auch die Datensätze und die Software sowie der Quellcode.

Beide Erklärungen beschreiben auf unterschiedliche Art und Weise eindrücklich die Notwendigkeit einer Öffnung des wissenschaftlichen Erkenntnisprozesses, die weit über den reinen Zugang zu wissenschaftlichen Publikationen hinausgeht. Nur durch eine Öffnung des gesamten Prozesses wissenschaftlicher Forschung, so die Annahme, könne die Wissenschaft ihrem gesellschaftlichen Auftrag im digitalen Zeitalter vollumfänglich gerecht werden und die Herausforderungen für das wissenschaftliche Kommunikationssystem gelöst werden.

Ökonomie der wissenschaftlichen Kommunikation

Die klassische Ökonomie der wissenschaftlichen Kommunikation beruht auf der Durchsetzung von Urheberrechten. Diese beschränken den Zugang und Zugriff auf urheberrechtlich geschützte Inhalte sowie auf deren Wieder- und Weiterverwendung. Leser und Leserinnen können nur gegen die Zahlung einer Gebühr Zugang zu der Veröffentlichung erhalten (CREATe 2014). Das gilt vor allem für die Veröffentlichung wissenschaftlicher Erkenntnisse.

Das wissenschaftliche Publizieren kann dabei als „gesellschaftlich bedingter Kreislauf" (Schirmbacher 2009) betrachtet werden. Eine Besonderheit der Ökonomie wissenschaftlicher Kommunikation, die von spezifischen Akteuren und Prozessen geprägt wird, ist die Organisation des Marktes (Hess 2006). Im Rahmen der formellen wissenschaftlichen Kommunikation und des wissenschaftlichen Verlagsgeschäfts, „ist es der Staat, der diesen Markt schafft" (Hirschi 2015: 7). Die Ökonomie der wissenschaftlichen

Kommunikation, ihre Akteure und Prozesse können wie folgt unterteilt werden (Hess 2006):

1. Erstellung von Inhalten durch Wissenschaftler und Wissenschaftlerinnen (Erstellung): Der Kreislauf beginnt mit der Anfertigung der geistigen Werke durch die Autoren und Autorinnen (Schirmbacher 2009). Nach der Entwicklung eines konkreten Forschungsvorhabens sowie einer wissenschaftlichen Fragestellung entstehen im Rahmen der wissenschaftlichen Forschung oder der jeweiligen Untersuchung Daten, die im Forschungsprozess gesammelt, analysiert, ausgewertet, aufbereitet und verschriftlicht werden. Die Ergebnisse werden abschließend strukturiert zusammengefasst und niedergeschrieben (Hess 2006).
2. Qualitätskontrolle und die Bewertung von Inhalten (Bewertung): Die Qualitätskontrolle ist wesentlicher Bestandteil der wissenschaftlichen Kommunikation. Sie sichert die gewonnenen Erkenntnisse und stellt einen klaren Abgrenzungsaspekt zu nicht-wissenschaftlichen Informationen und Erkenntnissen dar (Luhmann 1998). Sie findet an zwei Stellen des Kommunikationsprozesses statt (siehe auch abschließende Aufnahme von Wissen): Bei der initialen Bewertung wird die Publikation der Erkenntnisse vom Verlag organisiert (Schirmbacher 2009) und von anderen Wissenschaftlern und Wissenschaftlerinnen überprüft und gesichert (Peer Review, Hess 2006).
3. Auswahl der Inhalte durch Verlage (Bündelung): Die Verlage kuratieren in Zusammenarbeit mit anderen Wissenschaftlern und Wissenschaftlerinnen die wissenschaftlichen Inhalte für die Publikation. Bei wissenschaftlichen Journalen werden zum Beispiel die eingereichten Beiträge gebündelt und in einer Ausgabe mit anderen Beiträgen zusammengefasst.
4. Publikation der Inhalte durch Verlage (Druck): Nach Erstellung und Erkenntnissicherung findet die „eigentliche Publikation" (Schirmbacher 2009) der Informationen statt. Bis zur Digitalisierung bestand dieser Schritt ausschließlich aus dem Druck der Inhalte auf Papier. Seit der Digitalisierung besteht der Prozess zunehmend auch in der Aufbereitung der Beiträge für die digitale Verbreitung.
5. Distribution der Inhalte durch die Verlage (Verbreitung): Der Vertrieb und die Verbreitung von Forschungsergebnissen an die wissenschaftliche Community ermöglicht den Zugriff auf die Informationen durch andere Wissenschaftler und Wissenschaftlerinnen. Dieser Schritt stellt einen essentiellen Tei der Zirkulation und Kommunikation des neu gewonnenen Wissens dar. Er sichert die Verfügbarkeit sowie die Möglichkeit des Zugriffs auf die Informationen und ist Teil des Selektionsprozesses für die Erschaffung neuen Wissens (Nosek 2015).

6. Support und Archivierung (Archivierung): Erschließung, Aufbewahrung und Bereitstellung der Publikation durch Bibliotheken (Schirmbacher 2009). Die Bibliotheken unterstützen Wissenschaftler und Institutionen bei der Bewahrung und der Archivierung von Wissen (Koelbel 2002).
7. Konsum und Rezeption der Inhalte (Aufnahme von Wissen): In diesem Schritt wird durch den Vergleich neuer Ergebnisse mit bereits publizierten Inhalten sowie durch die Diskussion der Ergebnisse in der Gemeinschaft erneut die wissenschaftliche Qualität gesichert (Umstaetter 2007). Die Rezeption der veröffentlichten Inhalte durch die wissenschaftliche (Fach-)Gemeinschaft ist damit der letzte Schritt des wissenschaftlichen Kommunikationsprozesses. Aus der Mitte der wissenschaftlichen Gemeinschaft heraus entstehen durch diese Verschriftlichung der wissenschaftlichen Kommunikation und das Aufgreifen derselben durch die Gemeinschaft neues Wissen (Schirmbacher 2009) und der Kommunikationsprozess beginnt von vorn.

An dem System der Wissenschaftskommunikation und dem Prozess des wissenschaftlichen Publizierens sind neben Fachgesellschaften, dem Buchhandel, Zeitschriftenagenturen und der Öffentlichkeit (Seidenfaden 2005: 6) vor allem drei Gruppen beteiligt: erstens die Wissenschaftler als Produzenten und Konsumenten der Informationen, zweitens die kommerziellen Verleger, die als Intermediäre wissenschaftliche Informationen sammeln, bündeln und verkaufen, sowie drittens die Bibliotheken, die diese Informationen wiederum den Wissenschaftlern zur Verfügung stellen (Odlyzko 1997).

Wissenschaftler und Wissenschaftlerinnen stehen dabei an einer komfortablen Stelle des wissenschaftlichen Produktions- und Distributionssystems (Herb 2010), da sie ausschließlich mit der Verarbeitung und Neuerstellung von Wissen beschäftigt sind. Den Erwerb der Publikationen übernehmen die Bibliotheken und mit der Distribution sind die Verlage befasst. Wissenschaftler und Wissenschaftlerinnen verfügen häufig über sehr gute Zugangsmöglichkeiten zu wissenschaftlichen Informationen durch ihre Forschungsinstitutionen (Cope 2014). In dieser Position als Autoren und als Leser sind sie mit den finanziellen Herausforderungen beim Vertrieb von Wissen nicht konfrontiert. Sie werden an staatlichen, wissenschaftlichen Institutionen größtenteils durch öffentliche Gelder finanziert und erhalten durch die Bibliotheken ihrer Institution Zugang zu wissenschaftlichen Publikationen. Sie schreiben Texte für die Publikation in wissenschaftlichen Verlagen und werden im Rahmen der Veröffentlichung mit Reputation „belohnt". In diesem Publikationskreislauf sind die Verlage die einzige voll-privatwirtschaftliche Gruppe, die Ressourcen aus dem

System herauszieht, ohne dass diese Ressourcen vollständig dem Kreislauf der Wissenschaftskommunikation wieder zugeführt werden (Kiley 2006).

Wissenschaftliche Inhalte werden bisher vor allem über drei grundlegende Vertriebsarten zur Verfügung gestellt (Cope 2014):

1. Wissen als zum Kauf angebotene Inhalte: Der größte Anteil wissenschaftlicher Publikationen wird über den Verkauf vertrieben. Allein für die STM-Fächer (Science, Technology, Medicine) wird von einem Markt von wissenschaftlichen englischsprachigen Zeitschriften im Wert von 10 Milliarden Dollar und Büchern im Wert von 5 Milliarden Dollar ausgegangen (Ware 2015: 6).
2. Wissen als vollkommen „kostenlose“ Ressource: Diese Art des Vertriebs folgt der Maxime, dass Wissenschaft theoretisch die Verantwortung mit sich bringt, die größtmögliche Verbreitung ihrer Erkenntnisse zu erreichen. Damit sind mehrheitlich (bis auf einige Ausnahmen) meist noch gering verbreitete Vertriebsmodelle gemeint, bei denen der Leser oder die Leserin kostenlos auf Inhalte zugreifen kann und auch dem Autor oder der Autorin keine Kosten entstehen. Notwendige Erlöse für die Bereitstellung der Plattformen können hier über Werbung oder Zusatzdienste erzielt werden.
3. Wissen als bei der Produktion bezahlte Ressource: Dabei handelt es sich um ein immer mehr verbreitetes Modell für die kostenlose und offene Bereitstellung wissenschaftlicher Inhalte, bei dem der Autor oder die Autorin (oder die Förderinstitution) die Kosten für die Veröffentlichung und Verbreitung übernimmt.

Für die Betrachtung der ökonomischen Prozesse steht zum einen das Dilemma im Vordergrund, dass „in der Regel wissenschaftliche Arbeiten zwar mit öffentlichen Mitteln finanziert, aber von privaten Verlagen in Fachzeitschriften herausgegeben“ (Cloes 2009: 9) werden. Zum anderen ist in diesem Zusammenhang die Rolle der wissenschaftlichen Akteure in diesem System von Bedeutung. Kritisch betrachtet basiert dieses System demnach auf einer „sozial ineffizienten“ Grundlage (Mueller-Langer 2010: 47), bei der durch öffentliche Gelder geförderte wissenschaftliche Arbeiten exklusiv von privatwirtschaftlichen Verlagen vertrieben werden. Diese Ökonomie der Wissenschaftsverlage ist zwar nicht neu und hat sich im Laufe der Zeit, spätestens seit den 1960er Jahren weiter ausdifferenziert, die Wahrnehmung der Unverhältnismäßigkeit in diesem System, insbesondere bei der Preisgestaltung für wissenschaftliche Publikationen (King 2008), ist allerdings erst seit Kurzem gegeben (CREATe 2014) und wird als ein Grund für die Forderung nach einer Öffnung wissenschaftlicher Kommunikation erachtet (Yiotis 2013, Herb 2010).

Digitalisierung der wissenschaftlichen Kommunikation

Als Digitalisierung werden im Folgenden Fortschritte im Kommunikationssystem bezeichnet, die durch die Entwicklung elektronischer Informations- und Kommunikationstechnologien angestoßen wurden (BBAW 2015). Diese Fortschritte lassen das wissenschaftliche Publikationswesen und die wissenschaftliche Kommunikation nicht unberührt (Näder 2010). Wie bereits in der Einleitung dieser Arbeit dargestellt, üben die Digitalisierung und die dahinterstehenden Technologien einen tief greifenden Einfluss auf die wissenschaftlichen Prozesse in allen Fachdisziplinen aus, der im Verlauf dieser Arbeit genauer untersucht wird.

Dieser Einfluss ergibt sich aus einem der wichtigsten Unterschiede der digitalen Kommunikation im Vergleich zur analogen Kommunikation. Digital kommunizierte Inhalte sind im Vergleich zu analogen Inhalten weder endgültig noch endlich und weder im Kern noch in der Form fixiert, denn sie können leicht geändert werden und das ohne Spur von Löschung oder Korrektur (Smith 1999b). Aus digitalen Informationen kann eine endlose Anzahl identischer Kopien erstellt werden, ohne dass ein Zerfallsprozess eintritt (Smith 1999b). Ergänzt durch die Möglichkeit, diese Informationen in einem weltumspannenden Netzwerk nahezu in Echtzeit und damit quasi unabhängig von Ort und Zeit zu transportieren und verfügbar zu machen, haben diese fundamentalen Veränderungen für die Informationsspeicherung, -kommunikation und -verbreitung auch einen direkten Einfluss auf die wissenschaftliche Kommunikation, die bis zu diesem Zeitpunkt ausschließlich auf dem Austausch analoger Medien und Kommunikation basierte (Seidenfaden 2005). Die weitgehende Verlagerung des wissenschaftlichen Kommunikationsprozesses in die digitale Welt führt dazu, dass mittlerweile über 90 Prozent der englischsprachigen Journale online verfügbar sind und es einen anhaltenden Trend zu Journalen gibt, die nur digital abrufbar sind (Cope 2014, Gould 2009: 233, Willinsky 2006).

Mit diesem digitalen Wandel in der wissenschaftlichen Kommunikation ist die Chance für eine umfassende „Beschleunigung des Wissensumschlages“ (Wenzel 2003) und die Möglichkeit einer im Prinzip unbegrenzten Verbreitung aller wissenschaftlichen Publikationen (BBAW 2015: 11, Yiotis 2013) auch an nicht-wissenschaftliche Zielgruppen (Konneker 2013) verbunden. Durch die Digitalisierung und die neuen Möglichkeiten der Dissemination befinden sich bisher vor allem die *externe* und *informelle* Kommunikation im Wandel. Als Konsequenz dieses Wandels sind Wissenschaftler und Wissenschaftlerinnen heute in der Lage, ihre Arbeiten öffentlich auf diversen digitalen Plattformen darzustellen, sich so von der Kommunikation über professionelle wissenschaftliche Fachmedien zu „befreien" und direkt mit Teilen innerhalb und außerhalb der wissenschaftlichen Gemeinschaft zu interagieren (Konneker 2013).

Diese ersten Veränderungen sind mit der Hoffnung verknüpft, dass offene Innovation und offene wissenschaftliche Kommunikation, wie auch veränderte Zugriffsmöglichkeiten auf wissenschaftliches Wissen (Näder 2010: 109) den privaten und staatlichen Forschungsbereich offener, integrativer und effizienter machen können (Harmon 2012). Für die *formelle* wissenschaftliche Kommunikation und das Publikationssystem fasst Johannes Näder das weitere Potenzial der Digitalisierung in folgenden vier Punkten zusammen (Näder 2010: 66–76):

1. Ökonomische Effizienzsteigerung und Kostenersparnis: Platzersparnis und, abgesehen von der initialen Digitalisierung analoger Bestände, fallende Kosten für die Bestandserhaltung; verbesserte Verfügbarkeit
2. „Paradigmenwechsel bei der Archivierung": Effizienzsteigerung bei der Bestandserhaltung inklusive besserer Nutzung von Skaleneffekten und Dezentralisierung; identische Kopierbarkeit; Aufhebung der Nutzbestände und der Archivbestände; Trennung der Information von ihrem Trägermedium: nicht mehr die Langzeithaltbarkeit eines physischen Trägermediums ist ausschlaggebend, sondern die Erstellung identischer Kopien
3. Veränderte und verbesserte Produktions- und Publikationsabläufe: neue Möglichkeiten der Textproduktion, -verarbeitung, -überarbeitung und -transmission; Anreicherung von Inhalten; Autor und Autorin zunehmend mit Gestaltung und Schriftsatz beschäftigt
4. Stabilisierung des wissenschaftlichen Kommunikationssystems: Kosteneinsparungen bei Produktion, Distribution, Zugänglichmachung und Archivierung; Funktionsverschiebungen vom Verlag hin zum Autor und Rezipienten lockern starre Publikations- und Erkenntnisketten

Die Vernetzung im Rahmen der Digitalisierung ermöglicht erstmals eine direkte Schnittstelle zwischen Autoren und Rezipienten, die grundsätzlich keiner Vermittlung durch Dritte mehr bedarf. Als Konsequenz dieser Veränderungen obliegt es mehr denn je dem Leser und der Leserin, aus einer größeren Menge an theoretisch verfügbaren Werken die wichtigen Informationen zu identifizieren (Hagner 2015), denn „verlagliche Mittler- und Selektionsinstanzen werden dadurch aus ihrer medialen Bindung gelöst und stehen zumindest in ihrer traditionellen Rolle zur Disposition" (Näder 2010: 109).

Als ganz konkrete Veränderung durch die Etablierung der digitalen Kommunikation lässt sich eine veränderte Kategorisierung wissenschaftlicher Kommunikation feststellen. Während im Druckzeitalter die *formelle* und *interne* wissenschaftliche Kommunikation eng an die bibliometrischen Indikatoren geknüpft waren und eindeutig voneinander abgegrenzt werden konnten, scheinen diese klaren Grenzen im Rahmen der Digitalisierung zu verschwimmen, auch wenn das „jedoch nur vermittelt und mit zeitlicher Verzögerung Wirkungen auf das formelle Publikationssystem zeigt" (Hanekop 2014). Hanekop definiert diesbezüglich den folgenden Zusammenhang:

> Je größer die Abkopplung zwischen *informellen* und *formellen* Aspekten der wissenschaftlichen Kommunikation in einem disziplinären, thematischen oder nationalen Wissenschaftsbereich, umso geringer, vermittelter oder langwieriger kann auch die Wirkung des Internets auf diesen Teilbereich des Publikationssystems sein (Hanekop 2014).

Ben Kaden fasst diese Veränderungen im Kommunikationssystem als *kanalerweiterte Wissenschaftskommunikation* zusammen und erklärt diese als „Form der Wissenschaftskommunikation, die die *informelle* und *formelle* ergänzt" und die „individuell affirmativ" als „eine Art informelles offenes Post Review" verstanden werden kann (Kaden 2009).

Diese neuen Formen und Kulturen der Kommunikation führen jedoch auch zu neuen Fragen in Bezug auf mögliche Ungleichgewichte und Verzerrungen innerhalb des Wissenschaftssystems und erhöhen damit auch die Herausforderung, die Auswirkungen wissenschaftlicher Kommunikation zu standardisieren und zu messen (Gerber 2014). Mit dem Aufkommen der neuen Informationsinfrastrukturen wird angenommen, dass diese klassischen Klassifizierungssysteme nunmehr dicht miteinander verknüpft sind (Bowker 2000: 326). Die daraus resultierenden Chancen und Herausforderungen werden im Verlauf der Arbeit weiter ausgeführt und vertieft betrachtet.

Bleibt man allerdings bei der starren Einordnung in formell versus informell und intern versus extern, bezieht sich digitaler Wandel folglich vor allem auf drei Bereiche der formellen, internen wissenschaftlichen Kommunikation: die digitale Erstellung von Beiträgen und Texten, das Trägermedium der wissenschaftlichen Information und die Verbreitung, Vermittlung und Rezeption des Wissens (BBAW 2015: 19).

Wissenschaftliche Reputation, das Ethos und der Diskurs

Wissenschaftliche Reputation, wissenschaftliches Kapital, das wissenschaftliche Ethos und der Diskurs sind sich bedingende Pfeiler des wissenschaftlichen Kommunikationssystems. Sie vereinen strukturelle Grundlagen, Verhaltensrichtlinien und Anreizmechanismen für die Produktion von Wissen. Die genauere Betrachtung dieser Aspekte ist eine Voraussetzung für das Verständnis von Veränderungsprozessen sowie deren Treiber und Bremser.

Wissenschaftliche Reputation

Wissenschaftliche Reputation kann als eine „Art von Kredit" (Luhmann 1970) verstanden werden, mit dessen Hilfe „Status und Ressourcen verteilt werden" (Hanekop 2006). Diese Währung basiert auf der „gegenseitigen Beurteilung und Anerkennung der jeweils neuen Ergebnisse der Fachkollegen (Peers) durch die Wissenschaftler selbst" (Hanekop 2014, Neidhardt 2006), teils auf der „Generalisierung von Einzelleistungen", auf „gegenseitiger Ansteckung" und teils „auf der bloßen Häufigkeit der Publikationen oder der Anwesenheit an renommierten Plätzen" (Luhmann 1970). Dabei gesteht auch Luhmann die Existenz von „Nebencodes der Reputation" zu (Schmoch 2003).

Die Reputation erfordert eine Konzentration von wissenschaftlicher Aufmerksamkeit und steuert die Verteilung motivierender Effekte, die sich durch das alleinige Streben nach Erkenntnis nicht erzeugen lassen (Luhmann 1998). Die Ergebnisse aus wissenschaftlicher Forschung werden dabei als Publikationen vor allen Mitgliedern der Wissenschaft präsentiert, um diese intern von der Wissenschaftsgemeinde als wissenschaftlich beziehungsweise unwissenschaftlich zertifizieren zu lassen (Rutenfranz 1997: 47) und durch einen kontinuierlichen Prozess der Selbstprüfung wird die Korrektheit der wissenschaftlichen Erkenntnisse sichergestellt (Edsall 1976). Das Reputationssystem ist infolgedessen gleichzeitig ein ausschlaggebender Treiber und Bremser für die Verhaltensweisen der Akteure im wissenschaftlichen System.

Wissenschaftliche Reputation verteilt sich nicht nur auf einzelne Personen, sondern auch auf Einrichtungen, die wissenschaftlich tätig sind (Buss 2001: 13). Die Evaluation wissenschaftlicher Einrichtungen findet dabei über „Beobachtungen und Gespräche mit den Wissenschaftlern vor Ort sowie über den Austausch über die Eindrücke innerhalb der Begehungsgruppe und die gemeinsame Verständigung" (Barloesius 2008) statt.

Publikationen bilden im Hinblick auf die Funktion der Reputationsverteilung „eine Art Telos wissenschaftlicher Kommunikation" (Hirschauer 2004). In Bezug auf die Erlangung von Reputation ist wissenschaftliche Arbeit besonders auf ein funktionierendes Peer-Review-System angewiesen (Luescher 2014). Das Verfahren hat zwei Funktionen: erstens die Selektionsfunktion, in deren Rahmen die Auswahl von Personen, Projekten und Texten stattfindet, und zweitens eine Konstruktionsfunktion, in der Gutachter „produktiv in den Wissenschaftsprozess eingreifen" (Neidhardt 2010), um die eigenen Fachstandards durchzusetzen. Der Peer-Review-Prozess sichert aber nicht nur „Vertrauen" und die Grundlage für die „Anschlusskommunikation" innerhalb der wissenschaftlichen Community, sondern „wirkt überdies auch nach außen und gewährleistet die gesellschaftliche Legitimation des wissenschaftlichen Wissens" (Pscheida 2010: 141).

Als „guter akademischer Forscher" oder gute wissenschaftliche Institution gilt nur, „wer viel und in möglichst angesehenen Journalen" (Frey 2005) oder wissenschaftlichen Buchverlagen veröffentlicht. Dabei spielt das Peer-Review-Verfahren eine zentrale Rolle im wissenschaftlichen Prozess (Smith 1999a) und ist Kernelement der Selbststeuerung von Wissenschaft (Neidhardt 2010: 5). Im Peer-Review-Verfahren „werden eingereichte Beiträge von fachlich versierten Wissenschaftlern [...] beurteilt und gemäß der qualitativen Anforderungen der Forschungs-Community zur Veröffentlichung angenommen oder abgelehnt" (Hess 2006).

Die Geschichte des Peer-Review-Verfahrens geht auf das 17. Jahrhundert zurück (Kronick 1978), es etablierte sich aber erst in der Mitte des 18. Jahrhunderts, als die Royal Society of London ein „Committee of Papers" gründete, das die Bewertung von Artikeln in seiner Zeitschrift Philosophical Transactions beaufsichtigen sollte (Kronick 1990). Das Verfahren unterschied sich damals grundlegend von dem, was heute im Einzelfall unter „Peer Review" verstanden wird, und auch heute unterscheiden sich die Verfahren und deren Verbreitung in Abhängigkeit vom jeweiligen Fachgebiet. Drei gängige Peer-Review-Varianten sind heute besonders stark verbreitet (Mueller 2009):

1. Bei der Double Blind Peer Review (DBPR) kennen sich Autoren und Gutachter eines eingereichten Manuskripts nicht.
2. Bei der Single Blind Peer Review (SBPR) kennen die Gutachter die Autoren, die Autoren wissen jedoch nicht, wer ihr Manuskript bewertet.

3. Beim Open Peer Commentary (OPC) wird einer vergleichsweise großen Anzahl von Wissenschaftlern und Wissenschaftlerinnen die Möglichkeit eingeräumt, an der Bewertung wissenschaftlicher Arbeiten teilzuhaben.

Die Verfahren unterscheiden sich darüber hinaus auch in Hinblick auf die Betrachtungsgegenstände, den Zeitraum der Betrachtung, die beteiligten Akteure, die Anzahl der Peers, das Ergebnis sowie die öffentliche Verfügbarkeit der Kommentare (siehe Tabelle 3).

Verfahren / Aspekt	Peer Review (DBPR & SBPR)	Open Peer Commentary
Betrachtungsgegenstand	Manuskripte (Einreichungen)	Revidierte, akzeptierte Manuskripte bzw. bereits erschienene Veröffentlichungen
Zeitraum	Zwischen Einreichung und Veröffentlichung	Nach Entscheidung für Veröffentlichung, z. T. erst nach der Veröffentlichung
Akteure	Fachwissenschaftler („Peers"), werden in der Regel dazu aufgefordert (Abschnitt 5.1.5)	Fachwissenschaftler („Peers"), zumeist durch eigene Initiative
Anzahl der Peers	Sehr wenige (durchschnittlich 2 bis 4, selten mehr)	Typischerweise deutlich mehr, in der Regel potenziell offen für alle Fachkollegen
Ergebnis	Bewertung, Kommentare, Empfehlung über Ablehnung / Veröffentlichung	Kommentare, Ergänzungen
Öffentliche Verfügbarkeit der Kommentare	In der Regel nicht öffentlich zugänglich (siehe Abschnitt 5.1.4)	Öffentlich zugänglich, erscheinen ergänzend zu den jeweiligen Publikationen

Tabelle 3: Vergleich von Peer Review und Open Peer Commentary (Mueller 2009: 123)

Obwohl die meisten Gutachter für ihre Tätigkeit nicht bezahlt werden (Yiotis 2013), steckt hinter dem Prozess ein komplexes System bestehend aus Redakteuren und Redaktionen sowie der Verwaltung des Peer-Review-Prozesses, der meist von Verlagen gesteuert und bezahlt wird (Bargheer

2015, Mueller 2009, Baggs 2006). Als „Herzstück einer autonomen, selbstverwalteten Wissenschaft" (Neidhardt 2006: 5) beschränkt er sich nicht nur auf den Prozess der Publikation von Texten (Mueller 2009), sondern deckt ein breites Spektrum von Aktivitäten über die Fachdisziplinen hinaus ab (Lee 2012):

- die Beobachtung der klinischen Praxis (z. B. in der Medizin)
- Beurteilung des Lehrenden oder der Fähigkeiten der Kollegen
- Bewertung im Rahmen der Forschungsförderung und von Stipendien bei Einreichung von Anträgen an staatliche und andere Förderorganisationen
- Begutachtung bei Artikeleinreichungen für wissenschaftliche Zeitschriften
- Bewertung von Papieren und Plakaten für Konferenzen
- Bewertung von Buchvorschlägen für Universitätsverlage oder andere Verlage
- Einschätzung der Qualität von wissenschaftlichen Organisationen sowie der Anwendbarkeit und Interpretierbarkeit von wissenschaftlichen Datensätzen

Das Peer-Review-Verfahren ist zwar innerhalb der Wissenschaft weit verbreitet, bleibt aber der Öffentlichkeit weitgehend verborgen (Konneker 2013). Obwohl dieses Verfahren den Kern der wissenschaftlichen Qualitätssicherung darstellt, werden den qualitativen Peer-Review-Systemen und quantitativen bibliometrischen Qualitätssicherungsverfahren zunehmend Mängel zugeschrieben (Peters 2014, Lee 2012, Bar 2009, Osterloh 2008, Ware 2008, Smith 2006, Jansen 2007, Smith 1999a).

Die Mängel lassen sich laut Osterloh und Frey wie folgt zusammenfassen: erstens die „geringe Reliabilität der Gutachter-Urteile", zweitens die „geringe prognostische Qualität von Gutachten" und drittens das „opportunistische Verhalten der Gutachter und Editoren" sowie das „opportunistische Verhalten der Autoren". Zusammenfassend kommen die Autoren und Autorinnen zu dem Schluss, dass „die Annahme eines Manuskriptes einem Zufallsprozess gleicht" und das „System der qualitativen Peer Reviews [...] auf einer erstaunlich fragwürdigen wissenschaftlichen Grundlage" beruht (Osterloh 2008). Viele der Kritikpunkte am Peer-Review-Verfahren (siehe Tabelle 4) erscheinen berechtigt und lassen sich zum Teil auch empirisch bestätigen (Mueller 2009). Ein genereller Verzicht auf dieses Verfahren zur Qualitätssicherung stellt jedoch keine ernsthafte Alternative dar (Smith 2006).

	Problem	mögliche Lösung
Geschwindigkeit/ Verzögerung	hoher zeitlicher Aufwand für das Begutachtungsverfahren, u.a. aufgrund seines prinzipiellen Aufbaus aber auch durch die häufige nebenberufliche Tätigkeit der Gutachter und Gutachterinnen	Bereitstellung wissenschaftlicher Ergebnisse vorab in Form von Vorveröffentlichungen (Pre-Prints) oder in elektronischen OA-Zeitschriften ohne Peer Review
Kosten / Effizienz	hohe Kosten durch Arbeitsleistungen von (meist untentgeltlich erbrachter) Gutachtertätigkeit; mehrfache Begutachtungen des gleichen Inhalts, durch Mehrfacheinreichungen von Autoren/innen	offene Peer-Review-Verfahren könnten helfen den Gutachteraufwand und die Kosten bei Mehrfacheinreichungen zu minimieren; Vorabveröffentlichungen würden Kommunikation effizienter gestalten
Zufälligkeit / Inkonsistenz	hohe Subjektivität und Inkosistenz in den individuellen Bewertungen durch Gutachter führt zu u.a. zu unterschiedliche Bewertung eines Manuskripts	beurteilende Kriterien könnten explizit aufgeführt und den Gutachtern zur Verfügung gestellt werden
Unzureichende Fehlererkennung	selbst durch strenge Peer-Review-Verfahren können bewusste Manipulationen nicht verhindert werden	konsequente Bereitstellung von Primärdaten

	Problem	mögliche Lösung
Verzerrungen / Bias	Kenntnis dieser Charakteristika seitens der Gutachter führt zu Einfluss auf das Bewertungssystem u.a. dazu, dass neue und unkonventionelle Ideen systematisch benachteiligt werden (siehe auch Matthäus-Effekt, Publikations Bias, Benachteiligung auf Grundlage demographischer Merkmale oder Vetternwirtschaft)	Probleme könnten durch die Vorabveröffentlichung minimiert werden; negative Effekte würden durch transparente und offene Qualitätssicherungsverfahren nachvollziehbar werden
Missbrauch	Gutachter nutzen Position innerhalb des Peer-Review-Verfahrens für vorsätzliches Verhalten (Verzögerung, Ideendiebstahl usw.) oder Autoren verhalten sich vorsätzlich falsch (Verschweigen von Schwächen, Manipulation von Daten usw.)	Transparente und offene Verfahren könnten unter Wahrung der Anonymität eine Möglichkeit darstellen, die die meisten Formen des Missbrauchs nicht gänzlich verhindern, aber dennoch offenbaren und einschränken könnten
Fehlende Validität	Überprüfung der Validität des Begutachtungsprozesses anhand von Zitationen oder der Vergleichbarkeit mit anderen Publikationen	Veröffentlichung von Inhalten, die im Begutachtungsprozess abgelehnt wurden oder gar nicht erst eingereicht wurden

Tabelle 4: Kritik am Peer-Review-Verfahren und mögliche Lösungen im Rahmen der Öffnung wissenschaftlicher Kommunikation (eigene Darstellung in Anlehnung an Müller 2009: 78)

Das Belohnungssystem für Wissenschaftler und Wissenschaftlerinnen bietet in der Theorie folglich Anreize für diejenigen, die als Erstes neues Wissen entdecken und veröffentlichen. Das System der wissenschaftlichen Reputation baut demnach auf der Verbreitung dieser Ergebnisse innerhalb der wissenschaftlichen Gemeinschaft auf (Fabrizio 2008). Die Reputation einzelner Wissenschaftler befindet sich damit in enger Abhängigkeit vom bestehenden wissenschaftlichen Kommunikationssystem. Anstatt finanzieller Entlohnung wird in der Wissenschaft primär mit Aufmerksamkeit bezahlt. Vereinfacht lässt sich das System der Wechselbeziehungen der Reputationsverteilung im Rahmen von Publikationen wie folgt darstellen (Bernius 2009):

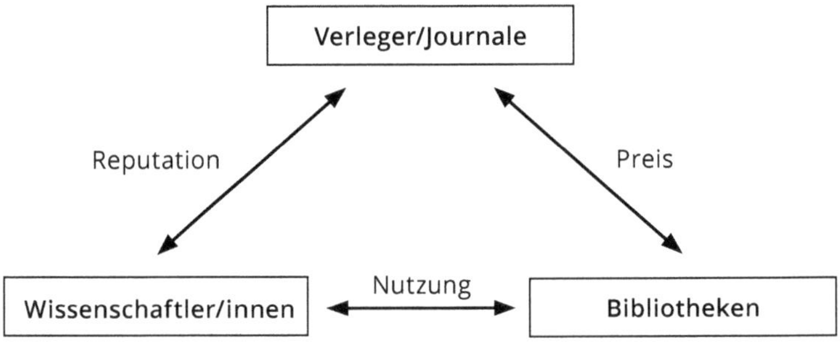

Abbildung 1: Vereinfachte Illustration der Akteure und zentralen Koordinierungsmechanismen im traditionellen wissenschaftlichen Publikationsmarkt (nach Bernius et al. 2009: 104)

Bernius et al. unterscheiden drei aufeinandertreffende koordinierende Marktmechanismen: die Reputation, die Nutzung wissenschaftlicher Publikationen und den Preis für den Erwerb der Publikation (Bernius 2009). Während die Reputation ein non-monetärer Aushandlungsmechanismus zwischen wissenschaftlichen Verlagen und wissenschaftlichen Autoren ist, findet die monetäre Preisdefinition direkt zwischen Bibliotheken und Verlagen statt (European Commission 2006). Der monetäre Aushandlungsprozess zwischen Wissenschaftlern und Bibliotheken wird durch die Bedeutung und Nutzung der jeweiligen Publikation bestimmt (Bernius 2009). Nicht jede Publikation hat diesbezüglich die gleiche Wertigkeit (Humboldt Stiftung 2009) und damit den gleichen Einfluss auf die Reputation eines Autors beziehungsweise einer Autorin.

Zusammenfassend lassen die neuen Möglichkeiten der Verbreitung von Informationen einen vergleichbaren Veränderungsprozess der wissenschaftlichen Reputation und damit auch Anerkennung vermuten, wie er durch die Entwicklung des Buchdrucks ausgelöst worden war (Hanekop 2006).

Messbarkeit wissenschaftlicher Qualität und Publikationsquantität

Wissenschaft ist ein Prozess, bei dem aus „unterschiedlichen Inputfaktoren, mittels verschiedener Transformationen Beiträge zur Schaffung neuer wissenschaftlicher Erkenntnisse als Output entstehen" (Jansen 2007: 125). Die Messung und Bewertung des jeweiligen Outputs führt zur Aussage über die Performanz des jeweiligen Forschungsprozesses. Neben den Indikatoren für die Performanz wissenschaftlichen Outputs müssen aber auch intermediäre Aspekte berücksichtigt werden (Schmoch 2009: 38).

Mit Beginn des 20. Jahrhunderts wurden in der Wissenschaftsforschung Indikatoren überwiegend zur Beschreibung der exponentiellen Wachstumsverläufe von Wissenschaft entwickelt und eingesetzt (Hornbostel 1997: 182, Rescher 1978). In der Zeit nach dem Zweiten Weltkrieg etablierten sich erstmals Indikatoren für die Effizienzmessung wissenschaftlicher Wissensproduktion und -verbreitung, die aber „ebenso wie Sozial- und Wirtschaftsindikatoren keine neutralen Realitätsbeschreibungen" (Hornbostel 1997: 181) darstellten. Spätestens seit den 1970er Jahren werden diese Messungen, die die Forschungsleistung quantifizieren sollen, flächendeckend durchgeführt (Hornbostel 1997), um Forschungsqualität und -quantität statistisch erfassbar zu machen.

Seit den 1990er Jahren hat die Bewertung von Wissenschaft in Gestalt von Zahlen durch die digitale Wissenskommunikation, quasi nebenbei, eine unkontrollierte Erweiterung erfahren (Angermueller 2010: 175). Heute zählen in der Wissenschaft vor allem die wissenschaftliche Reputation und die als „Impact" bezeichnete Wirkung wissenschaftlicher Publikationen (Herb 2013, Hornbostel 1997). Die Wirkung von Veröffentlichungen innerhalb der wissenschaftlichen Kommunikation wird, wie im Kapitel „Wissenschaftliche Kommunikation" ausgeführt, anhand der quantitativen Betrachtung der erfolgten Zitationen ermittelt (Brembs 2013, Haustein 2012: 16, Weller 2011). Diese rein quantitative Betrachtung muss allerdings auch als Proxy für die Bewertung von Wirkung in der „Publish-or-Perish"-Community verstanden werden (Peters 2015).

Diese Betrachtung basiert auf der Grundannahme, dass Kommunikation die „Essenz der Wissenschaft" (Bonitz 1998) ist und „Zitierungen in ihrer Gesamtheit so etwas wie die Grundelemente eines weltweiten Expertensystems" (Bonitz 1990) sind. Nach dieser Sichtweise stellt eine häufige Zitation einen wesentlichen Indikator für die Wirkung der wissenschaftlichen Arbeit dar (Hamilton 1990). Ein generalisierter und überzeitlicher Begriff von Qualität wissenschaftlicher Arbeit scheint schwer möglich, weil für die Bewertung als Datengrundlage „Handlungen von

Wissenschaftlern" dienen, die zwar „als Urteile interpretiert werden" und „auf die Abbildung eines Konstruktes" abzielen, allerdings „ohne daß eine derartige Bewertung intendiert gewesen sein muß" (Hornbostel 1997: 186).

In den letzten Jahren haben sich neue Möglichkeiten für die Qualitätssicherung und -bewertung herausgebildet (Rekdal 2014). Die „Anforderungen an Verfügbarkeit von Dokumenten und Transparenz der Begutachtungen" der Open-Access-Bewegung haben die Frage aufgebracht, „ob möglicherweise Veränderungen der Review-Praktiken notwendig sind, um exzellente Wissenschaft zu identifizieren und vor allem zu fördern" (Neidhardt 2006: 5). Des Weiteren stellt sich die Frage, ob die Berücksichtigung neuer Metriken für die Bewertung wissenschaftlicher Qualität eine Antwort auf die Herausforderungen in dem etablierten Messsystem von wissenschaftlicher Qualität und Publikationsquantität sein können.

Bestand die klassische Wirkungsmessung von Wissenschaft in der Ermittlung der Anzahl von Zitationen, ermöglichen die veränderten Bedingungen von wissenschaftlicher Kommunikation im Rahmen der Digitalisierung alternative Erhebungsmöglichkeiten der Wirkung formeller wissenschaftlicher Kommunikation und damit auch für die Erlangung wissenschaftlicher Qualität und Reputation. In den letzten Jahren wurde es viel einfacher, Fälle von Plagiaten und wissenschaftlichem Fehlverhalten zu identifizieren, andere Arten akademischer Abkürzungen zu entdecken und darüber hinaus nachzuvollziehen, wie erschreckend häufig diese Verfehlungen passieren (Rekdal 2014).

Ergänzend zu den etablierten zitationsbasierten Metriken spielen zunehmend detailliertere Analysen von nutzungsbasierten Metriken sowie Metriken auf Basis von Social-Media-Indikatoren (Peters 2015) bei der Bewertung von wissenschaftlicher Kommunikation eine Rolle. Die Befürworter solcher alternativen Metriken erhoffen sich von diesen neuen Verfahren eine unmittelbare, umfassendere und detailliertere Wirkungsmessung wissenschaftlicher Kommunikation und eine gerechtere Verteilung von wissenschaftlicher Reputation (Peters 2015, Herb 2012a, DORA 2013).

Wissenschaftliches Kapital

Die Wissenschaft ist ein soziales Feld, dessen Strukturen und Praktiken das bestimmen, was in dem Kommunikations- und Publikationssystem als Wissenschaft und als wissenschaftliches Ergebnis gilt (Mikl 2010). Im Rahmen der Betrachtung von Steuerungs- und Reputationsmethoden für die Wissenschaft ist der Begriff „wissenschaftliches Kapital" von herausragender Bedeutung (Barloesius 2008). Wissenschaftliches Kapital kann als eine Ausprägung des kulturellen Kapitals und als symbolisches beziehungsweise non-monetäres Kapital (Irmer 2011, Hagner 2015, Bourdieu 1988) verstanden werden.

Pierre Bourdieu sieht in der Wissenschaft ein soziales Feld und beschreibt es als angetrieben von dem ständigen Machtkampf um die Erlangung und Erhaltung von symbolischem Kapital (Bourdieu 1988). Dieser von Bourdieu beschriebene Homo academicus ist durch Selbstdisziplin, eine sehr ausgeprägte Neugier und die Fähigkeit, Forschung und Lehre zu betreiben, charakterisiert (Bourdieu 1988). Das symbolische Kapital als Triebkraft seines Handelns wird in diesem Zusammenhang von der Soziologin Gertraude Mikl-Horke als Besitz an symbolischen Gütern beschrieben, „der besonders in einer Gesellschaft, die auf die Kooperation aller angewiesen ist, sehr kostbar ist" (Mikl 2010). Eine genauere Betrachtung dieses wissenschaftlichen Kapitals ist für das Verständnis der Motivation von Wissenschaftlern und Wissenschaftlerinnen zu publizieren und zu kommunizieren demnach unabdingbar, ebenso für die Herausarbeitung der Katalysatoren und Hindernisse für die Öffnung wissenschaftlicher Kommunikation.

Die Gewährung wissenschaftlichen Kapitals basiert heute auf der Kooperation zwischen publizierenden Wissenschaftlern und Verlagen (Herb 2006). Die Wissenschaftler befinden sich in einer Abhängigkeit von den Verlagen. Diese Abhängigkeit wird auch als „Faustischer Pakt" bezeichnet und hinterfragt (Hagner 2015, Parks 2002). Den Pakt sind Wissenschaftler notgedrungen eingegangen, „um den Preis, dass Barrieren zwischen Autoren und Lesern aufgebaut wurden" (Hagner 2015). „Wissenschaftliches Kapital" kann in diesem Zusammenhang als „Ergebnis einer Investition [...], die sich auszahlen muss" (Herb 2006) definiert werden. „Diejenigen, die diese Berechtigungsscheine in der Hand halten, verteidigen ihr ‚Kapital' und ihre ‚Profite', indem sie diejenigen Institutionen verteidigen, die ihnen dieses ‚Kapital' garantieren. (Bourdieu 1992)

Der Soziologe Bourdieu unterscheidet zwei Typen wissenschaftlichen Kapitals (Bourdieu 1998). Das Kapital, das auf der politischen und institutionellen Macht beruht, und dasjenige, das aus der rein wissenschaftlichen Anerkennung resultiert (Mikl 2010). Das institutionelle wissenschaftliche Kapital weist die „Macht und die Erwartung zu, auf Institutionen und Organisationen der Wissenschaft einzuwirken und über die Produktionsmittel der Wissenschaft zu disponieren" (Barloesius 2008: 257). Es ist disziplinunabhängig und fachübergreifend. Das reine wissenschaftliche Kapital muss disziplinspezifisch erarbeitet werden und wird durch die Publikation von Inhalten in den innerhalb der jeweiligen Fachdisziplin hoch angesehenen Zeitschriften, bei besonderen Verlagen oder durch die Arbeit in renommierten wissenschaftlichen Einrichtungen erlangt (Barloesius 2008: 257).

Zitationsindexe sind Indikatoren für das wissenschaftliche Kapital, das durch Anerkennung entsteht (Bourdieu 1998). Die wissenschaftliche Reputation, die aus dem wissenschaftlichen Kapital resultiert, basiert auf der Liste der Publikationen in hoch gerankten Journalen und angesehenen Verlagen (Herb 2010). Diese Bewertung ist klar symbolischer Natur und basiert „auf der Anerkennung und dem Kredit [...], den die Gesamtheit der Wettbewerber innerhalb des wissenschaftlichen Feldes gewähren" (Bourdieu 1998, Barloesius 2008, Herb 2010).

Das wissenschaftliche Kapital ist dabei zunehmend der Kapitalisierung von Wissenschaft ausgesetzt, bei der um den Einfluss der Ökonomie und den „wissenschaftswidrigen Verwertungsdruck" (Neidhardt 2006: 12) gerungen wird. Als ein Indikator dafür ist die Kopplung des wissenschaftlichen Kapitals an die outputorientierten Anreizsysteme zu verstehen. Diese Fokussierung auf die „Kenngrößen führt dazu, dass Wissenschaftlerinnen und Wissenschaftler einen Anreiz haben, sich weniger als Homo academicus, sondern eher als Homo strategicus zu verhalten und sich auf die gut messbaren Aufgabenbestandteile zu konzentrieren" (Frost 2014). Ein Beispiel ist die zunehmende Relevanz des Performanzindikators „Drittmittel" (Fabrizio 2008, Jansen 2007), bei dem neben der Sicherung der Qualität von Forschung und Lehre zunehmend direkte finanzielle und administrative Kontrolle eine Rolle spielen (Barloesius 2008). Dem Drittmitteleinkommen wird als Indikator für Forschungsleistung eine hohe Bedeutung zugemessen (Jansen 2007). Daraus entsteht die Tendenz, dass nicht nur die Erwartungen an die Bewertung von Wissenschaft sehr ambitioniert sind, sondern auch, dass die Interessen privater und öffentlicher Drittmittel-Auftraggeber in den Vordergrund rücken und die Unabhängigkeit von Wissenschaft und Forschung gefährden.

Ähnliches ist im Rahmen der stetigen Ökonomisierung des internationalen Universitätsbetriebs (Brembs 2015) und bei den leistungsbezogenen Mittelzuweisungen an die Universitäten zu beobachten (Neidhardt 2006: 12). Vor allem die Verknüpfung von wissenschaftlicher Reputation mit der damit einhergehenden Verteilung von Mitteln und Stellen stellt eine neuartige Herausforderung an das Wissenschaftssystem dar, dessen Währung ursprünglich nicht Geld war (Hanekop 2006, Buss 2001: 15).

Die Auseinandersetzung mit dem wissenschaftlichen Kapital im Rahmen der Forderung nach Öffnung wissenschaftlicher Kommunikation kann auch deshalb als wichtig erachtet werden, weil sie bisher nur begrenzt der wissenschaftlichen Logik folgt und eher auf einer „feldunabhängigen Logik der Akkumulation von Kapital" basiert (Herb 2006). Mit der Zunahme an outputorientierten Anreizsystemen im deutschen Wissenschaftssystem (Osterloh 2008) und einem Ungleichgewicht in der Kooperation zwischen wissenschaftlicher Kommunikation und wissenschaftlichem Kapital wird diese Entwicklung bei der weiteren Betrachtung der Motivationsfaktoren für Veränderungsprozesse in der wissenschaftlichen Kommunikation eine wichtige Rolle spielen.

Wissenschaftliches Ethos

Das wissenschaftliche Ethos hat die Funktion, der Wissenschaft „eine soziale und politische Legitimationsbasis zu verschaffen" (Descher 2012). Generell stellt die Verfügbarmachung von Forschungsergebnissen einen integralen Bestandteil des wissenschaftlichen Ethos dar (Fangerau 2014, Winterhager 2014: 67). Um die Wissenschaftler und Wissenschaftlerinnen an das wissenschaftliche Ethos zu binden, ist dieses durch „den sozialen Prozess der gegenseitigen Kontrolle beziehungsweise der wechselseitigen Beobachtung geprägt" (Winterhager 2014: 68). Dabei wird „die moderne Wissenschaft als Methode und Praxis der Wissensbildung [...] durch ein Ethos epistemischer Rationalität geleitet" (Oezmen 2015: 67). Als „selbstregulatives und nach eigenen Regeln operierendes System muss sie ihren Ethos jeder neuen Generation vermitteln" und „Verantwortungsstrukturen und Rahmenbedingungen" schaffen, „die langfristig eine verlässliche Kultur wissenschaftlicher Integrität stärken" (Wissenschaftsrat 2015: 7).

Der US-amerikanische Soziologe Robert K. Merton stellte dieses und weitere Grundprinzipien als normatives Fundament des Ethos von Wissenschaft vor (Merton 1985). Diesem Ethos liegen auch die Annahmen zugrunde, dass es Vorteile für die wissenschaftliche Gemeinschaft bringe, wenn Daten zweitverwertet würden und dass Daten ein wirtschaftliches Gemeingut seien, dessen Wert durch breitere Nutzung verbessert werde (RIN 2010). Darüber hinaus sind „systematische Widerspruchsfreiheit, interne Kohärenz, Klarheit, aber auch Sparsamkeit und Eleganz, Genauigkeit und Überprüfbarkeit" weitere integrale Bestandteile des Ethos (Oezmen 2015: 67). Dabei gilt es auch, dem Umstand Rechnung zu tragen, dass Wahrheit relativ ist und sich die Richtigkeit einer Aussage nur mithilfe der genauen Bedingungen beschreiben lässt, unter denen sie wahr ist. Karl

Raimund Popper attestiert der Wissenschaft demnach eine grundsätzliche „Fehlbarkeit" und leitet daraus ab, dass jedwede wissenschaftliche Erkenntnis möglichst offen für Kritik sein müsse (Popper 2005).

„Anspruchslosigkeit und Bescheidenheit" sind weitere Grundtugenden des modernen Wissenschaftlers (Hagner 2015). Das Ethos wird in diesem Zusammenhang als „Komplex von Werten und Normen" (Weingart 1998) beziehungsweise Verhaltensmaßregeln verstanden. Merton unterteilt die Kriterien in Kategorien, die alle auf das wissenschaftliche Kommunikationssystem anwendbar sind (Merton 1973, Froehlich 2009):

- Universalismus: Die Geltungsansprüche der Wissenschaft sind allgemein und objektiv (Oezmen 2015: 67). Die sozialen Merkmale eines Wissenschaftlers beziehungsweise einer Wissenschaftlerin wie zum Beispiel Nationalität, Geschlecht, Religion, Klasse usw. dürfen nicht in die Evaluation wissenschaftlicher Ergebnisse einfließen (Weingart 1998).
- Kommunismus (Kommunalität): Es gibt eine Pflicht zur Veröffentlichung der Ergebnisse von Wissenschaft und Forschung und diese sind als Allgemeingut zu betrachten. Die wissenschaftliche Anerkennung und das Ansehen sind das einzige damit verbundene „Besitzrecht" (Merton 1973).
- Uneigennützigkeit: Selbstloses Eintreten für das Wohl der Menschheit und Wissensdurst müssen die vornehmlichen Motivatoren für Wissenschaftler und Wissenschaftlerinnen darstellen (Weingart 1998). Wissenschaft erfordert Objektivität und Desinteresse an den Ergebnissen der eigenen Forschung (Merton 1973) unabhängig von finanziellem Erfolg und Prestige (Weingart 1998). Wissenschaft ist nicht von persönlichen Präferenzen oder eigennützigen Motive und subjektive Meinungen geleitet, sondern von reinem Erkenntnisinteresse und der Suche nach Wahrheit (Oezmen 2015: 67).
- Organisierter Skeptizismus: Zweifel muss als ein grundsätzliches Denkprinzip der Wissenschaft (Merton 1973) verstanden werden und die „Glaubenshaltungen und Überzeugungen aufgrund empirischer und logischer Kriterien" (Merton 1973, Weingart 1998) als Kernbestandteile des wissenschaftlichen Systems. Zum Beispiel gilt es den „Matthew Effect" zu vermeiden. Der Matthäus-Effekt („Wer hat, dem wird gegeben" Mt. 25,29) ist ein Phänomen auf der Makroebene der Wissenschaft (Bonitz 1998) und beschreibt den Umstand, dass Autoren oder Publikationen, die bereits eine hohe Zitationsrate vorweisen können, meist noch häufiger zitiert werden als die Autoren oder Beiträge mit einer geringeren Zitationsrate. Überproportional profitieren in diesem System also die, die besonders häufig zitiert wurden (Merton 1968, Meier 2009).

Als Folge dieser Kriterien erkannte Merton das Urheberrecht an wissenschaftlichen Ideen und Beiträgen an, allerdings nur insofern, als der Zweck des Urheberrechts auf die Ermöglichung der Anerkennung durch Kollegen und die Achtung der Priorität beschränkt bleibt (Fangerau 2014). Damit kritisiert er implizit das System der wissenschaftlichen Kommunikation.

In Folgeschriften kritisierte er darüber hinaus die neueren Konzepte und Praktiken, die „die Werte des klassischen Wissenschaftsethos korrumpieren" (Froehlich 2009). Inwieweit die aktuelle Wissenschaftspraxis von Mertons formulierten Werten abweicht, welche neuen oder anderen Werte die wissenschaftliche Praxis mittlerweile beeinflussen und welchen Einfluss die neuen Medientechnologien darauf haben, wird an anderer Stelle der Arbeit noch einmal thematisiert.

Neben der internen wissenschaftlichen Verantwortung, die eng mit den Regeln guter wissenschaftlicher Praxis und einer offenen wissenschaftlichen Kommunikation zusammenhängt, lässt sich auch eine externe Verantwortung des Wissenschaftlers konstatieren, „im Sinne der Rechenschaftspflicht für die möglichen Anwendungen und Folgen seiner Forschung" (Oezmen 2015: 69). In Verbindung mit der Forderung nach Öffnung der wissenschaftlichen Kommunikation ist aber dennoch zu berücksichtigen, dass die Verteidigung der Autonomie und Freiheit der Wissenschaft „nicht mit der ganz anders gelagerten These der Autarkie der Wissenschaft verwechselt" werden darf und mit „ethischen Zwecksetzungen eine Verletzung des epistemischen Ethos sowie eine Gefährdung der Autonomie der Wissenschaft befürchtet werden" kann (ebd.).

Der Umstand, dass die zunehmende Berücksichtigung bibliometrischer Indikatoren im Rahmen der Steuerung von Wissenschaft – anstatt der tatsächlichen Qualität der Wissenschaft – negative Auswirkungen auf die normative Grundstruktur des wissenschaftlichen Ethos haben kann, ist eine weitere Herausforderung im aktuellen wissenschaftlichen Kommunikationssystem dar.

Wissenschaftlicher Diskurs

Wissenschaftliche Kommunikation vollzieht sich in Behauptungen, Erklärungen, Prognosen; sie ist nicht nur ein Informationsaustausch. Vielmehr vollzieht sich im wissenschaftlichen Diskurs der kollektive Prozess des wissenschaftlichen Begreifens. Deshalb ist die wissenschaftliche Sprache als Diskurs nicht bloß ein Medium der Kommunikation, sondern der Ort, an dem sich ein wesentlicher Teil der

> wissenschaftlichen Arbeit vollzieht, der kollektive Darstellungsraum der Wissenschaft. (Boehme 1978: 95)

Neben der Veröffentlichung einer wissenschaftlichen Arbeit kann auch die Erforschung wissenschaftlicher Fragestellungen als ein Teil des wissenschaftlichen Diskurses betrachtet werden. Die Verarbeitung von Forschungsergebnissen, die Anwendung und Neuinterpretation von Ergebnissen sowie das Verfassen von Gegenentwürfen und synthetischen Gesamtdarstellungen stellen Faktoren für den wissenschaftlichen Diskurs dar (Gruber 2005). Jürgen Habermas unterscheidet in diesem Zusammenhang das kommunikative Handeln vom strategischen Handeln. Im „rationalen Diskurs" findet dabei vor allem eine Verständigung über problematische Geltungsansprüche statt (Habermas 1981). Der Beobachter entwickelt Methoden und Verfahren, um zu einer Verständigung mit seiner Zielgruppe zu kommen (Luhmann 2015: 221). Der wissenschaftliche Diskurs operiert in diesem Verständigungsprozess funktional eigenständig und alles, was in diesem Zusammenhang durch Wissenschaft kommuniziert wird, ist „entweder wahr oder unwahr" (Luhmann 1998: 73).

Michel Foucault versteht unter einem Diskurs „eine Menge von Aussagen, die einem gleichen Formationssystem zugehören" (Foucault 1981). Der wissenschaftliche Diskurs gründet sich demnach nur zum Teil auf die Forschung und kann auch nicht nur als „Kontaktglied zwischen dem Denken und dem Sprechen" (Foucault 2003) definiert werden. Er wird getrieben vom Willen zur Wahrheit, der sich auf Grundlage der „Pädagogik, dem System der Bücher, der Verlage und Bibliotheken, den gelehrten Gesellschaften einstmals und den Laboratorien heute" ständig erneuert (Foucault 2003). Abgesichert wird der Diskurs „durch die Art und Weise, in der das Wissen in einer Gesellschaft eingesetzt wird, in der es gewertet und sortiert, verteilt und zugewiesen wird" (Foucault 2003). In der Foucaultschen Diskursanalyse wird der Diskurs als die Fähigkeit definiert, „Beziehungen" zwischen „Institutionen, ökonomischen und gesellschaftlichen Prozessen, Verhaltensformen, Normsystemen, Techniken, Klassifikationstypen und Charakterisierungsweisen herzustellen" (Foucault 1981).

Im Rahmen des wissenschaftlichen Diskurses versuchen Menschen mit diversen „Machtprozeduren", die „ungeordnete und wuchernde Masse aller Äußerungen" zu reglementieren und zu kontrollieren (Neymeyer 2010). Daraus resultieren Diskurse, die sich über einen gemeinsamen Gegenstand definieren. Sie gehorchen „impliziten wie expliziten Regeln", unterliegen „spezifischen Funktionen", nehmen bestimmte Formen an und sind von „Machtmechanismen gekennzeichnet" (Neymeyer 2010). Diese grundlegende Definition des Diskurses ist für die weitere Betrachtung der Veränderungsprozesse und die Forderung nach Öffnung der wissenschaftlichen Kommunikation unabdingbar.

Die Forderungen um die Öffnung wissenschaftlicher Kommunikation beruhen auf der Annahme, dass sie die Grundlage dafür schaffen können, dass wissenschaftliche Diskurse besser und umfassender geführt werden als im aktuell bestehenden System. Nach der klassischen Einordnung ist damit aber noch nicht eine Öffnung des Diskurses außerhalb der wissenschaftlichen Gemeinschaft gemeint, sondern nur die Senkung der Zugangsbarrieren zu wissenschaftlicher Kommunikation. Das Ziel des Ausschlusses der Öffentlichkeit aus den wissenschaftlichen Diskursen liegt darin, die Macht sowie Auswüchse des Diskurses einzugrenzen, seine Ergebnisse zu bändigen und das Wissen durch den „Willen zur Wahrheit" (Foucault 1991: 15) zu kanalisieren.

Die Forderung nach Öffnung der wissenschaftlichen Kommunikation

Wie dargestellt, steht das wissenschaftliche Kommunikationssystem vor mannigfaltigen Herausforderungen. Infolge der zunehmenden Privatisierung wesentlicher Bestandteile des wissenschaftlichen Kommunikationsprozesses haben sich die akademischen Ziele und die Marktinteressen der privatwirtschaftlichen Anbieter immer weiter voneinander entfernt. Zum Beispiel sind im Zeitraum von 1986 bis 2012 die Ausgaben für Bibliotheksbestände in den Vereinigten Staaten um 322 Prozent gestiegen (Lewis 2011). Den Verlegern werden Betriebsgewinnmargen von über 35 Prozent (Russell 2008, Cope 2014) sowie hohe jährliche Wachstumsraten (Eve 2013, Wellcome Trust 2003) bescheinigt. Die drei größten Wissenschaftsverlage vereinen bereits 42 Prozent aller Journale unter sich und trotz der internationalen Finanzkrise stiegen die Umsätze ungebremst weiter. In den Jahren zwischen 2008 und 2011 stiegen die Umsätze um 11,7 Prozent und die Gewinne von 1,6 Milliarden auf 1,9 Milliarden Dollar (17 Prozent, Cope 2014). Das entspricht einer Umsatzrendite von 35,8 Prozent. Im Vergleich dazu lagen die durchschnittlichen Umsatzrenditen im Wirtschaftszweig „Verlagswesen" bei deutschen Firmen mit mehr als 50 Mitarbeitern laut der Bundesbank im Jahr 2011 bei 11,6 Prozent (Bundesbank 2014). Es sind nur wenige Beispiele bekannt, „in denen das symbolische Kapital in so außerordentlichem Maße zu ökonomischem

Kapital verdinglicht worden ist" wie bei dem Geschäftsmodell des wissenschaftlichen Publizierens (Hagner 2015).

Als mögliche Auswege aus dieser Krise werden immer wieder die Digitalisierung und Öffnung der wissenschaftlichen Kommunikation durch Konzepte wie Open Access und Open Science genannt (Lewis 2011). Beide Begriffe umfassen eine Vielzahl an Möglichkeiten für die Zukunft der Wissensbildung und Wissensverbreitung. Sie fungieren als Sammelbegriffe für unterschiedliche Auffassungen, wie weit und in welcher Form Wissenschaft offener werden kann und soll. Sie sind Bestandteile eines notwendigen Diskurses in der wissenschaftlichen Gemeinschaft (Schulze 2013). Kleinster gemeinsamer Nenner in diesem Diskurs ist, „dass wissenschaftliche Forschung sich irgendwie mehr öffnen muss" (Fecher 2013).

Rainer Kuhlen definierte diesbezüglich schon 2002 drei Szenarien, wie der Zugriff auf Wissen in Zukunft organisiert werden könnte (Kuhlen 2002):

1. Elektronische Informationen sind frei zugänglich und die Konzepte der individuellen Autorenschaft und des geistigen Eigentums werden zu Relikten aus bürgerlichen Vorinformationsgesellschaften.
2. Wissen und Informationen sind kontrolliert und dem Markt ohne politische Gegensteuerung überlassen: Die Kommerzialisierung und Zonierung von Wissen und Information wird umfassend sein und den Alltag bestimmen.
3. Wissen und Information werden über koexistente oder Paralleluniversen organisiert: Wissen als Produkt ist frei, öffentlich zugänglich und nutzbar. Es bleibt aber genug Spielraum bei der Adaption, Beratung, Veredlung oder anderen Mehrwertleistungen einer kommerziellen Informations- und Wissenswirtschaft.

Aktuell stehen die etablierten Prozesse wissenschaftlicher Kommunikation vor umfangreichen Herausforderungen. Die Zeitschriften- und Monografienkrise, der zunehmende finanzielle Druck im Rahmen der öffentlichen Finanzierung von Wissenschaft, die Veränderungen im wissenschaftlichen Kommunikationsprozess durch neue Arten und Möglichkeiten der Distribution, die steigenden Beschaffungskosten für wissenschaftliche Literatur (Herb 2012a, Mueller 2010) sowie die Veränderungen in der Rezeption von Inhalten (Holub 2013) zwingen zum Umdenken in der wissenschaftlichen Kommunikationspraxis. Die anhaltende Forderung nach mehr Offenheit im wissenschaftlichen Kommunikationsprozess entwickelte sich zu einem konkreten Lösungsansatz für die Herausforderungen für das etablierte System.

Die Öffnung der wissenschaftlichen Kommunikation ist eine große Chance, Veränderungen im wissenschaftlichen Qualitäts- und Reputationssystem zu erwirken. Bisher werden wissenschaftliche Erkenntnisse häufig erst nach langen, intransparenten Verfahren bewertet, publiziert und nur an einen beschränkten Kreis von Rezipienten vermittelt. Diese intransparente Praxis hat einen signifikant-negativen Einfluss für die Allokation von öffentlichen Ressourcen und die Kosten, die im Rahmen öffentlich finanzierter Forschung entstehen. Die Öffnung der wissenschaftlichen Kommunikation würde demnach entgegen der bisherigen Praxis eine stärkere Berücksichtigung der Aktivität von Wissenschaftlern und Wissenschaftlerinnen und der Qualität der Forschungsergebnisse ermöglichen (Heise 2012b).

Als Auslöser für die Entwicklung von Open Access werden auch die infrastrukturellen Veränderungen angeführt, die „seit spätestens Mitte der 1990er-Jahre entscheidend Einfluss auch auf die Wissenschaftskommunikation und das wissenschaftliche Arbeiten genommen haben" (Schulze 2013). Open Access entwickelte sich vorerst primär in den naturwissenschaftlichen, technischen und medizinischen Fächern, in denen viel Aufmerksamkeit auf der Selbstarchivierung der Wissenschaftler und Wissenschaftlerinnen vor der finalen Publikation (Pre-Print) in privaten, zentralen oder institutionellen Repositorien lag (Adema 2013) und bei denen die Auswirkungen der Zeitschriftenkrise am stärksten zum Tragen kam (Näder 2010). Wissenschaftliche Informationen werden seither nicht nur in „digitaler Form konsumiert, sondern auch kollaborativ und kooperativ, zeitlich versetzt, durch teilweise räumlich weit verstreute Arbeitsgruppen und Forschungsverbünde, genutzt und weiterverarbeitet" (Schulze 2013). Die Verbreitung und Akzeptanz von Open Access variiert dabei zwischen den einzelnen wissenschaftlichen Disziplinen erheblich (Bernius 2009).

In der Debatte über die Zukunft des wissenschaftlichen Publizierens und Kommunizierens besteht die Tendenz, Konzepte der offenen Wissenschaft als einen bisher beispiellosen und noch nie dagewesenen Wandel darzustellen (Näder 2010, Bjoerk 2010). Diese Haltung basiert auf „verschiedenen Gründungsmythen", die auf „unterschiedliche Zielsetzungen und Lösungspfade" verweisen (Hofmann 2016: 7). Die Geschichte von Open Access ist eine Entwicklung, die unter anderem eng mit der Digitalisierung von Kommunikationsprozessen auf der einen sowie mit der Zeitschriftenkrise auf der anderen Seite verknüpft ist (Hofmann 2016: 6, Yiotis 2013, Wein 2010: 286). Open Access ist kein Selbstzweck, sondern ein Symptom tiefer gehender Prozesse, die mit der wachsenden Bedeutung der Digitalisierung in unserer Zivilisation und den damit einhergehenden Wandlungsprozessen im Machtgefüge zusammenhängen (Hofmann 2014). Es bleibt jedoch hervorzuheben, dass es trotz vereinzelter Versuche, wissenschaftliche Informationen und Publikationen offen und frei zu kommunizieren, schwer möglich war, Open Access im Print-Zeitalter physisch und ökonomisch über lokale Grenzen hinaus zu etablieren. Die Forderung nach der Öffnung von Wissenschaft und Forschung ist in diesem Zusammenhang nicht nur eine „politische Reaktion" oder „technische Alternative", sondern sie bietet „alternative Formatierungen einer wissenschaftlichen Infrastruktur im technischen, rechtlichen und zeitlichen Sinne" (Kelty 2004). Diese Infrastruktur ist schwer zu erfassen (Bowker 2000: 319) und dennoch betrifft sie „Wissenschaftler, politische Entscheidungsträger und die Öffentlichkeit" (Scheliga 2014).

Bei der genauen Betrachtung dieser Forderungen nach Öffnung wissenschaftlicher Kommunikation ist es deshalb zwingend erforderlich, die Konzepte von Open Access und Open Science gegeneinander abzugrenzen. Open Access bezieht sich auf einen möglichst uneingeschränkten Zugang zu finalen wissenschaftlichen Ergebnispublikationen für die Gesamtgesellschaft. Open Science beschreibt hingegen den umfassenden Zugriff auf den gesamten wissenschaftlichen Erkenntnisprozess inklusive aller Daten und Informationen, die bereits bei der Erstellung, Bewertung und Kommunikation der wissenschaftlichen Erkenntnisse entstanden sind.

Wissenschaftliche Kommunikation als Open-Source-Prozess

Wenn es im aktuellen Diskurs um die Öffnung wissenschaftlicher Informationen, Infrastruktur und Arbeiten geht, werden immer öfter Schlagworte mit dem Attribut „Open" wie Open Access, Open Research und Open Science verwendet (Bunz 2014, Schulze 2013). „Offen" ist dabei nicht mit „kostenlos" gleichzusetzen (Grand 2012) und bezieht sich üblicherweise auf zwei Kernaspekte: zum einen auf die Offenheit des Zugangs zu wissenschaftlichen Texten, Daten, Quellcodes oder Ergebnissen und zum anderen auf das Gebot der Transparenz, also die Offenlegung von beziehungsweise der Zugriff auf Verfahren, Methoden und Ziele (Schulze 2013). „Offenheit" (Openness) wird im Rahmen dieser Arbeit multidimensional verwendet. Sie hat eine rechtliche, wirtschaftliche, technische, politische und kulturelle Dimension.

Im Rahmen der Forderung nach der Öffnung der wissenschaftlichen Kommunikation und wissenschaftlicher Publikationen werden in der Literatur immer wieder Vergleiche zur Open-Source-Bewegung gezogen (Fecher 2013, Peters 2014, RIN 2010, Mantz 2007: 423, Kittler 1999). Diese Vergleiche dienen dem Verständnis theoretischer Grundlagen im Rahmen der Öffnung von Wissenschaft und Forschung. Open Source ist ein Begriff aus der Softwareentwicklung, der als Gegensatz zum Verfahren der Wissenssicherung (Stallman 2002) eine quelloffene Handhabe von Programmcodes beschreibt und in den 1990er Jahren erstmals eingeführt wurde (Hippel 2003: 5). Dieser Begriff wird praktisch – auch wenn es philosophisch enorme Meinungsunterschiede gibt (Hippel 2003: 5, Stallman 2002: 169) – synonym mit „freier Software" (nicht Freeware) verwendet (Näder 2010, Mantz 2007: 414). Dabei folgt die Open-Source-Entwicklung der Maxime, dass die Kernsteuerungsinformationen und -befehle (Quelltext) von Software öffentlich einsehbar und zugänglich sein sollen. Je nach gewähltem Lizenzmodell sollen sie außerdem modifizier- und kopierbar sein beziehungsweise soll die Möglichkeit der Weitergabe bestehen. Der Unterschied zu Stallmans „Free Software" besteht hauptsächlich darin, dass die Open-Source-Software-Produktion nicht zwangsläufig ausschließt, das Produkt kommerziell gegen Bezahlung mit proprietären Erweiterungen zu vertreiben, während freie Software prinzipiell immer kostenlos verbreitet werden muss (Stallman 2002).

Bei der Open-Source-Entwicklung veröffentlichen Programmierer den Code einer Software offen im Internet. Andere Programmierer haben jeweils die Möglichkeit, diesen Code so weiterzuentwickeln und anzupassen, wie es ihnen beliebt. Dadurch entsteht ein offenes Ökosystem an Software – womit nicht zwangsläufig ein fertiges Programm gemeint sein muss –, bei dem nicht mehr der Zugriff die Hürde darstellt, sondern die Adaption oder der Einsatz der vorhandenen Lösungen. Diese Entwicklungsmethode unterscheidet sich zum traditionellen Modell der Entwicklung von Software vor allem darin, dass Open-Source-Software die Prinzipien der Exklusivität und des geistigen Eigentums auf den Kopf stellt. Auch wenn noch immer nicht vollständig geklärt ist, ob Open-Source-Software wirklich „schneller, besser oder günstiger" ist, hat sich Open Source in den letzten Jahren stark verbreitet (Lerner 2001) und an Bedeutung gewonnen.

Die Definition von Open Source beinhaltet festgelegte Kriterien für die Klassifizierung (OSD 2003). Daszu gehören wie erwähnt die freie Weitergabe ohne zusätzliche Kosten, das Beinhalten des Quellcodes beinhalten und die Verfügbarmchung des Code; die verwendete Lizenz muss zudem Derivate zulassen, die Unversehrtheit des Quellcodes des Autors muss garantiert werden, die Diskriminierung von Personen oder Gruppen muss ausgeschlossen sein; darüber hinaus darf es keine Einschränkung des Einsatzfeldes geben, die Lizenz muss weitergegeben werden können, auf das Produktpaket anwendbar sein und darf die Weitergabe des Programmcodes zusammen mit anderer Software nicht einschränken.

Im Vergleich zum klassischen Softwareentwicklungsprozess definiert der Hamburger Wirtschaftsinformatiker Markus Nüttgens folgende charakteristische Merkmale (Nüttgens 2014):

1. Anzahl der beteiligten Entwickler und Entwicklerinnen: Im Vergleich zu traditioneller Softwareentwicklung ist eine weitaus größere Anzahl von Entwicklern beteiligt. Es gibt keine klare Grenze zwischen Entwicklern und Anwendern, da die Hürden für eine Partizipation im Entwicklungsprozess sehr niedrig sind. Auch wenn ein großer Teil der Entwicklungsarbeit von Freiwilligen übernommen wird, gibt es dennoch den Trend zum Einsatz bezahlter Entwickler.
2. Zuteilung der Arbeit: Im Open Source Programming (OSP) wird die Entwicklungsarbeit nicht länger von einer definierten Instanz zugeteilt, sondern die Teilnehmer wählen ihre Arbeitspakete selbst aus.
3. Architektur: In der Regel orientieren sich die Teilnehmer beim OSP nicht an einer vorgegebenen Systemarchitektur. Die Gestaltung der Architektur geschieht dezentral und ist oftmals häufigen Richtungswechseln unterworfen.
4. Koordination: Es gibt wenig oder keine institutionalisierten traditionellen Koordinationsmechanismen, wie z. B. Projekt- und Zeitpläne, Lasten- und Pflichtenhefte und Ähnliches.

Um die Logik, Sprache, Begriffe, Kategorien und Operationen der (neuen) Medien charakterisieren zu können, bedarf es einer Verknüpfung und tieferen Auseinandersetzung mit Informationstechnologie (Manovich 2001: 65). Die Verknüpfung der Open-Source-Entwicklungsmethode mit der Forderung nach Öffnung von Technologie, Bildung und wissenschaftlicher Kommunikation wurde unter anderem von dem Literaturwissenschaftler und Medientheoretiker Friedrich Kittler eingefordert (Kittler 1999), der darin eine Chance für den anhaltenden Überlebenskampf der Universität sieht (Chun 2006: 7).

Open-Source-Entwicklungsprozesse weisen auch insofern Konvergenzen mit der Forderung nach der umfassenden Öffnung wissenschaftlicher Kommunikation auf, als dass es in beiden Fällen nicht nur um den freien und offenen Zugang zum finalen Ergebnis geht, sondern um den Zugriff auf den gesamten Erstellungsprozess (Kelty 2004). Die Open-Source-Entwicklungsprozesse unterscheiden sich von den klassisch-traditionellen (closed-source) Softwareentwicklungsprozessen insbesondere durch die transparente Präsenz und permanente öffentliche Einsehbarkeit. Adaptiert man diese Open-Source-Prozesse auf wissenschaftliche Erkenntnisprozesse und definiert in diesem Zusammenhang wissenschaftliche Publikationen als Quellcode, ist das Konzept auf den wissenschaftlichen Erkenntnisprozess mindestens teilweise übertragbar (Garcia 2010, Singh 2008, Bradley 2008, Mantz 2007, Dorschel 2006, Bradley 2007, Willinsky 2005). Dass das System der offenen Softwareentwicklung dem System der Erkenntnisgewinnung in der Wissenschaft ähnelt, beruht auch auf der Parallele, dass in der Wissenschaft neues Wissen auf der Grundlage von bereits vorhandenem und verfügbarem Wissen entsteht. Das gilt ebenso für Open-Source-Entwicklungen, bei denen Entwickler und Entwicklerinnen häufig auf Softwareteile von Kollegen und Kolleginnen zurückgreifen.

Ähnlichkeiten bestehen ebenso in Hinblick auf die Motivation, die hinter der Erstellung offener Software beziehungsweise dem wissenschaftlichen Erkenntnisprozess steht. Beide Prozesse sind einander in den nachfolgend aufgelisteten Aspekten ähnlich:

1. Wie bei der wissenschaftlichen Kommunikation baut die Entwicklung vieler Open-Source-Projekte auf den Inhalten, Steuerungsinformationen und Erfahrungen anderer Projekte auf. Die Projekte profitieren dabei von einem ständigen Austausch von Informationen, gegenseitiger Optimierung und Verbesserung. Wie bei Open-Source-Software streben auch Wissenschaftler und Wissenschaftlerinnen nach der größtmöglichen Verbreitung ihrer Inhalte
2. „Free Software (im Sinne von Open Source), Open Access und Creative Commons sind alles Rechts- und Infrastrukturexperimente" (Kelty 2004). Open-Source-Software sollte dabei nicht mit „Shareware" verglichen werden, die zwar kostenlos verbreitet wird, aber deren Quellcode proprietär bleibt (Lerner 2001).
3. Die Kontributoren von Open-Source-Projekten versprechen sich neue „Karrieremöglichkeiten oder eine Ego-Genugtuung" (Lerner 2001), Selbstverwirklichung oder Befriedigung der intellektuellen Neugier (Willinsky 2005), sowie gegenseitige Beurteilung und Anerkennung (nonmonetäres Kapital). Das wissenschaftliche System basiert auf ähnlichen Mechanismen beim Karriere- und Reputationssystem.
4. Parallelen ergeben sich auch auf der Nutzerseite: „Denn hier wie dort gilt es, das Spannungsfeld zwischen dem Prinzip des ‚offenen Zugangs' [...] und dem Wunsch mancher Urheber, die Nutzung seines Werkes – teils aus ideellen, teils aus ökonomischen Motiven – auf bestimmte ‚gewünschte' Nutzungsformen zu beschränken" (Dorschel 2006).
5. Wie bei der wissenschaftlichen Kommunikation geht es bei der Mitarbeit an Open-Source-Projekten nicht ausschließlich um altruistische Motive (Lerner 2001) und um kollektive beziehungsweise arbeitsteilige Prozesse zur Wissensproduktion.

6. Die Debatte um die Forderung nach Öffnung der wissenschaftlichen Kommunikation kann aus technologisch-entwicklungsmethodischer Sicht mit der Debatte um kostenlose Software (Freeware) versus Open-Source-Software verglichen werden. Der Vergleich: Freeware und Open-Access-Publikationen sind zwar kostenlos verfügbar, ihr Erstellungsprozess wird jedoch nicht offen und transparent kommuniziert. Bei Open Science geht es wie bei Open Source um die Offenlegung des gesamten Erstellungsprozesses inklusive der Daten (Grand 2012) sowie auch der verwendeten wissenschaftlichen Codes (Hey 2015).
7. Auch die häufig genutzten Lizenzmodelle und Definitionen von Offenheit im Rahmen wissenschaftlicher Kommunikation haben ihren Ursprung in der Open-Source-Bewegung.

Der Vergleich der Öffnung von Wissenschaft mit der Open-Source-Bewegung soll im Rahmen dieser Arbeit ein mögliches Szenario aufzeigen, wie in Zukunft die Wissensproduktion frei und öffentlich gestaltet werden kann. Dabei gilt es zu berücksichtigen, dass bei der Nutzung von Open-Access-Werken und -Publikationen die Erfahrungen aus dem Bereich der Open-Source-Software dienlich sein können, auch wenn sich die rechtlichen Fragestellungen und Lösungsansätze auf Anbieterseite doch zum Teil erheblich unterscheiden (Dorschel 2006). Diese Einschränkung resultiert aus einer partiell differenten Interessenlage: Open-Source-Software basiert in hohem Maße auf dem Community-Gedanken und ist letztlich von altruistischen Motiven geprägt, während bei Open Access zum Teil die Ressourcenknappheit der öffentlichen Hand sowie die individuellen Renommeeinteressen von Wissenschaftlern im Vordergrund stehen (Dorschel 2006). Im Rahmen der Veränderungsprozesse und Ausweitung der Öffnung auf den gesamten wissenschaftlichen Erkenntnisprozess muss diese Einschränkung der Vergleichbarkeit allerdings hinterfragt werden. Dies soll im weiteren Verlauf dieser Arbeit geschehen.

Historische Hintergründe der Forderung nach einer Öffnung der wissenschaftlichen Kommunikation

Während „Openness“ bisher vielfach mit den Entwicklungen im Zusammenhang mit offener Software assoziiert wird, gibt es durchaus noch frühere Anknüpfungspunkte in der wissenschaftlichen Auseinandersetzung (Tkacz 2014). So verortet Christopher Kelty die ersten Anfänge bereits in den 1980er Jahren (Kelty 2008). Andrew Russell sieht die ideologischen Ursprünge von „Offenheit“ als Standard schon in der Entwicklung des Telegrafs und weiteren Ingenieurleistungen seit 1860 (Russell 2014).

Könneker und Lugger führen erste Beispiele einer offenen Wissenschaft bereits aus der Zeit des 17. Jahrhunderts an (Konneker 2013): In dieser Phase herrscht noch keine strikte Trennung zwischen Wissenschaftlern und Nicht-Wissenschaftlern und die „öffentliche[n] Demonstrationen von Experimenten mit großem Überraschungs- und Unterhaltungswert beziehen das Publikum ein“ (Weingart 2005).

Das aktuell vorherrschende System der wissenschaftlichen Kommunikation hat sich seit den 1960er Jahren etabliert und funktionierte am besten, als die akademischen Ziele mit den Marktinteressen vereinbar waren. Doch die Rahmenbedingungen wissenschaftlicher Kommunikation haben sich seitdem fundamental verändert (Weiner 2001). Infolge des weltweit steigenden Haushaltsdrucks der Bibliotheken und wissenschaftlichen Institutionen, des „ungewöhnlichen Geschäftsmodells“ (Peek 1996) der Wissenschaftsverlage mit immer höheren Margen (Albert 2006), der Massifizierung der Universität (Binswanger 2014), des konstanten Anstiegs des wissenschaftlichen Outputs (Haustein 2012: 23) und des Umstands, dass private Wissenschaftsverlage durch das wissenschaftliche Reputationssystem über öffentlich finanzierte Wissenschaftlerkarrieren entscheiden (Heise 2012b), befindet sich das wissenschaftliche Kommunikationssystem in einer Krise (BBAW 2015: 11).

Die technologischen Entwicklungen der Digitalisierung haben eine Krise des wissenschaftlichen Arbeitens und elektronischen Publizierens herbeigeführt. Die Öffnung der wissenschaftlichen Kommunikation kann in Reaktion auf diese Krise verstanden werden als eine mögliche Antwort, die bei der Öffnung (Open) und dem freien Zugang (Access) zu wissenschaftlichen Publikationen ansetzt und perspektivisch zu einer Öffnung (Open) des Zugriffs auf den Prozess des Forschens (Science) führen könnte. Darüber hinaus werden wissenschaftliche Ergebnisse zunehmend zum Thema massenmedialer Berichterstattung, wodurch sich der ursprüngliche „Publikumsbezug der wissenschaftlichen Kommunikation zur jeweiligen Fachgemeinschaft um den Bezug zur allgemeinen Öffentlichkeit ergänzt“ (BBAW 2015: 20).

Dieser Wandel im „Zeitalter der Informatik“ birgt Herausforderungen, die der Philosoph Jean François Lyotard als „Ökonomisierung des Wissens“ (Lyotard 1979: 14) bezeichnet und die er in den Rahmen der zunehmenden Quantifizierbarkeit von Wissen stellt. Wissen ist performativ geworden und die Produktion von Wissen erfolgt nicht mehr (nur) zum Zweck der Erweiterung des Wissens, sondern mit dem Ziel, es zu verkaufen (Troy 2012: 156). Wissenschaft wird demnach zunehmend zu einem Wachstumsfaktor für die Marktwirtschaft (Mikl 2011: 178). Wie im Kapitel „Wissenschaftliches Kapital" beschrieben, beruht die Produktion von wissenschaftlichem Wissen aber eben ursprünglich nicht auf den Marktmechanismen, sondern auf einem nicht-kommerziellen Anreizsystem und wird durch symbolisches Kapital angetrieben (Troy 2012: 157).

Aus der Öffnung der Kommunikation, so wird befürchtet, entsteht die Gefahr, dass wissenschaftliches „Wissen immer weniger der Bildung dient, sondern für den Verkauf geschaffen und konsumiert wird" (Hagner 2015). Diese Gefahr beschreibt das Spannungsverhältnis, in dem Wissenschaftler und Wissenschaftlerinnen sich befinden. Auf der einen Seite sind sie zunehmend angehalten, die Forschung gemeinsam mit der Industrie schnell in Produkte zu übersetzen, auf der anderen Seite soll das Wissen so schnell wie möglich in der wissenschaftlichen Gemeinschaft verbreitet werden, um den wissenschaftlichen Fortschritt zu fördern und die gesellschaftlichen und humanitären Ziele von Wissenschaft zu erfüllen (Harmon 2012, Woelfle 2011). Die Gefahr der Ökonomisierung wird auch in der Debatte um die Öffnung wissenschaftlicher Kommunikation thematisiert (Kansa 2014, Bunz 2013, Tkacz 2012, Mirowski 2005) und im weiteren Verlauf der Arbeit aufgegriffen. Eine weitere Herausforderung stellt die Frage dar, ob und inwieweit durch die Öffnung der wissenschaftlichen Kommunikation massenmediale Selektionskriterien als Steuerungsmechanismen für Wissenschaft wirksam gemacht werden (BBAW 2015: 20).

Diese Veränderungen in der Kommunikation von Forschung und Wissenschaft sind keine völlig neuen Phänomene, denn in gewisser Weise ist die Öffnung der wissenschaftlichen Kommunikationsprozesse eine Rückkehr zu der ursprünglichen Beziehung zwischen Wissenschaft und Öffentlichkeit (Konneker 2013, Weingart 2005).

In der gegenwärtigen Literatur kommen Begriffe mit Bezug zum Konzept der „Offenheit" in der wissenschaftlichen Auseinandersetzung auf unterschiedliche Art und Weise zur Anwendung (Fecher 2013). Dabei erscheint die Unterscheidung von „Zugang" und „Zugriff" als wesentlich und bildet eine Grundlage für die Abgrenzung der hier verwendeten unterschiedlichen „Open"-Begriffe:

- Offener „Zugang" beschreibt einen unbeschränkten Zugang zur finalen wissenschaftlichen Publikation. Damit ist „das freie, unwiderrufliche und weltweite Zugangsrecht" gemeint (Berliner Erklärung 2003). „Unbeschränkt" bezieht sich vor allem auf das Lesen der finalen Ergebnispublikation, aber auch auf die Erstellung von Kopien sowie die

Verarbeitung und Benutzung derselben (Lossau 2007) bei Nennung der Urheberschaft.

- Offener „Zugriff“ umfasst die erweiterte Nutzung der jeweiligen Wissensressourcen und schließt neben dem „Zugang“ zur Publikation sämtliche Informationen, Daten und Quellcodes sowie die Kommunikation hinter und vor der finalen Veröffentlichung ein (Hey 2015). Damit bezieht sich der geforderte Zugriff auch auf „Daten“ als „Gesamtheit der binär codierten, maschinenlesbaren Inskriptionen“ und „all das, was auf digitalen Datenträgern gespeichert vorliegt“ (Burkhardt 2015). Damit sind sämtliche Forschungsdaten, Methoden und wissenschaftlichen Begleitinformationen gemeint, die während der wissenschaftlichen Arbeit auf dem Weg zur finalen Publikation entstehen und für die zudem eine Weiternutzung, Weiterverarbeitung sowie die Erstellung von Derivaten durch Dritte möglich sein soll. Das Konzept des „Zugriffs“ erfasst insofern auch Material, dessen Entstehung weit vor dem Zeitpunkt der finalen Einreichung oder Publikation liegt und unmittelbar den Beginn des wissenschaftlichen Erkenntnisprozesses markiert.

Offener Zugang zur wissenschaftlichen Kommunikation: Open Access

Der offene Zugang zu wissenschaftlicher Kommunikation ist seit der Entwicklung des gedruckten Wortes eng mit der Frage nach Urheberrechten für wissenschaftliche Informationen verknüpft (Case 2000). Open Access beschreibt ein wissenschaftliches Kommunikationssystem, in dem der Zugang zu den unterschiedlichsten Formen wissenschaftlicher Publikationen, im Gegensatz zum bestehenden System, unter freien, kostenlosen Bedingungen und ohne finanzielle, gesetzliche oder technische Hürden möglich ist (Cloes 2009). Dieses System ermöglicht darüber hinaus ein „alternatives Geschäftsmodell“ (Lewis 2012) für wissenschaftliche Publikationen. Das beruht auf der Maßgabe, dass die „Eigentumsrechte an den Artikeln, die bisher für die Publikation in wissenschaftlichen Journals an die jeweiligen Fachverlage abgetreten wurden, [...] nun bei den Autoren der Artikel selbst verbleiben“ (Hess 2006).

„Geringere Kostenbarrieren und damit eine einfachere Verbreitung ihrer eigenen Werke“ (Cloes 2009) stellen dabei die Wünsche der wissenschaftlichen Autoren und Urheber in Zusammenhang mit Open Access dar. Der Einsatz (offener) Lizenzen ist dafür ein Haupteinflussfaktor. Open Access hat damit den Zweck, die durch Copyright generierten Barrieren zu überwinden und möglichst schnell und umfassend Zugriff auf neue wissenschaftliche Erkenntnisse zu ermöglichen.

Open Access wird von Peter Suber als „digital, online, kostenlos und frei von den meisten Urheber- und Lizenzbeschränkungen" (Suber 2012: 4) eingegrenzt (Adema 2014). Open Access bedeutet den „Verzicht auf finanzielle, technische und rechtliche Hindernisse, die dazu bestimmt sind, den Zugang zu wissenschaftlichen Forschungsartikeln für zahlende Kunden zu begrenzen" und dass „im Interesse der Beschleunigung der Forschung und des Austauschs von Wissen, Verlage ihre Kosten aus anderen Quellen schöpfen" (Suber 2002). Die meisten programmatischen Erklärungsversuche sehen Open Access demnach „als adäquate Selbsthilfe wissenschaftlicher Autoren und Institutionen gegen die diskurshemmenden Auswirkungen der ‚Zeitschriftenkrise'" (Näder 2010: 105). In der Literatur finden sich unterschiedliche Auffassungen darüber, wie Open Access erreicht werden kann und welchen genauen Bezugsrahmen das Attribut „Open" beschreibt (Adema 2014, Herb 2012a). Dies ist darauf zurückzuführen, dass es keine formelle Struktur, keine offizielle Organisation und keine selbst oder anderweitig ernannte Führungsperson innerhalb der Open-Access-Bewegung gibt (Poynder 2011). Darüber hinaus sind die existierenden „Definitionen" meist interessengeleitet und führen dazu, „Kriterien, Methoden, Ziele und Folgenabschätzungen ineinander zu verflechten" (Näder 2010: 105). Diese reichen von der bloßen „Verbesserung von Zugang zur wissenschaftlichen Journalliteratur durch die Verwendung des Internets" (Willinsky 2006: 64) über den „freien, unmittelbaren und uneingeschränkten Zugang zu wissenschaftlichen Publikationen und Forschungsergebnissen in elektronischer Form" (Mueller 2010) bis hin zur generellen „Möglichkeit, wissenschaftliche Dokumente entgeltfrei nutzen zu können" (Herb 2012a: 33).

Einigkeit besteht darin, dass es der Forderung nach Open Access nicht um die Abschaffung oder die Entwertung materiellen geistigen Eigentums, aber um eine weitestmögliche Beseitigung der technischen und rechtlichen Zugangshürden zu wissenschaftlichen Erkenntnissen geht. Kaum jemand bestreitet, dass Open Access vereinbar ist mit dem Urheberrecht, dem Peer-Review-System, der Vereinnahmung von Geldern (auch eines Gewinns) und dem Drucken, darüber hinaus mit der Erhaltung, Reputation und Qualität wissenschaftlichen Arbeitens und Publizierens, mit dem wissenschaftlichen Karriere-Fortschritt, der Indexierung und anderen Merkmalen und unterstützenden Aspekten, die mit dem herkömmlichen wissenschaftlichen Publikationssystems assoziiert sind (Suber 2015). Die Unterstützer der Open-Access-Idee vereint das gemeinsame

Ziel, „die Bedingungen zu verbessern, unter denen wissenschaftliche Arbeiten zirkulieren können" (Adema 2014). Die Propagierung der Öffnung der wissenschaftlichen Ergebnisse erstreckt sich dabei vor allem auf „Publikationen, die nicht darauf angelegt sind, Einnahmen aus Verkaufserlösen für ihre Urheber zu generieren" (Mueller 2010).

Im Unterschied zu den verschiedenen Interpretationen und Wegen von „Open Access" bietet das Attribut „Open" einen vielleicht eindeutigeren Bezugsrahmen für die Beschreibung des offenen Zugangs zu wissenschaftlichen Publikationen. Eine der Definitionen der Bedingungen von „Open" ist die Open-Definition der Open Knowledge Foundation. Sie erhebt den Anspruch, die Prinzipien und Bedingungen für die Offenheit von Daten und Inhalten festzuhalten. Diese Bestimmung von Offenheit setzt voraus, dass Daten und Publikationen als Ganzes und für nicht mehr als angemessene Wiederherstellungskosten (vorzugsweise als Download) und in einer bequemen und modifizierbaren Form verfügbar sein sollten (Molloy 2011).

Gemäß der Open-Definition gilt der Inhalt als „Open", der „für jeden Zweck von jedem kostenlos genutzt, modifiziert und geteilt werden" kann (Open Definition 2014). Die Definition will „die Bedeutung von offen in Bezug auf Wissen" präzisieren. Wissen erstreckt sich in diesem Zusammenhang auf Inhalte wie Musik, Filme, Bücher, jegliche Art von Daten, ob wissenschaftlicher, historischer, geografischer oder anderer Art, sowie Regierungs- und andere Verwaltungsinformationen (Open Definition 2014).

Die Open-Definition wurde von der Open-Source-Definition abgeleitet und spiegelt ein Verständnis von „frei" oder „libre", wie es auch im Rahmen der Definition für „freie kulturelle Werke" zu finden ist. Ein Werk oder Inhalt gilt nach dieser Definition als „offen", wenn es bei der Verbreitung folgende Kriterien erfüllt (Open Definition 2014):

1. Einhaltung der Prinzipien von Zugang, Verteilung, Wiederverwendung und der Absenz von technologischen Restriktionen
2. Attribuierung zum Urheber/zu den Urhebern, Maßnahmen zur Wahrung der Integrität der Information als maximale Einschränkung
3. Unterbindung der Diskriminierung von Personen, Gruppen oder bestimmten Bereichen/Gebieten
4. Einhaltung genannter Kriterien im Rahmen der Lizenzierung

Die Definition setzt eindeutige Kriterien, deren Erfüllung notwendig ist, um das Attribut „Open" zu verwenden. Wie bei den drei programmatischen Erklärungen zum Themenfeld Open Access, den drei „B's", kann ein Verstoß gegen diese Kriterien zwar nicht sanktioniert werden, aber die öffentliche

Verwendung von „Open" erschweren. Kommt es zu einem Verstoß gegen diese Kriterien, wird von „Open Washing" gesprochen – ein Begriff, der vor allem der Entlarvung von Akteuren gilt, die das Label Open ohne eine entsprechende ideelle Wirkabsicht verwenden.

Wege des Open-Access-Publizierens

In der Literatur wird Open Access in unterschiedliche Formen unterteilt (CREATe 2014, Albert 2006) und es bestehen unterschiedliche Auffassungen über die verschiedenen Erklärungsversuche von Open Access (CREATe 2014, Guedon 2004, Lewis 2012). Die meisten Begriffsbestimmungen von Open Access, wie auch die Modelle, orientieren sich an den „three Bs", den derzeit meist verwendeten Erklärungsversuchen von Open Access (Adema 2014). Am Beispiel der Budapest Open Access Initiative werden zwei Wege für Open Access dargestellt (Albert 2006):

1. Die Etablierung „einer neuen Generation von Fachzeitschriften", die einen kostenfreien und unmittelbaren Zugang zu den Beiträgen ermöglichen („goldener" Weg)
2. Die öffentlich zugängliche (Selbst-)Archivierung durch die Urheber („grüner" Weg, Adema 2013, Hall 2008)

Der „grüne Weg" beschreibt ein Modell, bei dem der Autor oder die Autorin im Rahmen einer (Selbst-)Archivierung von Beiträgen in Repositorien (teilweise öffentliche Dokumentenserver) die Verfügbarkeit einer Publikation anstrebt (Brembs 2015, Mueller 2010, Grand 2012). Das vom Autor oder von der Autorin initial eingereichte Dokument (Manuskriptfassung) steht dabei als Pre-Print- oder Post-Print-Version auf institutionellen oder disziplinären Dokumentenservern oder privaten Homepages jedem zur Verfügung.
Im Unterschied zu Post-Prints, hat bei einem Pre-Print keine Peer Review stattgefunden und der Beitrag somit keine externe wissenschaftliche Qualitätssicherungsmaßnahme durchlaufen. Beim „grünen Weg" hat der publizierende Verlag darüber hinaus die Möglichkeit, innerhalb einer Sperrfrist von üblicherweise sechs bis zwölf Monaten den lektorierten und fertigpublizierten Beitrag unter einer eigenen Lizenz zu verkaufen. Erst nach Ablauf dieser Frist wird die finale und lektorierte Fassung des Beitrags frei und offen zur Verfügung gestellt. Es existieren je nach Verlag und Publikationsform verschiedene Ausgestaltungen dieses Publikationswegs. Diese unterschiedlichen Ausgestaltungen eint zum einen, dass Autoren ihre eingereichten Beiträge unmittelbar, frei und kostenlos veröffentlichen, und zum anderen die freie und kostenlose Veröffentlichung der finalen Publikation durch den Verlag nach einer Sperrfrist (Dorschel

2006). Die vertragsrechtliche Ausgestaltung des grünen Wegs ist vielfältig und reicht von einer tatsächlichen Beschränkung der Rechtseinräumung auf das für den Vertragszweck erforderliche Maß bis zu einer für Autoren und Archivare ungünstigen „vollständigen Übertragung, gepaart mit einer schuldrechtlichen Gestattung einzelner Nutzungshandlungen nach Ablauf einer gewissen Schutzfrist“ (Dorschel 2006). Der grüne Weg ist demnach als Open-Access-Kompromiss auf Grundlage der Interessen der Verlage anzusehen (Mussell 2013).

Beim „goldene Weg“ stellt der Autor oder die Autorin unmittelbar nach der Fertigstellung die finale und lektorierte Publikation über einen Verlag frei und offen zur Verfügung. Auch die Verlagsversion muss ohne Sperrfrist in einem Repositorium unmittelbar zur Verfügung gestellt werden. Der Verlag hat allerdings zusätzlich die Möglichkeit, den Beitrag kommerziell zu vertreiben und zu verkaufen, muss jedoch parallel eine freie und offene Version der Publikation zur Verfügung stellen.

Alternativ ermöglicht es der verzögerte goldene Open-Access-Weg dem Verlag, zeitverzögert für die Öffentlichkeit die finale Version der Publikation unter einer offenen Lizenz zur Verfügung zu stellen (Lewis 2012). Der Verlag hat bei diesem verzögerten Modell den Vorteil, über einen bestimmten Zeitraum die Publikation vertreiben zu können, ohne zeitgleich eine offene und freie Version anbieten zu müssen. Der Autor oder die Autorin hat im Gegensatz zum „grünen Modell“ aber dennoch die Möglichkeit, diese finale Publikation vollumfassend sofort kostenfrei anzubieten.

Im Rahmen anderer (meist gemischter) Modelle, wird den Autoren im Nachhinein die Möglichkeit eingeräumt, bei Zahlung eines gewissen Betrags die Publikation offen und frei zur Verfügung zu stellen (Lewis 2012). Das hat für Autoren den Nutzen, dass sie von den Vorteilen bei der offenen Verbreitung von Publikationen unter den Bedingungen von Open Access profitieren. Macht der Autor oder die Autorin davon erst nach einem gewissen Zeitraum Gebrauch, generiert der Verlag neben den initialen Verkaufserlösen über diesen Weg zusätzliche Einnahmen. Diese alternativen Modelle ermöglichen es, dass parallel zu den kostenlosen und offenen elektronischen Veröffentlichungen weitere kostenpflichtige Publikationen in gedruckter oder digitaler Form erscheinen können. Eine Grundvoraussetzung dafür ist, dass neben der kostenpflichtigen Version auch eine kostenfreie Version der Publikation unter den in der Open-Definition erklärten Bedingungen existiert.

Darüber hinaus findet in der Literatur die Unterteilung in gratis und libre Open Access statt (Eve 2013, Näder 2010, Mounce 2015). Mit gratis Open

Access wird dabei die Möglichkeit bezeichnet, den Zugang zu Publikationen und Forschungsergebnissen zu erleichtern und die Kostenpflichtigkeit zu beenden. Libre Open Access bedeutet, dass weitere Barrieren wie Urheber- und Lizenzbeschränkungen aufgehoben werden (Adema 2014). Diese Unterteilung wird von einigen Autoren kritisiert, da durch das Hinzufügen eines weiteren Attributs die eigentlich scharfe Abgrenzung von „Close" und „Open" geschwächt wird, was sich auch auf andere Bereiche der Open-Bewegung (Open Government Data, Open Hardware, Open Educational Resources□ u. v. m.) auswirken könnte. Diese Kritik kann auch auf die Modelle von Green und Golden Open Access ausgeweitet werden und die Differenzierung der Begriffe läuft Gefahr, grundsätzlich schwer oder falsch verstanden zu werden (Mounce 2015).

Neben den dargestellten Modellen existieren weitere Veröffentlichungsmodelle für Open-Access-Publikationen. Die Einteilung in hybride, radikale und sonstige Formen von Open Access stellt dabei eine weitere entwertete Ebene der Unterteilung dar (Mounce 2015). Weitere, im Vergleich wenig genutzte Modelle sind hybride Modelle. Als hybrid werden diese deshalb bezeichnet, weil Autoren wählen können, ob sie den Verlag für den kostenlosen Zugriff auf ihre Publikationen finanzieren oder ob der Leser über das Subskriptionsmodell zahlt (Mueller 2010). Dieses Modell steht allerdings in der Kritik, da die rechtlichen Bedingungen nur selten eine Nachnutzung oder Weiterverbreitung erlauben und die Verlage nur selten auf das exklusive Verwertungsrecht verzichten (Mueller 2010). Die Publikationsformen werden als Open Access bezeichnet, genügen aber nicht den gängigen Deklarationen (BOAI 2012) oder verstoßen gegen die Open-Definition. Von einer weiteren Unterteilung der Open-Access-Modelle wird deshalb und aufgrund ihrer geringen Verbreitung und Praktikabilität in dieser Arbeit abgesehen.

Der verzögerte goldene Weg und der grüne Weg beeinträchtigen das klassische Geschäftsmodell der Verlage vorerst nicht direkt. Publikationen werden wie bisher angeboten und erst nach einer bestimmten Zeit auch kostenlos zur Verfügung gestellt. Im Gegensatz dazu kommt der goldene Weg auf Grundlage unmittelbarer, freier und offener Veröffentlichungspflicht ohne das tradierte Geschäftsmodell der Verlage aus (Lewis 2012).

Allerdings werden für Publikationen, die unter den Bedingungen von Open Access veröffentlicht werden, durch die Verlage meist vorab Veröffentlichungsgebühren oder Speicherkosten von den Autoren und Autorinnen erhoben (Jubb 2011). Diese sogenannten Article Processing Charges (APC) oder Deposit Rates werden damit gerechtfertigt, dass bei dieser

Publikationsform weder auf den Peer-Review-Prozess noch auf die Möglichkeiten, über Vertriebsmaßnahmen zusätzlichen Umsatz zu generieren, Urheber zu schützen oder andere Stärken der traditionellen Publikationsformen verzichtet wird (Albert 2006, Bargheer 2009) und dass Kosten für Ablage und Langzeitarchivierung entstehen (Jubb 2011).

Somit ändert das Open-Access-Geschäftsmodell die Erlösstruktur der Verlage von nachgelagerten, verkaufsorientierten Einnahmen hin zu Vorabeinnahmen für die Erstellung und den Vertrieb der Publikationen. Strukturell steht Open Access für Verlage damit vorerst in keinem Widerspruch zur Bewahrung der wissenschaftlichen Qualität oder den Vorteilen des klassischen Publikationssystems (Suber 2002). Bislang nutzen Verlage Open-Access-Optionen, wollen damit aber die etablierten Verhältnisse möglichst fortschreiben und halten am Subskriptionsmodell weiter fest (Schmidt 2007).

Open-Access-Kanäle und Publikationsformate

In diesem Abschnitt wird auf unterschiedliche Open-Access-Kanäle und -Publikationsformate eingegangen. Es wird unterschieden in Open-Access-Aggregatoren, -Repositorien, -Journale, -Sammelbänden und -Monografien. Diese Kanäle und Formate verkörpern die unterschiedlichen Publikationsformen der wissenschaftlichen Kommunikation oder konkrete Herausforderungen in Bezug auf die Distribution und Archivierung im Rahmen der neuen Möglichkeiten offenen und freien Publizierens.

Da es eine enge Verknüpfung zwischen Repositorien und der Entwicklung der Open-Access-Bewegung gibt (Adema 2013, Offhaus 2012), soll in diesem Kapitel auf die Rolle der Repositorien als spezifischem Kanal für die Verbreitung von Publikationen eingegangen werden. Repositorien sind verwaltete Orte zur Aufbewahrung geordneter Dokumente. Institutionelle Repositorien gelten als ein Instrument für wissenschaftliche Einrichtungen oder eine Gruppe von Einrichtungen, um Publikationen für einen institutionell meist abgegrenzten Bereich frei zugänglich zu machen (Dobratz 2007, Baggs 2006). Über die Hälfte der forschungsorientierten deutschen Universitäten betreiben ein solches institutionelles Repositorium (Schmidt 2009).

Institutionelle Repositorien haben erhebliche Vorteile für die Institutionen, wenn sie in die ganzheitlichen Rahmenbedingungen der Universität integriert sind (Steele 2006). Repositorien können neben der Kernaufgabe der Archivierung und Verbreitung von Publikationen auch für die

Lernumgebungen, den Forschungsservice und die Marketingaktivitäten einer Universität eine wichtige Rolle spielen. Sie ermöglichen zum Beispiel die Dokumentation des universitären Outputs und verbessern den institutionellen Austausch (Steele 2006). Ökonomisch rentieren sie sich vor allem dann, wenn Skaleneffekte eintreten und Forschungseinrichtungen in Verbünden agieren (Blythe 2005). Neben den institutionellen sind auch fachliche oder andere Arten von Repositorien eng mit der Open-Access-Bewegung verknüpft. Repositorien stehen für die digitale Speicherung von Dokumenten und zunehmend auch von Daten zur Verfügung. Sie entwickeln sich von „bloßen Repositorien für Literatur in Richtung digitaler Forschungsportale und -umgebungen", die „verschiedenste Materialien integrieren und damit nutzbar und zitierfähig machen" (Schmidt 2009: 10). Digitale Repositorien bieten Mehrwertdienste, insbesondere die Erhebung von Nutzungsstatistiken, Zitationsanalysen und webometrischen Daten (Jahn 2011, Mayr 2005). Über diese Repositorien wird der Zugang zu den unterschiedlichen Modellen und Publikationswegen von Open-Access-Publikationen ermöglicht (Suber 2015).

Kritische Betrachtungen von Open Access

Open Access ist nicht unumstritten. Die Kritik an Open Access kommt vor allem von den „etablierten Wissenschaftsverlagen, aber auch von Autoren, die um Einnahmen aus Autorenverträgen" (Schirmbacher 2007: 24) und die Einschränkung der Wissenschaftsfreiheit fürchten. Neben der Kritik am ökonomischen Modell sowie der Angst vor dem Verlust vom Recht am geistigen Eigentum (Heidelberger Appell 2009), der Angst vor der Einschränkung von Freiheit in Forschung, Lehre und Forschungsheterogenität (Szczesny 2014) wird sogar befürchtet, dass Open Access es „tatsächlich in den Händen" hat, ganze Publikationsformen wie „dem geisteswissenschaftlichen Buch ein Ende zu bereiten" (Hirschi 2015: 6).

Aus der Perspektive der Leser und Leserinnen gibt es demgegenüber wenig Kritik am Konzept von Open Access (Wein 2010: 287, Weishaupt 2009). Diese bezieht sich, wenn sie überhaupt vorkommt, vorwiegend auf negative Konsequenzen für Wissenschaft und Forschung, die im Zuge der Öffnung, insbesondere in ihrer Verknüpfung mit der Digitalisierung, befürchtet werden. Dabei werden vor allem die sinkende Forschungsheterogenität (Hirschi 2015), die eventuell steigende Einflussnahme durch die „Steuerzahler", die Gefahr der Medialisierung der Wissenschaft (Weingart 2005) sowie die Konsequenzen einer Unterwanderung der Steuerungsmechanismen von Wissenschaft und Forschung genannt. Als theoretische Gefahr wird diesbezüglich beispielhaft die Gefahr der Außerkraftsetzung des Wahrheitsmonopols der Wissenschaft durch das Aufmerksamkeitsmonopol der Medien genannt (Weingart 2005) sowie die Angst vor Verlust einer analogen Informationsversorgung durch „konzentriertes Lesen in einem Lesesaal" (Winkler 2011: 4).

Seitens der Autoren und Autorinnen besteht bisher eine vergleichsweise geringe Akzeptanz für die Öffnung wissenschaftlicher Kommunikation und wenig Interesse an Open-Access-Publikationen. Es existieren noch immer „viele Vorbehalte und Missverständnisse" (Suber 2002). Diese fehlende Akzeptanz für Open Access in der wissenschaftlichen Gemeinschaft stellt die größte Herausforderung für die Etablierung offener Kommunikation in der Wissenschaft und Forschung dar (Weishaupt 2009). Die Vorurteile betreffen insbesondere die Verschiebung des Leser-/Bibliotheken-Bezahl-Systems zum Autoren-Bezahl-System zur Refinanzierung des Publikationsprozesses (European Commission 2006, Chibnik 2015). Die meisten Autoren und Autorinnen vermuten, dass sie selbst im Rahmen des Systemwandels zukünftig für die Veröffentlichung der Texte zahlen müssen, um die freie und offene Zugänglichkeit zu gewährleisten (Mussell 2013), und das, obwohl schon bei konventionellen (Nicht-Open-Access-)Veröffentlichungen oft genug die Druckkosten selbst aufgebracht werden müssen (Weishaupt 2009). Darüber hinaus ermöglicht dieses Modell im Rahmen der Verschiebung der Erlösquelle von der Bibliothek zu Autor oder Autorin die zunehmende Entwicklung von „falschen" Open-Access-Journalen und -Publikationen durch betrügerische Verleger (Predatory Publishers, Beall 2015), die eine ernsthafte Bedrohung für die Zukunft der Wissenschaftskommunikation im Rahmen der Öffnung der wissenschaftlichen Kommunikation darstellen (Beall 2012).

Eine weitere Hürde für die Akzeptanz bilden Herausforderungen bei der Sicherung der „Authentizität und Integrität der Texte" (Weishaupt 2009, Fehling 2014: 191), bei der Langzeitarchivierung (Hagner 2015, Eve 2013) und der Einbettung offener Kommunikation in das wissenschaftliche Reputationssystem (Weishaupt 2009, Suber 2002, Adema 2014). Darüber hinaus gerät das bisher von den Verlagen organisierte Bewertungssystem zunehmend ins Wanken, wenn Wissenschaftler und Wissenschaftlerinnen anfangen, einfach ihre Publikationen frei und offen im Internet zu veröffentlichen und „die Auszeichnung, eine Veröffentlichung in einem sogenannten renommierten wissenschaftlichen Journal zu platzieren, nichts mehr gelten soll" (Schirmbacher 2007: 24).

Die Vertriebsmodelle, bei denen Autoren die Kosten für die Publikation tragen, werden auch als „Sozialismus für die Reichen" (Cope 2014) bezeichnet. Denn diese Modelle nähren die Befürchtung, dass der im tradierten Publikationssystem kritisierte Matthäus-Effekt wieder in Kraft tritt, wonach nur gut ausgestattete und damit meist bereits renommierte Universitäten, Institutionen oder Lehrstühle in der Lage sind, die Ressourcen aufzubringen, um Publikationen zu veröffentlichen. Dieser Effekt verstärkt die Vermutung, dass in sozial schwächeren Umgebungen auch unter Open Access die Wissensproduktion und -verbreitung weiter behindert und die erhoffte Schaffung gleicher Bedingungen im wissenschaftlichen Kommunikationssystem ausbleiben wird.

Zusammenfassend bezieht sich die Kritik vornehmlich auf die Gefahren in einem System, in dem die Öffnung erzwungen wird oder die wissenschaftliche Gemeinschaft ohne Einbeziehung in die Ausgestaltung zu einer solchen Öffnung verpflichtet wird. Der Umstand, dass die wissenschaftlichen Akteure selbst entscheiden können, welchen Weg sie wählen, wird dabei bisher nur unzureichend berücksichtigt und kommuniziert. In diesem Zusammenhang werden im Folgenden exemplarisch zwei Bereiche der Kritik genauer dargestellt, um einen tieferen Einblick in die Themen und Akteure der Debatten um die Kritik an der Öffnung wissenschaftlicher Kommunikation zu ermöglichen: Es handelt sich dabei erstens um die Kritik am ökonomischen Modell und zweitens die Kritik an der Einschränkung der Freiheit in Forschung und Lehre sowie von Forschungsdiversität.

1. Die Kritik am ökonomischen Modell

Ein Kritikpunkt am Open-Access-Modell bezieht sich vor allem auf das Kostenargument und die ursprüngliche Hoffnung, dass die technologischen Treiber, gesteuert und organisiert von der Forschungscommunity selbst anstatt durch Fachverlage, die durchschnittlichen Kosten für einen publizierten Artikel signifikant senken könnten. So stellte sich die Frage, ob

> aus der Sicht des individuellen Nutzenkalküls von Wissenschaftlern, Verlagen und weiteren Einrichtungen wie Bibliotheken als auch aus Sicht gesamtwirtschaftlicher Wohlfahrtsüberlegungen [...] der Markt der Wissenschaftskommunikation nicht effizienter organisiert werden könnte (Hess 2006).

In einigen Beiträgen wurden schon sehr früh Kostensenkungen zwischen 50 und bis zu 90 Prozent (Hilf 2004, Willinsky 2006: 64) prognostiziert.

Die auf Open Access gerichteten Hoffnungen, das System leistungsfähiger zu machen und es „von seinen durch den Papierdruck auferlegten Fesseln" zu befreien (Hilf 2004), orientierte sich vor allem an den folgenden Tatbeständen konventionellen Publizierens: den langen Zeitverzug vom Einreichen eines Manuskriptes bis zum finalen Bereitstellen des Wissens, die komplizierten Vertriebswege vom Verlag über Grossisten zu Bibliotheken, die hohen Kosten (über 3.000 Euro für die gesamte Verlagsarbeit je Artikel) mit den daraus folgenden horrenden Zeitschriftenpreisen; aus diesen Ausgangsbedingungen folgten zudem wenige, ungleich in der Welt verteilte Leser und Leserinnen (digital divide), die Begrenzung der zur Verfügung stehenden Informationen aus Platzmangel und damit einhergehend deren erschwerte Nachnutzung und Nachprüfung beziehungsweise die Erleichterung von Fälschungen und ein lediglich anonymes Referieren vor der Veröffentlichung, was den Missbrauch erleichterte.

Verlage, die Open Access publizieren, stehen dabei allerdings vor einer besonderen und neuen Herausforderung, mit diesem Modell nachhaltig zu operieren, und passen deshalb ihre Preise von Zeit zu Zeit an. „Auffällig ist jedoch, dass gerade die großen erfolgreichen Projekte wie BioMed Central und Public Library of Science nach ihrer Einführung am Markt deutlichen Gebrauch von Preissteigerungen gemacht haben“ (Schmidt 2007: 181). Diese Entwicklung hält, wenn auch verlangsamt, weiter an. Unter diesem Kostenaspekt wird befürchtet, dass sich subskriptionsbasierte und Open-Access-Verlage nicht fundamental unterscheiden (Schmidt 2007: 182). Diese Betrachtung basiert auf der Annahme, dass die Gesamtpublikationskosten unter den Forderungen von Open Access für Institutionen mit relativ hohem Publikationsoutput höher sein könnten als die eingesparten Gebühren für die Subskriptionen von Publikationen nach dem aktuellen Modell (Mueller-Langer 2010).

Neben der Refinanzierung über Modelle, in denen die Autoren vorab die Kosten für die Veröffentlichung übernehmen, werden in der Literatur auch andere Möglichkeiten genannt: erstens die Refinanzierung über Werbung, die sich allerdings nur für einige Disziplinen (Bjoerk 2004) eignet und die Gefahr der Medialisierung von Wissenschaft birgt; zweitens die Finanzierung über hybride Modelle, bei denen Open-Access-Texte mit Texten nach dem klassischen Erlösmodell gemischt werden und die Autoren den Text gegen zusätzliche Zahlung unter den Bedingungen von Open Access „freikaufen“ können (Bjoerk 2012); oder drittens Modelle basierend auf dem Wirtschaftsmodell von Versicherungen, bei dem wissenschaftliche Institutionen ex ante für die Publikation aller mit ihr assoziierten Autoren bezahlen (Mueller-Langer 2010: 63).

Auch wenn die ersten Open-Access-Verlage wie PLOS ONE seit 2010 ohne Verlust operieren (Jerram 2010), sind die meisten Modelle (vor allem im Vergleich zu den Non-Open-Verlagen) bisher nur mäßig erfolgreich (Bjoerk 2012). Nach der ersten Dekade von Experimenten rund um die Refinanzierung von Open Access bleibt die Kritik an der Nachhaltigkeit von Open Access in Bezug auf das ökonomische Modell bestehen. Somit bleibt die Frage nach der Refinanzierung weiterhin von zentraler Bedeutung für die weitere Verbreitung von Open Access.

2. Die Gefahr der Einschränkung der Freiheit in Forschung und Lehre sowie von Forschungsdiversität.

Würden Forschungsförderer eine Erstveröffentlichung als Open Access (goldener Weg) verlangen, so wäre zweifelsohne der Schutzbereich der positiven Publikationsfreiheit und damit ein integraler Bestandteil der Wissenschaftsfreiheit berührt (Fehling 2014: 191, Peukert 2014). Eine generelle Veröffentlichungspflicht nach den Bedingungen von Open Access würde allerdings auch klar der negativen Publikationsfreiheit im Sinne der Freiheit, Forschungsergebnisse nicht zu publizieren, widersprechen (Fehling 2014: 192), wobei die Schutzwürdigkeit dieser Freiheit sowie die verfassungsrechtliche Zulässigkeit einer Open-Access-Erstveröffentlichungspflicht auch hinterfragt werden können (Fehling 2014: 192, Peukert 2014).

Darüber hinaus wird vermutet, dass die umfassende Öffnung der wissenschaftlichen Kommunikation weitreichende Konsequenzen dafür hat, wie und was geforscht wird (Szczesny 2014, Weingart 2005). Ein Großteil der Wissenschaft wird durch Steuergelder finanziert. Trotz unabhängiger Forschungsförderungsstrukturen kann nicht gänzlich ausgeschlossen werden, dass politische Interessen die Steuerungsmechanismen von Wissenschaft und Forschungsförderung beeinflussen können. In Deutschland wird die Trennung von politischen und forscherischen Interessen bei der öffentlichen Finanzierung von Forschung durch die Unabhängigkeit der Deutschen Forschungsgemeinschaft (DFG) sichergestellt. Ziel dieser Trennung ist es, dass Wissenschaftler und Wissenschaftlerinnen unabhängig von unmittelbaren politischen Interessen und Verwertungskriterien forschen können. Als privatrechtlicher Verein sieht sich die DFG als „wissenschaftliche Selbstverwaltung" und steht für „Autonomie gegenüber der Politik" (DFG 2011). Dennoch kann, so die Befürchtung, nicht sichergestellt werden, dass eine umfassende Einbeziehung und Information der Gesamtöffentlichkeit keinen Einfluss auf die Mittelvergabe hätte (Weingart 2005).

Der Mediziner und Wissenschaftshistoriker Michael Hagner formuliert seine diesbezüglichen Befürchtungen in einem Beitrag für die Frankfurter

Allgemeine Zeitung wie folgt: „Open Access als Traum der Verwaltungen". Er wie auch andere beschreiben die Gefahr, dass Wissenschaft bei einer generellen Verpflichtung der Universitäten zur offenen elektronischen Veröffentlichung der Forschungsergebnisse ihrer Wissenschaftler auf eine vollends verwaltete Forschung hinauslaufen würde (Hagner 2009). Andere antizipieren einen weiteren Aspekt der Gefährdung von Wissenschaft und Forschung im Bereich der Grundlagenforschung sowie in anderen komplexen oder explorativen Forschungsbereichen. Diese könnten in Zukunft weniger Berücksichtigung, wenn die Öffnung der wissenschaftlichen Forschungsprozesse unter rein kommerziellen Aspekten weiter vorangetrieben würde (Szczesny 2014). Zwar ist die Norm der Offenheit schon immer von entscheidender Bedeutung bei der Aufrechterhaltung der systemischen Wirksamkeit der modernen wissenschaftlichen Forschung, andererseits kann sie auch missbraucht werden als Legitimation für einen Rückzug der staatlichen Unterstützung, Finanzierung und Sicherung der freien wissenschaftlichen Rahmenbedingungen (David 1998).

Um Debatten, Aspekte und Prognosen bezüglich der Implikationen und Konsequenzen von Open Access zu evaluieren, wird hier auf Grundlage von konkreten Beispielen die Kritik an der Öffnung von Wissenschaft und der (forschungs-)politischen, rechtlichen und freiheitlichen Entwicklungen ergänzend dargestellt.

Als ein konkretes Beispiel für die „Kontroversen um die Zukunft des Buches, um Autorenschaft und geistiges Eigentum, die Rolle von Verlagen und die für Leser und Leserinnen kostenlose Bereitstellung aller wissenschaftlichen Literatur" (Hagner 2015) und für eine befürchtete Einschränkung der Wissenschafts- und Publikationsfreiheit soll der „Heidelberger Appell" für Publikationsfreiheit und die Wahrung von Urheberrechten dienen. Am 22. März 2009 wurde auf der Webseite der „Frankfurter Allgemeinen Zeitung" der Artikel „Geistiges Eigentum: Autor darf Freiheit über sein Werk nicht verlieren" (Heidelberger Appell 2009) veröffentlicht. Vorangegangen war eine öffentlich ausgetragene Diskussion zwischen dem Literaturwissenschaftler Prof. Dr. Roland Reuß und weiteren Wissenschaftlern in einem Spezial der Online-Ausgabe der Frankfurter Allgemeinen Zeitung: „Die Debatte über Open Access". Im Anhang zu diesem Artikel fand sich ein öffentlicher Aufruf, auch „Heidelberger Appell" genannt.

Der Appell richtete sich vor allem an „die Bundesregierung und die Regierungen der Länder, das bestehende Urheberrecht, die Publikationsfreiheit und die Freiheit von Forschung und Lehre entschlossen und mit allen zu Gebote stehenden Mitteln zu verteidigen" (ITK 2009). Die Autoren und Autorinnen forderten, unter anderem in Bezug auf die Google-Buchsuche (Google Books), Politik, Öffentlichkeit und Kreative auf, sich für die „Wahrung der Urheberrechte“ und „gegen eine angebliche „Enteignung“ der Autoren durch das Vorgehen von Google einerseits, wie auch durch das Publikationsmodell Open Access andererseits“ (Cloes 2009) zu engagieren.

Die Autoren und Autorinnen des Appells unterscheiden zwei Ebenen: International kritisieren sie „die nach deutschem Recht illegale Veröffentlichung urheberrechtlich geschützter Werke geistigen Eigentums auf Plattformen wie Google Books und YouTube“ sowie die Entwendung dieser „ohne strafrechtliche Konsequenzen“. Im nationalen Rahmen, so prangern die Autoren weiter an, werden diese „Eingriffe in die Presse- und Publikationsfreiheit, deren Folgen grundgesetzwidrig wären“ durch die „Allianz der deutschen Wissenschaftsorganisationen (Mitglieder: Wissenschaftsrat, Deutsche Forschungsgemeinschaft, Leibniz-Gesellschaft, Max-Planck-Institute u. a.)“ sogar unterstützt (ITK 2009).

Die Kritik der Autoren und Autorinnen des Heidelberger Apells an Open Access bezieht sich, laut einer Untersuchung des Wissenschaftlichen Dienstes des Bundestags, im Wesentlichen auf die folgenden Aspekte (Cloes 2009):

1. Erzwungene Vertriebswege: „Eine Forschung, der man diktieren könnte, wo ihre Ergebnisse publiziert werden sollen, sei nicht mehr frei.“ Die Verpflichtung auf eine „bestimmte Publikationsform [...] dient nicht der Verbesserung der wissenschaftlichen Information“ (ITK 2009).
2. Subventionierung von Vertriebswegen, Gefährdung von Fachzeitschriftenverlagen (ITK 2009)

Der Appell „hat eine außergewöhnlich heftige Diskussion über die urheberrechtliche Problematik im Hinblick auf die aktuellen Entwicklungen im Internet ausgelöst. Viele Parlamentarier und Politiker sind für das Thema sensibilisiert“ worden (Cloes 2009). In Bezug auf Open Access widerlegt der Wissenschaftliche Dienst die Befürchtungen der Autoren des Heidelberger Appells. Dem Kritikpunkt der „erzwungenen Vertriebswege“ widerspricht der Wissenschaftliche Dienst mit einem Verweis auf Gudrun Gersmann, weil „auch [unter Open Access] eine Veröffentlichung bei einem Verlag mit einfachem Nutzungsrecht weiterhin möglich sei“. In Bezug auf das Modell und das Abhängigkeitsverhältnis halten die wissenschaftlichen Autoren des Bundestags Reuß entgegen, dass es im bisherigen System „zwischen Autor und Fachzeitschriftverlag oft ein einseitiges Abhängigkeitsverhältnis zu Lasten des Autors gibt“ und Wissenschaftler „oftmals alle Rechte an ihren Beiträgen abtreten“ (Cloes 2009) müssen. „Der Befürchtung im

Heidelberger Appell, das Publikationsmodell Open Access gefährde Fachzeitschriftenverlage wird entgegengehalten, dass die digitale Plattform auf lange Sicht auch ein Ausweg aus der Zeitschriftenkrise sein könnte" (Cloes 2009). Abschließend konstatiert der Wissenschaftliche Dienst des Bundestags, dass die „Kritik an Open Access kaum nachvollzogen werden" kann und „die hier gemachten Vorwürfe [...] eher auf die traditionellen Vertriebswege zu[treffen] als auf das neue Publikationsmodell" (Cloes 2009).

Obwohl der Heidelberger Apell unter dem Verdacht stand, „eine an Informationsdefiziten und Fehlinterpretationen reiche Kampagne" (Schmidt 2009) zu sein, sind mindestens zwei Kritikpunkte berechtigt: erstens, dass man seitens der Forschungsförderer nicht besonders bemüht war (Heidelberger Appell 2009), sich „ein genaues Bild von den Nebenwirkungen" von Open Access (Reuss 2009) zu verschaffen, und zweitens, dass die Sicherung der Freiheit von Forschung und Lehre sowie die Anpassung der Steuerungsmechanismen bei den Bestrebungen zur Öffnung von Wissenschaft und Forschung nur ungenügend berücksichtigt wurden (Hagner 2015).

Die Kritik am urheberrechtlichen Aspekt der Google-Buchsuche, einem privatwirtschaftlichen Dienst der Firma Google, der retrospektiv Bücher digitalisiert und deren Inhalte öffentlich im Internet zur Verfügung stellt, soll in dieser Arbeit nicht berücksichtigt werden, da es sich dabei zwar um einen Aspekt der Digitalisierung von Büchern, nicht aber um die Öffnung von wissenschaftlicher Kommunikation nach den Kriterien der in dieser Arbeit behandelten Deklarationen handelt und die Google Buchsuche keinen Bezug zur Open-Access-Bewegung aufweist (Hagner 2015). Dennoch sei auf den Umstand verwiesen, dass die Fixierung auf das Urheberrecht einem idealisierten Verständnis des wissenschaftlichen Verlagswesens entspringt und von den wirklichen Gefahren für die Buchkultur ablenkt (Hirschi 2015: 6).

Offener Zugriff auf wissenschaftliche Kommunikation: Open Science

Trotz aufsehenerregender öffentlicher Debatten und der Kritik an der Öffnung wissenschaftlicher Kommunikation führten die Digitalisierung des wissenschaftlichen Alltags und die zunehmende digitale Vernetzung der wissenschaftlichen Gemeinschaft zu Weiterentwicklungen der Idee von der Öffnung wissenschaftlicher Kommunikation und zur Inanspruchnahme der schnellen und digitalen Informationsversorgung durch Wissenschaftler und Wissenschaftlerinnen (Winkler 2011). Mit dem Anstieg der Übertragungsgeschwindigkeiten im Internet, neuen Speichertechniken und dem

Aufkommen neuer kollaborativer Arbeitsweisen und Handlungsoptionen in der Wissenschaft entwickelten sich neue Gegebenheiten für den Austausch wissenschaftlicher Informationen. Die flächendeckende Verfügbarkeit von Breitbandzugängen an Universitäten Anfang der 2000er Jahre, und später auch in Privathaushalten, machte es möglich, nicht nur die formelle wissenschaftliche Kommunikation, sondern auch die informelle Kommunikation und wissenschaftliche Daten zu teilen. Das führte zu einer theoretischen Ausweitung des möglichen Umfangs digital verfügbarer wissenschaftlicher Kommunikation, der Möglichkeit, diese über das Internet anderen Forschern und Forscherinnen zur Verfügung zu stellen, und in der Folge zur Forderung nach einer weiteren Öffnung des wissenschaftlichen Kommunikationssystems.

Open Science knüpft an die Entwicklung der Ideen der Open-Access-Bewegung an (Garcia 2010). Beschränkte sich die Idee von Open Access vorerst auf den offenen Zugang zur Publikation von wissenschaftlichen Endergebnissen, ist das Ziel von Open Science, der Allgemeinheit möglichst den gesamten wissenschaftlichen Erkenntnisprozess offen zur Verfügung zu stellen (Grand 2012). Open Science kann insofern zum einen als Folge neuer digitaler Kommunikationstechniken und den damit verbundenen Möglichkeiten für kollaboratives Arbeiten und zum anderen als Schritt hin zu einer „geistigen Allmende“ (Näder 2010) verstanden werden.

Unter dem Begriff „Open Science“ oder „Offene Wissenschaft“ verbirgt sich die Forderung, die technischen Entwicklungen zu nutzen, um wissenschaftliche Erkenntnisse aller Art im Rahmen des wissenschaftlichen Erkenntnisprozesses schnellstmöglich offen zu verbreiten und für andere nutzbar zu machen (Stafford 2010). Aus technischer Sicht ist damit jeder Aspekt der wissenschaftlichen Arbeit gemeint, der digital auf einem Desktop-Computer stattfindet und somit auch öffentlich über das Web potenziell verfügbar gemacht werden kann (Mietchen 2012).

Offene Wissenschaft kann demnach als Sammelbegriff einer Vielzahl an Aktivitäten und Mechanismen der kumulativen Wissensproduktion verstanden werden (Mukherjee 2009) und erstreckt sich dabei über den gesamten wissenschaftlichen Forschungsprozess (Scheliga 2014): vom offenen Zugang zu Publikationen wissenschaftlicher Forschung bis zu dem ganzheitlichen wissenschaftlichen Erkenntnisprozess. Diese Evolution des Open-Access-Konzepts führt zu dem Anliegen, Wissenschaft bei möglichst jedem Schritt des wissenschaftlichen Erkenntnisprozesses zu kommunizieren und zu transferieren. Diese kontinuierliche Transparenz soll in der Theorie dazu beitragen, dass sämtliche Inhalte während und nach der Wissensproduktion durch andere innerhalb und außerhalb der wissenschaftlichen Gemeinschaft bei Beibehaltung des Datenschutzes und der Privatsphäre möglichst uneingeschränkt weiterverwendet werden können. Das Konzept von Open Science resultiert aus der zunehmenden Anwendung von digitalen Diensten und Applikationen sowie des sozialen Webs auf die Arbeit von Wissenschaftlern und umfasst die „Zugänglichkeit des gesamten Forschungsprozesses, vom Sammeln der Daten an, über die Begutachtung hin zur fertigen Publikation" (Brembs 2015).

Wie Open Access hat die Bewegung für Open Science ihre Dynamik der zunehmenden Verbreitung des Internets Anfang der 1990er Jahren zu verdanken (Lievrouw 2010) sowie den neuen Möglichkeiten des kollaborativen Arbeitens und des Teilens von Daten und Informationen über das globale Netzwerk (Meyer 2013). Diese technologischen Entwicklungen ermöglichen jedoch nicht nur das kollaborative Arbeiten von Wissenschaftlern in aller Welt, sondern auch die Verbreitung wissenschaftlicher Informationen in der Gesamtgesellschaft. Befürworter von Open Science sehen hier eine Möglichkeit für eine globale Teilhabe an wissenschaftlichen Prozessen von der Idee bis zur Abschlusspublikation (Woelfle 2011), auch in unterentwickelten Regionen (Yiotis 2013). Die Vision einer offenen Wissenschaft steht dabei der Verschlüsselungs- und Patentwut zur Wahrung der Geschlossenheit der wissenschaftlichen Informationen und einem möglichen kommerziellen Vorteil von Wissenschaft im Rahmen öffentlich finanzierter Forschung entgegen und führte zu einer Debatte über die Verfügbarkeit der wissenschaftlichen Arbeit und die Entlohnung der „Erfinder" im akademischen System.

Die Entwicklung in Richtung einer Open Science kann dazu führen,

> dass sich die Bedeutung von Forschungsergebnissen zukünftig nicht mehr auf sogenannte klassische wissenschaftliche Publikationen (im Format von Einleitung – Methoden – Ergebnisse – Diskussion), sondern die globale Echtzeitpublikation von Originaldaten stützen wird (Stengel 2013).

Open Science basiert folglich auf der ureigenen wissenschaftlichen Anforderung, dass die Ausübung von wissenschaftlichen Tätigkeiten auf eine Art und Weise erfolgt, die es allen ermöglicht zu den Forschungsbemühungen beizutragen, zusammenzuarbeiten und auf sämtliche Daten, Ergebnisse und Protokolle in allen Phasen des Forschungsprozesses frei zuzugreifen (RIN 2010). Der gesamte Forschungsprozess sollte demnach so transparent und so zugänglich wie möglich gestaltet werden (Scheliga 2014).

Anhand einer phasenweisen Einteilung des wissenschaftlichen Erkenntnisprozesses soll im Folgenden dargelegt werden, was die Öffnung von Wissenschaft im Sinne von Open Science beinhaltet. Konkret geht es hier um die Charakteristika von fünf Phasen:

1. Fragestellung und Planung
2. Ausführung
3. Verarbeitung und Analyse
4. Auswertungsverfahren
5. Verwendung und Kommunikation der Ergebnisse

Die Forderung nach Öffnung des gesamten Prozesses der Wissensschaffung begründet sich dabei nicht (nur) durch die technologische Entwicklung und die Herausforderungen im bestehenden wissenschaftlichen Kommunikationssystem, sondern basiert auf den folgenden weiterführenden Annahmen:

1. Der offene Zugang zum gesamten Wissenschaftsprozess erhöht die Möglichkeiten der Validierung und Reproduzierbarkeit der gesamten Forschung(-skette) (Nosek 2015, Aleksic 2014, Krumholz 2014, Hey 2015) und die Entwicklung neuer Qualitätskriterien. (Enhanced-Validation/ Reputation-Argument).
2. Im Rahmen des Teilens (z. B. von Rohdaten) erhöht sich die Effizienz und Verwendbarkeit durch die in der Forschung und Wissenschaft entstandenen Informationen (Fecher 2015). (Shared-Science-Argument)
3. Im klassischen wissenschaftlichen Kommunikationssystem gibt es keine Anreize, negative, widerlegende oder nicht-erfolgreiche wissenschaftliche Ergebnisse zu veröffentlichen. Eine vollumfängliche Öffnung des wissenschaftlichen Erkenntnisprozesses könnte dazu beitragen, dass Wissenschaft ihrem Anspruch an Falsifizierbarkeit gerecht wird und auch diese Daten offen zur Verfügung stellt. (Negative-Science/ Falsifiability-Argument)
4. In Ergänzung zu den bestehenden Mechanismen, bei denen Vertrauen unter Wissenschaftlern und in der nichtwissenschaftlichen Öffentlichkeit gegenüber der Wissenschaft besteht (Weingart 2005), bietet offene Wissenschaft die vollständige Veröffentlichung der Informationen nicht nur zum Nutzen der wissenschaftlichen Gemeinschaft, sondern auch der Gesamtgesellschaft (Grand 2012). (Trust-Technology-Argument)

Besonders deutlich werden die Potenziale von Open Science im Bereich der medizinischen Forschung. Es gibt viele Nachweise, dass maximal die Hälfte von klinischen Forschungsstudien veröffentlicht werden (Chalmers 2009: 86) und die Möglichkeiten für die Reproduzierbarkeit der veröffentlichten Studien durch den unvollständigen oder fehlerhaften Umgang mit

Methoden und Daten stark begrenzt sind (Dechartres 2015, Chan 2014). Diese selektive Veröffentlichung verzerrt den medizinischen Fortschritt und mögliche Erkenntnisse und hemmt den Fluss von Informationen, der wichtig ist, um die Entscheidungsfindung durch die Patienten und ihre Ärzte zu unterstützen (Ross 2013). Werden Ergebnisse nicht veröffentlicht, beeinträchtigt das auch andere Forschungen, da negative Ergebnisse einen Beitrag zum Falsifikationsprozess liefern. Die Möglichkeit zur Replikation stellt einen wesentlichen Teil der wissenschaftlichen Arbeit, Qualitätskontrolle, Selbstkorrektur und Methode dar (Nosek 2015). Im bestehenden System ist Reproduzierbarkeit jedoch ein häufig vernachlässigter Faktor, da die Neuheit einer Erkenntnis im wissenschaftlichen Kommunikationssystem bisher höher bewertet wird als deren Reproduzierbarkeit (Nosek 2015).

Die Kultur der Forschung braucht diesen Grad an Offenheit in der wissenschaftlichen Kommunikation sowie den Zugang zu Daten anderer Wissenschaftler und Wissenschaftlerinnen, um im wissenschaftlichen Erkenntnisprozess erfolgreich zu sein (Fecher 2015, Krumholz 2014, Patlak 2010). Im Rahmen der Öffnung des wissenschaftlichen Arbeitsprozesses sollten dementsprechend erfolgreiche Wege gefunden werden, um Informationen, Daten und benutzte Programmcodes unter Berücksichtigung der Interessen aller Beteiligten möglichst umfangreich und im besten Interesse der Gesellschaft zu teilen (Näder 2010, Ross 2013, Hey 2015). Offene Wissenschaft hat das Potenzial, durch Transparenz und die Möglichkeit zur Öffnung des Zugriffs auf wissenschaftliche Informationen und Daten einen notwendigen Beitrag zum Vertrauen der Menschen in Wissenschaft und das Vertrauen von Wissenschaft in Menschen zu leisten (Grand 2012).

Open Science: Modelle, Formate und Kanäle

Open Science vereint als Sammelbegriff viele Modelle, Formate und Kanäle. Exemplarisch sind die folgenden Möglichkeiten und Perspektiven zu nennen:

- Veröffentlichung von Daten in Repositorien: Diese Repositorien ermöglichen die Ablage und die Verbreitung wissenschaftlicher Daten, die im Rahmen des wissenschaftlichen Erkenntnisprozesses anfallen. Dabei können auch diejenigen Daten aufgenommen werden, die im Vorfeld erhoben worden waren, oder auch diejenigen, die negative Ergebnisse beinhalten. Diese Repositorien können in begutachtete und nicht-begutachtete Repositorien unterteilt werden.

- Offene Erstellung von Forschungsanträgen: Forschungsförderung ermöglicht die Einwerbung und Allokation von Ressourcen für ein wissenschaftliches Vorhaben. Die öffentliche Erstellung eines solchen Antrags birgt zwar die Gefahr der Kopie durch andere, ermöglicht aber die Einbeziehung externen Wissens und dadurch auch die Möglichkeit einer erfolgversprechenderen Antragsgestaltung. Eventuelle Herausforderungen können so früh erkannt werden und die Wahrscheinlichkeit einer positiven Begutachtung steigt. Zudem schafft diese Art der Beantragung mehr Transparenz bei der Mittelvergabe sowie möglicherweise ein größeres (fach-)öffentliches Interesse an dem Projekt.
- Arbeit mit offenen Laborbüchern: Dies ist eine Möglichkeit für die offene Ablage von Informationen und die Dokumentation rund um die wissenschaftliche Arbeit. Ziel ist es, ein möglichst umfassendes Bild von der Materie und den eingesetzten Methoden, Applikationen und Zwischenergebnissen frühestmöglich und so umfangreich wie ausführbar zu dokumentieren. Das verbessert die Voraussetzungen für die Replizierbarkeit des Vorhabens (Mayring 1999: 119) und ermöglicht es gegebenenfalls auch, Fehler früh zu erkennen.
- Erweitertes offenes Publizieren: Neben dem offenen Publizieren von fertigen Texten (Open Access) ist es grundsätzlich realisierbar, die digitalen Publikationen auch mit den zugrunde liegenden Daten anzureichern. Leser und Leserinnen der Literatur haben in dem Fall nicht nur Zugang zum wissenschaftlichen Text, sondern können beim Lesen auch auf die Daten der Ergebnisse der Publikation zugreifen. Diese Transparenz erhöht das Vertrauen in die wissenschaftlichen Erkenntnisse der jeweiligen Arbeit (Nosek 2015).
- Offene Überprüfung und Qualitätssicherung: Die technischen Entwicklungen sowie die daraus resultierenden Möglichkeiten des globalen Austauschs und der Verfügbarkeit von Informationen ermöglichen neue Verfahren der Qualitätssicherung sowie neue Mechanismen zur Überprüfung der wissenschaftlichen Erkenntnisse. Durch die möglichst umfassende Verfügbarkeit der Daten und Informationen, die im Rahmen des jeweiligen Erkenntnisprozesses erarbeitet wurden, sind auch neue Formen der Reproduzierbarkeit der Ergebnisse durch Dritte möglich. Andere Wissenschaftler und Wissenschaftlerinnen hätten somit die Möglichkeit, den Wahrheitsgehalt wissenschaftlicher Erkenntnisse umfassend zu prüfen und in ihren eigenen Forschungsvorhaben auf umfassende Erkenntnisse zurückzugreifen oder darauf aufzubauen.

Kritik an Open Science

Während viele Wissenschaftler und Wissenschaftlerinnen Offenheit in der Forschung als wertvoll erachten, sind nur wenige tatsächlich bereit, die zusätzliche Zeit und Mühe dafür zu investieren und potenzielle nicht abgrenzbare Risiken einzugehen, Forschung offen und uneingeschränkt zugänglich zu machen (Scheliga 2014, Tenopir 2011, Procter 2010). In vorhergehenden Studien waren es vor allem jüngere Forscher und Forscherinnen, die kein spezielles Interesse hatten, ihre Daten umfassend zu veröffentlichen (Tenopir 2011). Forscher und Forscherinnen, die offene Wissenschaft praktizieren wollen, werden mit einer Reihe von Hindernissen konfrontiert (Scheliga 2014). Zu den individuellen Hindernissen gehören die Angst vor Trittbrettfahrern, der gefürchtete Mehraufwand an Zeit und Mühe, die technischen Herausforderungen bei der Nutzung der digitalen Dienste, der fehlende Anstoß beziehungsweise die Angst, negative Ergebnisse zu veröffentlichen, sowie die Herausforderung, den Datenschutz sicherzustellen, oder die Abneigung, den Code zu teilen. Zu den systemischen Hindernissen zählt zum einen, dass Evaluationskriterien Offenheit behindern, dazu kommen kulturelle und institutionelle Einschränkungen, ineffektive (politische) Richtlinien, ein Mangel an Standards für das Teilen von Forschungsmaterialien sowie ein Mangel an rechtlicher Klarheit und finanzielle Aspekte, die einer Offenheit im Wege stehen.

Betrachtet man wie Scheliga und Friesike das Phänomen Open Science anhand des Konzepts des sozialen Dilemmas, wird deutlich, dass das, was im kollektiven Interesse der wissenschaftlichen Gemeinschaft ist, nicht unbedingt im Interesse des einzelnen Wissenschaftlers ist (Ekins 2014, Patlak 2010, Wein 2010). „Wenn alle Wissenschaftler ihr Wissen nur in den Situationen teilen, in denen sie erwarten, dass sie selbst davon profitieren, ist der gemeinsame Wissenspool fragmentiert und alle Wissenschaftler stehen schlechter da" (Scheliga 2014).

Kritisch wird auch angemerkt, dass Wissenschaftler und Wissenschaftlerinnen, die vorläufige Ergebnisse veröffentlichen, ein unkalkulierbares Risiko eingehen, dass andere die Arbeit kopieren und die Anerkennung dafür erlangen oder die Ergebnisse sogar patentieren lassen (Peters 2014). In einigen Disziplinen wäre eine an die Echtzeit angelehnte Veröffentlichung der Laborbücher oder Ergebnisse gar kontraproduktiv für den Erkenntnisprozess, in anderen Disziplinen sogar technisch oder rechtlich überhaupt nicht möglich.

Neben diesen ganz pragmatischen Aspekten gibt es auch ein institutionelles Dilemma der Balance zwischen einem prinzipiell offenen

Zugang zu Wissen und der Einschränkung dieses Zugangs. Die Trennung von Nicht-Wissenschaft und Wissenschaft wird als wichtig erachtet, um Spezialisten vorab von Laien zu trennen; diese Trennung stelle eine Grenze dar, „die nicht beliebig überschreitbar ist" (Weingart 2005). Würde diese Grenze aufgehoben, so die Befürchtung, müsste die Wissenschaft das mit dem „Preis des Verlusts ihrer besonderen Leistungsfähigkeit" und mit ihrer Medialisierung bezahlen (Weingart 2005). Weitere Forschungsvorhaben müssten sich mit der Frage beschäftigen, ob und inwieweit diese Befürchtung gerechtfertigt ist oder gar widerlegt werden kann.

[3]

Herausforderungen in der wissenschaftlichen Kommunikation

Das folgende Kapitel versammelt noch einmal zentrale Herausforderungen im bestehenden System wissenschaftlicher Kommunikation. Es komprimiert Erkenntnisse zu diesem Komplex, die oben detailliert zusammengetragen wurden, und identifiziert zusammenfassend Katalysatoren und Hindernisse für die Öffnung von Wissenschaft. Auch hier wird zur Analyse und Darstellung auf ausgewählte Texte zurückgegriffen, um das Spektrum der Debatten um den Themenkomplex der Kommunikation in Wissenschaft und Forschung herauszuarbeiten. Die Verdichtung dieser Themenfelder und Debatten dient dem Zweck, der Befragung der Wissenschaftler und Wissenschaftlerinnen verschiedener Fachbereiche die notwendige Grundlage zu verschaffen.

Herausforderungen im bestehenden System wissenschaftlicher Kommunikation

Die Kanalisierung des Wissens im Rahmen der wissenschaftlichen Kommunikation sowie die Wirksamkeit und Zweckmäßigkeit dieses wissenschaftlichen Kommunikationssystems sind seit Jahrzehnten Gegenstand von Debatten in der wissenschaftlichen Community (Simon 2010), in denen dieses immer wieder hinterfragt und als begrenzt geeignet bezeichnet wird (Hornbostel 1997, Hicks 1996, Havemann 2002, Warnke 2012, Brembs 2013a). Die Herausforderungen im bestehenden System formeller wissenschaftlicher Kommunikation beziehen sich vor allem auf neun Aspekte:

1. Leistungsbewertung wissenschaftlicher Arbeit
2. Geschwindigkeit im Kommunikationsprozess
3. Wahrung der Freiheit von Wissenschaft und Forschung
4. Effizienz
5. Fehlerresistenz und Qualitätssicherung
6. Verbreitung und Zugänglichkeit
7. Digitalisierung
8. Möglichkeiten der Überprüfbarkeit des Wissens/der wissenschaftlichen Güte
9. Verhinderung von Missbrauch und wissenschaftliches Fehlverhalten

Leistungsbewertung wissenschaftlicher Arbeit

Die Verlage haben in den letzten Dekaden mit den wissenschaftlichen Journalen und Monografien ein zentrales Steuerungs- und Bewertungssystem in der Wissenschaft etablieren können. In diesem System werden die Grundprinzipien der Wissenschaft für die verlegerischen Verwertungsinteressen (aus)genutzt und das, obwohl diese „wissenschaftlichen Grundprinzipien und Normen eigentlich ökonomischen Verwertungsinteressen zu widersprechen scheinen“ (Hanekop 2006). Darüber hinaus agieren die Forscherinnen und Forscher in einem Umfeld, in dem sie in vielen Fällen wenig oder keine Verantwortung für den Einkauf der wissenschaftlichen Informationen haben, die er oder sie im Rahmen der Veröffentlichung „verschenkt“ (Steele 2006).

Die Einführung quantitativer Bewertungsindikatoren wie das Zitationsregister und die Impact-Faktoren sowie die Definition von Kernzeitschriften führte zu einer weitgehenden Erstarrung des wissenschaftlichen Zeitschriftenmarktes und gleichzeitig zu einem Anstieg der Kapazität der kommerziellen Verlagen sowie deren Gewinnmargen (CREATe 2014). Die Steuerungsmechanismen werden über die methodische Messbarkeit direkt oder indirekt ausgeübt. Dabei stehen insbesondere Methoden, die auf der quantitativen Grundlage der Zitationsraten wissenschaftlicher Publikationen gemessen werden in der Kritik (Brembs 2013, Dong 2005) und auch andere Indikatoren für die Messung von Forschungsleistungen sind hoch umstritten (Hornbostel 1997, Hicks 1996, Havemann 2002, Warnke 2012). Die Verfahren, um die Wirkung von Wissenschaft und damit auch die Reputation von Wissenschaftlern zu messen, beruhen auf einer „fragwürdigen wissenschaftlichen Grundlage“ (Osterloh 2008: 10).

Darüber hinaus sind weder „importance noch impact noch quality […] direkt messbar“ und man kann sich ihnen nur „nähern“ (Hornbostel 1997: 188). Das führt unter anderem dazu, dass der jährlich aus der „Zahl der Zitationen auf die Beiträge einer Zeitschrift ermittelte“ (Weishaupt 2009: 26) Impact Factor nicht als perfektes Werkzeug betrachtet werden kann, um die Qualität der Artikel zu messen (Garfield 1999) und „selbst die grundlegendsten wissenschaftlichen Standards verletzt“ (Brembs 2013). Trotzdem wird er zur Bewertung von Wissenschaft genutzt, denn es gibt nichts Besseres und er hat den Vorteil, dass er allein durch seine lange Existenz eine etablierte Technik für die wissenschaftliche Bewertung darstellt (Garfield 1999, Weishaupt 2009).

Die Kritik am Impact Factor lässt sich laut der Bibliotheks- und Informationswissenschaftlerin Karin Weishaupt am Beispiel des „Thomson Reuters Journal Citation Factors“ in sechs Punkten zusammenfassen (Weishaupt 2009):

1. Der Impact Factor bezieht sich immer auf die gesamte Zeitschrift und hat somit keine Aussagekraft über die „Rezeption oder Qualität des einzelnen Artikels“ (Weishaupt 2009).
2. Der Impact Factor berücksichtigt nur die Zeitschriften, die im eigenen Index gelistet sind und enthält weder Monografien, Tagungsbeiträge, sonstige Beiträge oder Internetquellen.
3. Durch Selbstzitierungen sind Manipulationen möglich.
4. Es werden nur Zitate aus den letzten beiden Jahren berücksichtigt und je nach Fachgebiet ist es von Vorteil, wenn im eigenen Gebiet die Verwertungszyklen kürzer sind.
5. Publikationen, die nicht in englischer Sprache verfasst sind, weisen überwiegend eine geringere Sichtbarkeit und Popularität auf, da englische Journale überproportional vertreten sind.
6. Spezialisierte Zeitschriften sind ebenfalls systematisch benachteiligt gegenüber Journalen großer Fachcommunities oder Journalen mit Übersichtsartikeln.

Der neue Managerialismus an Universitäten setzt auf diese quantitative Leistungsmessung und die wissenschaftliche Kommunikation wird zunehmend anhand quantitativer bibliometrischer Methoden evaluiert (Frost 2014: 40). Seit der Entwicklung des Science Citation Index (SCI) sowie des Aufkommens systematischer Wissenschaftsevaluation in Form von Rankings werden diese Verfahren zunehmend von Autoren, Wissenschaftlern, Lesern, Verlagen und Herausgebern für die Evaluation der Wirkung der Kommunikation akzeptiert und adoptiert (Haustein 2012: 2). Diese rein quantitativen Betrachtungen können eine Tendenz zu Fehlanreizen darstellen (Wissenschaftsrat 2015), die dazu führt, dass ein messbarer Output zunehmend wichtiger wird als die eigentliche Kreation und Produktion von originellem und innovativem Wissen nach den Kriterien einer guten wissenschaftlichen Praxis (Frost 2014: 41).

Hier offenbart sich ein „Generaldilemma wettbewerblicher Wissenschaft" (Wissenschaftsrat 2015: 37). Die Idee, dass Wettbewerb in der Wissenschaft zu mehr Qualität führt, steht dem Überdruck und der Beschleunigung im System gegenüber, die „Qualitätsverluste und eine Gefährdung wissenschaftlicher Integrität zufolge haben" (Wissenschaftsrat 2015: 37) können. In der praktischen Auslegung der Entwicklungen von Universitäten wird in diesem Zusammenhang auch von der Entmythologisierung der Humboldtschen „Einheit von Forschung und Lehre" gesprochen (Binswanger 2014, Schimank 2001: 299, Kruecken 2001: 343) und es ist nicht zu verleugnen, dass sich in der Wissenschaft der Zusammenhang zwischen ökonomischer Effizienz, Kontrollmechanismen und Öffentlichkeit stetig mehr zur Geltung bringt (Reinhart 2006: 27, Foucault 1977, Meier 2009). Diese Entwicklung hat jedoch nicht erst mit dem steigenden Kosten- und Effizienzdruck, der Frage nach der Verwertbarkeit von Wissenschaft und Forschung sowie der Modernisierung der Steuerungsmechanismen begonnen. Schon viel früher wurde die Ausrichtung der Universität auf die Verwertbarkeit wissenschaftlichen Wissens kritisiert (Huber 2005). Die Idee der Einheit von Forschung und Lehre auf Grundlage eines völligen Verzichts auf eine hierarchische Differenzierung (Kittler 2004) lässt sich somit grundsätzlich nur in Ausnahmefällen realisieren (Schimank 2001). Realistischer Weise kann im vorherrschenden System nur eine situative Differenzierung stattfinden, bei der die Mittel der wissenschaftlichen Grundausstattung nicht nach Aufgaben separiert sind (Schimank 2001).

Dennoch ist die Lesart der Humboldtschen Idee noch immer hegemonialer Rahmen der aktuellen Hochschulreformen (Huber 2005). Das Recht auf Freiheit von Lehre und Forschung und die Humboldtsche Idee der Universität wird und wurde für die Erhaltung des „organisationellen Status Quo", die Absicherung der „Institution Universität" und die Wahrung der „Staatsunabhängigkeit" angebracht (Huber 2005). Diese Autonomie der Wissenschaft und Forschung gilt auch heute als „hohes Gut, das es gegen externe Anforderungen zu verteidigen gilt" (Kaldewey 2010). Auch auf die Veränderungen der wissenschaftlichen Kommunikation sowie die Konsequenzen dieser Veränderungen für die Steuerung von Wissenschaft ist zu achten, „will man diese Entkopplung entweder befördern oder verhindern" (Meier 2009: 57).

Bisher bleibt festzuhalten, dass die im aktuellen wissenschaftlichen System genutzten Indikatoren die komplexe Realität der Leistungsbewertung in der Wissenschaft nicht abbilden können und sie eine eigene Realität konstruieren (Hornbostel 1997: 188). Versteht man Wissenschaft als soziales System, so stellen Reputation sowie „die Stabilisierung eines guten Rufes" und nicht die Wahrheit der Beobachtungen und Erklärungen „nicht selten auch eingestandenes vorrangiges Ziel wissenschaftlicher Tätigkeit" dar (Luhmann 1970: 237). Wie gering der Wirkungsgrad wissenschaftlicher Arbeiten und der Methoden „zur Reproduktion des traditionellen wissenschaftlichen Diskurses ausfallen, wird von dem Moment an klar, an dem ein neues Kommunikationsmedium wie das Internet als Alternative zur Verfügung steht" (Rost 1998).

Geschwindigkeit im Kommunikationsprozess

Ein weiterer Aspekt der Debatte betrifft die Kritik an der Zeitspanne zwischen der Fertigstellung einer wissenschaftlichen Arbeit, der Einreichung zur Veröffentlichung und der finalen Veröffentlichung der Ergebnisse. Trotz der Beschleunigung der Prozesse bei der Qualitätssicherung und Bewertung wissenschaftlicher Arbeiten durch die Digitalisierung der Kommunikation zwischen Wissenschaftlern, Gutachtern und Verlagen kann es mehrere Jahre dauern, bevor ein Text veröffentlicht wird (Curry 2015, Nosek 2012, Smith 2006). Diese Verzögerung beruht unter anderem auf folgenden Umständen:

- Gutachter und Gutachterinnen können aufgrund der Ausführung dieser Funktion als Nebentätigkeit meist Termine nicht einhalten (Bar 2009).
- Es gibt weder Anreiz- noch Sanktionsmöglichkeiten für Gutachter und Gutachterinnen.
- Die wissenschaftlichen Zeitschriften erscheinen größtenteils noch immer als Periodika und auch das Erscheinen wissenschaftliche Bücher orientiert sich am Druck. Sie sind damit für einen bestimmten Zeitraum der Veröffentlichung terminiert.

Die Veröffentlichung der wissenschaftlichen Arbeit als digitaler Pre-Print bietet die Chance, die wissenschaftlichen Inhalte schneller zugänglich zu machen, ohne den sehr zeitaufwendigen Begutachtungsprozess strukturell oder inhaltlich zu verändern. Auch die Kommunikation des Erkenntnisprozesses vor der finalen Veröffentlichung kann Teil eines solchen Pre-Prints sein. Von dieser Möglichkeit machen immer mehr Wissenschaftler und Wissenschaftlerinnen Gebrauch (Curry 2015). Eine weitere Option stellt die offene Begutachtung (Open Peer Commentary) dar (siehe Tabelle

5), bei der ein Text anonymisiert (vorab) veröffentlicht und kommuniziert sowie von der wissenschaftlichen Gemeinschaft kollaborativ bewertet wird (Mueller 2009, Smith 2006). Dabei darf der Wunsch nach einer erhöhten Geschwindigkeit nicht über den Anspruch eines ausgewogenen Qualitätssicherungsprozesses gestellt werden (Beall 2012).

Eigenschaft	Ausprägung	Auswirkungen	Beispiele
Zeitraum	OPC parallel zum Peer Review	Beeinflussung des formalen Peer Review möglich	Nature-Experiment (Nature 2006), Zeitschriften bei Copernicus
	OPC nach der Akzeptierung, vor der Veröffentlichung	Zusätzliche zeitliche Verzögerung bei der Veröffentlichung	Behavioral and Brain Sciences (Harnad 1979)
	OPC nach der Veröffentlichung	Längerfristige Diskussionen möglich, Einfließen späterer Erkenntnisse	Zeitschriften von Biomed Central, Kommentarfunktion bei Open Journal Systems
Nutzerkreis & Authentizität	Keine bzw. unmittelbare Registrierung	Nutzerfreundlichkeit, keine Möglichkeit, die Authentizität zu prüfen	Zeitschriften von Biomed Central, Kommentarfunktion bei Open Journal Systems
	Registrierung mit Überprüfung	Höherer Zeitaufwand, Prüfung der Autorität möglich	Zeitschriften bei Copernicus
	Kommentierung auf Einladung	Hohe fachliche Autorität, geringe Offenheit bzgl. Nutzerkreis	Behavioral and Brain Sciences

Eigenschaft	Ausprägung	Auswirkungen	Beispiele
Qualitäts-sicherung	Unmittelbare Freischaltung (ggf. anschl. Moderation)	Schnelle Reaktions-möglichkeit, Transparenz aus Sicht von Kommentatoren	Zeitschriften von Biomed Central
	Moderation vor der Freischaltung	Höherer zeitlicher und personeller Aufwand, höhere Relevanz der Kommentare	Nature-Experiment
	Umfassende redaktionelle Bearbeitung	Sehr hoher Zeit und Personalaufwand, hohe fachliche Relevanz der Kommentare	Behavioral and Brain Sciences

Tabelle 5: Eigenschaften und Ausprägungen von OPC-Verfahren mit entsprechenden Beispielen (Mueller 2009: 123)

Insgesamt behindert die Trägheit des tradierten Systems der wissenschaftlichen Kommunikation den wissenschaftlichen Fortschritt und wird den Möglichkeiten für die digitale Informationsversorgung nicht gerecht. Dabei ist die schnelle und umfassende Verbreitung von wissenschaftlichen Informationen und Daten im Rahmen des kumulativ orientierten wissenschaftlichen Erkenntnisprozesses von grundlegender Bedeutung. Forscher und Forscherinnen würden in vielfacher Hinsicht davon profitieren, wenn sie wechselseitig schneller auf die Ergebnisse ihrer Arbeit zugreifen könnten (Nosek 2012, Winkler 2011).

Wahrung der Freiheit von Wissenschaft und Forschung

Die freie Verbreitung von Informationen und offene Diskussion ist ein wesentlicher Teil des wissenschaftlichen Prozesses (Edsall 1976). Das Recht auf Wissenschaftsfreiheit ist ein „Erbe der deutschen Achtundvierzigerrevolution“ (Kempny 2013). Neben der Freiheit der Lehre bildet die Freiheit der Forschung den zweiten Pfeiler der Wissenschaftsfreiheit (Thurnherr 2014: 46, Meier 2009). Die Forschungsfreiheit ist in Deutschland grundrechtlich nach Artikel 5 Absatz 3 Grundgesetz (GG) geschützt und ist auch europäisches Verfassungsgut (Kempny 2013). Sie ist eine „Freiheit schlechthin, nicht Freiheit zu bestimmten Zielen oder Zwecken" (Boeckenfoerde 1974: 1530) und ihr Schutzbereich umfasst auch die Bewertung der Forschungsergebnisse sowie ihre Verbreitung (Pfeiffer 2013: 429).

Die Wissenschaft unterliegt mannigfaltigen externen Einflüssen, operiert aber dennoch autonom (Luhmann 1998). So greifen

> andere Funktionssysteme [...] in die Wissenschaft zwar ein, wenn sie in Erfüllung ihrer eigenen Funktionen operieren und ihren eigenen Codes folgen. Aber sie können, jedenfalls unter den Bedingungen der modernen Gesellschaft, nicht selbst festlegen, was wahr und was unwahr ist (Luhmann 1998: 293).

Dabei ist die vorgabenfreie Erarbeitung und Veröffentlichung neuer Erkenntnisse die Grundlage für wissenschaftlichen Fortschritt. „Die Autonomie der Wissenschaft wird nach außen durch die Abhängigkeit der Universität vom Staat und universitätsintern durch die Einheit von Wissenschaft und Forschung gesichert" (Huber 2005). Diese Wahrung ist im Artikel 5 Absatz 3 GG als garantiertes Grundrecht wie folgt festgehalten: „Wissenschaft, Forschung und Lehre sind frei".

Dieses Recht ist nicht nur ein Grundrecht auf wissenschaftliche Meinungsfreiheit, sondern auch eine rechtliche Garantie. „Jeder, der in Wissenschaft, Forschung und Lehre tätig ist, hat – vorbehaltlich der Treuepflicht gemäß Art. 5 Abs. 3 Satz 2 GG – ein Recht auf Abwehr jeder staatlichen Einwirkung auf den Prozess der Gewinnung und Vermittlung wissenschaftlicher Erkenntnisse" (BVerfGE 1973). Das garantiert einerseits die Einrichtung wissenschaftlicher Hochschulen mit Anspruch auf Selbstverwaltung, die staatliche Finanzierung und die Absicherung ihrer Arbeit, andererseits richtet es sich als „Abwehrrecht auf die Abwehr von Eingriffen in die wissenschaftliche Betätigung" gegen staatliche Eingriffe (Mayen 1992, Spindler 2006). Jede Form der wissenschaftlichen Betätigung ist durch dieses Abwehrrecht geschützt. Dazu zählen laut Urteil des Bundesverfassungsgerichts „vor allem die auf wissenschaftlichen Eigengesetzlichkeiten beruhenden Prozesse, Verhaltensweisen und Entscheidungen bei dem Auffinden von Erkenntnissen, ihrer Deutung und Weitergabe" (BVerfGE 1973).

Christopher Kelty bedient sich bei der grundlegenden Einordnung von Freiheit der Konzepte der positiven und negativen Freiheit (Kelty 2014). Die positive Freiheit erlaubt, etwas aktiv zu tun. Die negative Freiheit beschreibt demgegenüber die Freiheit von bestimmten (meist unerwünschten) Einflüssen. Diese Differenzierung des Freiheitsbegriffs eignet sich zur Erforschung der Auswirkungen von neuen Technologien (Kelty 2014). Das betrifft auch die freie Entscheidung über die Art und Weise der Veröffentlichung von Forschungsergebnissen (positive Publikationsfreiheit) (Fangerau 2014, Fehling 2014: 190) oder eben die Freiheit der Nicht-Veröffentlichung von Inhalten (negative Publikationsfreiheit).

Somit steht es allen an öffentlichen Forschungseinrichtungen tätigen Wissenschaftlern und Wissenschaftlerinnen frei, „zu entscheiden, ob und in welcher Form sie ihre dort erbrachten wissenschaftlichen Leistungen veröffentlichen" (Schmidt 2009). Auch die Wahl zwischen einer Veröffentlichung in einem kostenpflichtigen Journal oder in einem Open-Access-Journal fällt damit unter die positive Publikationsfreiheit (Fehling 2014: 190). Diese Publikationsfreiheit im Rahmen der individuellen Wissenschaftsfreiheit ist zwar im aktuellen System des wissenschaftlichen Austauschs nicht direkt gefährdet, wird aber durch indirekte Faktoren und Anreize stark eingeschränkt (Binswanger 2014). So fördert das System insbesondere die Publikationsformen und -kanäle, die von der wissenschaftlichen Gemeinschaft der jeweiligen Fachdisziplin als etabliert und als förderungsfähig betrachtet werden. Neue Formen und Kanäle hingegen werden nur selten im Rahmen der formellen Kommunikation berücksichtigt. Für sie ist es besonders schwer, im bestehenden Reputationssystem Fuß zu fassen.

Wissenschaftliche Freiheit bezieht sich demnach auf der einen Seite auf die selbstbestimmte und unabhängige Wahl von Themen, Methodik, Verbreitungs- und Publikationskanal sowie den Zeitpunkt der Veröffentlichung und betrifft außerdem die Selbstorganisation bei der Durchführung und Steuerung der wissenschaftlichen Arbeit (Fehling 2014: 190). Auf der anderen Seite beschreibt sie die Freiheit von inhaltlichen und methodischen Richtlinien und Vorgaben (Goetting 2015: 140). Diese beiden Garantien beziehen sich in abgeleiteter Form auch auf die unterschiedlichen Organisationen und Institutionen von Wissenschaft. Wer „diese Freiheit der Wissenschaft beschneidet, behindert das Bemühen um Wahrheit und damit den Zweck der Wissenschaft selbst" (Oezmen 2015: 69).

In Hinblick auf die wissenschaftliche Publikation kann festgehalten werden, dass Hochschullehrer nicht von der Hochschule oder anderen staatlichen Institutionen gezwungen werden können, über einen bestimmten Weg oder Kanal zu veröffentlichen (Spindler 2006, Dorschel 2006). Eine Ausnahme stellen nur die privatfinanzierten Drittmittelprojekte dar, da sich der Hochschullehrer hier nicht auf die Wissenschaftsfreiheit als Abwehrrecht gegen den Staat berufen kann (Spindler 2006). Wissenschaftliche Mitarbeiter und

Mitarbeiterinnen „müssen ihrer Hochschule die Nutzungsrechte an ihrer Publikation einräumen“, es sein denn, sie haben sie nicht nach Weisung des Lehrstuhl- oder Institutsleiters erarbeitet oder es handelt sich um eine Dissertation oder Habilitation (Spindler 2006). Ein direkter staatlicher Eingriff im Rahmen einer Richtlinie zum Publikationszwang über einen bestimmten Weg scheint demnach mit der Wissenschafts- und Publikationsfreiheit nicht vereinbar.

Dennoch kann der Staat Anreizsysteme oder Rahmenbedingungen schaffen, die die Öffnung des wissenschaftlichen Kommunikations- und Publikationssystems befördern. In der rechtlichen Auseinandersetzung mit dem Thema zielen die diskutierten Ansätze meist darauf ab,

> den Autor eines öffentlich finanzierten wissenschaftlichen Werkes zu zwingen, die Allgemeinheit in gewissem Umfang an diesem partizipieren zu lassen und den Verlagen die Möglichkeit zu nehmen, durch einseitige Vertragsgestaltungen eine solche (kostenlose) Partizipation zu verhindern (Dorschel 2006).

Im bestehenden System kann auch eine Art Nötigung zur Veröffentlichung auf dem tradierten Weg vermutet werden, die den Wissenschaftler und die Wissenschaftlerin indirekt in der Freiheit einschränken, den für richtig gehaltenen Publikationsweg frei zu wählen. Die Forderung der International Association of STM Publishers, „Autoren sollten in einem gesunden, unverzerrten freien Markt frei wählen können, wo sie publizieren“ (Brussels Declaration 2007), kann als Verweis darauf gesehen werden, dass eben dies nicht selbstverständlich ist. Insofern verdeutlicht die Forderung einen tatsächlichen Bias zugunsten des bestehenden Systems.

Die Tatsache, dass die Wissenschaft als Prozess der Wissensbildung und Wissensvermittlung in Deutschland durch das Grundgesetz abgesichert ist, zeigt, dass Freiheit von Wissenschaft und Forschung eine Bedingung für die Wahrheitssuche der Wissenschaft sind (Oezmen 2015). Neben diesem rechtlichen Schutz sichern das wissenschaftliche Ethos und die Regeln des wissenschaftlichen Diskurses, auf die bereits eingegangen wurde, die Autonomie und die Unabhängigkeit der Wissenschaft von politischen und gesellschaftlichen Interessenlagen (Oezmen 2015: 67): „Politik gehört nicht in den Hörsaal“ (Weber 2002: 494). Weitere Anknüpfungspunkte für die Forderung nach Öffnung wissenschaftlicher Kommunikation im Spannungsfeld der Freiheit von Wissenschaft und Forschung sind die Dual-Use-Problematik und der Umgang mit Datenschutz (Fritsch 2015).

Kosten und Effizienz

An dem Kosten-Nutzen-Verhältnis des aktuellen wissenschaftlichen Kommunikationssystems und auch an dem praktizierten Peer-Review-Prozess (Smith 2006) gibt es seit Jahren detaillierte und grundsätzliche Zweifel (Brembs 2013a). Für die Veröffentlichungen einzelner Texte ergeben sich je nach Schätzungen unterschiedlich hohe Kosten. Berechnungen des Wissenschaftsjournalisten Richard Van Noorden ergaben Kosten von 4.871 Dollar pro veröffentlichtem Text im tradierten Print- und Online-Subskriptionsmodell ohne freien Zugang, von 3.509 Dollar bei der reinen Online-Veröffentlichung im Subskriptionsmodell ohne freien Zugang und von 2.289 Dollar unter den Bedingungen von Open Access (Van Noorden 2013). Wissenschaftliches Wissen kann für das wissenschaftliche System allerdings nur dann als umfassend effizient betrachtet werden, wenn das neue Wissen frei und offen für andere Forscher und Forscherinnen zur Verfügung steht. Im analogen System war dies aufgrund der Bindung des Wissens an das Speichermedium Druckerzeugnis nur durch hohe Kosten für die Erstellung, den Vertrieb, die Sicherung und Verbreitung möglich.

Mit Beginn der Verbreitung elektronischer Publikationen kam es zu einer Umkehr des Bring- zum Holprinzip bei der Verbreitung wissenschaftlicher Publikationen. Die Erwartungen an die neuen Kanäle richten sich vor allem darauf, mit elektronischen Publikationen die Publikations- und Vertriebszyklen kostengünstiger und effizienter zu machen (Brueggemann-Klein 1995). Die Vermutung Ende der 1990er Jahre war: „Einsparungen in Zeit, Raum und Kosten werden erheblich sein, wenn zunehmend Schreib- und Publikationstätigkeiten in den elektronischen Raum verlegt werden" (Roberts 1999). Doch nach mehreren Dekaden der Verfügbarkeit dieser „elektronischen Räume" hat sich herausgestellt, dass es sich beim wissenschaftlichen Kommunikationssystem um ein „sozial ineffizientes" System (Mueller-Langer 2010: 47) handelt, bei dem die Publikations- und Vertriebszyklen weder kostengünstiger noch merklich effizienter geworden sind.

Obwohl die zunehmende Verbreitung digitaler Systeme im wissenschaftlichen Alltag die Möglichkeit bietet, nicht nur Publikationen schnell und umfassend zu veröffentlichen, sondern auch zugrunde liegende Daten und Informationen, stehen Publikationen und Daten selten der Gesamtgesellschaft für die digitale Informationsversorgung offen zur Verfügung. Dennoch wird eine Effizienzsteigerung in der Möglichkeit einer Zweitnutzung und Weiterverwendung von Daten, die während des wissenschaftlichen Erkenntnisprozesses entstehen, vermutet (RIN 2010). Der restriktive und geschlossene Umgang mit Publikationen, Daten und wissenschaftlichen Informationen im aktuellen System verhindert nicht nur die wissenschaftsinterne, sondern auch die gesamtgesellschaftliche Nutzung der neuen Möglichkeiten für kollaborative Arbeit und den umfassenden Zugriff auf zusätzliche Forschungsergebnisse, bessere Bildung, neue Möglichkeiten und Nutzungsszenarien sowie eine umfassendere Aufzeichnung, Evaluation und Darstellung von Wissen. Weder die Kosten für das System der wissenschaftlichen Kommunikation noch die Effizienz im Rahmen der Produktion von neuem Wissen aus bestehendem Wissen werden in gegenwärtigen Kommunikationspraktiken optimal genutzt. Die Auswirkungen dieser Ineffizienz führen zu einem erhöhtem (Zeit)Aufwand seitens der am Kommunikationssystem beteiligten Akteure und zur Verschwendung von Ressourcen (Nosek 2012).

Fehlerresistenz und Qualitätssicherung

Damit der Erkenntnisfortschritt im Kommunikationsprozess gelingt, braucht es Verlässlichkeit bei der Vermeidung von Fehlern im wissenschaftlichen Erkenntnisprozess (Bargheer 2015). Trotz des aufwendigen wissenschaftlichen Qualitätssicherungssystems kommt es immer wieder zu Fehlern und falschen Aussagen bei der Veröffentlichung wissenschaftlicher Erkenntnisse und Ergebnisse (Brembs 2015, Luescher 2014, Smith 2006). Die Gründe für diese Fehler sind vielfältig und erstrecken sich von Nachlässigkeit über Fahrlässigkeit bis hin zu Vorsatz.

In der Literatur werden unter anderem folgende Faktoren als Herausforderungen für die Absicherung der Fehlerresistenz genannt:

7. Geschlossene Begutachtungsverfahren ermöglichen nur einer kleinen Anzahl an Gutachtern, wissenschaftliche Inhalte auf Fehler zu prüfen (Smith 2006).
8. Nicht verfügbare Methoden und Daten hinter den Publikationen behindern die Qualitätssicherung und Reproduzierbarkeit von Wissen (Nosek 2015, Gruber 2005: 9, Mayring 1999: 119).
9. Nicht dokumentierte und veröffentlichte Kommunikation während des wissenschaftlichen Erkenntnisprozesses macht es unmöglich, Fehler bereits bei der Erstellung der Publikation sichtbar und transparent nachvollziehbar zu machen (Nosek 2015).

Die Fehlerresistenz des wissenschaftlichen Kommunikationssystems ist demnach durch seine Geschlossenheit beeinträchtigt. Hier gibt es einen weiteren Anknüpfungspunkt zur Open-Source-Bewegung im Rahmen der Softwareentwicklung, bei der die Öffnung des Quellcodes von Software in sich die Sicherung der gewünschten Funktionstüchtigkeit und Sicherheit birgt (Hoepman 2007: 7). Darüber hinaus werden durch die Öffnung auch langfristig die Fehler einseh-, reproduzier- und nachverfolgbar (Nosek 2015), die durch Nachlässigkeit oder Fahrlässigkeit, aber auch durch Vorsatz entstanden sind. Dies sorgt für einen kumulativen Prozess der Generierung von neuem Wissen und bietet anderen Wissenschaftler und Wissenschaftlerinnen die Möglichkeit, diese Fehler in der eigenen Arbeit zu berücksichtigen.

Wenn die Quelldokumente und Daten bereits in der Phase der Erstellung offengelegt werden, können interessierte Akteure die Informationen auf Fehler testen und gegebenenfalls diese schnell und umfassend bereinigen (Gruber 2005: 10, Curry 2015). Dadurch ist nicht nur eine gesteigerte Qualität von wissenschaftlichen Inhalten, sondern auch eine bessere Fehlerresistenz bei Abschluss des jeweiligen wissenschaftlichen Erkenntnisprozesses zu erwarten.

Verbreitung und Zugänglichkeit

Ebenso wie die Frage nach der optimalen Geschwindigkeit des aktuellen wissenschaftlichen Kommunikationssystems, stellt sich die Frage nach der optimalen Verbreitung und der möglichst freien Zugänglichkeit (Gruber 2005: 10) wissenschaftlicher Informationen. Es gibt erhebliche Zweifel daran, dass das aktuelle System optimale Voraussetzungen für eine möglichst hohe Verbreitung von neuem Wissen in der Gesamtgesellschaft (Curry 2015) oder nur innerhalb einer bestimmten Gruppe schafft.

Noch heute ist das gedruckte Werk neben dem persönlichen Austausch auf Konferenzen oder Kongressen (Winkler 2011) für Wissenschaftler und Wissenschaftlerinnen eine der maßgeblichen Informationsquellen. Analoge Publikationen und Verbreitungswege sind allerdings beim globalen Austausch stark beschränkt. Selbst die Verbreitung nachträglich digitalisierter Informationen oder von Material, das bereits bei Erstellung digital vorlag, wird im aktuellen System noch immer häufig durch Zugangsbarrieren wie Bezahlschranken gehemmt und damit die Zirkulation von Wissen eingeschränkt.

Die Herausforderungen im aktuellen System bestehen zum einen in der Bereitstellung der wissenschaftlichen Informationen über die unterschiedlichen Kommunikationskanäle hinweg und zum anderen in der langfristigen Sicherung und Bereitstellung derselben. Der digitale Transformationsprozess stellt in diesem Zusammenhang eine weitere Herausforderung und einen Ausweg zugleich dar, denn obwohl die Verarbeitung digitaler Daten heute ein wesentlicher Bestandteil der allermeisten wissenschaftlichen Vorhaben ist (Winkler 2011), müssen die Informationen meist auf dem gedruckten und digitalen Speichermedium vorgehalten werden. Auch die vornehmlich durch Verlage praktizierte reine Digitalisierung des analogen Subskriptionsmodells für den Zugriff auf wissenschaftliche Inhalte (Hanekop 2014, BOAI 2012) stellt eine Barriere für den Zugang zu den Informationen auch außerhalb der wissenschaftlichen Institutionen dar, da digitalisiertes Wissen weiterhin auf den Ort des analogen Wissens beschränkt bleibt.

Digitalisierung

Wie im Kapitel „Wissenschaftliche Kommunikation" beschrieben, ist die Verarbeitung digitaler Daten heute ein wesentlicher Bestandteil der meisten wissenschaftlichen Vorhaben. Obwohl wissenschaftliches Arbeiten und Kommunizieren überwiegend an digitalen Geräten stattfinden, wird noch immer in erster Linie für den Druck produziert. Während Wissenschaftler und Wissenschaftlerinnen schon seit dem Ende des letzten Jahrhunderts überwiegend mit Hilfe von Textsystemen schreiben (Brueggemann-Klein 1995, Bjoerk 2004) haben Verlage erst mit großer Verzögerung auf die elektronische Produktion von Wissen reagiert.

Auch die wissenschaftlichen Rohdaten und Informationen werden bei Abschluss des Erkenntnisprozesses (Publikation der Ergebnisse) umkodiert, um analog publiziert zu werden, und auch die rein digitalen Versionen der Publikationen entstehen überwiegend noch immer aus Informationen, die für die analoge Publikation kodiert worden sind. In diesem Prozess kann ein Großteil der erzeugten Daten nicht weiter genutzt werden und viele der Informationen gehen verloren beziehungsweise stehen nur selten für die Nachnutzung zur Verfügung.

Auch im Rahmen des Vertriebs beschränkt sich die Digitalisierung der wissenschaftlichen Kommunikation bisher in vielen Fällen noch immer darauf, dass die analog gedruckten und bewährten Journale sowie andere Publikationsformen der großen wissenschaftlichen Verlage mit nahezu unverändertem Geschäftsmodell digital verbreitet werden (Hanekop 2014, Fehling 2014: 179). Die digitale Distribution wird in diesem Zusammenhang als weiterer Kanal nach dem Drucken der Informationen verstanden.

Die Möglichkeiten, die die Digitalisierung für die wissenschaftliche Informationsversorgung bietet, sind damit bei Weitem nicht ausgeschöpft. Es stehen zwar zunehmend nicht nur digitalisierte Informationen ehemals analoger Veröffentlichungen orts- und zeitunabhängig zur Verfügung, sondern auch wissenschaftliche Sammlungen. Ebenso wird den Metadaten oder Digitalisaten relevanter Objekte ein großes Potenzial für die Wissenschaft zugesprochen (Winkler 2011). Die Menge dieser offen zur Verfügung stehenden Daten ist aktuell jedoch noch stark begrenzt.

Überprüfbarkeit der wissenschaftlichen Güte: Objektivität, Reliabilität und Validität

Wissenschaftliches Wissen zeichnet sich gegenüber anderen Formen des Wissens dadurch aus, dass es Prozeduren gibt, mit denen das spezifisch wissenschaftliche Wissen geprüft wird (Luhmann 1998). Bisher wurde durch die formelle Publikation festgeschrieben, was nach den Kriterien der jeweiligen Disziplin als geprüftes Wissen gelten kann (BBAW 2015: 11). Im Folgenden werden beispielhaft die akademischen Gütekriterien Objektivität, Reliabilität und Validität im wissenschaftlichen Kommunikationssystem dargestellt.

Unabhängigkeit (Objektivität) in der Wissenschaft gilt für die Sammlung, Aufzeichnung, Analyse, Interpretation, gemeinsame Nutzung und Speicherung von Daten, sowie andere wichtige Verfahren in der Wissenschaft, wie zum Beispiel die Veröffentlichungspraxis und das Peer-Review-Verfahren (Resnik 2005). „Ohne Zorn und auch ohne persönliche Präferenzen sind die wissenschaftlichen Gegenstände sachlich und neutral zu behandeln" (Gruber 2005: 9). Die Kenntnis von Eigenschaften der Autoren durch die Gutachter stellt eine der größten Herausforderungen für die Wahrung der Objektivität und Unabhängigkeit im wissenschaftlichen Qualitätssicherungsprozess dar. Aber auch bei anderen Formen der wissenschaftlichen Bewertung können Unabhängigkeit und Objektivität nicht immer uneingeschränkt gewährleistet werden. In der Literatur finden sich Beiträge, die mehrheitlich zu dem Ergebnis kommen, dass die Objektivität und Unabhängigkeit im bestehenden System nur schwer bis gar nicht gesichert werden können (Binswanger 2014).

Resnik beschreibt diesbezüglich folgende Hürden für das bestehende geschlossenen System der wissenschaftlichen Kommunikation, für die Wahrung der Objektivität und das selbstkorrigierende System der Wissenschaft (Resnik 2005):
1. Präzision der wissenschaftlichen Arbeit
2. Ehrlichkeit bei der Datenerhebung und Darstellung der Ergebnisse
3. Vermeidung von Fehlverhalten
4. Vermeidung von Fehlern und Selbsttäuschung

5. Offenlegung von Interessenskonflikten
6. Offenheit bezüglich Daten, Ideen, Theorien und Ergebnissen
7. Bewusstes Datenmanagement und Dokumentation

Die Zuverlässigkeit (Reliabilität) des Kommunikationssystems kann daran überprüft werden, ob die Einreichung einer Arbeit auf unterschiedlichen Wegen den selben Erfolg hat, beziehungsweise daran, wie stark Zufallsfaktoren den Erfolg der Veröffentlichung wissenschaftlicher Erkenntnisse beeinflussen. Hier bestehen im aktuellen System wenig Möglichkeiten der Überprüfung. Die Verbreitung der Informationstechnologien ermöglicht zwar ein umfassenderes Monitoring der Aktivitäten von Wissenschaftlerinnen und Wissenschaftlern, eindeutige Sicherheit kann jedoch nicht gewährleistet werden.

Im Gegenteil, die umfassende Replizierbarkeit und Zuverlässigkeit von Ergebnissen kann aktuell kritisiert und angezweifelt werden (Luescher 2014). Das liegt zum einen an der meist nicht praktizierten Veröffentlichung von (Roh-)Daten, zum anderen an der Verwendung von geschlossenen Systemen und Formaten sowie fehlender Transparenz im Rahmen der genutzten Methoden und Verfahren. Die Transparenz muss dabei nicht zwangsläufig als Widerspruch zur notwendigen Unabhängigkeit und Objektivität verstanden werden, da offene Verfahren auch anonym stattfinden können. Als weitere kritische Faktoren für Mängel in Hinblick auf die Zuverlässigkeit im Kommunikationssystem werden in der Literatur unter anderem Lücken im Qualitätssicherungsprozess (siehe auch „Fehlerresistenz") (Bar 2009) und der zunehmende zeitliche Druck im Rahmen der Qualitätssicherung (Luescher 2014) genannt.

Die Anforderungen an die Überprüfbarkeit der Gültigkeit (Validität) der für den Druck bestimmten wissenschaftlichen Arbeiten und deren Ergebnisse schließen nahtlos an die oben genannten Gütekriterien an. Die Validität bestätigt die Eignung der eingesetzten Messverfahren zur Beantwortung der wissenschaftlichen Fragestellungen und Zielsetzungen. Auch hier sind bei gedruckten Publikationen die Möglichkeiten der Überprüfbarkeit durch den fehlenden Zugang zu Daten und Informationen, die während des wissenschaftlichen Erkenntnisprozesses entstehen, bisher eingeschränkt.

Verhinderung von Missbrauch und wissenschaftliches Fehlverhalten

Neben der Notwendigkeit für eine umfassende Überprüfbarkeit des Wissens stellen die ethischen Grundsätze in der wissenschaftlichen

Debatte von Beginn an eine Besonderheit dar. Vertrauen, das Interesse aller Akteure an optimaler Kommunikation zwischen den Wissenschaftlern, Ehrlichkeit und der Ausschluss von Interessenkonflikten sind Grundpfeiler im wissenschaftlichen Forschungs- und Kommunikationsprozess (Bargheer 2015, Wissenschaftsrat 2015). „Betrug ist dabei zwingend an die Absicht zu täuschen gebunden" (Luescher 2014).

Es muss das Anliegen jedes Forschers sein, „die Wahrheit und nichts als die Wahrheit zu suchen und zu berichten" (Luescher 2014). Darüber hinaus gilt: „Ohne Vertrauen in die Ehrlichkeit von Forschern gäbe es keine Wissenschaft mehr" (Hagner 2015: 18). Vertrauen und Redlichkeit bilden die Grundlage der Wissenschaft (Bargheer 2015), auch wenn diese auf einer „delikaten Struktur weitgehend ungeschriebener Regeln" (Grand 2012) beruhen.

Obwohl die Wissenschaft „eine besondere ethische Verantwortung" trägt, sind Formen von „Fehlverhalten, Betrugsfälle und Nachlässigkeiten, die in anderen Lebensbereichen geschehen können, auch in der Wissenschaft möglich" (Wissenschaftsrat 2015). Diesem wissenschaftlichen Ethos stehen die Beispiele gegenüber, bei denen bewusster Missbrauch durch Akteure des Kommunikationssystems zur Verwirklichung partikularer oder wirtschaftlicher Interessen geführt haben (Luescher 2014, Binswanger 2014, Beall 2012).

Margo Bargheer und Birgit Schmidt klassifizieren wissenschaftliches Fehlverhalten wie folgt (Bargheer 2015):

1. Unlauterer Umgang mit Ergebnissen (z. B. erfundene Ergebnisse)
2. Unlauteres Forschungsverhalten (z. B. unzulässige Forschungsmethoden)
3. Fehlverhalten im Datenmanagement (z. B. Zurückhalten von Daten wider besseres Wissen)
4. Fehlverhalten im Publikationsprozess (z. B. unangemessene Partitionierung von Ergebnissen, „Salamitaktik" (Binswanger 2014))
5. Soziales Fehlverhalten (z. B. Sabotage oder Behinderung der Arbeit anderer)
6. Administratives Fehlverhalten (z. B. Verstoß gegen Verwendungsrichtlinien)

Gegen ein solches Fehlverhalten im Rahmen der wissenschaftlichen Kommunikation wurden die internationalen Leitlinien „Principles of Transparency and Best Practice in Scholarly Publishing" (Redhead 2013) veröffentlicht, „sie sollen die Qualitätsstandards im Publikationswesen und zugleich die Filterfunktion der initiierenden Mitgliedsorganisationen stärken" (Bargheer 2015). Bisher kommen die wenigen vorhandenen Studien zu dem Ergebnis, dass abgelehnte Manuskripte, sofern sie andernorts veröffentlicht wurden, deutlich weniger zitiert wurden (Hornbostel 1997: 208). Mit Blick auf die neuen Möglichkeiten der ergänzenden Veröffentlichung von Meta-Informationen und Daten zusätzlich zur finalen Publikation ist zu vermuten, dass die Qualitätssicherung im bestehenden System optimiert werden könnte, so zum Beispiel im Bereich der Replizierbarkeit von wissenschaftlichen Ergebnissen. Hier bestünde durch eine offene, möglichst umfassende Bereitstellung der wissenschaftlichen Kommunikation Potenzial für bessere Mechanismen der Selbstkorrektur (Nosek 2015) sowie für die Verhinderung von Missbrauch und wissenschaftlichem Fehlverhalten.

Auch wenn noch nie zuvor über Betrug in der Wissenschaft so intensiv berichtet worden ist (Brembs 2015) wie in den letzten Jahren, ist es „keineswegs ausgemacht, dass die Intensität der Berichterstattung allein auf die tatsächlich gestiegene Inzidenz von Betrug" (Weingart 2005), sondern eher auf den Anstieg medialer Beobachtung zurückzuführen ist. Dennoch stehen die intransparenten Verfahren und die bisher mangelhafte Veröffentlichung von Supplementen und (Roh-)Daten der Verhinderung von Missbrauch und wissenschaftlichem Fehlverhalten entgegen. Demnach ist zu vermuten, dass die Bereitschaft der Forschenden, positive wie negative Daten zu teilen, zurückgezogene Artikel sichtbar zu machen und den wissenschaftlichen Erkenntnisprozess zu öffnen, helfen kann, effektive Mechanismen zur Verfolgung wissenschaftlichen Fehlverhaltens (Wissenschaftsrat 2015: 14, Chan 2015, Chalmers 2009: 86) zu installieren und die bestehenden Mechanismen zur Selbstkorrektur zu stärken.

Ableitungen: Katalysatoren und Hindernisse für die Öffnung wissenschaftlicher Kommunikation

Viele Erklärungsansätze für die Forderung nach einer Öffnung der Wissenschaft gehen davon aus, dass es einen direkten Zusammenhang zwischen technischen Entwicklungen und (wissenschafts-)politischen und kulturellen Bewegungen gibt. Die Initiativen aus dem Umfeld Open Access sind allerdings äußerst vielgestaltig. Sie eint bisher ausschließlich das gemeinsame Ziel, den Zugang zu wissenschaftlichen Ergebnissen offener zu gestalten. Vergleichsweise wenig Interesse gilt in diesem Rahmen der Öffnung des gesamten wissenschaftlichen Prozesses sowie den daraus resultierenden Konsequenzen für das gesamte Wissenschaftssystem.

Die theoretische Auseinandersetzung mit der Geschlossenheit des wissenschaftlichen Diskurses auf der einen und den faktischen Treibern und Bremsern im wissenschaftlichen Prozess auf der anderen Seite wird in der Literatur bisher nur ungenügend berücksichtigt. Insbesondere wird die Verbindung zwischen wissenschaftlicher Reputation, der Motivation, das etablierte System zu unterstützen, und der Geschlossenheit des Wissensproduktionsprozesses nur selten erörtert. Die Debatten über die Veränderungen des wissenschaftlichen Publikationswesens werden von beiden Seiten mit teilweise „heftiger Polemik" (Näder 2010: 12) geführt und bedienen sich bei den unterschiedlichen Ansätzen von Stevan Harnad (Harnad 1995), Richard Stallman (Stallman 2002), Roland Reuß (Reuss 2009) und anderen. Ebendiese Polemik verhindert aber eine ernsthafte und konstruktive Auseinandersetzung.

Eine weitere Unzulänglichkeit besteht darin, dass „die Deliberation und die Verbreitung von Wissen ein stabiles Set von Infrastrukturen braucht" (Kelty 2004), nach denen man heute noch immer vergeblich sucht. Das Potenzial bei der Verwendung digitaler Technologien und der Wille, Wissenschaft offen zu teilen, ist nicht annährend ausgeschöpft. Es „besteht eine erhebliche Diskrepanz zwischen der Idee der offenen Wissenschaft und wissenschaftliche Realität" (Scheliga 2014). Dabei ist die (geistes-)wissenschaftliche Alltagspraxis „längst von digitalen Recherche- und Kommunikationsformen durchsetzt" (Hagner 2015).

Ein weiterer Hemmschuh für eine konstruktive Debatte ist die Tatsache, dass Openness als „schwimmender Signifikant [...] ohne eindeutige Definition, adaptierbar von unterschiedlichen politischen Ideologien" verstanden werden kann (Adema 2014). Der Begriff Open Access wird in der neoliberalen Rhetorik als effizientes Wettbewerbsmodell eingesetzt, verbunden mit den Ideen von Transparenz und Effizienz von Unternehmen und Regierung (Tkacz 2012). Darüber hinaus muss die Öffnung von wissenschaftlicher Kommunikation auch im Rahmen des Versuchs betrachtet werden, einen Marktmodus als dominante Governanceform der Gesellschaft auch in der Wissenschaft zu verankern (Troy 2012: 152). Über diesen Ansatz wird mittels Openness der wissenschaftliche Prozess outputorientierter und seine Ergebnisse effektiver zu Gunsten des Marktes gestaltet, überwacht und gesteuert (Adema 2010). Dieser neoliberalen Position stehen den Idealen der Öffnung des gesamten wissenschaftlichen Prozesses gegenüber, „denn die Position funktioniert nur dann ökonomisch effizient, wenn innovatives technisches Wissen nicht nur patentrechtlich sondern auch marktmäßig gehandelt wird" (Troy 2012: 179). Die Entwicklung zu einem marktwirtschaftlich gehandelten Wissen bedroht das System der Universität als Produzentin, Archivarin und bei der Distribution von Wissen. Die Öffnung von Wissenschaft und Forschung kann demnach auch als Möglichkeit genutzt werden, die Universität selbst wieder zu dem (primären) Ort der Wissensproduktion, -speicherung und –vermittlung zu machen, der sie einmal gewesen ist (Kittler 2004).

Um diese Veränderungen voranzutreiben, werden in der Literatur zwei Herangehensweisen für die Etablierung von Offenheit in Wissenschaft und Forschung unterschieden (Schulze 2013): Bei dem „Top-down"-Ansatz werden durch „Förderstrategien, Vorgaben und Empfehlungen" (Schulze 2013: 34) beziehungsweise durch die Bereitstellung zusätzlicher Mittel im Rahmen der Forschungsförderung konkrete Anreize für die offene Veröffentlichung und die Publikation von Forschungsergebnissen geschaffen. Eine weitere Möglichkeit der „Top-Down"-Etablierung von Offenheit in Wissenschaft und Forschung stellen Empfehlungen dar, bei denen Institutionen, Organisationen oder Gruppen nicht bindende Empfehlungen aussprechen, anhand derer Wissenschaftler und Wissenschaftlerinnen überzeugt werden sollen, ihre wissenschaftlichen Ergebnisse offen zu veröffentlichen. Sind weder Anreize noch Empfehlungen als Top-down-Ansatz erfolgreich, können bindende Vorgaben etabliert werden, um eine Verhaltensänderung der Wissenschaftler und Wissenschaftlerinnen zu erzwingen. Im Gegensatz zur Strategie von „oben" gibt es auch Bestrebungen, die von einzelnen Wissenschaftlern, Wissenschaftlerinnen und Gruppen ausgehen oder „durch Graswurzelprojekte und den Einsatz von Evangelisten" (Schulze 2013: 34) initiiert werden. Sie sind überwiegend informell und zielen auf die Verbreitung von Verhaltensänderungen oder die Etablierung von Richtlinien ab. Diese Bottum-up-Projekte kommen aus dem wissenschaftlichen Alltag und erfahren überwiegend keine politischen oder monetären Anreize für die Öffnung von Wissenschaft und Forschung. Als „Evangelisten" werden Menschen mit einer thematisch relevanten Stelle oder Position bezeichnet, deren Aufgabe es ist, die notwendigen Änderungen zu begleiten beziehungsweise als Multiplikator innerhalb und außerhalb von Institutionen oder Organisationen zu fungieren, um das gewünschte Ziel proaktiv zu kommunizieren und verbreiten. Evangelisten können helfen, die Befindlichkeiten und Vorbehalte auszutarieren und die teils diffusen, teils berechtigten Ängste bezüglich der Entwicklung von Offenheit und Transparenz der Wissenschaft innerhalb und außerhalb der wissenschaftlichen Gemeinschaft zu beseitigen.

Ergänzend dazu sehen die Rechtwissenschaftler Götting und Lauber-Rönsberg vier konkrete, rechtliche und faktische Maßnahmen zur Förderung der Öffnung wissenschaftlicher Kommunikation (Goetting 2015: 138):

1. Verpflichtungen im Rahmen des Hochschulrechts, zum Beispiel eine rechtliche Verpflichtung, steuerfinanzierte wissenschaftliche Werke unter einer offenen Lizenz zu veröffentlichen
2. Maßnahmen der Hochschulen, zum Beispiel durch institutionelle Selbstverpflichtungen oder finanzielle und andere faktische Anreizsysteme
3. Maßnahmen der öffentlichen Forschungsförderung, zum Beispiel Verpflichtung der offenen Kommunikation im Rahmen der Drittmittelfinanzierung von Forschungsvorhaben oder direkte Förderungsinstrumente für den Aufbau oder die Refinanzierung offener Publikationen
4. Urheberrechtliche Maßnahmen, zum Beispiel Vorhaben, steuerfinanzierte wissenschaftliche Werke vom urheberrechtlichen Schutz auszunehmen oder Schrankenregelungen beziehungsweise Zwangslizenzen für öffentlich-finanzierte Werke einzuführen

Im Folgenden werden die Katalysatoren und die Hindernisse für die Etablierung der Öffnung wissenschaftlicher Kommunikation den Indikatoren für die Reputationsverteilung im aktuellen wissenschaftlichen System gegenübergestellt. Diese Ausarbeitung zielt auf die Beantwortung der Forschungsfragen ab und bildet die Grundlage für eine Befragung der wissenschaftlichen Akteure im Publikations- und Kommunikationssystem.

Katalysatoren für die Öffnung wissenschaftlicher Kommunikation

Die folgende Kategorisierung beschreibt grundlegende Katalysatoren und Argumente *für* die Öffnung des wissenschaftlichen Kommunikationssystems:

Transition: Die neuen Open-Access-Kanäle bieten erweiterte Möglichkeiten für die offene Wissensverbreitung neben den konventionellen Wegen der nicht-elektronischen Publikationen (Hall 2008, Berliner Erklärung 2003). Voraussetzung ist die Aufbereitung des Wissens als strukturierte Daten zur Wissensweiterverwendung und -verarbeitung über alle Kanäle.

Speed and Circulation: Offene Publikationsverfahren bieten die Chance, wissenschaftliche Inhalte schneller und umfassender der wissenschaftlichen Community zur Verfügung zu stellen (Mueller 2010, RIN 2010, Hall 2008, European Commission 2006). Wenn das Wissen schneller zur Verfügung steht, kann es auch schneller zirkulieren und effizienter genutzt werden (Woelfle 2011). In den tradierten Verfahren wird die Wissensverbreitung künstlich durch Embargos und ineffiziente Validierungs- und Qualitätssicherungssysteme zurückgehalten. Die Digitalisierung und Verbreitung über elektronische Kanäle stellt einen Vorteil für die

Wissensverbreitung und -verwertung dar. Eine offene Veröffentlichung erreicht potenziell eine größere Leserschaft, als es bei Subskriptionsmodellen der Fall ist (Cope 2014).

Higher Impact and Citation: Die uneingeschränkte und globale Verfügbarkeit der offenen wissenschaftlichen Informationen führt zu einem wesentlich höheren Verbreitungsgrad und Einfluss von Wissenschaft (Davis 2011, Mueller 2010, Baggs 2006, Willinsky 2006, Kurtz 2005). Der Verbreitungsgrad kann einen positiven Einfluss auf die Zitierhäufigkeit haben (Mueller 2010, European Commission 2006, Hajjem 2005). Die Zitationsrate wissenschaftlicher Publikationen, die nach den Kriterien von Offenheit veröffentlicht werden, ist damit potenziell höher (Bernius 2009). Diese Kausalität wird „access-citation effect" (Davis 2011) genannt und ist durch bedeutsame Untersuchungen bestätigt worden (Lawrence 2001, MacKie-Mason 2008, Hajjem 2005, Eysenbach 2006, Antelman 2004). Dennoch gibt es Gründe, diesen Effekt genau zu hinterfragen und im Detail mögliche Abschwächungseffekte zu berücksichtigen (Davis 2011).

Tax-Payer: Die Kosten des traditionellen Publikationsverfahrens werden im Wesentlichen durch die öffentliche Hand getragen (Mueller 2010). Dem Steuerzahler ist die konventionelle wissenschaftliche Kommunikation jedoch nur selten unentgeltlich zugänglich, obwohl er de facto im Rahmen öffentlich geförderter Forschungsprogramme die Forschung bereits (mit-)finanziert hat (Suber 2003b, Resnik 2005, Baggs 2006, Woelfle 2011, Beverungen 2012, Adema 2014). Da die Mittel nach intransparenten Kriterien verteilt werden, ist im aktuellen Kommunikationssystem unklar, ob wissenschaftliche Kommunikation nach dem bestmöglichen Einsatz der monetären Ressourcen für Wissenschaft und Forschung abläuft (Glasziou 2014, Altman 1994). Die Europäische Union und die Organisation für wirtschaftliche Zusammenarbeit und Entwicklung (OECD) kommen in diesem Zusammenhang zu dem Ergebnis, dass der volkswirtschaftliche Nutzen von Open Access die Kosten signifikant übersteigen wird (Cloes 2009, OECD 2015, EU Council 2007).

Economic Promotion: Bisher profitieren Wirtschaftsunternehmen nur unzureichend von staatlich finanzierter wissenschaftlicher Kommunikation. Eine schnellere, kommerziell verwertbare und umfassendere Bereitstellung wissenschaftlicher Inhalte kann einen Beitrag zur non-monetären Wirtschaftsförderung und Innovation leisten (European Commission 2015a, OECD 2015, Heise 2012b, OECD 2004). Im Rahmen der offenen und schnelleren Verbreitung wissenschaftlicher Informationen sind darüber hinaus auch neue Geschäftsmodelle denkbar.

Digital Divide: Der offene Zugang zu Wissenschaft eröffnet neue Chancen sowohl für die Überwindung sozialer, nationaler und globaler Wissensklüften, als auch zwischen bildungsferneren und -affineren Bevölkerungsteilen und -schichten der Welt (BOAI 2012). Darüber hinaus sind der Mehrwert und die Chance von wissenschaftlichen Informationen für die schulische Bildung und für die Bewegung der offenen Bildungsmaterialien bisher ebenfalls noch nicht vollumfänglich ausgeschöpft (Heise 2013b).

Validation, Quality and Reputation: Offenheit in Wissenschaft und Forschung ermöglicht die Entwicklung neuer Verfahren, die die Aktivität und Qualität eines Forschers oder einer Forscherin umfassender, transparenter und demokratischer messbar und kommunizierbar machen, als es im bestehenden Reputations- und Förderungssystem möglich ist (Grand 2012). (Chalmers 2009). Da Wissenschaft „per Definition die Bemühung um integre Information ist" (Umstaetter 2007). wird vermutet, dass Wissenschaftsevaluation durch den offenen Zugang und die daraus resultierenden Möglichkeiten der Verifizierung von Wissen effizienter wird (Nosek 2015). Die Falsifikation ist nur dann umfassend und einfach möglich, wenn der Aufwand für die Falsifikation gering beziehungsweise der Zugriff auf die wissenschaftlichen Informationen überhaupt gegeben (Umstaetter 2007) und offen ist (Peters 2014). „Offenheit verhindert, dass Wissenschaft dogmatisch, unkritisch und voreingenommen wird" (Resnik 2005).

Information Paradox: Überwindung des bestehenden Informationsparadoxons bei der Verbreitung und Vermarktung wissenschaftlicher Inhalte. Hierbei handelt es sich um die Herausforderung im Rahmen kommerzieller Be- und Verwertung wissenschaftlicher Informationen, die jenseits von Inhalten und Qualitätserwägungen stattfindet. Eine im Rahmen von Offenheit angestrebte Entkommerzialisierung des Zugangs zu Wissen würde dieses Informationsparadoxon aufheben.

Science Communication Crisis: Durch die Öffnung wissenschaftlicher Kommunikations- und Reputationsprozesse entsteht die Möglichkeit, der vorherrschenden Zeitschriften- und Monografienkrise durch neue Geschäftsmodelle zu begegnen (Mueller 2010, Näder 2010).

Interdiscipline and International Exchange/Collaboration: Die Globalisierung führt auch in der Wissenschaft zunehmend zu internationalem Austausch und zur transnationalen Zusammenarbeit von Wissenschaftlern (Waltman 2011). Das gilt nicht nur für die grenzüberschreitende Zusammenarbeit in Bezug auf die lokale Verortung, sondern auch für die Interdisziplinarität der Forschungsvorhaben. Die Öffnung der Wissenschaft ermöglicht auch fachfremden Wissenschaftlern Zugriff auf Publikationen und damit auf Wissensressourcen für die eigenen Arbeiten.

Sustainable Access and Archiving: Nur Offenheit im Sinne von Verwertbarkeit ermöglicht es, in dezentralen Strukturen wie der des Internets alle Informationen nachhaltig und unabhängig voneinander zu speichern. Im Falle von Natur- oder anderen Katastrophen ermöglicht die digitale Ablage auf mehreren Kontinenten eine Konservierung von Wissen unabhängig von lokalen Gegebenheiten oder Bedingungen.

Data Quality: Die Veröffentlichung und das offene Teilen der Daten hinter den wissenschaftlichen Publikationen kann zu einer umfassenden Erhöhung der Datenqualität und -integrität von wissenschaftlichen Erkenntnissen führen. Es wird vermutet, dass bei der Weiterverwendung durch Dritte mögliche Fehler schneller identifiziert werden und die offene Bereitstellung zu mehr Disziplin bei der Dokumentation auf Seiten der Datenbereitsteller führt. Ähnliche Erfahrungen wurden bereits im Bereich der Veröffentlichung von Daten der Verwaltung und bei der Entwicklungszusammenarbeit gemacht (Heise 2014).

Hindernisse für die Öffnung wissenschaftlicher Kommunikation

Differenzierte Ansätze für den Umgang mit den Fragestellungen rund um die Öffnungsprozesse von Wissenschaft und Forschung sind wichtig, um einen „weniger ideologisch-aufgeregten Umgang mit dem Sujet" (Näder 2010: 13) zu erreichen. Im Folgenden werden diejenigen Prozesse dargestellt, die zu einer Verlangsamung der Entwicklung führen oder sie in einigen Teilbereichen sogar ganz zum Erliegen bringen können. Dabei soll explizit keine Position für oder gegen die Veränderung des bestehenden Publikationssystems bezogen werden.

Grundsätzlich lassen sich bei der Öffnung der wissenschaftlichen Kommunikation strukturelle Hindernisse und individuelle Hindernisse unterscheiden (Scheliga 2014). Strukturelle Hindernisse beziehen sich dabei auf generelle Herausforderungen bei der Etablierung einer Verhaltensänderung im Rahmen der wissenschaftlichen Kommunikation. Dazu gehören zum Beispiel fehlende Anreizsysteme für Wissenschaftler und Wissenschaftlerinnen auf regionaler, nationaler und internationaler Ebene, eine zu beobachtende Führungs- und Planlosigkeit der Bewegung für Offenheit in Wissenschaft und Forschung sowie mangelhafte Infrastrukturen und nichtdisponible Applikationen für die Durchführung offener wissenschaftlicher Kommunikation.

Da der Fokus dieser Arbeit auf den wissenschaftlichen Akteuren des Kommunikationssystems liegt, sollen im Folgenden die individuellen Hindernisse für die Öffnung von Wissenschaft und Forschung betrachtet werden:

Quality: Der erste Hindernisbereich umschreibt die Befürchtung, dass die Qualität von offener wissenschaftlicher Kommunikation unter schlechten oder nicht vorhandenen wissenschaftlichen Überprüfungsmechanismen leidet (Chibnik 2015, Beall 2012). Dabei wird argumentiert, dass ein durch Autorengebühren finanziertes Publikationsmodell keinen klaren Anreiz für Ablehnung bietet (Jubb 2011: 257).

Reputation: Die Erlangung von wissenschaftlicher Reputation ist ein grundlegender Motivationsfaktor für Wissenschaftler und Wissenschaftlerinnen, die Ergebnisse ihrer Arbeit zu veröffentlichen. Eine Veröffentlichung hat nur dann Einfluss auf die Reputation, wenn sie im Rahmen von renommierten Publikationskanälen stattfindet. Offene Publikationsplattformen und Journale können aufgrund des kurzen Zeitraums ihres Bestehens und aufgrund von Vorbehalten dieses Renommee nur selten vorweisen. Die Renommeefrage stellt eine der größten Hürden für die offene wissenschaftliche Kommunikation dar (Weishaupt 2009, Woelfle 2011).

Archiving and Sustainability: Den grundsätzlichen Vorteilen des elektronischen Publizierens stehen Probleme und Zweifel an der Langzeitarchivierung digitaler Daten (Weishaupt 2009) gegenüber. Einige Autoren und Autorinnen kritisieren, dass die Sicherstellung der Langzeitarchivierung und die langfristige Auffindbarkeit sowie die Bereitstellung der Dokumente bisher nicht vollumfänglich durch digitale Strukturen gewährleistet werden kann (Umstaetter 2007, Gersmann 2007).

Authenticity or Integrity: Ein weiteres Problem stellt die Sicherung der Authentizität der offen publizierten wissenschaftlichen Informationen dar (Umstaetter 2007, Weishaupt 2009, Grand 2012). Weil elektronische Dokumente oft innerhalb weniger Tage oder Wochen in mehreren Versionen zugänglich sind, wird befürchtet, dass Texte und Arbeiten im Zeitablauf inhaltlich nicht mehr unverändert ihrem Autor beziehungsweise ihrer Autorin zuzuordnen sind. Das gilt, „solange sie nicht in Digitalen Bibliotheken mit gesicherter Authentizität abgeliefert“ werden (Umstaetter 2007).

Rights Management: Eine generelle Verpflichtung für Mitarbeiter staatlich finanzierter Forschungsinstitutionen, alle Texte und Daten elektronisch frei und offen zu publizieren, wird von einigen Autoren und Autorinnen kritisch hinterfragt (Peukert 2014). In dem 2009 veröffentlichten „Heidelberger

Appell" (Heidelberger Appell 2009) kritisieren zahlreiche Autoren, Wissenschaftler, Verleger und Publizisten, dass das „verfassungsmäßig verbürgte Grundrecht von Urhebern auf freie und selbstbestimmte Publikation [...] derzeit massiven Angriffen ausgesetzt und nachhaltig bedroht" ist. Außerdem sehen die Unterzeichner „weitreichende Eingriffe in die Presse- und Publikationsfreiheit, deren Folgen grundgesetzwidrig wären" (ITK 2009). Rechtliche Bedenken und die Befürchtung vor kostspieligen juristischen Fehltritten stellen einen weiteren Vorbehalt gegen die offene Veröffentlichung von Forschung und Forschungsergebnissen dar (Weishaupt 2009).

(Re-)Financing: Die unklare Refinanzierung der Kosten, die im Rahmen der offenen wissenschaftlichen Kommunikation vermutet wird, wird als weiteres Kernargument gegen das offene Publizieren von Arbeiten und Daten angeführt (Chibnik 2015). Die Befürchtung, dass die umfassende Öffnung des wissenschaftlichen Systems überhaupt nicht finanziert werden könne, konnte bisher nicht ganz ausgeräumt werden (Weishaupt 2009).

Ressource Allocation: Von der fachlichen Anerkennung hängt auch der Zugang zu Forschungsressourcen ab (Buss 2001: 14). Es besteht die Befürchtung, dass die Öffnung des wissenschaftlichen Prozesses einen einseitig-negativen Einfluss auf Mittel- und Reputationsvergabe hat (Grand 2012), dass sie ausschließlich zugunsten populärer Forschung stattfindet und zu einer Aushöhlung der wissenschaftlichen Fächer- und Facettenvielfalt führt.

Open Caring: Wissenschaftler und Wissenschaftlerinnen befürchten durch den Zwang zur umfassenden Bereitstellung ihrer Publikationen und gegebenenfalls sogar der Quelldaten sowie des genutzten Softwarecodes einen nicht unwesentlichen zeitlichen und finanziellen Mehraufwand (BBAW 2015: 27, Mennes 2013, Grand 2012). Der nötige Aufwand, den die umfassende Öffnung der wissenschaftlichen Daten im Alltag des Wissenschaftlers mit sich bringen würde, ist bisher kaum evaluiert (Osterloh 2008).

Scientific Freedom/Loss of Diversity: Dieses Argument betrifft zwei Ebenen: die Sorge, dass die bestehenden Steuerungsmechanismen der Wissenschaft durch Offenheit und Transparenz sowie Forschungsförderung und Öffentlichkeit ausgehebelt werden und infolgedessen nur diejenigen wissenschaftlichen Projekte gefördert und unterstützt werden, die von der Allgemeinheit verstanden werden. Diese Befürchtung ruht auf der Annahme, dass die Gewinnung von Wissen in der Grundlagenforschung ein „öffentliches Gut" darstellt, „dessen Wert von der Öffentlichkeit nur schwer beurteilt werden kann" (Osterloh 2008). Darüber hinaus wird in der

Literatur die Befürchtung geäußert, dass durch die Öffnung die Freiheit von Forschung und Lehre im Sinne der Publikations- und Veröffentlichungsfreiheit gefährdet sein könnten (Jochum 2009). Damit ist die Wahl des Publikationsmediums gemeint, die bei den Wissenschaftlern und Wissenschaftlerinnen liegen sollte (BBAW 2015). Infolgedessen wird an vielen Stellen die Befürchtung geäußert, dass im Rahmen zunehmender Kollaboration über digitale Kanäle sowie durch die Effizienz der elektronischen Suche die Diversität von wissenschaftlichen Meinungen und Projekten zu einem gleichen oder ähnlichen Thema eingeschränkt werden könnte (Evans 2008). Diese Betrachtung ist nicht unumstritten (Lariviere 2009).

Misinterpretation: Eine weitere Sorge, die den Öffnungsprozess bremst, ist die Angst der wissenschaftlichen Community vor Fehlinterpretationen (Grand 2012) sowie vor dem Verlust der Kontrolle über die Informationssteuerung (Gibbons 1994). Dabei steht vor allem die Befürchtung im Vordergrund, dass die frei verfügbaren veröffentlichten Arbeiten genutzt werden, um die Arbeit der Wissenschaft zu diskreditieren oder um Falschinformationen in der Öffentlichkeit zu verbreiten.

Transparent Research Intentions: Die Forderung nach Offenlegung des gesamten Forschungsprozesses beinhaltet auch die Forderung nach „Transparenz der Interaktion zwischen Sponsoren (insbesondere kommerzielle Förderer wie die Pharma- und Medizinprodukteindustrie) und Auftragnehmern" (Stengel 2013).

Indikatoren für die Reputationsverteilung im wissenschaftlichen Kommunikationssystem

Um die Anreize für das Verhalten der wissenschaftlichen Akteure im Kommunikationssystem besser zu verstehen, werden im Folgenden die Indikatoren für die Reputationsverteilung herausgearbeitet. Die Publikation von Erkenntnissen ist in diesem Rahmen nur einer von vielen Indikatoren für die Reputationsverteilung (Hirschauer 2004). Im Gegensatz zu den Modellen, die eine Verpflichtung von oben für ein bestimmtes Verhalten beinhalten und die wissenschaftliche Selbstständigkeit einschränken könnten, werden hier vor allem diejenigen Indikatoren noch einmal stichpunktartig zusammengefasst, die Anreize für ein bestimmtes Verhalten darstellen. Die vorgenommene Kategorisierung ist dabei an Heidemarie Hanekops Forschung (Hanekop 2008) und die Befragung durch das SOFI 2007 (SOFI 2007) angelehnt:

Anzahl der wissenschaftlichen Aufsätze oder Beiträge: Die Anzahl der Texte, die Wissenschaftler und Wissenschaftlerinnen im Rahmen ihrer Tätigkeit publizieren, ist ein wesentlicher Faktor der Bewertung wissenschaftlicher Reputation (Warnke 2012, Clapham 2005, Luhmann 1970). Zum Beispiel erhöht eine größere Anzahl an Texten die Chance, durch andere Mitglieder der wissenschaftlichen Community zitiert zu werden, und damit die Möglichkeit auf die Erlangung von Reputation. Durch den zunehmenden Wettbewerb in der Wissenschaft muss sich der einzelne Wissenschaftler entscheiden, „zu publizieren oder im wissenschaftlichen System zu scheitern" (Suess 2006). Dadurch entsteht im wissenschaftlichen Kommunikationssystem ein konstanter Publikationsdruck, bei dem die Relevanz der publizierten Ergebnisse nicht immer im Vordergrund steht (Hamilton 1990). Die Anzahl der veröffentlichten Artikel hat einen Einfluss auf die Vergabe von Ressourcen und finanziellen Mitteln für weitere Forschung an Institutionen und Individuen (Warnke 2012, Hamilton 1990).

Relevanz der publizierten Ergebnisse: Die Relevanz der publizierten Ergebnisse ist für das Wissenschaftssystem ein wesentlicher Faktor im Prozess der Wissensgewinnung. Relevante Erkenntnisse sind die Grundlage für die Produktion von neuem Wissen und damit Grundlage für den gesellschaftlichen Auftrag des Wissenschaftssystems (Hanekop 2008). Die Relevanz der publizierten Ergebnisse, so wird postuliert, übt einen direkten Einfluss auf die wissenschaftliche Reputation aus.

Anzahl der Monografien: Die Anzahl der veröffentlichten Monografien ist ein wesentlicher Reputationsfaktor. Das gilt für Disziplinen, in denen diese Publikationsform wichtig ist – die Geistes- und Sozialwissenschaften. In anderen wissenschaftlichen Fachrichtungen spielt die Anzahl der Veröffentlichungen von Artikeln in wissenschaftlichen Journalen eine wichtige Rolle.

Drittmittelprojekte: Drittmittel sind, so der deutsche Wissenschaftsrat,

> solche Mittel, die zur Förderung der Forschung und Entwicklung sowie des wissenschaftlichen Nachwuchses und der Lehre zusätzlich zum regulären Hochschulhaushalt (Grundausstattung) von öffentlichen oder privaten Stellen eingeworben werden (Wissenschaftsrat 2014).

Die Drittmitteleinwerbung hat sich in Deutschland als „meist gebrauchter Maßstab der Messung von Forschungsqualität durchgesetzt" (Muench 2006). Diese Entwicklung geht mit einer zunehmenden Finanzierung der Forschung über Drittmittel einher (Neidhardt 2010, Jansen 2007, Simon 2010). Durch die zunehmende Knappheit öffentlicher Ressourcen für Wissenschaft und Forschung ist die Akquise von Drittmitteln zu einem kritisch zu betrachtenden Kernziel geworden (Jansen 2007). Das führt zu der Vermutung, dass zunehmend direkte finanzielle und administrative Kontrolle der Forschung eine Rolle spielen (Barloesius 2008). Dabei ist die Frage relevant, ob die Publikationen, die im Rahmen der Drittmittelfinanzierung als wissenschaftliche Erkenntnisse veröffentlicht werden, sowie der Antrag um Drittmitteleinwerbung selbst „zum Erkenntnisfortschritt in der wissenschaftlichen Gemeinschaft beiträgt" (Muench 2006). Die wissenschaftliche Community befürchtet durch die zunehmende Relevanz der Anzahl von Drittmittelprojekten bei der Erlangung von wissenschaftlicher Reputation eine Einschränkung der Freiheit von Wissenschaft und Forschung.

Patente: Im Gegensatz zu Urheberrechten werden Patente nur auf Antrag und nach Prüfung staatlich erteilt (Troy 2012: 152). Es handelt sich dabei um ein „vom Staat verliehenes Schutzrecht für eine technische Erfindung, welches dem Patentinhaber für eine bestimmte Zeit die ausschließliche wirtschaftliche Nutzung der Erfindung vorbehält" (Greif 2003). Diese Kommodifizierung von Wissen in Form von Patenten ist dabei exemplarisch für die Privatisierung von Wissen (Troy 2012: 152). Die Anzahl dieser Schutzrechte im Hochschulbereich nimmt seit den 1970er Jahren konstant zu (Troy 2012: 168). (Schmoch 2003, Fabrizio 2008). Vor allem in den technischen Fachdisziplinen wird eine Patentschrift „als funktionales Äquivalent zur wissenschaftlichen Publikation begriffen" und bewertet (Mersch 2014). Die deutsche Hochschulrektorenkonferenz fasst die Rolle des Patentwesens an den Hochschulen wie folgt zusammen: „Patente leisten einen Beitrag zur Förderung der Wissenschaft, die Grundlagen des Patentwesens sind daher dem wissenschaftlichen Nachwuchs über entsprechende Lehrangebote zu vermitteln" (Greif 2003). Die Befürchtung, dass Patente einen negativen Effekt auf die Erstellung und Veröffentlichung fundamentaler Forschungsergebnisse haben, konnte nicht abschließend bestätigt werden (Fabrizio 2008).

Vorträge: Vorträge dienen der Verbreitung von Forschungserkenntnissen auch in Form von Zwischenständen und ermöglichen das Vermitteln des Wissens an andere (Rassenhoevel 2010). Vorträge stellen eine informelle und schnelle Form für die Verbreitung neuer wissenschaftlicher Erkenntnisse und Ergebnisse dar. Die in einem Vortrag vermittelten Inhalte müssen nicht immer genauer belegt werden und die kommunizierten Inhalte lassen sich gegebenenfalls später schriftlich konkretisieren oder korrigieren (Haberle 2002). Vorträge bieten die Möglichkeit, bereits vor der eigentlichen Publikation von wissenschaftlichen Erkenntnissen Anregungen und Reaktionen einzuholen.

Anwendungsrelevanz bzw. Verwertbarkeit: Ein vergleichsweise neuer Indikator für die Reputation von Hochschulen und außeruniversitären Forschungsinstituten ist die Anwendungsrelevanz der Erkenntnisse von Wissenschaft und Forschung (Simon 2010). Sie tritt neben die akademischen Mechanismen der Qualitäts- und Leistungskontrolle (Buss 2001: 8) und bezieht sich auf einen Outputfaktor, der primär auf den konkreten Einsatz der gewonnenen wissenschaftlichen Erkenntnisse und auf die Verwertbarkeit wirtschaftlicher Produkte oder Patente und weniger auf die eigentliche wissenschaftliche Veröffentlichung abzielt.

Netzwerke und Kontakte: Netzwerke beschreiben formelle und informelle Verbundsysteme zwischen Wissenschaftlern. Sie erlauben den schnellen Austausch und können Grundlage für Aktivitäten zur Steigerung der wissenschaftlichen Reputation darstellen. Diese Aktivitäten umfassen zum Beispiel gemeinsame Publikationsvorhaben und den Austausch wissenschaftlicher Erkenntnisse. Kontakte und Netzwerke schaffen soziale Beziehungen, die für eine erfolgreiche Integration an der Hochschule und der Fachcommunity sorgen, Zugang zu wissenschaftlicher Kommunikation ermöglichen und somit einen Einfluss auf die Anerkennung eines Wissenschaftler oder einer Wissenschaftlerin haben können.

Öffentliche Aufmerksamkeit: Die öffentliche Aufmerksamkeit ermöglicht zum einen den Wissenstransfers außerhalb der wissenschaftlichen (Fach-)Community, zum anderen ermöglicht sie die Einflussnahme auf die politische Relevanz wissenschaftlicher Forschungsthemen. Die Veröffentlichung wissenschaftlicher Informationen zu einem bestimmten Thema des öffentlichen Interesses stellt eine Möglichkeit dar, dieses Thema öffentlichkeitswirksam zu katalysieren. Öffentliche Aufmerksamkeit im Rahmen wissenschaftlicher Tätigkeit stellt eine kritisch zu hinterfragende Möglichkeit für die alternative Ressourcengewinnung dar.

Politische Relevanz: Die wissenschaftliche Tätigkeit mit politischer Relevanz bietet die Option, wissenschaftliche Inhalte außerhalb der Wissenschaft anwendbar zu machen und führt zur Anerkennung der wissenschaftlichen Arbeit. Daraus ergeben sich allerdings grundsätzliche „Verständigungsprobleme und Interessenkonflikte", da „Wissenschaft und Politik aufgrund unterschiedlicher Rationalitäten handeln, einander aber zugleich brauchen" (Mayntz 1996). Während es im Wissenschaftssystem „um Erwerb und Erhalt von Wissen" geht, zielt die Politik auf „Erwerb und Erhalt von Macht" (Mayntz 1996) ab. Dennoch wirkt Wissenschaft durch wissenschaftliche Beratung auf Politik und Politik beeinflusst Wissenschaft durch Wissenschaftspolitik (Brown 2014: 10). Die daraus resultierenden

Interessenkonflikte können die Legitimität der Wissenschaft beeinträchtigen (Weingart 2005, Weber 2002: 494) und gegebenenfalls zu „gegenseitigen Enttäuschungen" führen, vor allem in der „forschungspolitischen Beziehung" (Mayntz 1996).

Renommee der Forschungseinrichtung: Das Renommee einer Forschungseinrichtung ist die Wahrnehmung der Einrichtung innerhalb und außerhalb der wissenschaftlichen (Fach-)Community. Sie hat für Wissenschaftler und die Wissenschaftlerin eine besondere Bedeutung (Mayntz 2008). Sie basiert auf dem Konzept der „Ansteckung" (Luhmann 1970). Diese Ansteckung kann dazu führen, dass renommierte Professoren den Ruf einer Fakultät und eine renommierte Fakultät auch den Ruf von Professoren aufbessern können. Übertragen auf das wissenschaftliche Publizieren profitiert ein Autor oder eine Autorin bei der „Ansteckung" von dem Renommee einer Einrichtung, wenn durch die Publikationsorgane einer renommierten Institution veröffentlicht werden kann(Lutz 2012, Buss 2001).

Renommee von Herausgebern oder Mitautoren: Der Herausgeber organisiert den Begutachtungsprozess und stellt bestimmte Qualitätskriterien mit seiner Reputation und seinem Namen sicher (Mueller 2009). Auch hier kommt es im Rahmen des symbolischen wissenschaftlichen Kapitals zu einer Übertragung der Reputation der Herausgeber oder Mitautoren auf die anderen veröffentlichenden Autoren.

Personelle und materielle Ausstattung: Die materielle Ausstattung beschreibt die Rahmenbedingungen, innerhalb derer ein Wissenschaftler arbeitet. Diese Rahmenbedingungen haben eine herausragende Bedeutung bei der Entscheidung für den Wirkungsort von Wissenschaftlern (Mayntz 2008). Insbesondere die materielle und personelle Ausstattung sind bei traditionellen Berufungsverfahren deutscher Professorinnen und Professoren von Belang (Himpele 2011), da sie die Arbeitsfähigkeit und die Anerkennung beeinflussen (Buss 2001). Wie die materielle Ausstattung gilt auch die personelle Ausstattung als ein reputationsstiftendes Merkmal für Wissenschaftler und die Institutionen, an denen sie arbeiten (Mayntz 2008). Bei der Ressourcenausstattung handelt es sich um einen bilateralen Indikator, der zum einen aus der Bewertung der wissenschaftlichen Arbeit (im Rahmen der Forschungsförderung) resultiert (Herb 2008) und zum anderen Reputation innerhalb der Community schafft (Mayntz 2008).

Gutachtertätigkeit und Herausgeberschaft: Gutachter werden zum Beispiel in Peer-Review-Verfahren Autoren des entsprechenden Fachgebiets zugeordnet und entscheiden über die Veröffentlichung eines Textes (Frey 2005). Bei manchen Publikationen wird ein Text im Vorfeld mehrmals abgelehnt und eine weitere Überarbeitung durch den Autoren oder die Autorin eingefordert, bevor der Artikel final akzeptiert und daraufhin publiziert wird (Frey 2005). In diesem Zusammenhang wirkt sich die Reputation der mit diesem Verfahren betrauten Gutachter auch auf das Image des Verlags aus und umgekehrt. Die Gutachtertätigkeit ist nicht nur Kernbestandteil des wissenschaftlichen Qualitätssicherungs- und interdependenten Reputationssystems, sondern stellt auch einen informellen Weg der Kommunikation dar. Sie ermöglicht den Gutachtern die Vorabsichtung neuester wissenschaftlicher Informationen und Erkenntnisse. Ähnlich wie die Gutachtertätigkeit ist auch die Herausgeberschaft fester Bestandteil des interdependenten wissenschaftlichen Reputationssystems (Frey 2005): Herausgeber profitieren von den publizierten Inhalten und Erkenntnissen der Autoren, Autoren von der Reputation der Herausgeber und der Verlag von beiden.

Funktion: Die jeweilige Funktion oder die (universitäre) Stellenbezeichnung ist ein weiterer Faktor für wissenschaftliche Reputation. Zum wissenschaftlichen Personal zählen Professoren, Juniorprofessoren, wissenschaftliche und künstlerische Mitarbeiter sowie Lehrkräfte (Erhardt 2011). Eine Weiterentwicklung und der „Aufstieg" in der wissenschaftlichen Hierarchie zielen auf das akademische Streben nach einer Professur (Klecha 2008).

Awards und Preise: Preise sind ein weiterer Indikator im Rahmen des wissenschaftlichen Belohnungs- und Bewertungssystems. „Die Praxis der Award-Verleihung beruht auf dem Konzept, dass Ressourcen von unabhängigen Dritten auf Qualität geprüft und [...] zertifiziert werden" (Bargheer 2002). Wissenschaftler und Wissenschaftlerinnen, die Preise oder Awards gewinnen, erfahren Anerkennung. Diese Anerkennungen können jedoch nicht automatisch als „Garant für wissenschaftsrelevante Qualität" (Bargheer 2002) verstanden werden. Die Ehrung mit einem Preis weckt andererseits gegebenenfalls Erwartungen und führt zu dem Anspruch eines stetigen Nachschubs an Anerkennung für den Wissenschaftler oder die Wissenschaftlerin.

[4]

Methoden und Vorgehen bei Empirie und Ethnografie

Die Verortung der Fragestellungen dieser Arbeit in den Feldern der Kultur-, Wirtschafts-, Politik- und Medienwissenschaften erfordert einen transdisziplinären Zugang in der wissenschaftlichen Bearbeitung. Meine Auseinandersetzung mit den Fragestellungen folgt deswegen dem Ansatz *der Science and Technology Studies* (STS) beziehungsweise der Wissenschafts- und Technikforschung. Diese bezeichnet ein transdisziplinäres Forschungsfeld, das Ende der späten 1970er Jahre angetreten ist, um „Wissenschaft und Politik neu zu denken" (Potthast 2010, 92). Die „empirische Untersuchung der vielfältigen Rollen von Wissen und Technologie in modernen Gesellschaften" (Beck 2014: 11) ist dabei vorrangiges Ziel der STS. Sie beschäftigen sich mit den soziotechnischen Entwicklungen, den sozialen, kulturellen und politischen Dynamiken, die Wissenschaft und Technik formen, sowie der Frage, wie diese Dynamiken zukünftig Gesellschaft, Politik und Kultur beeinflussen werden (Potthast 2010, Brown 2014).

Dieser transdisziplinäre Zusammenhang ermöglicht es, das Forschungsthema aus unterschiedlichen Blickwinkeln zu betrachten und die Beobachtungen unterschiedlichen Disziplinen zuzuordnen (Beck 2014, Potthast 2010). Wissenschaft wird demnach nicht mehr nur „als Ergebnis rein intellektueller kontemplativer Tätigkeit, sondern als Ergebnis praktischen Tuns und sozialen Handelns" (Beck 2014: 13) verstanden. In den STS sehen sich die Wissenschaftler und Wissenschaftlerinnen nicht als Entdecker, sondern als aktive Teilnehmer und Teilnehmerinnen des Dialogs um die Entwicklung (MacKenzie 1999). Sie streben danach, die empirischen

Realitäten von Technologie und Medien zu verstehen (Kelty 2014), ohne immer zwangsläufig auf bereits bestehende Konzepte und Theorien zurückzugreifen (Brown 2014: 8) und folgen den Akteuren, anstatt Urteile im Voraus abzugeben (Irwin 2008: 584).

Es ist unter anderem die Aufgabe von STS, die „Verschränkung von Wissenschaft, Technologie und Gesellschaft im Alltag zu untersuchen und damit auch die Rolle von Wissen und Technologie in gesellschaftlichen Ordnungsprozessen näher zu bestimmen" (Beck 2014: 9). Die STS haben sich bei der Erforschung von Wissenschafts- und Technologiekultur zu einer etablierten Herangehensweise entwickelt, die darzustellen vermag, inwiefern Technologien politisch sind (Kelty 2014).

Dieser Ansatz scheint gut geeignet, um die Beobachtungen im Rahmen dieser Forschungsarbeit wissenschaftlich zugänglich zu machen. Die Zuordnung zu diesem Forschungsfeld basiert unter anderem auf der Annahme, dass die Öffnung wissenschaftlicher Kommunikation in engem Zusammenhang mit der technologischen und politischen Entwicklung steht (Weingart 2005).

Auch wenn die Themenbereiche kollaborativen Arbeitens, Social Media in Wissenschaft und Forschung, Citizen Science sowie Diskurse zu Online-Tools und -Diensten eng mit der Digitalisierung und Öffnung der wissenschaftlichen Kommunikation verbunden sind (European Commission 2015a), werden diese in dieser Arbeit nur dann aufgegriffen, wenn sie der Beantwortung der Forschungsfragen dienen oder diese tangieren.

Vorüberlegungen zur Methodenwahl

Zusätzlich zu der oben praktizierten Erhebungsmethode der umfassenden Literaturrecherche habe ich mich für eine quantitative Befragung zur Identifikation der Treiber und Bremser für die Öffnung wissenschaftlicher Informationen und Prozesse entschieden. Darüber hinaus wird die (auto-)ethnografische Methode angewendet, um im Rahmen der Betrachtung der offenen Erstellung der eigenen Doktorarbeit das Zusammenspiel von Wissen und Technologie in gesellschaftlichen Ordnungsprozessen näher zu bestimmen und Handlungsempfehlungen für die Kommunikation von Wissenschaftlern und Wissenschaftlerinnen zu erarbeiten. Die quantitative Befragung ermöglicht es, die in der Literaturauswertung identifizierten Aussagen und Grundannahmen in der Gruppe der wissenschaftlichen Akteure zu überprüfen. Das Experiment der offenen Erstellung der eigenen Arbeit ergänzt diese Einschätzungen um die eigene

Arbeitsperspektive und dient der Beantwortung der Forschungsfragen sowie der abschließenden Diskussion der Ergebnisse. Mein Vorgehen folgt dem Ziel, die in der theoretischen Phase definierten und strukturierten „Fähigkeiten, Merkmale und Eigenschaften" (Raab-Steiner 2012) in der empirischen Phase zu testen und abschließend mithilfe der ethnografischen Phase zu überprüfen und zu ergänzen. Diese Herangehensweise ist an die Science and Technology Studies angelehnt, welche die Verschränkung von Wissenschaft, Technologie und Gesellschaft im Alltag untersuchen und damit auch die Rolle von Wissen und Technologie in gesellschaftlichen Ordnungsprozessen näher bestimmen (Beck 2014).

Generelle Forschungsfragen

Wie zuvor ausgeführt, liegen vor allem aus den Geisteswissenschaften trotz hoher Relevanz bisher nur wenige konkrete Untersuchungen und Experimente zur Öffnung wissenschaftlicher Kommunikation vor. Um mit dieser Arbeit einen Beitrag zum Fortschritt für die Wissenschafts- und Technikforschung zu erzielen, werden folgende zentralen Forschungsfragen aus der Betrachtung des Forschungsthemas abgeleitet:

- Welche der genannten Herausforderungen bestehen im aktuellen wissenschaftlichen Kommunikationssystem und wie kam es zu der Forderung nach Öffnung der wissenschaftlichen Kommunikation?
- Welche Aspekte von Open Access und Open Science sind am häufigsten verbreitet?
- Wie hoch ist das Interesse der wissenschaftlichen Gemeinschaft an dem Zugang zur beziehungsweise dem Zugriff auf wissenschaftliche Kommunikation und allgemeiner an deren Öffnung?
- Wie stark ist die Öffnung der Kommunikation verbreitet?
- Welche Argumente spielen in der Debatte für und wider die Öffnung wissenschaftlicher Kommunikation eine Rolle?
- Welche Haupteinflussfaktoren für die Entwicklung von Forderungen nach Open Access und Open Science gibt es?
- Welche Bedeutung haben die Konzepte um Offenheit und freien Zugang im Rahmen des wissenschaftlichen Reputationsbegriffs?
- Welcher Aufwand entsteht bei der Öffnung des gesamten wissenschaftlichen Erkenntnisprozesses?
- Welche Handlungsempfehlungen können für das Verfassen einer offenen wissenschaftlichen Arbeit gegeben werden?
- Befindet sich die Öffnung des Zugangs zu publizierten wissenschaftlichen Erkenntnissen (Open Access) in einer andauernden

Übergangsphase zur Öffnung des Zugriffs auf den gesamten wissenschaftlichen Erkenntnisprozess (Open Science)?

Diese Forschungsfragen basieren auf folgenden Vorannahmen und Thesen, die über die Öffnung wissenschaftlicher Kommunikation im Rahmen der Digitalisierung und in Anbetracht der Differenzierung zwischen verschiedenen wissenschaftlichen Disziplinen sowie vor dem Hintergrund wissenschaftlicher Reputation in der Auseinandersetzung mit der Literatur erarbeitet wurden:

- Die Forderung nach Öffnung der wissenschaftlichen Kommunikation entstand aus unterschiedlichen Interessen und Zielsetzungen (Hofmann 2016).
- Die Herausforderungen im aktuellen wissenschaftlichen Kommunikationssystem resultieren aus sozialen, technischen, rechtlichen und politischen Fehlentwicklungen.
- Open Access und Open Science lassen sich nicht klar und einheitlich definieren (Näder 2010).
- Die Motivation der wissenschaftlichen Gemeinschaft für Veränderungen am System der wissenschaftlichen Kommunikation ist gering (Hagner 2015).
- Es besteht eine erhebliche Diskrepanz zwischen dem Interesse an den Ideen der offenen Wissenschaft und der wissenschaftlichen Realität (Scheliga 2014).
- Rechtliche Rahmenbedingungen beeinflussen maßgeblich die Etablierung der Öffnung von Wissenschaft und Forschung (Fehling 2014: 211).
- Trotz Initiativen und effizienteren Technologien, die die Öffnung der Kommunikation begünstigen, werden die wissenschaftlichen Akteure am bestehenden Publikationssystem festhalten und die Monografien- und Zeitschriftenkrise wird auf absehbare Zeit bestehen bleiben (Parks 2002, Goetting 2015: 146).
- Die Bereitschaft zur Öffnung der wissenschaftlichen Kommunikation ist in den unterschiedlichen Disziplinen unterschiedlich stark verbreitet (Hofmann 2015, European Commission 2006, Pansegrau 2011).
- Die Bedrohung der Publikations- und Forschungsfreiheit wird aus Sicht der wissenschaftlichen Gemeinschaft als ein Kernargument gegen die politische Forderung nach Öffnung wissenschaftlicher Kommunikation im Rahmen der Digitalisierung angeführt (Cloes 2009).
- Das Konzept der Offenheit wird in der neoliberalen Rhetorik als effizientes Wettbewerbsmodell im Rahmen der politischen Steuerung eingesetzt (Tkacz 2012).

- Die Öffnung des gesamten wissenschaftlichen Erkenntnisprozesses im Rahmen einer wissenschaftlichen (Qualifikations-)Arbeit ist möglich.
- Die Öffnung des Zugangs zu finalen wissenschaftlichen Publikationen (Open Access) wird langfristig in einer Öffnung des Zugriffs auf den wissenschaftlichen Erkenntnisprozess (Open Science) münden.

Methodenwahl

Methoden sind Verfahren und Strategien für die Informationsbeschaffung, die sich bestimmter wissenschaftlicher Erhebungsinstrumente bedienen (Kromrey 2013: 309). Die Wahl der Methoden ist für die wissenschaftliche Arbeit von großer Bedeutung und muss an die Fragestellungen, die Vorannahmen sowie das Forschungsvorhaben angepasst sein. Die Darstellung der Methoden macht transparent, wie, wann, wo, welche Daten und Informationen im Rahmen bestimmter Fragestellungen erhoben und analysiert wurden. Diese verschiedenen Verfahrensweisen und Techniken verorten den wissenschaftlichen Erkenntnisprozess in einem strukturellen Rahmen und einer Forschungssystematik.

Quantitative teilstandardisierte Datenerhebung (Online-Befragung)

Um der Entwicklung der Öffnung von Wissenschaft sowie deren Treiber und Bremser nachgehen zu können, habe ich eine explorative, schriftliche Online-Befragung unter den wissenschaftlichen Akteuren des akademischen Publizierens an deutschsprachigen wissenschaftlichen Institutionen durchgeführt. Fragebögen eignen sich besonders für große homogene Gruppen und also auch für Wissenschaftler und Wissenschaftlerinnen (Bortz 2006). Da die eingesetzte Online-Befragung den Befragten eine teilweise Mitgestaltung ermöglichte, wird die Art der Befragung als teilstandardisiert bezeichnet (Raab-Steiner 2012). Die hohe praktische Relevanz und vielfältige Einsatzmöglichkeiten machen den Fragebogen zu der am häufigsten eingesetzten Methode zur Datenerhebung in den empirischen Sozialwissenschaften (Raab-Steiner 2012). Sie erlaubt dem Forscher oder der Forscherin, Ausschnitte der Realität abzubilden (Raab-Steiner 2012). Die bestehenden Grundannahmen werden mithilfe der Befragung überprüft und gegebenenfalls neue Hypothesen generiert.

Durch den Vergleich mit der Studie „Neue Formen des Wissenschaftlichen Publizierens" aus dem Jahr 2007 vom Soziologischen Forschungsinstitut Göttingen (SOFI) ist eine Betrachtung der historischen Entwicklung der

Thematik im deutschsprachigen Raum möglich. Die Göttinger Befragung bildet eine Grundlage für die Fragebogenkonstruktion der vorliegenden Arbeit. Die umfangreiche Befragung entstand im Rahmen eines durch das Bundesministerium für Bildung und Forschung (BMBF) geförderten Verbundprojekts in Kooperation des SOFI mit der Universitätsbibliothek Göttingen. Sie basierte auf einer „Vollerhebung der Wissenschaftler an den Instituten und Einrichtungen an fünf deutschen Standorten, die differenziert nach Fächern, Alters- und Statusgruppen (n = 1800) erfasst wurden" (Hanekop 2014). Ziel der Befragung war es, die „Veränderungen beim Zugang zur Literatur wie auch bei den Veröffentlichungsstrategien" (SOFI 2007) zu untersuchen. Die Teilnehmer und Teilnehmerinnen der Studie wurden anhand von Webseiten der Forschungseinrichtungen identifiziert und per E-Mail um Teilnahme gebeten. Während sich meine Online-Befragung inhaltlich an den Kriterien der Befragung aus dem Jahr 2007 orientiert, um ihre Vergleichbarkeit mit der Göttinger Studie zu gewährleisten, besteht ein wesentlicher Unterschied darin, dass die Zielgruppe von mir ausschließlich per Online-Befragung adressiert wurde. Diese Arbeit folgt der Annahme, dass für die Befragung im Rahmen dieser Arbeit in Hinblick auf Validität und Reliabilität von Online-Befragungen im Vergleich zu „Papier-Bleistift-Befragungen" keine Unterschiede bestehen (Batinic 2013).

Das Experiment als wissenschaftliche Methode: Offenes Schreiben dieser Arbeit

Um Handlungsempfehlungen für das offene Schreiben von Dissertationen entwickeln zu können sowie die Kriterien und Argumente für oder wider das offene Publizieren prüfen zu können, wurde für diese Arbeit eine offene Schreibweise gewählt. „Offen" bedeutet in diesem Fall, dass diese Arbeit und alle erhobenen Daten sowie Begleitinformationen direkt und möglichst unmittelbar im Zeitraum der Erstellung für jeden jederzeit frei zugänglich auf einer Webseite im Internet unter einer freien Lizenz (Creative Commons Namensnennung – Weitergabe unter gleichen Bedingungen 3.0: Creative Commons 2009) veröffentlicht wurde. Der Stand der Arbeit auf der Webseite entsprach zu jedem Zeitpunkt dem tatsächlichen Stand der Arbeit.

Das im Rahmen dieser Arbeit durchgeführte Experiment unterscheidet sich vom klassischen wissenschaftlichen Experiment als „Idealtypus kontrollierten Experimentierens", aber auch von der Feldbeobachtung, „die nicht vorsieht, dass im laufenden Betrieb eingegriffen und experimentiert wird" (Westermayer 2006). Die Form des hiesigen Experiments fügt sich in das Konzept des Realexperiments ein und passt somit in die Technik- und

Wissenschaftsforschung (Westermayer 2006). Diese Form des Experiments geht davon aus, „dass man relativ viel über das, was man nicht weiß, wissen kann, und dass das Ausprobieren der effektivste Weg ist, sich selbst zu korrigieren und weiterzukommen" (Krohn 2005). Realexperimente „sind experimentell orientiert, stehen unter situativ vorgegebenen Randbedingungen und verknüpfen Wissensanwendung und Wissensgenerierung" (Westermayer 2006). Bei dieser Art der qualitativ orientierten Forschung ist das Vorgehen sehr spezifisch und auf den jeweiligen Gegenstand bezogen (Krohn 2005). Sie ermöglicht eine speziell für diesen Gegenstand entwickelte oder differenzierte Herangehensweise (Mayring 1999: 119). Die wissenschaftlich-methodische Qualität der Selbstbeobachtung wird in dieser Arbeit durch die präzise und offene Dokumentation sowie den offenen Prozess der Anfertigung gewährleistet. Beides dokumentiert den unmittelbaren Vorgang der Erzeugung von Wissen und kennzeichnet dieses gewonnene Wissen als ein wissenschaftliches (Solhdju 2011).

Die Erhebung sowie die Auswertung greifen zurück auf einen autoethnografischen Ansatz. Bei diesem Ansatz wird der Forscher oder die Forscherin zum „teilnehmenden Beobachter" (Ellis 2010). Er ermöglicht es, „persönliche Erfahrung (auto) zu beschreiben und systematisch zu analysieren (graphie), um kulturelle Erfahrung (ethno) zu verstehen" (Ellis 2010). Als Forschungsmethode ermöglicht die teilnehmende Beobachtung eine Reflexion darüber, wie die eigenen Erfahrungen den Forschungszusammenhang beeinflussen (Ellis 2011). Ziel der autoethnografischen Untersuchungsmethode ist es, zu einem vertieften Verständnis der empirischen Ergebnisse zu gelangen, den Aufwand, der durch die Öffnung der formellen Kommunikation für Wissenschaftler und Wissenschaftlerinnen entsteht, zu beschreiben und zu analysieren sowie möglichst viele Verallgemeinerungsmodelle im Rahmen der definierten Fragestellungen theoretisch zu entwickeln und praktisch zu prüfen. Die autoethnografische Herangehensweise der Beschreibung und Analyse ist auch deshalb notwendig, da bisher kein dokumentiertes, offen verfasstes wissenschaftliches Publikations- oder Promotionsvorhaben im deutschsprachigen Raum durchgeführt wurde. Die Erfahrungen der offenen Schreibweise bilden insofern einen wesentlichen Anknüpfungspunkt für die Beantwortung der Forschungsfragen und stellen die Grundlage für weitere Forschungen auf diesem Feld sowie für einen Fortschritt im Rahmen der Wissenschafts- und Technikforschung dar.

Begründung der Methodenwahl

Für die Bearbeitung wenig erforschter Felder bietet sich primär die Methodik der qualitativen Sozialforschung an. Allerdings begünstigte das Vorhandensein einer Vorbefragung des SOFI in Göttingen aus dem Jahr 2007 die quantitative Methode der (Online-)Befragung. Die quantitative Herangehensweise hat den Vorteil eines methodisch erklärenden Ansatzes mit einem hohen Messniveau, der auch für diese Arbeit als erkenntnisreich eingeschätzt werden kann. Als hypothesenprüfende Methode beruht er auf der Quantifizierung der Beobachtungsrealität (Bortz 2006b), mit dem die dargestellten Vorannahmen geprüft und neue Ansatzpunkte evaluiert werden können. Er ermöglicht darüber hinaus die differenzierte Erforschung und Bearbeitung sowie die unvoreingenommene und differenzierte Identifikation von Vorurteilen und Angeboten, aber auch von Problemen, Herausforderungen und Alternativen. Persönliche Interviews und ein rein qualitatives Vorgehen erschienen wenig geeignet, da der damit verbundene personelle, zeitliche und finanzielle Aufwand als zu hoch eingestuft wurde. Gegen eine postalische Befragung sprachen die hohen Kosten (unter anderem Porto), der hohe zeitliche Aufwand sowie die häufig geringen Rücklaufquoten (Petermann 2005). Darüber hinaus haben „digitale Aufzeichnungen eine deutlich höhere Qualität", „digitale Daten lassen sich komfortabler und effizienter bearbeiten" und die „Darstellungsmöglichkeiten ermöglichen eine vertiefte Wahrnehmung sozialer Interaktionen" (Hartung 2011).

Ausschlaggebend für die Auswahl der Online-Befragung waren zudem forschungsökonomische Aspekte. Die Online-Befragung auf Grundlage einer E-Mail-Stichprobe und einem passiven Stichprobenverfahren ist besonders geeignet, um „große Stichproben in kurzer Zeit" (Thielsch 2009: 70) mit geringem Streuverlust, kostengünstig und schnell zu erheben (Eichhorn 2004: 35). Darüber hinaus ermöglicht diese Erhebungsmethode eine Beantwortung der Fragen durch die Teilnehmer und Teilnehmerinnen zu jeder Zeit. Auch dass die Vergleichsstudie durch das SOFI Göttingen ebenfalls auf das Internet als primäre Quelle für die Identifikation von Teilnehmern und Teilnehmerinnen zurückgegriffen hatte, spielte eine Rolle bei der Wahl der Erhebungsmethode. Hilfreich war weiterhin, dass diese Form der Befragung die einfache Verbreitung am Zentrum für digitale Kulturen (Centre for Digital Cultures) der Leuphana Universität Lüneburg und unter Kollegen und Kolleginnen ermöglichte.

Ein weiterer Vorteil bei der Methode der Online-Datenerhebung ist die unabhängige und einfache Teilnahme der Befragten. Die Unabhängigkeit wurde vor allem dadurch gewährleistet, dass die Befragungssituation für alle Teilnehmer und Teilnehmerinnen gleich war. Es konnte davon ausgegangen werden, dass die notwendigen technischen Voraussetzungen zur Teilnahme an einer Internetbefragung (Internetzugang und internetfähiges Endgerät) bei allen Wissenschaftlern und Wissenschaftlerinnen an deutschsprachigen Wissenschaftseinrichtungen gegeben sind.

Im Kontrast zur quantitativen Sozialforschung mit ihren elaborierten Methoden, lässt die qualitative Forschung mit ihrem klaren Bekenntnis zur Offenheit viel Freiheit und wird im weiteren Verlauf der Arbeit den Forschungsprozess bereichern. Das Experiment als Element der qualitativen Forschung hilft auf Grundlage der Erkenntnisse aus der Befragung beim „Verstehen" der Materie. Hier werden die Anforderungen und die Praxistauglichkeit einer Öffnung des wissenschaftlichen Prozesses subjektiv induktiv analysiert. Dies hilft beim Aufbau einer Distanz zu den Forderungen von Offenheit und Transparenz im Forschungsprozess und ermöglicht eine praktisch-fundierte Diskussion der Ergebnisse.

Zusammenfassend werden mithilfe der Literaturrecherche und der quantitativen Methode der Befragung allgemeine Muster identifiziert und durch die qualitative Methode des Experiments beispielhaft an den Mechanismen der gesellschaftlichen Konstruktion der Wirklichkeit herausgearbeitet.

Kritische Betrachtung der Vorgehensweise

Die Themen Digitalisierung und wissenschaftliche Kommunikation sind auch bei Eingrenzung auf den deutschsprachigen Raum und unter konkreten Fragestellungen weite Felder. Im Fokus dieser Arbeit steht die Gruppe der Wissenschaftler und Wissenschaftlerinnen. Sie stellen aber nur eine von mindestens drei Gruppen des wissenschaftlichen Kommunikationssystems dar – wenn auch eine wesentliche. Mitarbeiter und Mitarbeiterinnen von Verlagen und Bibliotheken wurden nur dann in die empirische Untersuchung eingeschlossen, wenn dies der Beantwortung der Forschungsfragen diente. Auch wenn ihnen im Rahmen meiner Arbeit kein besonderer Stellenwert zukommt, sind sie natürlich dennoch wichtige Akteure des wissenschaftlichen Kommunikationssystems.

Kritisch betrachtet können die Fächervielfalt und die Unterschiede in den einzelnen anderen Disziplinen im Rahmen der wissenschaftlichen Kommunikation hier nur begrenzt abgebildet werden. Das gilt insbesondere für die autoethnografische Betrachtung der offenen Anfertigung dieser

Arbeit, da die von mir angefertigte Untersuchung klar in den Geisteswissenschaften verortet ist. Die Erfahrungen und Beobachtungen können somit nur bedingt übertragen werden und weichen gegebenenfalls von anderen Disziplinen ab. Sie bieten dennoch eine wesentliche Grundlage für die Beantwortung der Forschungsfragen sowie für weitere Forschung auf diesem Gebiet.

Durch die Größe der Stichprobe, die umfassende Literaturrecherche im Vorfeld und die gewählte quantitative Vorgehensweise ist die Erhebung zwar im erforderlichen Umfang vergleichbar und statistisch relevant, kann aber dennoch nur begrenzt als Grundlage für weitere Forschungen zu diesem Themenfeld dienen. Diese eingeschränkte Nutzbarkeit des quantitativen Materials vermag der offene Forschungsprozess im Rahmen des Experiments zu kompensieren, indem er die quantitative Erhebung um ausführliche Beobachtungen und Erfahrungen ergänzt.

Kritisch kann auch die Vermengung und parallele Anwendung eines qualitativen Vorgehens mit dem quantitativen Ansatz hinterfragt werden. Diese Kombination ist im Forschungsalltag allerdings dennoch nicht unüblich (Bortz 2006b). Zwar ist die Gefahr eines Qualitätsverlusts der Aussagekraft der Ergebnisse durch diese Vorgehensweise nicht ganz auszuschließen (Lamnek 1993: 198). Dennoch eignet sich dieser Methodenmix bevorzugt im Zusammenhang mit der Herangehensweise der Technik- und Wissenschaftsforschung (Brown 2014: 8).

Die Position des Autors als aktiver Teilnehmer der Debatte um die Öffnung der wissenschaftlichen Kommunikation ist ebenfalls kritisch zu berücksichtigen. Die umfassende Berücksichtigung von Literatur in der Annäherung an zentrale Begriffe und Themen sowie die Übernahme der Fragen aus der Vorbefragung vom Soziologischen Forschungsinstitut Göttingen stellen in diesem Zusammenhang sicher, dass die langjährige Auseinandersetzung des Autors mit dem Thema nicht zu einer suggestiven Herangehensweise bei der Bearbeitung der Forschungsfragen führt.
Die aktive Auseinandersetzung mit der eigenen Position und das Realexperiment können als effektiver Weg betrachtet werden, sich selbst zu reflektieren und das Thema kritisch zu bearbeiten (Krohn 2005).

[5]

Befragung: Öffnung von Wissenschaft aus der Perspektive von Wissenschaftlern und Wissenschaftlerinnen

Praktisches Vorgehen

Untersuchungsobjekte

Die von mir durchgeführte Online-Befragung richtete sich an deutschsprachige Wissenschaftler und Wissenschaftlerinnen unterschiedlicher Karrierestufen und Fachdisziplinen sowie an Personen im wissenschaftlichen Umfeld, die mit den Eigenheiten des wissenschaftlichen Kommunikationssystems vertraut sind. Der Fragebogen wurde für die Erfassung konkreter Verhaltensweisen und allgemeine Zustände und Sachverhalte konstruiert, und die zentralen Forschungsfragen dieser Arbeit stellten die Grundlage für die Entwicklung des Fragepools dar. Die Formulierung der Fragen basierte, sofern nicht aus der Studie des SOFI unverändert übernommen, auf den in den vorhergehenden Kapiteln erarbeiteten Fragestellungen.[1] Die Befragung fand im Zeitraum vom 18. August 2014 bis 18. Januar 2015 online statt. Bibliothekare und Bibliothekarinnen (1 Prozent der Befragten) und Studierende (4 Prozent der Befragten) wurden zwar nicht direkt angesprochen, waren aber dennoch willkommen, an der Umfrage teilzunehmen. Im Rahmen der Befragung wurden im genannten Zeitraum insgesamt 4.002 Wissenschaftler und Wissenschaftlerinnen per E-Mail angeschrieben. Im Vorfeld kam es nur zu drei expliziten

1 Der Fragebogen der durchgeführten Befragung ist online unter https://doi.org/10.5281/zenodo.1095129 einsehbar.

institutionellen Weigerungen, an der Befragung teilzunehmen: In einem Fall gab es einen Institutsbeschluss, nicht mehr an Befragungen teilzunehmen, in einem weiteren Fall wurde die Methode der sozialwissenschaftlichen Befragung grundsätzlich abgelehnt und im dritten Fall wurde die Teilnahme abgesagt mit dem Verweis auf den zu hohen Aufwand für das Ausfüllen des Fragebogens.

Die Auswahl der jeweiligen Fachdisziplinen beruht auf der aktuellen Auflistung der Fachsystematik der Deutschen Forschungsgemeinschaft (DFG 2014). Da die Erhebung fächerübergreifend angelegt war, um die Unterschiede zwischen den Disziplinen zu evaluieren, wurden Vertreter und Vertreterinnen aus allen gelisteten Fachdisziplinen für die Teilnahme angefragt. Nach dem Zufallsprinzip wurden dazu von den Institutswebseiten im deutschsprachigen Raum pro Fach 150 Wissenschaftler und Wissenschaftlerinnen per E-Mail angeschrieben und um Teilnahme an der Befragung gebeten. 1.768 der Angefragten nahmen an der Umfrage teil und starteten den Fragebogen, 1.467 Teilnehmer und Teilnehmerinnen beantworteten mindestens eine Frage und nahmen somit partiell an der Befragung teil. 301 Personen brachen vor Beantwortung der ersten Fragegruppe ab. Die Rücklaufquote der ausgewählten Personen, die den Fragebogen komplett beantworteten, liegt somit bei 37 Prozent. 1.112 der 1.768 Teilnehmer und Teilnehmerinnen (63 Prozent), die die Befragung starteten, füllten den Online-Fragebogen vollständig aus. Die übrigen 656 Personen (37 Prozent) brachen den Online-Fragebogen vor der Beantwortung aller Fragen ab.

Die hohe Resonanz ist vermutlich auf die persönliche Ansprache sowie die konkrete Zuordnung zur Fachdisziplin im Anschreiben zurückzuführen. Dabei handelte es sich zwar um ein aufwendiges, aber effizientes Vorgehen. Die angefangenen Fragebögen, die vor Beantwortung aller Fragen abgebrochen wurden, blieben in der weiteren Betrachtung unberücksichtigt.

Die Anonymität der Befragten wurde jederzeit gewahrt und es wurden keine eindeutigen persönlichen Daten erhoben, die einen Nutzer oder eine Nutzerin direkt identifizierbar gemacht hätten. Aufgrund der geplanten Veröffentlichung der Rohdaten und Ergebnisse unmittelbar nach Abschluss der Befragung wurde von Beginn an darauf geachtet, dass zu keinem Zeitpunkt Rückschlüsse auf individuelle Teilnehmer oder Teilnehmerinnen an der Befragung möglich sind. So sollte der Aufwand für die Anonymisierung so gering wie möglich gehalten werden.

Technische Rahmenbedingungen

Für die Durchführung der Online-Befragung wurde die Open-Source-Software LimeSurvey Version 2.05+ verwendet, die von mir auf einem Webserver (Apache 2.2, PHP 5.5, MySQL 5.5) des Centre for Digital Cultures installiert worden war. Diese Software ist weit verbreitet und ermöglicht umfassende Einstellungs- und Anpassungsmöglichkeiten. So konnte zum Beispiel ein Teil der Fragen in Abhängigkeit von den Antworten auf vorherige Fragen kontextsensitiv definiert werden. Die Software ermöglichte es, die beantworteten Fragebögen aus der Verwaltungsoberfläche einzeln oder zusammengefasst einzusehen und für die Auswertung zu exportieren. Neben den üblichen Möglichkeiten zur Durchführung von Befragungen an internetfähigen Endgeräten wurde die Darstellung der Befragung darüber hinaus so angepasst, dass die Darstellung und die Beantwortung des Fragebogens auch auf internetfähigen Mobiltelefonen möglich waren. Bei dem Design des Fragebogens und der Anpassung der Darstellung der Software wurde explizit auf die einfache und angenehme Lesbarkeit aller Texte geachtet, damit die Beantwortung der Fragen unkompliziert und strukturiert ablaufen konnte.

Die Ergebnisse wurden in der Datenbank des Servers des Centre for Digital Cultures zwischengespeichert und am 10.08.2015 gelöscht. Nach Abschluss der Befragung wurden die Datensätze anonymisiert. Dazu wurden sämtliche persönlichen Daten wie zum Beispiel in Freitextfeldern genannte E-Mail-Adressen entfernt und die freiwilligen personenbezogenen Angaben von dem Rest der Daten getrennt und neu sortiert. Die Ergebnisse folgender Felder wurden getrennt, neu angeordnet und unabhängig von den anderen Erhebungen veröffentlicht: Geschlecht, Alter, weitere Aspekte zum Thema, Anmerkungen und Kritik, Funktion im Rahmen eines Open-Access-Engagements, Antwort ID und Zeitpunkt der Beantwortung. Die anonymisierten Datensätze wurden nach Abschluss der Befragung im Januar 2015 auf dem datorium-Datenrepositorium des GESIS – Leibniz-Institut für Sozialwissenschaften veröffentlicht (Heise 2015a). Die Forschungsdaten durchliefen vor der Veröffentlichung ein durch GESIS durchgeführtes Review. Eine weitere Veröffentlichung der Daten erfolgte auf dem Datenrepositorium Zenodo (Heise 2015b).

Aufbau des Fragebogens

Für die Befragung durch das SOFI im Jahr 2007 waren 6.500 Wissenschaftler und Wissenschaftlerinnen angefragt worden, von denen 1.803 mindestens teilweise antworteten. Der 2007 verwendete Fragebogen bestand aus 51

Fragen (SOFI 2007). Im ersten Teil des Fragebogens wurden den Befragten Fragen zu Fachgebiet und Tätigkeitsbereich aus der Perspektive des Lesers beziehungsweise der Leserin wissenschaftlicher Publikationen gestellt. Im zweiten Teil wurden die Teilnehmer und Teilnehmerinnen aus der Perspektive des Autors beziehungsweise der Autorin wissenschaftlicher Beiträge befragt. Abschließend wurden noch einige personenbezogene Angaben erhoben (SOFI 2007).

Zu Beginn der Fragebogenkonstruktion für meine eigene Online-Befragung wurden Fragebogen und Datenmaterial der Befragung durch das SOFI im Jahr 2007 einer Itemanalyse zum Ausschluss unpassender Fragen (Items) unterzogen und Fragen in Zusammenhang mit den Fragestellungen dieser Arbeit hinzugefügt. Dafür wurden die veröffentlichten Antworten der Befragung durch das SOFI analysiert (SOFI 2007) und Fragen, die stark ungleich verteilt waren, wurden, wenn sie nicht inhaltlich interessant erschienen, ausgeschlossen oder mit anderen Fragen zusammengelegt. Auf Basis dieser Analyse und Modifikation wurde der Fragepool auf 40 Fragen reduziert. Acht der insgesamt 40 Fragen standen in Abhängigkeit von der Beantwortung vorhergehender Fragen und wurden deshalb nicht allen Teilnehmern und Teilnehmerinnen gestellt. Die Reihenfolge der Fragen und der Fragengruppen wurde so gewählt, dass sie strukturiert abgebildet werden konnten, der Reihenfolge-Effekt minimiert wurde und die Beantwortung bis zum Ende interessant blieb. Beim Aufbau des Fragebogens wurden die Richtlinien zur Formulierung der Items nach Bortz und Döring (Bortz 2006a) berücksichtigt.

Die Qualität und Brauchbarkeit des Fragebogens wurde in einem Pre-Test (Probedurchlauf) mit wissenschaftlichen Mitarbeitern und Mitarbeiterinnen aus dem Arbeitsumfeld des Autors überprüft. Die Einleitung für den Fragebogen, die Instruktionen und die Anrede wurden ebenfalls im Pre-Test evaluiert und anschließend optimiert, da sie sehr viel „zur Motivation der Bearbeitung beitragen kann“ (Raab-Steiner 2012). Dazu wurde der Fragebogen an 15 Wissenschaftler und Wissenschaftlerinnen im Testmodus übermittelt und unter der Instruktion des „lauten Denkens“ um Bearbeitung des Fragebogens gebeten (Raab-Steiner 2012). Nach dem Pre-Test wurde der Fragenpool um Fragen ergänzt, die sich auch auf die Veröffentlichung von wissenschaftlichen Informationen und Daten beziehen.

Im finalen Fragebogen kommen die Antwortformate offene Fragen, geschlossene Fragen und Mischformen mit offenen und vorgegebenen Kategorien sowie freie (offene) Antwortformate zum Einsatz. Es wurde versucht, weitestgehend auf Ratingskalen zu verzichten. Insgesamt wurden in dem Fragebogen drei fünfstufige Ratingskalen mit verbaler

Skalenbezeichnung eingesetzt. Die Charakterisierungen der Abstufungen wurden aus Gründen der Vergleichbarkeit aus der SOFI-Befragung von 2007 übernommen.

Die Gliederung des Fragebogens war ebenfalls an die Befragung aus dem Jahr 2007 angelehnt und wurde lediglich durch die Besonderheiten in Bezug auf die Veröffentlichung und Nutzung von Forschungsdaten ergänzt. Insgesamt wurden die 40 Fragen in fünf themenbezogene Fragegruppen und eine abschließende Fragegruppe für persönliche Angaben sowie Anmerkungen und Kritik unterteilt.

1. In der ersten Fragegruppe wurde auf die Rahmenbedingungen der Teilnehmenden sowie auf deren wissenschaftliche Tätigkeit eingegangen. Es wurden Fachdisziplinen, Position und Arbeitsbereiche sowie Forschungsrichtung abgefragt.
2. In der zweiten Fragegruppe wurden Aspekte aus der wissenschaftlichen Leserperspektive evaluiert, wie etwa Publikationsformen in der jeweiligen Fachdisziplin, Informationsverhalten, Such- und Zugriffmöglichkeiten auf wissenschaftliche Publikationen.
3. Die dritte Fragegruppe beschäftigte sich mit dem Zugang zu wissenschaftlichen Informationen. In dieser Fragegruppe konnten die Befragten ihre Zugangsmöglichkeiten zu wissenschaftlichen Informationen beurteilen, ihr Interesse an Zugang zu Forschungsdaten angeben und die Barrieren beim Zugriff nennen. Darüber hinaus wurde nach der Nutzung der Möglichkeiten zur Auflistung der eigenen Publikation und nach Hürden beim Veröffentlichen der eigenen Volltexte gefragt.
4. Die vierte Fragegruppe bestand aus Fragen zum Zugang zu wissenschaftlichen Informationen und zum Zugriff auf wissenschaftliche Kommunikation, insbesondere wurde die Einstellung zu Open Access, eine Beispieldefinition, das Interesse an der Veröffentlichung der eigenen Forschungsdaten sowie die aus der Literatur erarbeitete Liste von Argumenten für und gegen die Öffnung der eigenen wissenschaftlichen Kommunikation abgefragt.
5. In der fünften Fragegruppe wurden Fragen aus der Perspektive des Autors oder der Autorin von wissenschaftlichen Inhalten gestellt, wie die Kriterien für die Auswahl des Veröffentlichungsortes, der wissenschaftlichen Reputation, zum Publikationsdruck, zur Publikationsaktivität und zum Aufwand der freien Veröffentlichung von Texten und Daten.
6. Abschließend folgte die Erhebung weiterer freiwilliger personenbezogener Daten, wie Alter, Zeitraum der Forschungstätigkeit und Anmerkungen zum Fragebogen sowie zum Thema der Befragung, als

Grundlage für die Möglichkeit der späteren Segmentierung der Teilnehmer und Teilnehmerinnen.

Die Befragten wurden vor Beginn der Befragung auf die Gliederung des Fragebogens und die Reihenfolge der Fragegruppen sowie die Bedingungen des Fragebogens, wie die anonyme Behandlung der Daten, hingewiesen. Dass 75 Prozent der Befragten, die mindestens eine Frage beantworteten, auch den gesamten Fragebogen weitgehend vollständig beantworteten, verdeutlicht unter anderem die Qualität der Vorbereitung und das Interesse am Thema.

Untersuchungsdurchführung

Nach der Auswertung und Einarbeitung der Anmerkungen der Pre-Tester wurde der Fragebogen „Wissenschaftliche Kommunikation im Rahmen der Digitalisierung" am 18. August 2014 unter der Internetadresse http://umfrage.offene-doktorarbeit.de veröffentlicht. Die Kontaktaufnahme zu den ausgewählten Personen erfolgte über eine personalisierte E-Mail mit einem Hinweistext, Instruktionen und einen klickbaren, direkten Link auf die Internetadresse des Fragebogens in der E-Mail. Vereinzelt wurden auch Sekretariatsadressen von Forschungsinstitutionen verwendet mit der Bitte um Weiterleitung der Einladung zur Befragung an die Wissenschaftler und Wissenschaftlerinnen innerhalb der jeweiligen Organisation. Alle identifizierten Kontakte wurden ausschließlich einmal kontaktiert. Eine Liste der kontaktierten Adressen wurde aus datenschutzrechtlichen Gründen nicht veröffentlicht.

Zusätzlich wurde der Umfrage-Link mit einer kurzen Information zur Umfrage auf http://offene-doktorarbeit.de veröffentlicht, über die privaten Social-Media-Kanäle des Autors verbreitet und an persönliche Kontakte des Autors verschickt. Des Weiteren wurde eine generalisierte Version der Einladung zur Umfrage über wissenschaftliche Mailinglisten sowie den Newsletter des Centre for Digital Cultures verbreitet. Um eine möglichst große Streuung der Umfrage zu erzielen, hatten die Teilnehmer und Teilnehmerinnen nach Abschluss des Fragebogens zusätzlich die Möglichkeit, den Link zur Befragung über soziale Kanäle und per E-Mail selbst weiterzuverbreiten.

Kritische Betrachtung der Vorgehensweise

Bei der gewählten Vorgehensweise ist kritisch hervorzuheben, dass bei dem genutzten Stichprobenverfahren die Rahmenbedingungen, die letztlich zu der Teilnahme an der Befragung führen, nur eingeschränkt kontrollierbar sind (Eichhorn 2004: 36). Dennoch eignen sich diese Verfahren, um Bias-Faktoren auszuschließen oder zu kontrollieren. Da es in diesem Zusammenhang und bei dem Prozess der Erstellung von Fragebögen oder bei der Beurteilung der erhobenen Daten immer wieder zu Störungen, den sogenannten Beurteilungsfehlern kommen kann, wurde die Güte der Befragung in Hinblick auf Objektivität, Reliabilität, Validität und Repräsentativität geprüft.

Objektivität

Die Unabhängigkeit beschreibt das Ausmaß, in dem das Ergebnis der Untersuchung frei und unabhängig von Einflüssen außerhalb der befragten Person ist (Rost 2004). Die Interpretationen und Schlüsse müssen auf „Fakten und Daten beruhen sowie einer Prüfung standhalten", „die Sammlung, Analyse und Interpretation der Daten [...] transparent und nachvollziehbar hinsichtlich der wissenschaftlichen Argumentation" gestaltet sein (Bargheer 2015).

Die Objektivität der durchgeführten Befragung ist gegeben, da durch die elektronische Online-Befragung eine zeitliche und räumliche Unabhängigkeit bei der Beantwortung gewährleistet ist. Die Befragung wurde für alle Teilnehmer und Teilnehmerinnen nach identischer Anrede, Einladung und Instruktion und ohne Untersuchungsleiter durchgeführt und war somit nicht von besonderen Situationsvariablen abhängig. Die Sammlung und Analyse wurde transparent und offen gestaltet, da die Auswertung sowie die Daten unmittelbar nach Abschluss der Erhebung veröffentlicht wurden. Unter den Bedingungen der eingesetzten Stichprobenverfahren konnte somit eine größtmögliche Objektivität gewährleistet werden (Eichhorn 2004: 40).

Reliabilität

Die Reliabilität gibt den Grad der Genauigkeit an, mit der durch die empirische Datenerhebung ein Merkmal erfasst wird (Rost 2004), unabhängig davon was dieses genau erfasst. Schelten definiert einen Test als reliabel, „wenn er das, was er misst, genau misst" (Schelten 1997). Die Reliabilität spiegelt die Replizierbarkeit von Messergebnissen und die Zuverlässigkeit einer Datenerhebung wider. Von einer hohen Reliabilität der durchgeführten Befragung kann ausgegangen werden, da bei den übernommenen Fragen aus der Messung des SOFI im Jahr 2007 dieselben oder ähnliche Ergebnisse erzielt werden konnten und die Reliabilität der Online-Befragung mit der schriftlichen Befragung als vergleichbar eingestuft werden kann (Batinic 2003). Weitere Reliabilitätstests konnten vernachlässigt werden, weil die Befragung größtenteils aus statistischen Abfragen und Bewertungsfragen bestand.

Validität

In der Literatur werden zwei Typen von Validität unterschieden (Rost 2004): die interne und die externe Validität. Von einer hohen internen Validität wird ausgegangen, wenn die erzielten Ergebnisse klar und eindeutig interpretierbar sind (Raab-Steiner 2012). Von einer hohen externen Validität wird ausgegangen, wenn die Ergebnisse des Experiments auf die Realität übertragbar sind (Bortz 2006b). Im Rahmen der durchgeführten Befragung zeigt die Validität, ob das Instrument Fragebogen wirklich das erhebt, was die Fragestellungen der Arbeit beantworten hilft. Die Validität wurde durch die Übernahme von Grundstruktur und Items der Studie „Wissenschaftliche Publikationen im Internet: Wissenschaftler als Leser und Autoren" des SOFI in Göttingen gewährleistet (Hanekop 2008). Wie bei der Reliabilität wird auch die Validität einer schriftlichen Befragung mit der einer Online-Befragung als vergleichbar eingestuft. Die Validität der neu erstellten, angepassten und zusammengelegten Items wurde durch die Auswertung des Pre-Tests sowie durch die Einbeziehung der Inhaltsanalyse in die Erstellung der Fragen sichergestellt.

Repräsentativität

Um die Repräsentativität der Studie sicherzustellen, wurden die Rückläufer der Befragung auf vorhandene Informationen zur fachlichen Zuordnung, den beruflichen Status und das Alter ausgewertet und mit vergleichbaren Studien wie der Science 2.0-Survey 2014 (Pscheida 2015) und der Befragung „Neue Formen des Wissenschaftlichen Publizierens" durch das SOFI Göttingen (Hanekop 2008) sowie den Daten über das Personal an Hochschulen des Statistischen Bundesamts (Destatis 2014) verglichen (siehe Abbildungen 2, 3 und 4). Die Stichprobe lässt sich anhand dieser Daten relativ zur Grundgesamtheit einordnen und kann in diesem Vergleich als repräsentativ gelten. Verschiedene Verzerrungen sind nur zu vermuten, da die kontaktierten Menschen ausschließlich online angeschrieben wurden und die Verbreitung der Umfrage auch über die Nutzung des persönlichen Netzwerks des Autors stattfand. Da die Umfrage jedoch ohne Zugangsbeschränkung öffentlich online ausgefüllt werden konnte, war es jedem

Interessenten möglich teilzunehmen. Darüber hinaus können die Ergebnisse der Erhebung insofern als repräsentativ gelten, als sie auf einer sehr großen Stichprobe (n = 1.112) beruhen.

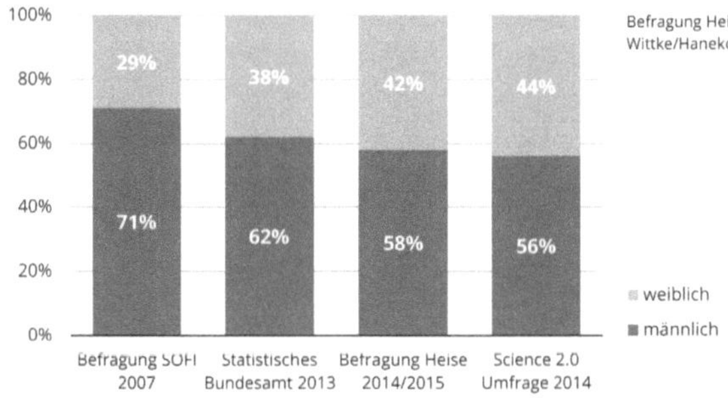

Abbildung 2: Vergleich Geschlecht der Teilnehmer und Teilnehmerinnen mit anderen Studien und Daten des Statistischen Bundesamts

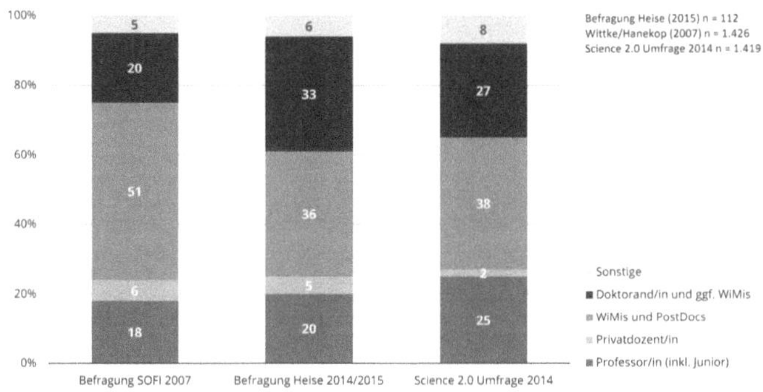

Abbildung 3: Vergleich Position der Teilnehmer und Teilnehmerinnen mit anderen Studien

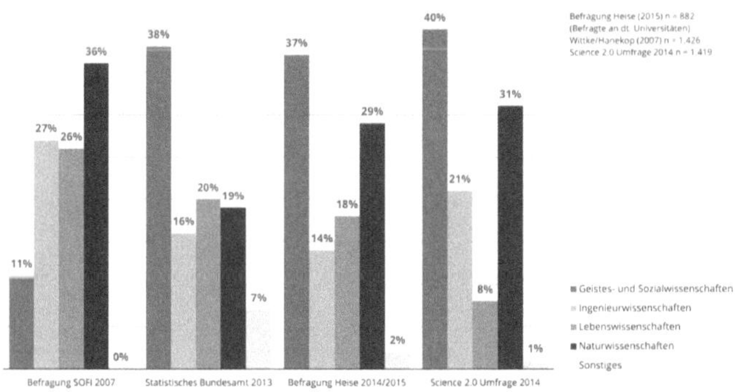

Abbildung 4: Vergleich Fachkolleg der Teilnehmer und Teilnehmerinnen von deutschen Universitäten im Vergleich mit anderen Studien und Daten des Statistischen Bundesamts

Auswertung der Befragung

Im Zeitraum vom 18. August 2014 bis zum 18. Januar 2015 haben 1.768 Personen die Befragung zur wissenschaftlichen Kommunikation im Rahmen des Promotionsvorhabens gestartet. 1.467 Teilnehmer und Teilnehmerinnen haben die Umfrage teilweise und 1.112 komplett abgeschlossen. Die erhobenen Daten der 1.112 Teilnehmer der Online-Befragung werden mithilfe der computerunterstützten Datenaufbereitung statistisch ausgewertet und hier dargestellt. Die Darstellung der Ergebnisse orientiert sich dabei an den Fragestellungen dieser Arbeit.

In einem ersten Schritt wird eine Auswertung der soziodemografischen Daten der Befragten vorgenommen. Im darauffolgenden Abschnitt werden die Erhebungsergebnisse in Bezug auf die Veränderungen in der wissenschaftlichen Kommunikation durch die Digitalisierung geschildert, gefolgt von den Ergebnissen zum Verständnis von Offenheit und zu dem Interesse an Offenheit in der wissenschaftlichen Kommunikation, des Weiteren zur Umsetzung der Idee der Öffnung von wissenschaftlicher Kommunikation und der wissenschaftlichen Realität. Der Folgeabschnitt widmet sich den Katalysatoren und Hindernissen bei der Etablierung der Öffnung von Wissenschaft und Forschung, wie sie sich anhand der Umfrageergebnisse darstellen. Anschließend werden die Fragen ausgewertet, welche die Öffnung von wissenschaftlicher Kommunikation in den Kontext von wissenschaftlicher Reputation und der jeweiligen Fachdisziplin stellen. Nachfolgend werden unterschiedliche Auffassungen zu verschiedenen Themen in ihrer Abhängigkeit von unterschiedlichen Alters- und Statusgruppen dargestellt. Und abschließend erläutere ich die Veränderungen im Vergleich zur SOFI-Studie und skizziere das erhobene Interesse innerhalb der wissenschaftlichen Gemeinschaft am Zugang zu wissenschaftlicher Kommunikation, an dem Zugriff darauf und an der Verbreitung der Öffnung der wissenschaftlichen Kommunikation.

Soziodemografische Daten

Alle Angaben der 1.112 Teilnehmer und Teilnehmerinnen der Online-Befragung, die die Umfrage komplett abschlossen, sind in der folgenden Auswertung der Befragung berücksichtigt. Die Auswertung ergab dabei folgende soziodemografische Daten der Befragten:

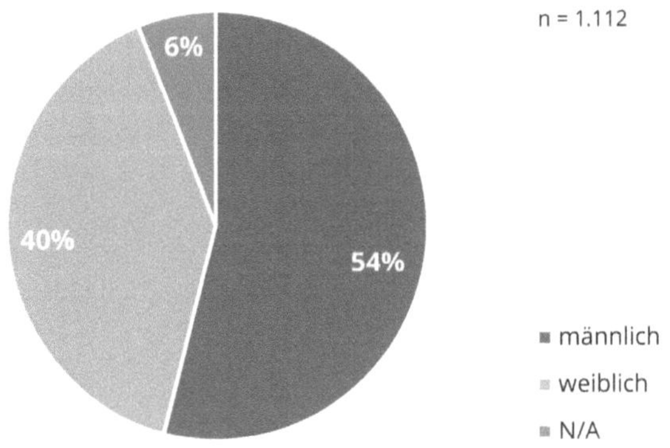

Abbildung 5: Geschlecht der befragten Wissenschaftler und Wissenschaftlerinnen

Geschlecht: 444 der Befragten waren weiblich (40 Prozent), 606 männlich (55 Prozent). 62 Personen oder 6 Prozent machten keine Angabe zu ihrem Geschlecht (Abbildung 5).

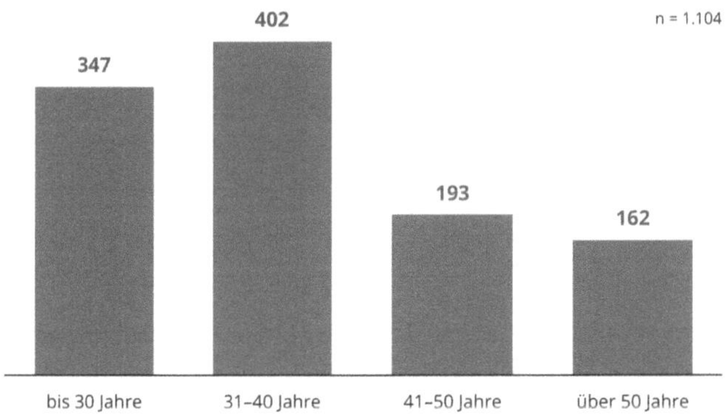

Abbildung 6: Alter der befragten Wissenschaftler und Wissenschaftlerinnen

Alter: Die prozentuale Verteilung des Alters gestaltete sich wie folgt: 4,4 Prozent (46) waren zum Zeitpunkt der Befragung jünger als 31 Jahre, die größte Altersgruppe mit 31 Prozent stellten die 31- bis 40-Jährigen dar (Abbildung 6). 17 Prozent der Befragten waren zwischen 41 und 50 Jahre alt, während 15 Prozent angaben, älter als 50 Jahre zu sein. Ein Prozent machten bei der Frage nach ihrem Alter keine Angaben.

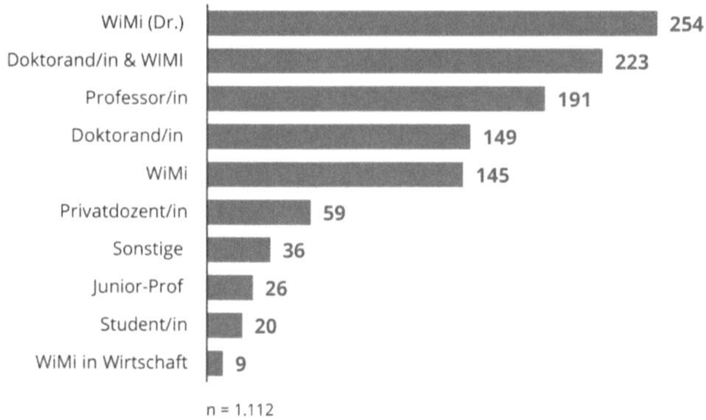

Abbildung 7: Wissenschaftliche Position der befragten Teilnehmer und Teilnehmerinnen

Wissenschaftliche Position: Unter den Befragten gaben 25 Prozent an, Privatdozenten, Juniorprofessoren oder Professoren zu sein. 56 Prozent der Teilnehmer und Teilnehmerinnen waren wissenschaftliche Mitarbeiter, 20 Prozent wissenschaftliche Mitarbeiter mit Promotionsvorhaben, 23 Prozent bereits fertig promovierte wissenschaftliche Mitarbeiter und 13 Prozent Mitarbeiter ohne Promotionsvorhaben oder abgeschlossene Promotion. 10 Teilnehmer (1 Prozent) gaben an Wissenschaftler in der Privatwirtschaft zu sein. 35 Befragte (3 Prozent) wurden unter „Sonstiges" subsummiert (Abbildung 7).

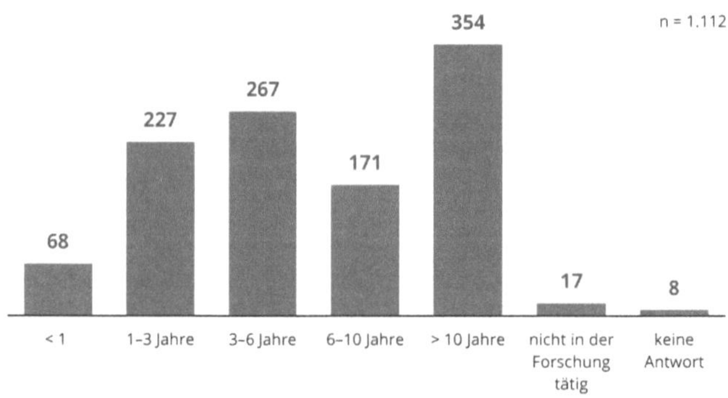

Abbildung 8: Tätigkeitsdauer der Befragten in der Wissenschaft nach Jahren

Tätigkeitsdauer in der Wissenschaft: Nur 6 Prozent der Befragten gaben an „weniger als 1 Jahr" in der Wissenschaft tätig zu sein. 20 Prozent waren seit mehr als einem aber weniger als drei Jahren in der Wissenschaft tätig. 24 Prozent gaben an, zwischen drei und sechs Jahren wissenschaftlich tätig zu sein (Abbildung 8). 15 Prozent der Teilnehmer und Teilnehmerinnen waren mehr als sechs, aber weniger als zehn Jahre in der Wissenschaft beschäftigt. Die größte Gruppe gab an, „mehr als 10 Jahre" wissenschaftlich tätig zu sein (32 Prozent). 2 Prozent gaben an, „nicht in der Wissenschaft tätig" zu sein und 1 Prozent enthielten sich einer Angabe.

Forschungseinrichtung: Die große Mehrzahl der Teilnehmer und Teilnehmerinnen (78 Prozent) gab an, an einer deutschen Universität/Hochschule beschäftigt zu sein. Mit 5 Prozent waren 59 Befragte an einem Institut der Leibniz-Gemeinschaft und 5 Prozent an einer „sonstigen" Einrichtung tätig. Nur 1 Prozent der Befragten wirkte an einem Max-Planck-Institut und 0,4 Prozent an einem Institut der Fraunhofer-Gesellschaft. An einer Universität/Hochschule im deutschsprachigen Ausland waren 4 Prozent und im nicht-deutschsprachigen Ausland 1 Prozent tätig. 1 Prozent arbeitete an einer deutschen Fachhochschule. 11 Befragte (1 Prozent) gaben an, einem „An"-Institut (eigenständige Forschungseinrichtung angegliedert an eine deutsche Hochschule) anzugehören.

Fachgruppe/Fachkolleg: Die größte Gruppe (38 Prozent) bildeten die Befragten der Fachgruppe der Geistes- und Sozialwissenschaften. 29 Prozent gaben an, in den Naturwissenschaften verortet zu sein. Aus den Lebenswissenschaften kamen 18 Prozent der Befragten. Die kleinste Gruppe unter den Teilnehmern und Teilnehmerinnen stellten mit 13 Prozent Wissenschaftler und Wissenschaftlerinnen aus der Fachgruppe der Ingenieurwissenschaften dar. 34 der Befragten (3 Prozent) konnten nicht eindeutig einer der vier Fachgruppen zugeordnet werden oder machten keine konkrete Angabe.

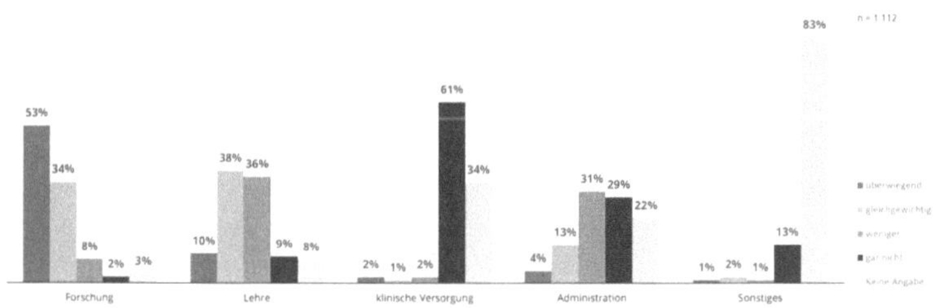

Abbildung 9: Tatigkeitsbereich in der Wissenschaft

Tätigkeitsbereich in der Wissenschaft: Die überwiegende Mehrheit der Befragten (96 Prozent) gab an, in der Forschung tätig zu sein. Mehr als die Hälfte aller gab an, „überwiegend" (53 Prozent) forschend zu arbeiten. Demgegenüber gaben 2 Prozent beziehungsweise 19 Personen an, „gar nicht" zu forschen und 3 Prozent machten keine Angabe. Insgesamt gaben

84 Prozent der Teilnehmer und Teilnehmerinnen in der Umfrage an, lehrend tätig zu sein, davon 10 Prozent sogar „überwiegend“. Demgegenüber waren nur 51 Personen (5 Prozent) in der klinischen Versorgung tätig. Administrativen Tätigkeiten gingen 4 Prozent „überwiegend“, 13 Prozent „gleichgewichtig“ und 31 Prozent „weniger“ nach. 4 Prozent gaben an, in „sonstigen“ Bereichen tätig zu sein (Abbildung 9).

Veränderungen wissenschaftlicher Kommunikation durch die Digitalisierung

Der Einfluss der Digitalisierung auf das wissenschaftliche Kommunikationssystem lässt sich durch die Nutzung von Such- und Rezeptionsmöglichkeiten von Literatur untersuchen (Hanekop 2014). Dabei spielt die Schnittstelle zwischen informeller und formeller Kommunikation eine zentrale Rolle (Hanekop 2014). Die Annahme, dass ein solcher Einfluss besteht, konnte auch im Rahmen der aktuellen Befragung gestützt werden. „Um sich im eigenen Fach auf dem Laufenden zu halten“, nutzten laut der Befragung im Jahr 2007 80 Prozent häufig oder sehr häufig Online-Publikationen. 2014/2015 stieg dieser Wert auf 88 Prozent. Im Gegenzug nutzen nur noch 32 Prozent die analogen Print-Ausgaben von Zeitschriften, 2007 waren es noch 51 Prozent der Befragten, die auch auf die analoge Version der Publikationen zurückgriffen. Auch bei der Beantwortung der Frage, welche der Suchmöglichkeiten häufig genutzt werden, um gezielt nach Literatur zu suchen, lässt sich eine klare Veränderung hin zu den digitalen Medien feststellen. Ähnlich wie in der Befragung 2007 durch das SOFI gab auch 2014/2015 weniger als ein Viertel der Befragten an, über die „konventionelle Suche“ (in Bibliotheksregalen, Archiven etc.) nach Literatur zu suchen. Demgegenüber stieg der Anteil von Wissenschaftlern und Wissenschaftlerinnen, der angab, den Dienst „Google Scholar“ für die Literatursuche zu verwenden, von 31 Prozent im Jahr 2007 auf 52 Prozent in den Jahren 2014/2015.

Wie schon die SOFI-Studie (Hanekop 2014) belegen diese aktuellen Ergebnisse erneut, dass sich die webbasierten Such- und Rezeptionsmöglichkeiten in der wissenschaftlichen Kommunikation durchgesetzt haben. Sie können darüber hinaus auch als Bestätigung der These einer generell fortgeschrittenen Nutzung digitaler Medien bei der wissenschaftlichen Kommunikation gewertet werden.

Verständnis von Offenheit im Rahmen wissenschaftlicher Kommunikation

16 Prozent der Befragten gaben an, sich häufig über Open-Access-Repositorien (z. B. arxiv.org) auf dem Laufenden zu halten, 17 Prozent beziehungsweise 190 der 1.112 Befragten nutzen Open-Access-Portale (z. B. Directory of Open Access Journals), um sich über den aktuellen Stand der Forschung zu informieren. Für die Suche nach Literatur nutzten 4 Prozent der Teilnehmer und Teilnehmerinnen häufig „Suchmaschinen für Open Access", aber mehr als 50 Prozent die jeweils „fachspezifischen Suchportale", die ebenfalls Open-Access-Publikationen enthalten.

55 Prozent bewerteten „die Forderung nach kostenfreiem Zugang zu allen wissenschaftlichen Publikationen für Leser (Open Access)" als „sehr gut". Knapp unter einem Viertel (22 Prozent) erachtete die Forderung als „gut". 19 Prozent waren sich bei der Frage unsicher und antworteten mit „teils/teils" und 38 der Befragten lehnten die Forderung nach Open Access ab, 9 davon sogar „entschieden". Nur 7 Teilnehmer und Teilnehmerinnen oder 1 Prozent gaben an, Open Access nicht zu kennen.

Bei der Betrachtung der Meinung zu Open Access, differenziert nach beruflichem Status, war die Gruppe der Doktoranden am homogensten (89 Prozent). Unter den promovierten wissenschaftlichen Mitarbeitern und Mitarbeiterinnen bewerteten 80 Prozent die Forderung nach Open Access als „gut" oder „sehr gut". Bei den wissenschaftlichen Mitarbeitern ohne Promotion (75 Prozent), bei Doktoranden mit einer wissenschaftlichen Mitarbeiterstelle (73 Prozent), bei Privatdozenten (73 Prozent) sowie bei Professoren (72 Prozent) ist die Forderung nach freiem und offenem Zugang zu wissenschaftlichen Publikationen ebenfalls mehrheitlich stark ausgeprägt. Mit 65 Prozent war die Befürwortung unter Juniorprofessoren am geringsten ausgeprägt.

Während 15 Prozent angaben, in der Open-Access-Bewegung engagiert zu sein, verneinten 72 Prozent ein Engagement in der Open-Access-Bewegung. 13 Prozent enthielten sich der Angabe zu ihrem Engagement. Die relativ größte Gruppe der Engagierten ist die Altersgruppe zwischen 51 und 55 Jahren (33 Prozent der Befragten entstammen dieser Altersgruppe). Sie kommt aus dem Fachbereich der Lebenswissenschaften (21 Prozent der befragten Lebenswissenschaftler) und gehört zur Gruppe der Professoren (25 Prozent aller befragten Professoren).

43 Prozent oder 483 Personen kommentierten ihre Meinung zu Open Access im optionalen Freitextfeld, wobei 73 Prozent der abgegebenen

Kommentare von Befragten stammten, die Open Access gut oder sehr gut finden. Unter den Befragten, die Open Access ablehnen, kommentierten 76 Prozent ihre Haltung zur Forderung nach kostenfreiem Zugang zu allen wissenschaftlichen Publikationen. Von den Personen, die „teils/teils" angaben, machten fast die Hälfte (48 Prozent) ihre unsichere Haltung in den Kommentaren deutlich. In den 130 Kommentaren derer, die die Forderung nach kostenfreiem Zugang zu allen wissenschaftlichen Publikationen entschieden ablehnen (7 von 9 der Befragten machten Angaben), ablehnen (21 von 28) oder mit „teils/teils" (102 von 214 Befragten) der Forderung zustimmten, begründeten 62 Prozent der Befragten ihre Meinung mit (Re-) Finanzierungsaspekten, 29 Prozent mit Aspekten der Qualitätssicherung, 27 Prozent nannten strukturelle Aspekte, 10 Prozent rechtliche Bedenken, 8 Prozent Herausforderungen bei der Anerkennung wissenschaftlicher Leistungen und 3 Prozent Einschränkungen bei der Publikationsfreiheit.

159 der 854 Befragten (19 Prozent), die Open Access gut oder sehr gut finden, gaben an, selbst aktiv in der Open-Access-Bewegung zu sein. Überraschend sind an dieser Stelle 12 Personen (6 Prozent) die „teils/teils" bezüglich ihrer Meinung zu der Forderung nach Open Access angaben, aber sich dennoch zum Teil der Bewegung zählen.

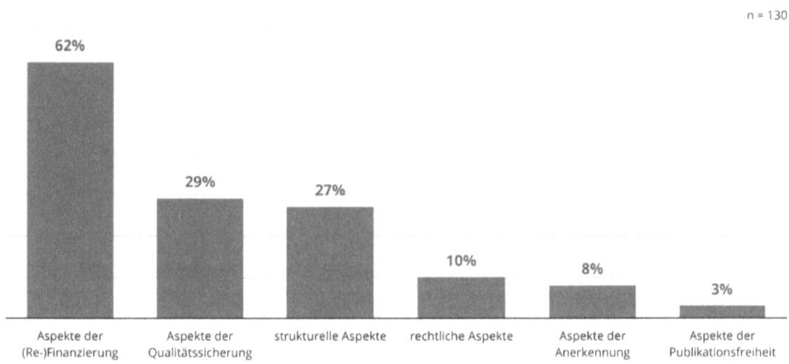

Abbildung 10: Gründe für die Meinung zu Open Access (bei „teils/teils", „lehne ich ab" und „lehne ich entschieden ab") im Freitextfeld

In einer weiteren Frage wurde das Verständnis von Open Access am Beispiel der Definition der Budapest Open Access Initiative abgefragt. Nach dieser meint Open Access,

> dass wissenschaftliche Publikationen kostenfrei und öffentlich im Internet zugänglich sein sollten, so dass Interessenten die Volltexte lesen, herunterladen, kopieren, verteilen, drucken, in ihnen suchen, auf sie verweisen und sie auch sonst auf jede denkbare legale Weise

> benutzen können, ohne finanzielle, gesetzliche oder technische Barrieren jenseits von denen, die mit dem Internet-Zugang selbst verbunden sind. In allen Fragen des Wiederabdrucks und der Verteilung und in allen Fragen des Copyrights überhaupt sollte die einzige Einschränkung darin bestehen, den Autoren Kontrolle über ihre Arbeit zu belassen und deren Recht zu sichern, dass ihre Arbeit angemessen anerkannt und zitiert wird. (BOAI 2012)

Knapp drei Viertel der Teilnehmer und Teilnehmerinnen (75 Prozent) stimmten dieser Definition uneingeschränkt zu, 19 Prozent stimmten dieser Definition nur „teils/teils" zu und 2 Prozent lehnten die Definition ab. 3 Prozent der Befragten beantworteten die Frage mit „weiß nicht" und 5 Teilnehmer (1 Prozent) enthielten sich der Beantwortung der Frage.

Wurden „teils/teils" oder „weiß nicht" als Antwort ausgewählt, konnte in einer optionalen Freitextfrage genau geschildert werden, welche Aspekte der Definition keine Zustimmung und welche Zustimmung fanden. Davon machten 38 Prozent der möglichen 247 Befragten Gebrauch. Die 93 Antworten in den Freitextfeldern konnten in fünf Kategorien eingeordnet werden: rechtliche Aspekte, technische Aspekte, ökonomische Aspekte, Aspekte bezüglich des Umfangs von Offenheit, Aspekte der Anerkennung, Aspekte der Qualitätssicherung, zeitliche Aspekte sowie definitorische und sonstige Aspekte.

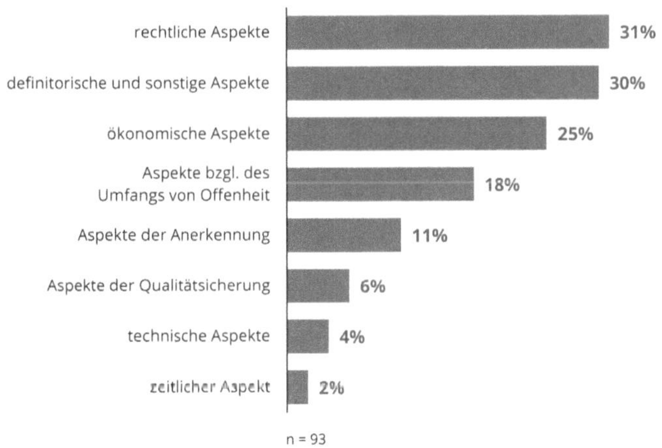

Abbildung 11: Welche Aspekte der Definition von Open Access (laut der Budapest Open Access Initiative) finden nicht Ihre Zustimmung? (Freitextfeld)

Interesse an Offenheit bei der wissenschaftlichen Kommunikation

Die Mehrheit der Befragten gab an, Interesse am Zugang zu Forschungsdaten anderer Wissenschaftler und Wissenschaftlerinnen zu haben (71 Prozent). Über ein Drittel dieser interessierten Teilnehmer und Teilnehmerinnen (36 Prozent) konkretisierte ihr Interesse durch die Beantwortung der optionalen Frage. Die 286 Antworten in den Freitextfeldern konnten in die Interessenskategorien: neue Ansätze/Fortschritt, Aufbau/Methoden/Code, Qualitätssicherung/Transparenz, weitere Details, Austausch/Kooperation, Vergleich mit eigenen/anderen Daten, (Weiter-)Verwendung, negativ-/(noch) nicht-publizierte Daten und generelles Interesse an Forschungsdaten eingeordnet werden. 29 Prozent (319 der Befragten) hatten kein Interesse am Zugang zu Forschungsdaten anderer Wissenschaftler und Wissenschaftlerinnen.

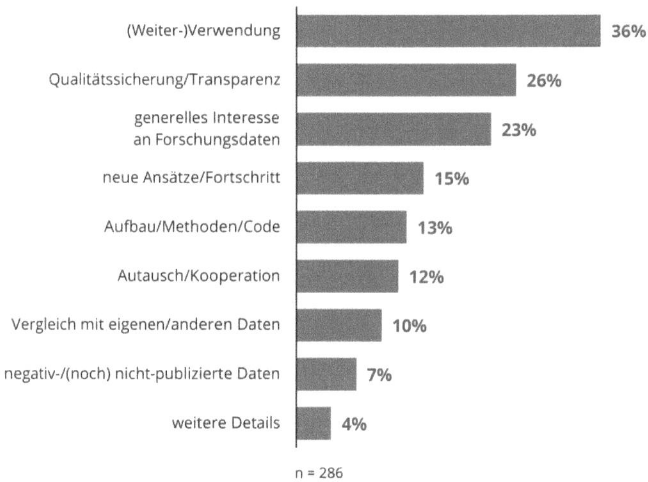

Abbildung 12: Genaues Interesse am Zugang zu Forschungsdaten? (Freitextfeld)

Die Frage, ob sich die befragten Wissenschaftler und Wissenschaftlerinnen vorstellen können, ihre „Forschungsdaten und alle weiteren Informationen, die während der wissenschaftlichen Arbeit anfallen (z. B. Laborbücher, Entwürfe oder andere Dokumente und Daten), unter Berücksichtigung von Datenschutz öffentlich zur Verfügung zu stellen", beantworteten 28 Prozent uneingeschränkt mit „ja". 36 Prozent der Befragten schränkten ein, dass sie das „nur unter bestimmten Bedingungen" tun würden und 29 Prozent lehnten die Veröffentlichung von Forschungsdaten und weiteren Informationen komplett ab. 7 Prozent wussten darauf keine Antwort. Die bedingte Freitextfrage nach der Erläuterung der „bestimmten

Bedingungen", unter denen die Befragten Forschungsdaten und weitere Informationen veröffentlichen würden, beantworteten 214 Teilnehmer und Teilnehmerinnen. Die Antworten in den Freitextfeldern konnten in folgende Kategorien werden: Reproduktion von Ergebnissen, nicht publizierte Daten, Darstellung der Methodik, Vergleiche, wissenschaftlicher Austausch und Synergie, Überprüfung der Validität, Konsistenz und Qualität der Daten, Weiterverwendung der Daten, Analyse des aktuellen Forschungsstands und sonstige Interessen.

Auf die Frage, was die befragten Wissenschaftler und Wissenschaftlerinnen davon abhält, alle von Ihnen erstellten wissenschaftlichen Inhalte ohne finanzielle, rechtliche oder technische Barrieren öffentlich zur Verfügung zu stellen, antworteten 39 Prozent aller Befragten mit „rechtlichen Bedenken" und weitere 29 Prozent waren sich grundsätzlich unsicher, ob sie das dürften. 20 Prozent nannten sonstige Gründe.

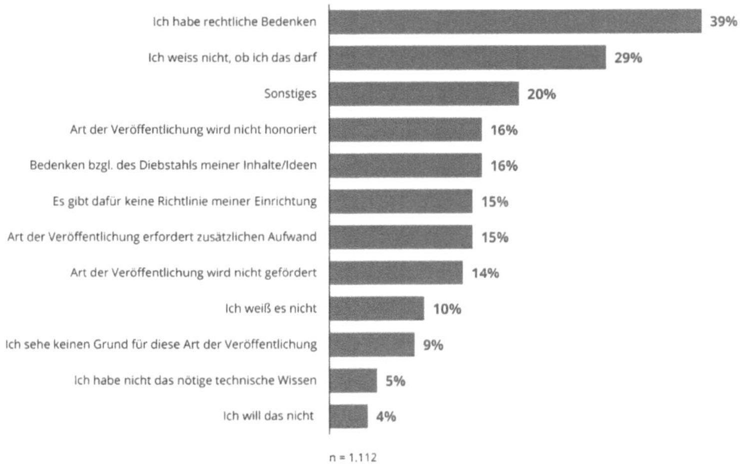

Abbildung 13: Gründe für die Zurückhaltung bei der Veröffentlichung von wissenschaftlichen Inhalten

Diskrepanz zwischen der Idee der Öffnung von wissenschaftlicher Kommunikation und der wissenschaftlichen Realität

Bei der Auswertung der Erhebung konnte ein mehrheitlich stark verbreitetes Verständnis von Open Access, die mehrheitliche Unterstützung für die Öffnung von Wissenschaft sowie ein Interesse an Forschungsdaten anderer dargestellt werden. Demgegenüber steht die Frage, wie wichtig den befragten Wissenschaftlern und Wissenschaftlerinnen das

Kriterium „freier Zugang zum Volltext“ bei den eigenen Veröffentlichungen ist. Der größere Teil der Befragten (50 Prozent) schätzen dies als „weniger wichtig“ oder „nicht wichtig“ ein. Demgegenüber erachteten 45 Prozent das Kriterium „freier Zugang zum Volltext im Internet“ als wichtig oder sehr wichtig bei der eigenen Veröffentlichung. 5 Prozent der 1.112 Befragten enthielten sich der Beantwortung der Frage.

Diese negative Bewertung des Kriteriums „freier Zugang“ wird ergänzt durch die Betrachtung weiterer Merkmale, die Wissenschaftler und Wissenschaftlerinnen bei den eigenen Veröffentlichungen als „wichtig“ oder „sehr wichtig“ erachten. Während der fachlich einschlägige Schwerpunkt (91 Prozent), das Renommee der Zeitschrift/des Verlags (82 Prozent) und akzeptable oder keine Veröffentlichungskosten für Autoren (79 Prozent) häufig als „wichtig“ oder „sehr wichtig“ erachtet werden, stellt die Veröffentlichung unter einer Open-Access-Lizenz nur für 33 Prozent ein wichtiges Kriterium bei der Publikation eigener Inhalte dar. Die Mehrheit der Befragten (56 Prozent) findet dieses Kriterium sogar „weniger wichtig“ oder „nicht wichtig“. Der akzeptable Preis für den Erwerb der Publikation spielt ebenfalls nur für 43 Prozent eine wichtige Rolle, für die Mehrheit, 50 Prozent der Befragten, ist er „weniger wichtig“ oder „nicht wichtig“, 7 Prozent machten keine Angabe.

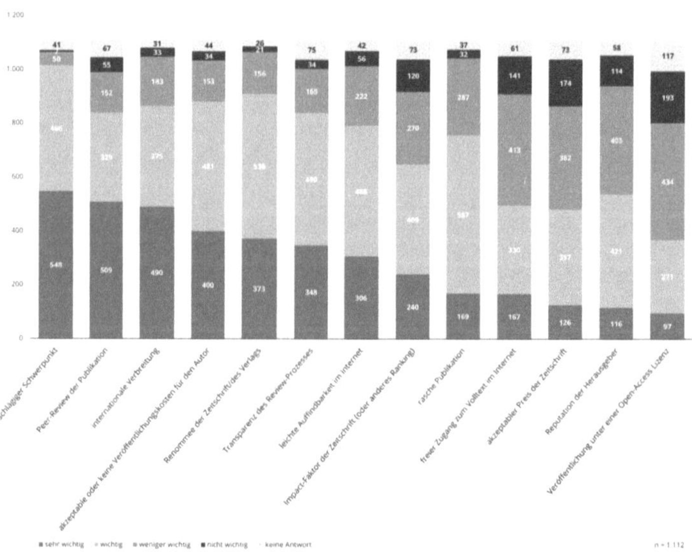

Abbildung 14: Kriterien bei der Veröffentlichung von Beiträgen

Weitere Kriterien für die wissenschaftliche Veröffentlichung von Beiträgen oder Büchern aus Sicht der Befragten:

- 78 Prozent der Teilnehmer und Teilnehmerinnen der Erhebung sehen die internationale Verbreitung als mindestens wichtiges, wenn nicht sogar sehr wichtiges Kriterium im Rahmen der eigenen Veröffentlichungen an, die übrigen 19 Prozent finden dieses „weniger wichtig“ oder „unwichtig“.
- Das Peer-Review-Verfahren wird von 75 Prozent der Befragten als wichtiges Kriterium erachtet, nur 19 Prozent sind diesbezüglich anderer Meinung.
- 75 Prozent der befragten Personen sehen die Transparenz des Review-Prozesses als wichtig an, während 18 Prozent dieses Kriterium als „weniger wichtig“ oder „unwichtig“ erachten.
- Eine leichte Auffindbarkeit der eigenen Publikation im Internet ist 71 Prozent der befragten Wissenschaftler und Wissenschaftlerinnen mindestens wichtig, für 25 Prozent der Befragten ist das „weniger“ bis „nicht wichtig“.
- Die rasche Veröffentlichung der eigenen Publikation ist für 68 Prozent von Bedeutung. Für 29 Prozent hat dieses Kriterium keine besondere Bedeutung.
- Das Ranking wie der Impact Factor einer wissenschaftlichen Zeitschrift wurde von 58 Prozent der befragten Personen als „wichtig“ und von 35 Prozent als „weniger wichtig“ oder „unwichtig“ bewertet.
- Die Reputation der Herausgeber war für den größten Teil der Befragten eher „unwichtig“ bis „nicht wichtig“ (48 Prozent). Demgegenüber erachteten 47 Prozent dieses Kriterium als „sehr wichtig“ bis „wichtig“.

Eine weitere Frage im Fragebogen betraf die Einschätzung der Befragten, ob ihre eigenen Veröffentlichungen in Zeitschriften oder Büchern für Leser und Leserinnen potenziell gut zugänglich sind. 32 Prozent der Befragten beantworteten die Frage mit der Option „ja, gut zugänglich“. Mit „teils/teils“ antworteten 47 Prozent und 12 Prozent der Teilnehmer und Teilnehmerinnen wählten die Option „nein, nicht so gut zugänglich“ (9 Prozent) oder „nein, sehr schlecht“(2 Prozent). 107 oder 10 Prozent wussten die Frage nicht mit den genannten Optionen zu beantworten.

Bei der Frage, ob die Befragten selbst Aufsätze, Texte oder Bücher publiziert hatten, die vom Verlag selbst frei zugänglich gemacht worden waren, antworteten 140 Teilnehmer und Teilnehmerinnen (13 Prozent) mit „ja, einen Beitrag“ und 23 Prozent mit „ja, mehrere Beiträge“. 54 Prozent oder 605 der Befragten, hatten zum Zeitpunkt der Befragung noch keine Aufsätze, Texte oder Bücher publiziert, die vom Verlag selbst frei zugänglich gemacht worden waren. 19 Prozent derer, die bisher noch nicht bei einem

Verlag im Open-Access-Verfahren veröffentlicht hatten, gaben an, dies zu planen. 10 Prozent der Befragten beantworteten die Frage nicht.

Die 397 (36 Prozent) der 1.112 Befragten, die angaben, bereits Inhalte frei publiziert zu haben, wurden gebeten auszusagen, wie viele Aufsätze, Texte oder Bücher sie bisher frei veröffentlicht haben:
- Bücher: 63 Befragte (16 Prozent) beantworteten die optionale Frage. Davon gaben 26 an, bisher kein Buch veröffentlicht zu haben, das frei zugänglich gemacht worden war. Bezieht man diejenigen Befragten nicht mit ein, die angaben, keine Bücher veröffentlicht zu haben, hatten insgesamt 37 Befragte jeweils circa zwei Bücher veröffentlicht, die vom Verlag selbst frei zugänglich gemacht worden waren.
- Texte: 192 der 397 Befragten (48 Prozent) gaben an, mindestens einen Text frei veröffentlicht zu haben. Im Durchschnitt hatten die Befragten jeweils rund drei Texte „frei zugänglich" veröffentlicht.
- Daten: 3 Prozent (10 Personen) gaben an, mindestens einen Datensatz frei veröffentlicht zu haben.
- Sonstiges: Keiner der Teilnehmer und Teilnehmerinnen gab an, „sonstige Beiträge" frei veröffentlicht zu haben.

Den Aufwand, die eigenen Publikationen im Internet frei zur Verfügung zu stellen, schätzte der größte Teil der Befragten (31 Prozent) als gering ein. 255 der befragten Wissenschaftler und Wissenschaftlerinnen (28 Prozent) schätzten den Aufwand, ihre Publikationen im Internet frei zur Verfügung zu stellen, als „mittelgroß" oder „groß" ein. 23 Prozent waren sich unsicher und wählten „teils/teils" und 19 Prozent wussten den Aufwand nicht einzuschätzen.

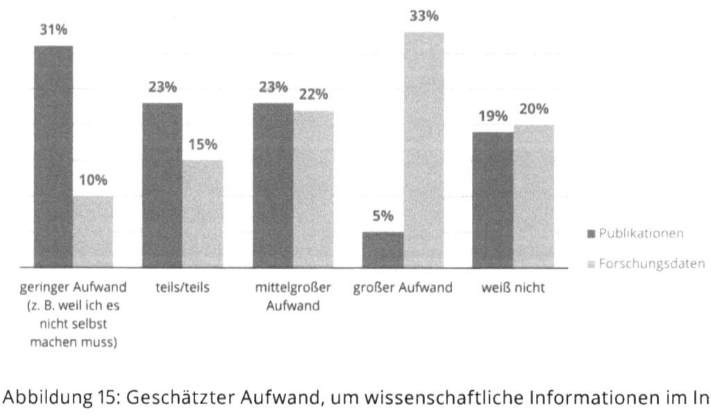

Abbildung 15: Geschätzter Aufwand, um wissenschaftliche Informationen im Internet frei zur Verfügung zu stellen

Während die Mehrheit der Befragten den Aufwand für die freie Veröffentlichung von Publikationen als „nicht groß" einschätzte, zeigte sich bei der Auswertung der Frage nach dem geschätzten Aufwand für die Veröffentlichung von Forschungsdaten im Internet ein anderes Bild (Abbildung 15). 55 Prozent der Befragten schätzten den Aufwand, die Forschungsdaten zu veröffentlichen als „groß" ein. Die kleinste Gruppe der Befragten (10 Prozent) vermutete dabei einen „geringen Aufwand", 15 Prozent schätzten den Aufwand „teils/teils" ein und ein Fünftel (20 Prozent) wusste die Frage nicht zu beantworten.

Treiber und Bremser bei der Etablierung der Öffnung von Wissenschaft und Forschung

Im vorherigen Kapitel wurden Katalysatoren und Hindernisse für die Öffnung der wissenschaftlichen Kommunikation in der Literatur identifiziert und herausgearbeitet. Diese wurden anhand der empirischen Ergebnisse überprüft. Im Rahmen der Befragung sollte darüber hinaus auch evaluiert werden, welche Faktoren und Argumente aus der Sicht von Wissenschaftlern und Wissenschaftlerinnen die Öffnung von Wissenschaft und Forschung in der jeweiligen wissenschaftlichen Disziplin begünstigen und welche sie behindern. Die Auswertung nach Häufigkeit der ausgewählten Antwortoptionen für die Öffnung der wissenschaftlichen Kommunikation aus Sicht der befragten Wissenschaftler und Wissenschaftlerinnen ergab folgende Reihenfolge:

- 721 Mal (65 Prozent) wurde das Argument „Beschleunigung der Wissensverbreitung und -verwertung" von den Befragten ausgewählt.
- Das Argument der „Eröffnung neuer Möglichkeiten für die Wissensverbreitung" wurde von 64 Prozent der 1.112 Befragten unter den Antwortmöglichkeiten, d. h. am zweithäufigsten ausgewählt.
- Die umfassendere Verfügbarkeit von bereits finanzierter Forschung stellte für 55 Prozent ein Argument für die offene und freie Veröffentlichung der eigenen wissenschaftlichen Kommunikation dar.
- Eine generelle Erleichterung der wissenschaftlichen Kommunikation sahen 49 Prozent der Befragten als Argument für die Öffnung der wissenschaftlichen Kommunikation an.
- Die Förderung des interdisziplinären Austauschs von Wissenschaftlern und Wissenschaftlerinnen erachteten 45 Prozent als zutreffend.
- 44 Prozent oder 489 der Befragten sahen in der Überwindung sozialer, nationaler und globaler Wissensklüften ein Argument.

- Dem Argument, dass die Öffnung von Wissenschaft eine Chance für eine umfassendere und transparentere Qualitätsmessung sei, stimmten 34 Prozent der befragten Wissenschaftler zu.
- 250 oder 23 Prozent der Befragten sahen in der nachhaltigen und unabhängigen Archivierung der Informationen ein Argument für die Öffnung von Wissenschaft und Forschung.
- 20 Prozent betrachteten die Möglichkeit indirekter Wirtschaftsförderung durch freien und offenen Wissenstransfer als Argument.
- Die Möglichkeit der Beilegung der vorherrschenden Zeitschriften- und Monografienkrise akzeptierten 16 Prozent der Befragten als Argument für die Öffnung der eigenen wissenschaftlichen Kommunikation.

8 Prozent der 1.112 Befragten gaben an, dass ihrer Meinung nach keines der genannten Argumente für die eigene Öffnung der wissenschaftlichen Kommunikation und aller Informationen aus dem Forschungs-/Arbeitsprozess sprechen. Weitere 47 oder 4 Prozent machen weitere Angaben unter „Sonstiges".

Bei dem Item „Argumente gegen die Öffnung der wissenschaftlichen Kommunikation" zeigte sich kein eindeutiges Bild:
- Überwiegend (43 Prozent) wurden von den Befragten die fehlenden Reputationskriterien für die Bewertung von offener Wissenschaft gewählt.
- Von 40 Prozent wurde die „Gefahr der Fehlinterpretation und Falschinformation durch Wissenschaft" ausgewählt.
- Den erhöhten zeitlichen Mehraufwand für die Bereitstellung der wissenschaftlichen Publikationen und/oder Forschungsdaten führten 379 beziehungsweise 34 Prozent als Argument an.
- 30 Prozent erachteten die Erschwerung der eindeutigen Zuordnung von Texten, Arbeiten und Daten zu den Urhebern als ein Argument gegen die eigene Öffnung wissenschaftlicher Kommunikation.
- An fünfter Stelle wurde dem Argument zugestimmt, dass die Qualität der wissenschaftlichen Arbeit leide (27 Prozent).
- Dem Argument, dass die Langzeitarchivierung und langfristige Auffindbarkeit nicht (dezentral) gewährleistet werden könne, stimmten 26 Prozent der Befragten zu.
- Dem Argument, dass die freie und offene Verfügbarkeit wissenschaftlicher Informationen zu hohen Kosten führe und keine Refinanzierung absehbar sei, stimmten 274 der 1.112 Befragten (25 Prozent) zu.

- 9 Prozent der Befragten akzeptierten das Argument, dass die Öffnung der Kommunikation eine Bedrohung für die Publikations- und Pressefreiheit in der Wissenschaft darstelle.
- Dass die offene Bereitstellung von Daten keinen nachhaltigen Mehrwert biete, bejahten 8 Prozent und sahen darin ein Argument gegen eine Öffnung des Systems.
- Dass „Offenheit und Transparenz bei Forschungsförderung die Freiheit von Wissenschaft und Forschung gefährden", sahen 5 Prozent als Argument gegen die eigene Öffnung der wissenschaftlichen Kommunikation an.

154 Teilnehmer und Teilnehmerinnen nannten sonstige Argumente (14 Prozent) gegen Open Access und Open Science. 8 Prozent aller Befragten gaben an, dass kein Argument gegen die Öffnung der wissenschaftlichen Kommunikation und aller Informationen aus dem Forschungs-/Arbeitsprozess spreche.

Wissenschaftliche Reputation und die Öffnung wissenschaftlicher Kommunikation

Die Teilnehmer und Teilnehmerinnen hatten unter mehreren Antwortoptionen die Möglichkeit auszuwählen, welche Faktoren für wissenschaftliche Reputation in ihrer Disziplin wichtig sind. Am häufigsten wurde dabei die „Anzahl der Beiträge" ausgewählt, 80 Prozent aller Befragten wählten diese Option. Die „Relevanz der publizierten Ergebnisse" wurde von 74 Prozent und „Vorträge auf wichtigen Konferenzen" von 68 Prozent der Wissenschaftler und Wissenschaftlerinnen als wichtiger Faktor für wissenschaftliche Reputation in der jeweiligen Disziplin ausgewählt.

Folgende weitere Möglichkeiten wurden von den Befragten, der Häufigkeit nach sortiert, ausgewählt:

- Die Bezugnahme und Zitation durch Kollegen wurde von 65 Prozent am vierthäufigsten genannt.
- 65 Prozent nannten den Indikator „Drittmittelprojekte" wichtig für die Reputation.
- 675 oder 61 Prozent der befragten Wissenschaftler und Wissenschaftlerinnen nannten „Ranking- oder Impactfaktoren" als wichtigen Faktor für Reputation in ihrer Disziplin.
- Das Renommee der Forschungseinrichtung war für weniger als die Hälfte der Befragten (48 Prozent) relevant.

- Auch das Renommee von Herausgebern oder Mitautoren stellte nur für 36 Prozent einen wichtigen Faktor für die Reputation in der eigenen Disziplin dar.
- „Netzwerke, Kontakte und ob man dazu gehört" erachteten 35 Prozent als wesentlichen Reputationsfaktor.
- Die Gutachtertätigkeit, Herausgeberschaft oder andere Funktionen sahen 28 Prozent als wichtig für die Reputation an.
- Knapp ein Viertel der Befragten (24 Prozent) gab an, dass die „Anzahl Monografien" wichtig für die Reputation in der jeweiligen Disziplin ist.
- „Anwendungsrelevanz und Verwertbarkeit" waren für 13 Prozent der Teilnehmer und Teilnehmerinnen ein wichtiges Kriterium für wissenschaftliche Reputation.
- „Materielle Ausstattung, Großgeräte etc." wählten 13 Prozent der Befragten.
- 143 der Befragten (13 Prozent) gaben an, dass öffentliche Aufmerksamkeit wichtig für Reputation in ihrer Fachdisziplin ist.
- Die „personelle Ausstattung" zählte mit 13 Prozent eher selten zu den wichtigen Faktoren für wissenschaftliche Reputation in allen Disziplinen.
- Für 8 Prozent der Befragten stellten „Patente" ein Kriterium für Anerkennung dar.
- Unter den vorgegebenen Antwortmöglichkeiten stellte die „politische Relevanz" mit 3 Prozent von dafür stimmenden Befragten den unwichtigsten Faktor für Reputation dar.
- 12 Teilnehmer und Teilnehmerinnen (1 Prozent) gaben in einem Freitextfeld „sonstige" Faktoren an.

Auffassungen zwischen den unterschiedlichen Fachgruppen

Die weitläufige Annahme (unter anderem Näder 2010), dass in unterschiedlichen Fachgruppen unterschiedliche Publikationsformen wichtig sind, konnte auch bei dieser Befragung bestätigt werden. Abgefragt wurden Monografien, Sammelbände, Tagungsbände und Proceedings, Handbücher und Lehrbücher, internationale Zeitschriften, deutschsprachige Zeitschriften, Arbeitsberichte etc. und sonstige Veröffentlichungsformen.

- In den Geistes- und Sozialwissenschaften war die Verbreitung der Monografie mit 77 Prozent am stärksten ausgeprägt, gefolgt von den Ingenieurwissenschaften mit 35 Prozent, den Naturwissenschaften mit 29 Prozent und den Lebenswissenschaften mit 17 Prozent.
- Sammelbände waren ebenfalls am stärksten bei den Geistes- und Sozialwissenschaften verbreitet (65 Prozent), wieder gefolgt von den

Ingenieurwissenschaften mit 23 Prozent, den Naturwissenschaften mit 14 Prozent und den Lebenswissenschaften mit 8 Prozent.
- Tagungsbände und Proceedings stellten bei 73 Prozent der Ingenieurwissenschaftler eine wichtige Publikationsform dar. In den Geistes- und Sozialwissenschaften wurde diese Publikationsform bei 47 Prozent, in den Naturwissenschaften bei 40 Prozent der Befragten als wichtig erachtet, in den Lebenswissenschaften bei nur 22 Prozent.
- Handbücher und Lehrbücher wurden von den Befragten der Geistes- und Sozialwissenschaften mit 44 Prozent als wichtig bewertet, bei den Ingenieurwissenschaften mit 42 Prozent, in den Lebenswissenschaften mit 29 Prozent und in den Naturwissenschaften mit 27 Prozent.
- Mit jeweils 98 Prozent gaben die Teilnehmer und Teilnehmerinnen aus den Lebenswissenschaften und Naturwissenschaften in der Befragung an, dass internationale Zeitschriften in ihrer Fachdisziplin wichtig sind. In den Ingenieurwissenschaften waren es 90 Prozent und in den Geistes- und Sozialwissenschaften immerhin 77 Prozent.
- Deutschsprachige Zeitschriften spielten dabei nur bei den Geistes- und Sozialwissenschaften eine signifikante Rolle (65 Prozent). Nur knapp über ein Drittel der befragten Ingenieurwissenschaftler erachtete deutschsprachige Zeitschriften als wichtig an. In den Lebenswissenschaften waren es nur noch 24 Prozent und in den Naturwissenschaften ein Fünftel der Befragten.
- Arbeitsberichte spielten weder in den Naturwissenschaften (12 Prozent), den Ingenieurwissenschaften (11 Prozent), in den Geistes- und Sozialwissenschaften (6 Prozent) noch in den Lebenswissenschaften (5 Prozent) eine signifikante Rolle.
- Alle übrigen Formen („Sonstige") spielten nur bei 4 Prozent aller Befragten eine Rolle.

Die Frage, ob die Befragten ihre Veröffentlichungen in Zeitschriften oder Büchern für potenzielle Leser und Leserinnen für gut zugänglich erachteten, wurde in den Naturwissenschaften mit 39 Prozent, in den Lebenswissenschaften mit 36 Prozent, in den Ingenieurwissenschaften mit 32 Prozent und in den Geistes- und Sozialwissenschaften mit 25 Prozent bejaht.

Laut der Erhebung gaben in der Fachgruppe der Ingenieurwissenschaften mehr als zwei Drittel der Befragten an (75 Prozent), Interesse an den Forschungsdaten anderer zu haben. In den Lebenswissenschaften bestand mit 75 Prozent der Befragten das zweitgrößte Interesse an bereits erhobenen wissenschaftlichen Daten. Unter den 418 teilnehmenden Sozial- und Geisteswissenschaftlern bekundeten 70 Prozent und unter den

Naturwissenschaftlern 69 Prozent ein Interesse an den Forschungsdaten ihrer wissenschaftlichen Kollegen und Kolleginnen.

Die Unterstützung für die Forderung nach Open Access ist in den befragten Fachgruppen unterschiedlich stark ausgeprägt. 88 Prozent der teilnehmenden Wissenschaftler und Wissenschaftlerinnen aus den Lebenswissenschaften bewerteten die Forderung nach kostenfreiem Zugang zu allen wissenschaftlichen Publikationen für Leser (Open Access) mit „sehr gut“ oder „gut“. In den Naturwissenschaften befürworteten 82 Prozent den kostenfreien Zugang zu allen wissenschaftlichen Publikationen für Leser und Leserinnen, in den Ingenieurwissenschaften hatten 71,6 Prozent und in den Geisteswissenschaften 68 Prozent der Befragten eine befürwortende Meinung zu Open Access.

Während 29 Prozent der befragten Naturwissenschaftler angaben, Open-Access-Repositorien zu nutzen, um auf dem Laufenden zu bleiben, gaben in den Ingenieurwissenschaften 20 Prozent an, diese Verzeichnisse zu verwenden, sowie 10 Prozent der 418 befragten Geistes- und Sozialwissenschaftler und 9 Prozent der Lebenswissenschaftler. Institutionelle Repositorien werden von den Geisteswissenschaftlern am häufigsten genutzt (24 Prozent), gefolgt von den Lebenswissenschaftlern mit 17 Prozent, den Ingenieurwissenschaften mit 13 Prozent und den Naturwissenschaften mit 12 Prozent.

Open-Access-Portale werden von den Befragten ebenfalls bisher nur verhalten genutzt. 21 Prozent der Lebenswissenschaftler, 17 Prozent der Geistes- und Sozialwissenschaftler, 16 Prozent der Ingenieurwissenschaftler und 14 Prozent der Naturwissenschaftler gaben an, Open-Access-Portale wie das Directory of Open Access Journals zu nutzen, um sich in ihrem Fachgebiet auf dem Laufenden zu halten. Diese Zahlen decken sich auch mit der geringen Verbreitung von Open-Access-Suchmaschinen bei der Literaturrecherche, durchschnittlich 4 Prozent der befragten Wissenschaftler und Wissenschaftlerinnen nutzen solche Angebote.

22 Prozent der befragten Lebenswissenschaftler, 18 Prozent der Naturwissenschaftler, 15 Prozent der Geistes- und Sozialwissenschaftler und 9 Prozent der Ingenieurwissenschaftler gaben an, sich über akademische Social-Media-Plattformen über aktuelle Themen aus dem eigenen Fachgebiet auf dem Laufenden zu halten. Von 14 Prozent der Geistes- und Sozialwissenschaftler und jeweils 5 Prozent der befragten Ingenieur- und Naturwissenschaftler sowie 4 Prozent der Lebenswissenschaftler wurden für diese Aufgabe auch generelle Social-Media-Plattformen wie Facebook oder Twitter genutzt. Eine ähnliche Verteilung ergab sich bei der Nutzung

von Blogs (Geisteswissenschaften 14 Prozent, Naturwissenschaften 4 Prozent, Lebenswissenschaften und Ingenieurwissenschaften jeweils 3 Prozent).

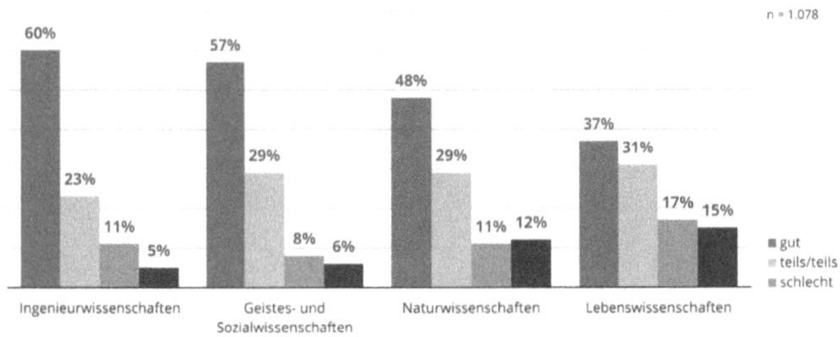

Abbildung 16: Zugangsmöglichkeiten zu Literatur nach Fachgruppe

Bei der Frage nach der Berurteilung der Zugangsmöglichkeiten zu den einzelnen Publikationsformen in den unterschiedlichen Fachgruppen ergab sich folgendes Bild:

- 6 Prozent der Befragten aus den Geistes- und Sozialwissenschaften bewerteten die Zugangsmöglichkeiten zu Print-Büchern als „schlecht" oder „sehr schlecht", bei elektronischen Büchern (eBooks/Online-Bücher) waren es 12 Prozent. Print-Zeitschriften sind laut 12 Prozent der Befragten schlecht zugänglich. Laut 3 Prozent der Befragten mangelt es an der Zugänglichkeit zu Online-Zeitschriften. Insgesamt bewerteten die Befragten dieser Fachgruppe die Zugänglichkeit mit 57 Prozent „gut" oder „sehr gut".
- 9 Prozent der Ingenieurwissenschaftler bewerteten die Zugänglichkeit zu analogen Büchern als „schlecht". Für 11 Prozent der Befragten war die Zugänglichkeit zu eBooks ebenfalls „schlecht" oder „sehr schlecht". Den Zugang zu Print-Zeitschriften bemängelten 19 Prozent, zu Online-Zeitschriften 6 Prozent. In dieser Fachgruppe bewerteten die Befragten die Zugänglichkeit mit 60 Prozent als „gut" oder „sehr gut".
- In den Lebenswissenschaften gaben 27 Prozent der Befragten an, nur über schlechte Zugangsmöglichkeiten zu gedruckten Büchern zu verfügen, bei Online-Büchern waren es 26 Prozent der Teilnehmer und Teilnehmerinnen der Befragung, bei Print-Zeitschriften 29 Prozent und bei Online-Zeitschriften 3 Prozent. 46 Prozent bewerteten die Zugänglichkeit mit „teils/teils", 31 Prozent mit „gut" oder „sehr gut".
- 9 Prozent der Befragten aus den Naturwissenschaften gaben ebenfalls an, schlechten oder sehr schlechten Zugang zu gedruckten Büchern zu haben. 15 Prozent bewerteten die Zugänglichkeit zu Online-Büchern als „schlecht". 17 Prozent hatten zudem nur schlechten Zugang zu

Print-Zeitschriften, 4 Prozent zu Online-Zeitschriften. 70 Prozent aus dieser Fachgruppe bewerteten die allgemeine Zugänglichkeit zu Publikationen als „gut“ oder „sehr gut“.

Signifikante Unterschiede zwischen den verschiedenen Fachgruppen ergab die Auswertung der Frage nach der Wichtigkeit von Offenheit bei den eigenen wissenschaftlichen Publikationsvorhaben. In den Geistes- und Sozialwissenschaften erachten 38 Prozent die „freie Verfügbarkeit des Volltextes im Internet“ und 30 Prozent die „Veröffentlichung unter einer Open-Access-Lizenz“ als „sehr wichtig“ oder „wichtig“. Für die überwiegende Anzahl der befragten Geistes- und Sozialwissenschaftler waren beide Faktoren eher „unwichtig“ oder „weniger wichtig“. Auch in den Ingenieurwissenschaften antworteten die Befragten auf die Frage nach der Wichtigkeit der freien und offenen Verfügbarkeit ihrer Beiträge im Internet (58 Prozent) und die „Veröffentlichung unter einer Open-Access-Lizenz“ (48 Prozent) mehrheitlich mit „weniger wichtig“ oder „nicht wichtig“. Demgegenüber gaben die Befragten der Fachgruppe der Lebenswissenschaften mehrheitlich an, dass ihnen die freie Verfügbarkeit der Texte im Internet „wichtig“, oder „sehr wichtig“ sei (61 Prozent). Auch die Veröffentlichung unter einer Open-Access-Lizenz war für 54 Prozent der befragten Lebenswissenschaftler mindestens „wichtig“. Für die Mehrheit der Befragten, die sich den Naturwissenschaften zugeordnet hatten, war die Verfügbarkeit des eigenen Volltextes im Internet mehrheitlich „wichtig“ oder „sehr wichtig“ (52 Prozent). Die Veröffentlichung unter einer Open-Access-Lizenz war den Wissenschaftlern und Wissenschaftlerinnen der Naturwissenschaften dagegen mehrheitlich „weniger“ oder „nicht wichtig“ (64 Prozent).

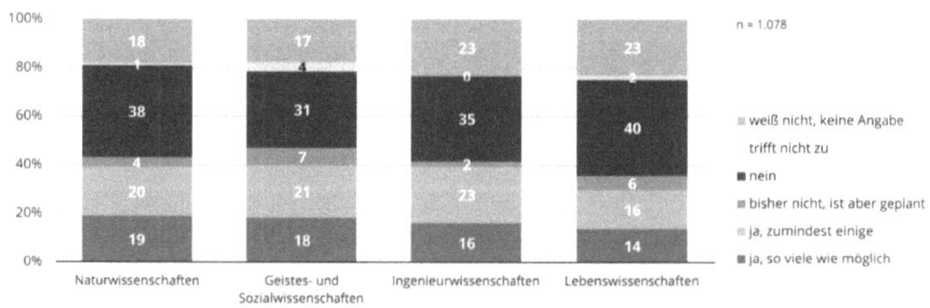

Abbildung 17: Stehen Volltexte der veröffentlichten Publikationen auf Webseiten zur Verfügung

Neben dem theoretischen Interesse an Offenheit und der unterschiedlichen Bewertung der Wichtigkeit von Offenheit wurde auch abgefragt, ob und in welchem Umfang (Voll-)Texte der befragten Wissenschaftler und Wissenschaftlerinnen der verschiedenen Fachgruppen praktisch im Internet zur Verfügung gestellt werden (Abbildung 17). Relativ gesehen gaben 14 Prozent der Befragten aus den Lebenswissenschaften an, auf den eigenen Webseiten auch so viele Volltexte wie möglich zur Verfügung zu stellen, gefolgt von den Geistes- und Sozialwissenschaftlern, von denen 18 Prozent alle möglichen Volltexte auf den eigenen Internetauftritten oder denen der Institution veröffentlichen, den Naturwissenschaftlern mit 19 Prozent und den Ingenieurwissenschaften mit 16 Prozent.

Auf die Frage, ob sie sich vorstellen können, die „Forschungsdaten und alle weiteren Informationen, die während ihrer wissenschaftlichen Arbeit anfallen (z. B. Laborbücher, Entwürfe oder andere Dokumente und Daten), unter Berücksichtigung des Datenschutzes öffentlich zur Verfügung zu stellen", antworteten 67 Prozent der befragten Geisteswissenschaftler „ja" oder „ja, aber nur unter bestimmten Bedingungen". Unter den Ingenieurwissenschaftlern bejahten 65 Prozent die Frage grundsätzlich und bei den Befragten der Lebenswissenschaften stimmten 63 Prozent der Veröffentlichung von Forschungsdaten und allen weiteren Informationen unter bestimmten Bedingungen zu. Immer noch mehrheitlich, aber am wenigsten vorstellen konnten sich das die Naturwissenschaftler (59 Prozent). Unvorstellbar war die Veröffentlichung der Forschungsdaten für 35 Prozent der befragten Naturwissenschaftler, 31 Prozent der Lebenswissenschaftler, 28 Prozent der Ingenieurwissenschaftler und 26 Prozent der Geisteswissenschaftler. Die Option „weiß nicht" klickten durchschnittlich 7 Prozent der Befragten an.

Die „Anzahl der Publikationen" wurde im Rahmen der durchgeführten Umfrage von den Befragten aller Fachgruppen als überdurchschnittlich wichtiger Faktor für die wissenschaftliche Reputation angesehen. So gaben 83 Prozent der Befragten aus den Geistes- und Sozialwissenschaften, 81 Prozent der Befragten aus den Naturwissenschaften, 78 Prozent der Teilnehmer und Teilnehmerinnen aus den Lebenswissenschaften und 73 Prozent der Ingenieurwissenschaftler an, dass dieses Kriterium mindestens „wichtig", wenn nicht sogar „sehr wichtig" für die Reputation im jeweiligen Fach sei. Damit einhergehend hat der gefühlte Publikationsdruck laut der Auswertung der Erhebung in fast allen Fachgruppen mehrheitlich zugenommen. Nur in den Ingenieurwissenschaften gab weniger als die Hälfte der Befragten (49 Prozent) an, dass der Druck zu publizieren gestiegen sei. Demgegenüber zeigte die Auswertung in weiteren Fachgruppen für die Mehrheit einen deutlichen Anstieg des Publikationsdrucks in den vergangenen fünf Jahren. In den Lebenswissenschaften wird dieser mit 71 Prozent am stärksten wahrgenommen. In den Naturwissenschaften gaben 62 Prozent und in den Geistes- und Sozialwissenschaften 61 Prozent der Befragten an, dass der Druck für die Veröffentlichung von wissenschaftlichen Erkenntnissen gestiegen sei. Unter den Befragten der Lebenswissenschaften gab mehr als ein Viertel (26 Prozent) an, dass in den letzten fünf Jahren der Druck zu veröffentlichen „sehr stark" angestiegen sei.

Das Kriterium „Relevanz der publizierten Ergebnisse" wurde in den verschiedenen Fachgruppen als überwiegend wichtig bewertet. In den Naturwissenschaften gaben 81 Prozent der Befragten an, dass die Relevanz ein wichtiger Faktor für Reputation in ihrer Disziplin sei. In den Lebenswissenschaften bejahten dies 78 Prozent, in den Geistes- und Sozialwissenschaften 70 Prozent und in den Ingenieurwissenschaften 68 Prozent. Die durchschnittliche Häufigkeit über alle Fachgruppen, bei denen dieser Faktor als „wichtig" für die wissenschaftliche Reputation in der jeweiligen Disziplin ausgewählt wurde, lag bei 74 Prozent.

Die Relevanz von Rankings und des Impact Factors für die Reputation variierte stark in Abhängigkeit von der jeweiligen wissenschaftlichen Fachgruppe. In den Lebenswissenschaften stellten diese Faktoren für 85 Prozent der Befragten wichtige Kriterien für die Erlangung von wissenschaftlicher Reputation innerhalb der Disziplin dar. Auch in den Naturwissenschaften gaben 72 Prozent der Befragten an, dass Rankings und Impact Faktor wichtige Faktoren seien. Demgegenüber gaben 56 Prozent der Ingenieurwissenschaftler und -wissenschaftlerinnen und nur 44 Prozent der Sozial- und Geisteswissenschaftler an, dass Rankings beziehungsweise der Impact Factor wichtig für die Erlangung von wissenschaftlicher Reputation in ihrer Disziplin seien.

Diese Zahlen decken sich auch mit dem Faktor „Anzahl der Monografien" und spiegeln die unterschiedlich starke Verbreitung von Publikationsformen in den unterschiedlichen Fachdisziplinen wider. Da die Publikationsform der Monografie nur in den Geistes- und Sozialwissenschaften eine signifikante Rolle spielt (77 Prozent), gaben auch nur in dieser Fachgruppe mehr als die Hälfte der Befragten (50 Prozent) an, dass es sich bei der Anzahl der Monografien um einen wichtigen Faktor für die wissenschaftliche Reputation in ihrer Disziplin handele. In den Ingenieurwissenschaften gaben 13 Prozent, in den Lebenswissenschaften nur 6 Prozent und in den Naturwissenschaften 4 Prozent der Befragten an, dass die „Anzahl der Monografien" einen wichtigen Faktor für wissenschaftliche Anerkennung in ihrer Disziplin darstelle. Unter allen Befragten nannten durchschnittlich 24 Prozent diesen Faktor als wichtig für die Reputation.

Einheitlicher war unter den Befragten aller Fachgruppen die Einschätzung der Rolle des Faktors „Drittmittelprojekte" für die wissenschaftliche

Reputation. Dieser spielte in allen Fachgruppen mehrheitlich eine wichtige Rolle. Am häufigsten wurden „Drittmittelprojekte" in den Lebenswissenschaften (74 Prozent) genannt, gefolgt von 67 Prozent der Befragten der Naturwissenschaften und 62 Prozent der Teilnehmer und Teilnehmerinnen aus den Ingenieurwissenschaften. Mit 59 Prozent unter den befragten Geistes- und Sozialwissenschaftlern stellten die „Drittmittelprojekte" in den Geistes- und Sozialwissenschaften nur eine unterdurchschnittlich wichtige Rolle für die Reputation dar. Die durchschnittliche Auswahl dieses Faktors in allen Fachgruppen lag bei 65 Prozent.

Nur in den Lebenswissenschaften gaben 47 Prozent der Befragten an, Aufsätze, Texte oder Bücher publiziert zu haben, die vom Verlag selbst frei zugänglich gemacht worden waren (z. B. in einem Open-Access-Journal, bei speziellen Open-Access-Verlagen). Weitere 10 Prozent der befragten Lebenswissenschaftler hatten bisher keine Veröffentlichungen frei zugänglich publiziert, planten das aber. In den Geistes- und Sozialwissenschaften gaben 34 Prozent der Teilnehmer und Teilnehmerinnen an, Beiträge als Open Access veröffentlicht zu haben, und weitere 11 Prozent, eine Veröffentlichung als frei zugänglich zu planen. 32 Prozent der Naturwissenschaftler erklärten im Rahmen der Umfrage, dass sie mindestens einmal über einen Verlag frei verfügbar veröffentlicht hatten, weitere 8 Prozent planten das in Zukunft. Unter den teilnehmenden Ingenieurwissenschaftlern hatte laut der Auswertung der Befragung über ein Drittel (29 Prozent) der Befragten schon frei zugänglich veröffentlicht und weitere 9 Prozent planten diese Art der Veröffentlichung.

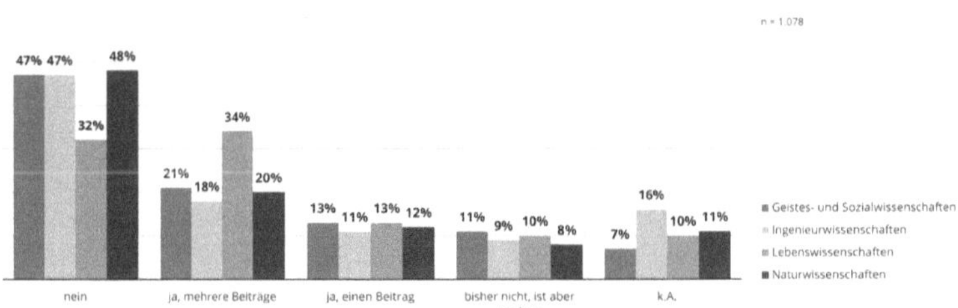

Abbildung 18: Frei zugänglich veröffentlicht nach Fachgruppen

Veränderungen im Vergleich zur SOFI Studie

Ein Vergleich der Ergebnisse der aktuellen Erhebung mit der im Jahr 2007 durchgeführten SOFI-Studie in Bezug auf die soziodemografischen Angaben zum beruflichen Status und Alter der befragten Wissenschaftler und Wissenschaftlerinnen kann als Indikator für die grundsätzliche

Vergleichbarkeit der beiden Studien gewertet werden. Die Verteilung des beruflichen Status der Befragten und der Altersgruppen zeigt Überschneidungen. Es kann insofern von einer grundlegenden Vergleichbarkeit der beiden Samples ausgegangen werden (Abbildungen 19 und 20).

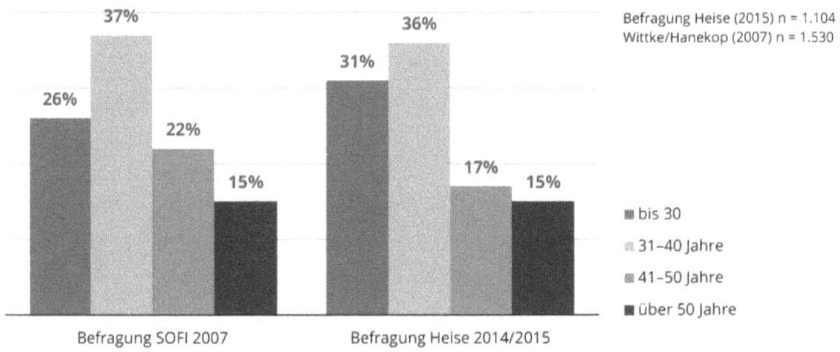

Abbildung 19: Vergleich Alter der Teilnehmer und Teilnehmerinnen bei SOFI-Studie und eigener Befragung

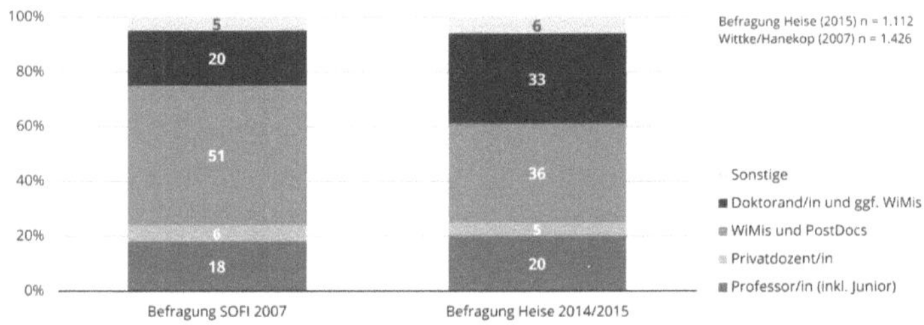

Abbildung 20: Vergleich berufliche Position der Teilnehmer und Teilnehmerinnen bei SOFI-Studie und eigener Befragung

Wie in der Befragung vom SOFI im Jahr 2007 wurden die Teilnehmer und Teilnehmerinnen gefragt, wie sie sich in ihrem Fachgebiet auf dem Laufenden hielten und welchen Zugang sie zu den (Voll-)Texten hätten. In der aktuellen Erhebung gaben 75 Prozent der Befragten an, häufig die normale Google-Suche oder andere allgemeine Suchmaschinen zu nutzen. 52 Prozent griffen auf Google Scholar als Suchmöglichkeit zurück, um gezielt nach Literatur zu suchen. Im Vergleich dazu gaben bei der Befragung im Jahr 2007 74 Prozent der Befragten an, häufig die Google-Suche zu verwenden. Diese Entwicklung bestätigt den Trend: Die IT-gestützte Suche in der Wissenschaft stieg seit den 1980er Jahren von einem Prozent auf 9 Prozent im Jahr 1993, im Jahr 2003 nutzte fast ein Viertel (24 Prozent) der befragten Wissenschaftler und Wissenschaftlerinnen eine IT gestützte Literaturrecherche (Hanekop 2008).

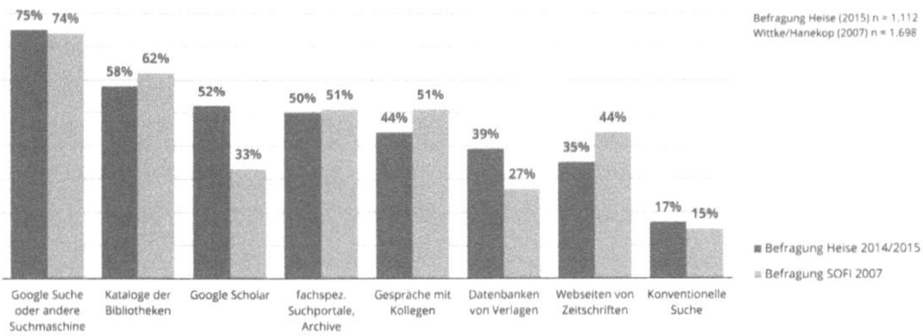

Abbildung 21: Mittel zur gezielten Literatursuche im Vergleich zu 2007

Bei dem Vergleich der Umfrageergebnisse von 2007 und 2014/2015 in Bezug auf die Frage, wie sich die Teilnehmer und Teilnehmerinnen in ihrem Fachgebiet auf dem Laufenden halten, zeigte sich ebenfalls ein klarer Trend zur stärkeren Nutzung digitaler Anwendungen (Abbildung 22). In der Göttinger Befragung im Jahr 2007 gaben noch 80 Prozent an, sich „sehr häufig" oder „häufig" über Online-Zeitschriften auf dem aktuellen Stand zu halten. In der Befragung im Rahmen dieser Arbeit waren es bereits 88 Prozent der 1.112 Befragten.

Neben den Veränderungen durch die Digitalisierung stellen aber weiterhin die Teilnahme an Tagungen oder Kongressen (78 Prozent) und Gespräche mit Fachkollegen (76 Prozent) für die befragten Wissenschaftler und Wissenschaftlerinnen wichtige Möglichkeiten dar, „sich im Fachgebiet auf dem Laufenden zu halten" (Abbildung 22). Social Media-Plattformen sind mit 15 Prozent bei akademischen Social-Media-Plattformen (wie zum Beispiel Researchgate, Academia.edu) und 9 Prozent bei generellen Social-Media-Plattformen (wie zum Beispiel Facebook, Twitter, Google+) von geringer Relevanz. Die Informationsversorgung über Online-Datenbanken und Online-Archive, die 2007 noch die zweithäufigste Option war, um sich auf dem Laufenden zu halten, bleibt auf ähnlichem Niveau.

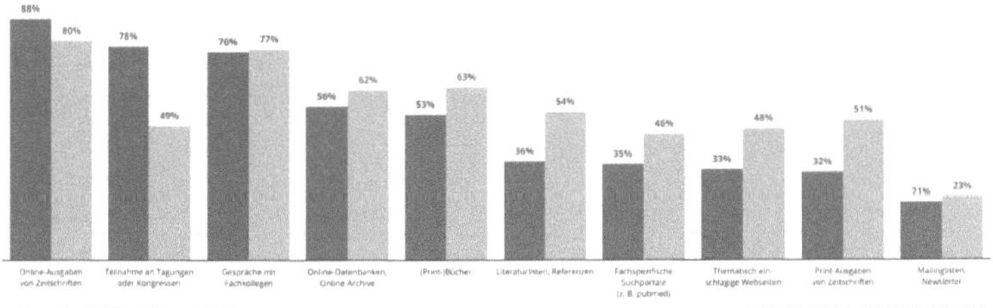

Abbildung 22: Informationskanäle, um „auf dem Laufenden zu bleiben", im Vergleich zu 2007

In Bezug auf die grundsätzliche Meinung zu Open Access konnte nur eine kleine Veränderung bei den Befragten festgestellt werden (Abbildung 23). Im Jahr 2007 bewerteten rund 81 Prozent der Befragten die Forderung nach kostenfreiem Zugang zu allen wissenschaftlichen Publikationen für Leser und Leserinnen als „gut" oder „sehr gut". In der Befragung 2014/2015 fiel das Ergebnis mit 77 Prozent und einer Teilnehmerzahl von 1.112 zwar niedriger, aber dennoch weiterhin mehrheitlich positiv aus.

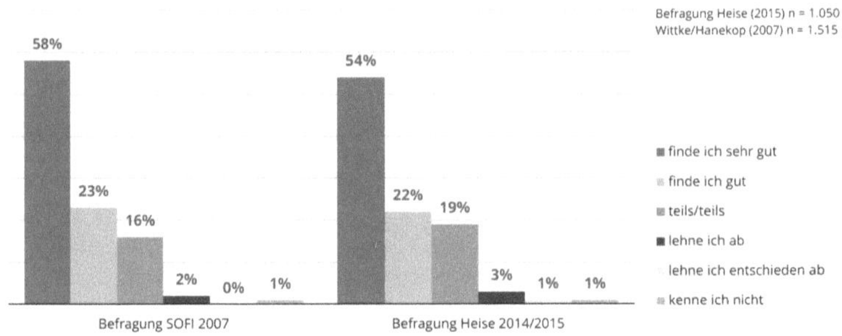

Abbildung 23: Grundsätzliche Meinung zur Forderung nach Open Access im Vergleich zu 2007

Ein weiteres Ergebnis der Studie des Soziologischen Forschungsinstituts in Göttingen aus dem Jahr 2007 war, dass „gerade auch die etablierten und damit etwas älteren Wissenschaftler internetbasierte Plattformen intensiv nutzen" (Hanekop 2007). Nach den Ergebnissen der aktuellen Befragung kann diese Entwicklung bestätigt werden. So gaben 86 Prozent der über 50-jährigen Befragten an, sich mit „Online-Ausgaben von Zeitschriften" „häufig auf dem Laufenden zu halten". In dieser Altersgruppe griffen jedoch auch noch immer 50 Prozent zu „Print-Ausgaben von Zeitschriften". In der Altersgruppe unter 50 Jahre nutzen nur noch 29 Prozent die Print-Ausgaben von Zeitschriften. Print-Bücher hingegen wurden altersgruppenunabhängig von 53 bis 54 Prozent der Befragten verwendet. Um auf dem Laufenden zu bleiben, griffen 20 Prozent der über 50-Jährigen auf digitale Bücher zurück. Mit 39 Prozent verwendeten fast doppelt so viele der unter 50-jährigen Befragten digitale Bücher, um sich in dem jeweiligen Fachgebiet auf dem Laufenden zu halten, wie die über 50-jährigen.

In der Studie von 2007 gaben insgesamt 80 Prozent an, sich mit Online-Ausgaben von wissenschaftlichen Beiträgen auf dem Laufenden zu halten. Sieben Jahre später stieg die Nutzung erneut um 8 Prozent auf 88 Prozent an. Die Situationen, in denen die Befragten nicht auf die Online-Version eines Aufsatzes zugreifen konnten, weil keine Lizenz vorlag, wurden ebenfalls seltener. Gaben 2007 noch 45 Prozent an, „häufig" bis „sehr häufig" nicht auf Aufsätze und Texte online zugreifen zu können, waren es in der aktuellen Befragung nur noch 32 Prozent. 67 Prozent der teilnehmenden Wissenschaftler gaben 2014/2015 an, nur „gelegentlich", „selten" oder „nie" Probleme mit dem Zugang zu Online-Texten zu haben. In der Befragung 2007 waren es nur 52 Prozent.

Demnach gibt es seit der Umfrage aus dem Jahr 2007 eine Verschiebung zugunsten einer besseren Verfügbarkeit von digitalen Texten für die Wissenschaftler und Wissenschaftlerinnen (Abbildung 24). Im Jahr 2007 gaben 45 Prozent der Befragten an, „sehr häufig" oder „häufig" nicht auf die Online-Version eines Textes zugreifen zu können. Laut der Erhebung von 2014/2015 waren es 32 Prozent, die angaben, „sehr häufig" oder „häufig" nicht auf Online-Inhalte zugreifen zu können. „Gelegentlich" konnten 2007 38 Prozent und 2014/2015 die Hälfte (50 Prozent) nicht auf die Webversion von Inhalten zugreifen, weil es zum Beispiel keine Lizenz dafür gab. „Selten" oder „nie" Probleme mit dem Online-Zugriff auf Texte hatten im Jahr 2014/2015 17 Prozent der Befragten, im Jahr 2007 waren es noch 14 Prozent.

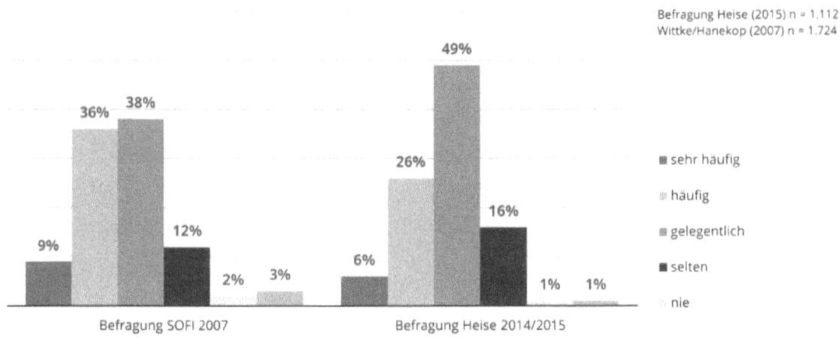

Abbildung 24: Einschränkungen beim Zugang auf digitale Texte im Vergleich zu 2007

In der Göttinger Erhebung von 2007 gaben 34 Prozent der Befragten an, mehr als einen Beitrag veröffentlicht zu haben, der vom Verlag selbst frei zugänglich gemacht worden war, im Jahr 2014/2015 waren es nur 26 Prozent (Abbildung 25). 14 Prozent hatten laut der Befragung 2014/2015 einen Beitrag veröffentlicht, in der Befragung 2007 waren es noch 23 Prozent. Eine frei zugängliche Publikation zu planen, gaben im Jahr 2007 (11 Prozent) ähnlich viele Befragte an wie in der Erhebung von 2014/2015 (11 Prozent). Markante Unterschiede gab es in diesem Zusammenhang auch bei der Anzahl der Personen, die angaben, bisher keine offenen Publikationen veröffentlicht zu haben und das auch nicht planten. Gaben im Jahr 2007 knapp ein Drittel (32 Prozent) an, keine frei zugängliche Publikation veröffentlicht zu haben oder zu planen, war es in der aktuellen Befragung fast die Hälfte der Befragten (49 Prozent).

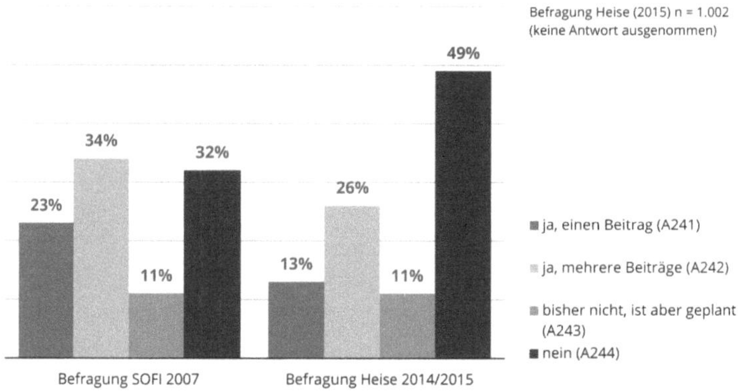

Abbildung 25: Frei zugänglich publiziert im Vergleich zu 2007

Bei der Frage „Welche Faktoren für wissenschaftliche Reputation sind in Ihrer Disziplin wichtig?" wurde im Jahr 2007 von 92 Prozent und in den Jahren 2014/2015 von 74 Prozent der Befragten die „Relevanz der Ergebnisse" als „wichtig" oder „sehr wichtig" bewertet. Demgegenüber erachteten die Teilnehmer und Teilnehmerinnen in der aktuellen Erhebung die „Anzahl der Aufsätze/Beiträge" (80 Prozent) am häufigsten als wichtigen Faktor für die Reputation in der jeweiligen Disziplin. 2007 stellten für 82 Prozent der Befragten die „Bezugnahme beziehungsweise die Zitation" durch Kollegen und Kolleginnen einen wichtigen oder sehr wichtigen Faktor für wissenschaftliche Reputation dar, in der aktuellen Befragung bewerteten diesen Faktor 66 Prozent der Befragten als „wichtig".

Die Frage, ob der Publikationsdruck in dem Fachgebiet der jeweiligen Befragten in den vergangenen fünf Jahren zugenommen habe, wurde von den Teilnehmern und Teilnehmerinnen in der SOFI-Studie von 2007 ähnlich wie in der Erhebung von 2014/2015 bewertet. In der jüngeren Umfrage gaben 18,4 Prozent und 2007 21,9 Prozent der Befragten an, eine sehr starke Zunahme des Publikationsdrucks zu registrieren. Für 22 Prozent der Befragten in den Jahren 2014/2015 und 20 Prozent der Befragten im Jahr 2007 hatte sich der Publikationsdruck nicht verändert. In beiden Erhebungen bejahte die größte Gruppe eine Zunahme des Drucks zur Veröffentlichung (2007: 44 Prozent und 2014/2015: 43 Prozent). Unsicher bezüglich einer Aussage zur Zunahme des Publikationsdrucks waren sich in 2014/2015 17 Prozent und in der Befragung vor 8 Jahren 14 Prozent der Befragten.

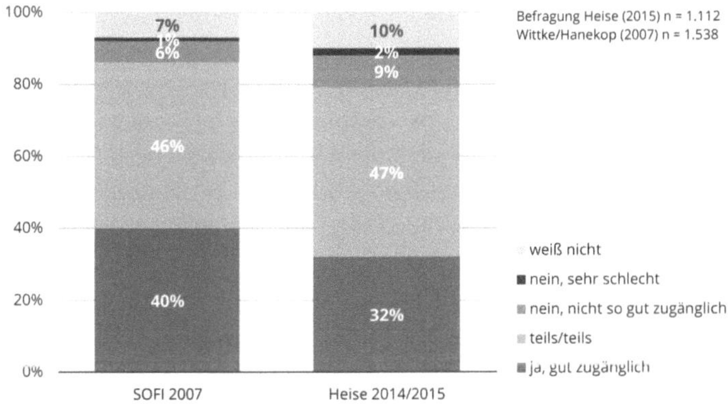

Abbildung 26: Empfundene Zugänglichkeit für Leserinnen und Leser zu Veröffentlichungen im Vergleich zur Befragung 2007

Ob die befragten Wissenschaftler und Wissenschaftlerinnen ihre Veröffentlichungen in Zeitschriften oder Büchern für potenzielle Leser und Leserinnen als gut zugänglich empfänden, bejahten in der aktuellen Erhebung 32 Prozent, im Jahr 2007 taten dies noch 40 Prozent. Mit „teils/teils" antworteten 46 Prozent im Jahr 2007 und 47 Prozent in den Jahren 2014/2015. Die Anzahl der Befragten, die ihre Veröffentlichungen in Zeitschriften oder Büchern für potenzielle Leser und Leserinnen als nicht gut zugänglich erachteten, stieg leicht von 6 Prozent 2007 auf 9 Prozent 2014/2015 (Abbildung 26).

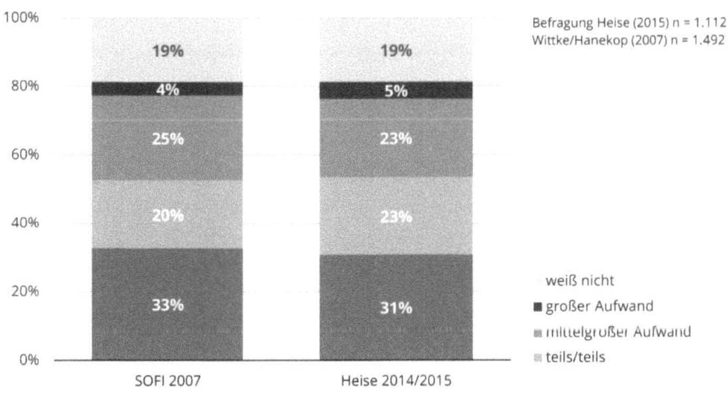

Abbildung 27: Aufwand, um Publikationen im Internet frei zur Verfügung zu stellen, im Vergleich zur SOFI-Studie 2007

Die Frage nach dem Aufwand für die freie Veröffentlichung von Publikationen im Internet bewerteten in der aktuellen Befragung 31 Prozent und 2007 33 Prozent der Befragten als „gering" (Abbildung 27). Mittelgroßen Aufwand vermuteten 2007 23 Prozent und 2014/2015 25 Prozent. Unsicher waren laut der aktuellen Erhebung 23 Prozent und 2007 20 Prozent der befragten Wissenschaftler und Wissenschaftlerinnen. Mit einem großen Aufwand rechneten 2015 5 Prozent und in der SOFI-Studie 4 Prozent. Keine Schätzung wussten in beiden Befragungen rund 19 Prozent der Befragten abzugeben.

Zwischenergebnis

Bei der Betrachtung des Interesses an der Öffnung wissenschaftlicher Kommunikation bestanden Vorannahmen, die von einer geringen Motivation der wissenschaftlichen Gemeinschaft für Veränderungen am System der wissenschaftlichen Kommunikation (Hagner 2015) und von einer geringen praktischen Verbreitung der Konzepte um die Öffnung wissenschaftlicher Kommunikation ausgingen (Scheliga 2014). In der Auswertung der Befragung von 1.112 Wissenschaftlern und Wissenschaftlerinnen im Rahmen dieser Arbeit konnte allerdings ein mehrheitlich stark verbreitetes Verständnis von Open Access und die mehrheitliche Unterstützung der Forderung nach Öffnung von Wissenschaft sowie ein Interesse an Forschungsdaten anderer nachgewiesen werden. In Abhängigkeit von Alter, wissenschaftlichem Status und Fachzugehörigkeit sind diese Merkmale allerdings unterschiedlich stark ausgeprägt.

Verbreitung von und das Interesse an Offenheit nach Alter

Das Interesse an Forschungsdaten war grundsätzlich hoch und 71 Prozent der Befragten bekundeten Interesse an den Forschungsdaten anderer. 64 Prozent aller Befragten konnten sich grundsätzlich vorstellen, unter bestimmten Bedingungen ihre Forschungsdaten und alle weiteren Informationen, die während ihrer wissenschaftlichen Arbeit anfallen. Dabei variierten die Unterschiede zwischen den Altersgruppen nur leicht.

In der Altersgruppe der 56- bis 60-Jährigen waren prozentual die meisten Befürworter (83 Prozent) der Forderung nach kostenfreiem Zugang zu allen wissenschaftlichen Publikationen für Leser und Leserinnen. Unter den 113 Befragten der 36- bis 40-Jährigen bewerteten immerhin noch 81 Prozent diese Forderung als „sehr gut" oder „gut" und unter den Befragten in der Altersgruppe der 26- bis 30-Jährigen unterstützten 81 Prozent die

Forderung. Der Durchschnitt der Befürworter aller Altersgruppen lag bei 77 Prozent.

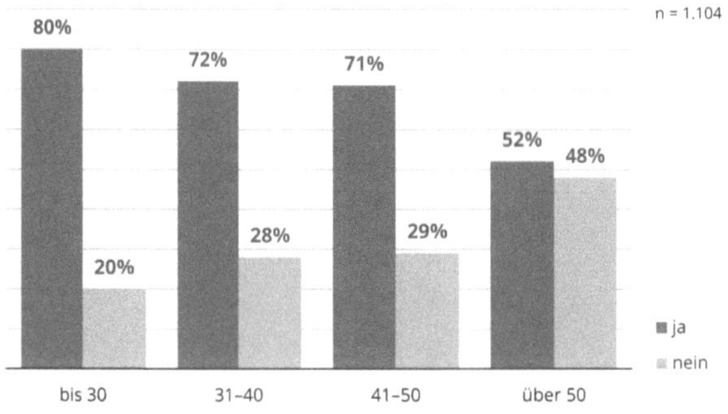

Abbildung 28: Interesse an Forschungsdaten anderer Wissenschaftler und Wissenschaftlerinnen nach Alter

In anderen Befragungen wurde vor allem in jüngeren Altersgruppen ein spezielles Interesse identifiziert, die Daten nicht ohne Einschränkungen zu veröffentlichen, während die über 50-Jährigen weniger Bedenken äußerten (Tenopir 2011). Es wurde angenommen, dass die Bedenken mit den Besitzverhältnissen und der beruflichen Entwicklung zusammenhängen (Tenopir 2011). Auch in der Befragung im Rahmen dieser Arbeit zeigen die Ergebnisse ein solches Bild. Die größte Gruppe derer, die sich vorstellen können, „Forschungsdaten und alle weiteren Informationen, die während Ihrer wissenschaftliche Arbeit anfallen (z. B. Laborbücher, Entwürfe oder andere Dokumente und Daten) unter Berücksichtigung von Datenschutz öffentlich zur Verfügung zu stellen" (ohne weitere Bedingungen) waren die über 50-jährigen befragten Wissenschaftlerinnen und Wissenschaftler (Abbildung 29). Die größte Ablehnung zur Öffnung von Forschungsdaten herrschte in der Gruppe der 41- bis 50-Jährigen.

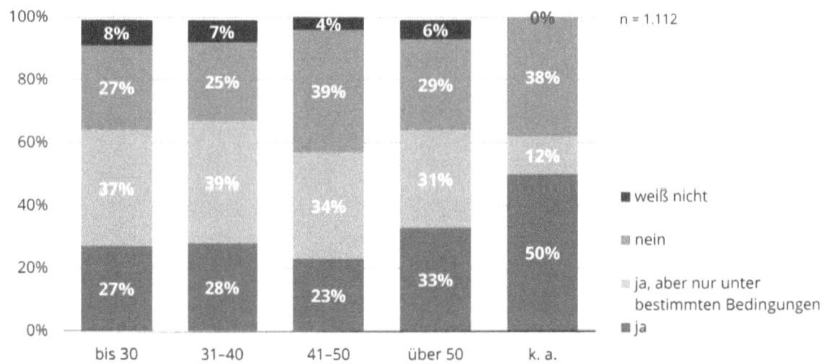

Abbildung 29: Bereitschaft zur Öffnung von Forschungsdaten nach Alter der Befragten

Die Frage, ob schon einmal Texte oder Bücher als Open Access veröffentlicht worden waren, beantworteten 78 Prozent der unter 30-Jährigen mit Nein. Bei den 31- bis 40-Jährigen verneinten dies noch 57 Prozent, bei den 41- bis 50-Jährigen mit 49 Prozent nur noch knapp weniger als die Hälfte und bei den über 50-Jährigen 46 Prozent (Abbildung 30).

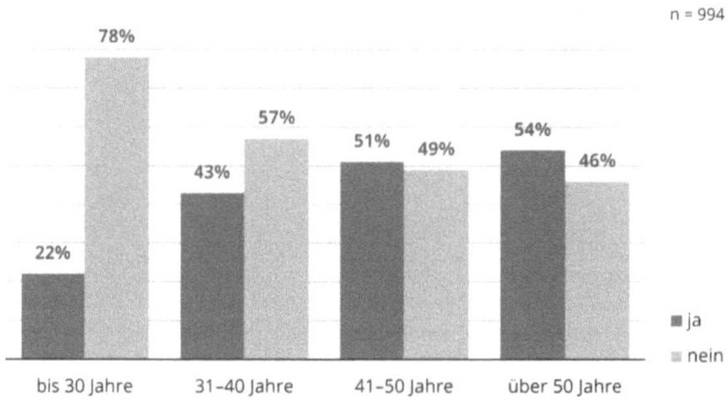

Abbildung 30: Aufsätze, Texte oder Bücher, die als Open Access publiziert wurden

Insgesamt gab die Mehrheit aller Befragten (60 Prozent) an, noch nicht unter den Bedingungen von Open Access publiziert zu haben. Je nach Altersgruppe kündigten jedoch 9 bis 12 Prozent derjenigen, die dies bisher noch nicht getan hatten, an, eine Open-Access-Veröffentlichung zu planen.

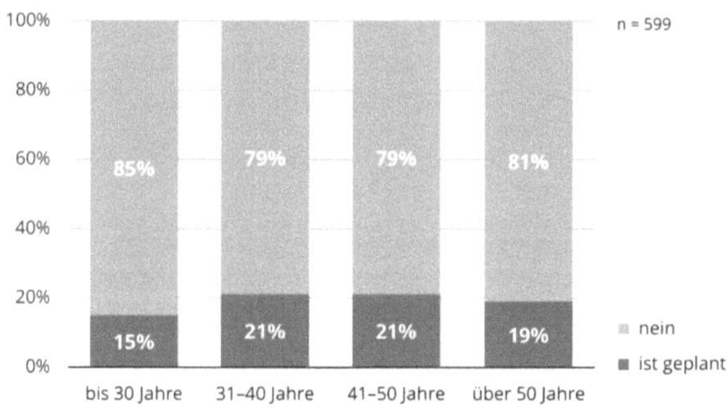

Abbildung 31: Prozent der Befragten, die planen, Aufsätze, Texte oder Bücher als Open-Access-Publikation zu veröffentlichen

Verbreitung von und das Interesse an Offenheit nach wissenschaftlichem Status

Eine genauere Betrachtung des Interesses an Forschungsdaten anderer Wissenschaftler und Wissenschaftlerinnen in Kombination mit der Frage nach dem „beruflichen Status“ zeigte, dass vor allem bei den Doktoranden ein Interesse an den Daten anderer besteht (Abbildung 32).

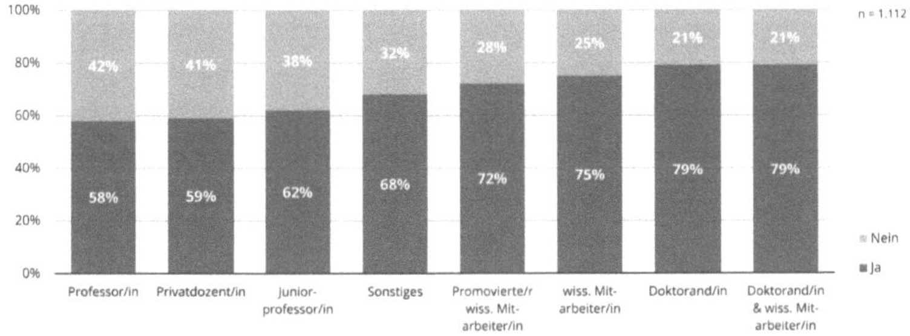

Abbildung 32: Interesse an Forschungsdaten in Abhängigkeit vom beruflichen Status

79 Prozent der 118 befragten Doktoranden und 79 Prozent der 175 Doktoranden mit einer Stelle als wissenschaftlicher Mitarbeiter gaben an, „Interesse am Zugang zu Forschungsdaten anderer Wissenschaftler_innen“ zu haben. Drei Viertel der wissenschaftlichen Mitarbeiter ohne Promotion (75 Prozent) und 72 Prozent der promovierten wissenschaftlichen Mitarbeiter waren ebenfalls mehrheitlich an den Forschungsdaten anderer interessiert. Unter den Juniorprofessoren zeigten 62 Prozent der Befragten ein Interesse am Zugang zu Forschungsdaten anderer Wissenschaftler und Wissenschaftlerinnen. Mit 58 Prozent der befragten Professoren und 59 Prozent der befragten Privatdozenten waren diese Gruppen etwas weniger, aber ebenfalls mehrheitlich an den Daten anderer interessiert.

Verbreitung von und das Interesse an Offenheit in den verschiedenen Disziplinen

Das Interesse an Forschungsdaten anderer Wissenschaftler und Wissenschaftlerinnen war in allen Disziplinen ähnlich stark ausgeprägt. Die Vision von Open Access hingegen fand auf hohem Niveau unterschiedlich viel Unterstützung. Im Detail gibt es gravierende Unterschiede zwischen den Fachgruppen bei der Bewertung und der praktischen Umsetzung von offener wissenschaftlicher Kommunikation. Diese Entwicklung und eventuelle Gründe werden im Folgenden dargestellt und diskutiert.

Die durchgeführte Befragung zeigt, dass bei der überwiegenden Mehrheit der Befragten ein grundsätzliches Verständnis für die Forderung nach Offenheit in der wissenschaftlichen Kommunikation vorherrscht (96 Prozent) und 75 Prozent eine gängige Definition von Open Access befürworten. 71 Prozent der Befragten zeigten zudem Interesse am Zugang zu

Forschungsdaten anderer Wissenschaftler und Wissenschaftlerinnen. 29 Prozent der Befragten gaben an, kein Interesse an den Daten anderer zu haben. 50 Prozent gaben an, gelegentlich und 32 Prozent häufig nicht auf die digitale/Online-Version eines Textes zugreifen zu können. Diese Zahlen überraschen, da bisher angenommen wurde, dass die meisten Wissenschaftler und Wissenschaftlerinnen an einer komfortablen Stelle des wissenschaftlichen Produktions- und Distributionssystems stehen, an der sie durch Lizenzen der Forschungsinstitutionen und Universitäten die Konsequenzen der Zeitschriften- und Publikationskrise beim Zugriff auf wissenschaftliche Beiträge selbst nicht zu spüren bekommen.

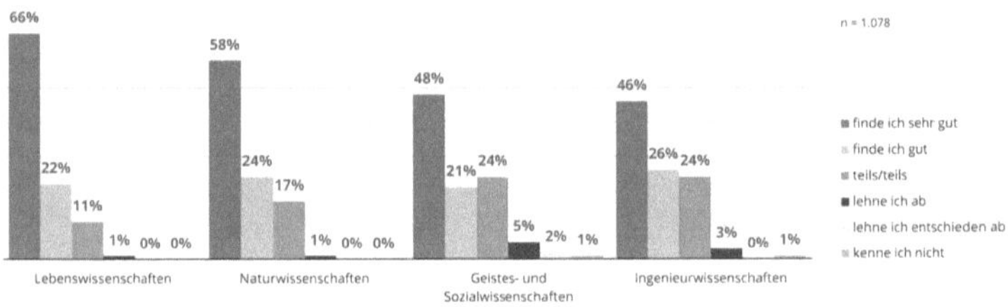

Abbildung 33: Unterstützung der Forderung nach kostenfreiem Zugang zu allen wissenschaftlichen Publikationen für Leser und Leserinnen (Open Access) nach Fachgruppe

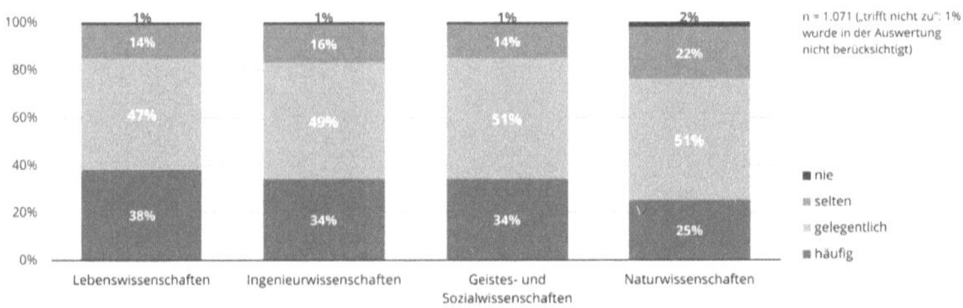

Abbildung 34: Einschränkungen beim Zugriff auf digitale Texte nach Fachgruppen

Demgegenüber gaben nur 36 Prozent der Befragten an, bisher Aufsätze, Texte oder Bücher frei zugänglich publiziert zu haben, und 38 Prozent stellten laut eigenen Angaben Volltexte auf den eigenen oder Institutswebseiten zur Verfügung. 32 Prozent bewerteten die Zugänglichkeit zu ihren Veröffentlichungen für potenzielle Leser und Leserinnen als gut. Diese Zahlen stützen die Annahmen in der Literatur, nach denen Wissenschaftler und Wissenschaftlerinnen Open Access als Rezipienten mehrheitlich bejahen, als Autoren jedoch wenig oder nur partiell genuines Interesse an Open Access haben (Wein 2010).

Im Folgenden werden die unterschiedlichen Disziplinen genauer betrachtet. Dabei wird vermutet, dass eklatante Unterschiede beim Interesse an und der Verbreitung von Offenheit beim Publikationsverhalten in den Geisteswissenschaften, Lebenswissenschaften, Ingenieurwissenschaften und den Naturwissenschaften bestehen.

Geisteswissenschaften

Dass die Geisteswissenschaften am geringsten unter allen befragten Fachgruppen, aber dennoch mehrheitlich der Forderung nach kostenfreiem Zugang zu allen wissenschaftlichen Publikationen für Leser und Leserinnen (Open Access) zustimmen, deckt sich mit dem Stand der Verbreitung von Open Access in der Fachrichtung. Dabei spielt die Publikationsform der Monografie nur in den Geistes- und Sozialwissenschaften eine wichtige Rolle, ebenfalls wurden nur in dieser Fachgruppe deutsche Zeitschriften als wichtig erachtet (65 Prozent). Das deckt sich mit den Aussagen in der Literatur (Hagner 2015, Näder 2010, Hollricher 2009, Lossau 2007). Die Auswertung der Ergebnisse der Befragung zeigt aber auch bei den Geistes- und Sozialwissenschaftlern ein mehrheitliches Interesse an den Forschungsdaten anderer (70 Prozent). Betrachtet man den Austausch von Daten als eine erweiterte Möglichkeit, Wissen zu überprüfen und Verzerrungen und Fehler zu beseitigen, erscheint es dennoch verwunderlich, dass 30 Prozent der befragten Wissenschaftler und Wissenschaftlerinnen der Fachgruppe kein Interesse daran haben.

Auch insgesamt zeigt die Auswertung der Antworten von 418 Wissenschaftlern und Wissenschaftlerinnen aus der geistes- und sozialwissenschaftlichen Fachrichtung ein eher ambivalentes Bild bezüglich des Wunsches nach Öffnung wissenschaftlicher Kommunikation und der tatsächlich praktizierten Offenheit. So erachten nur 25 Prozent der befragten Geisteswissenschaftler und Geisteswissenschaftlerinnen ihre eigenen Beiträge als „gut zugänglich" (Abbildung 35).

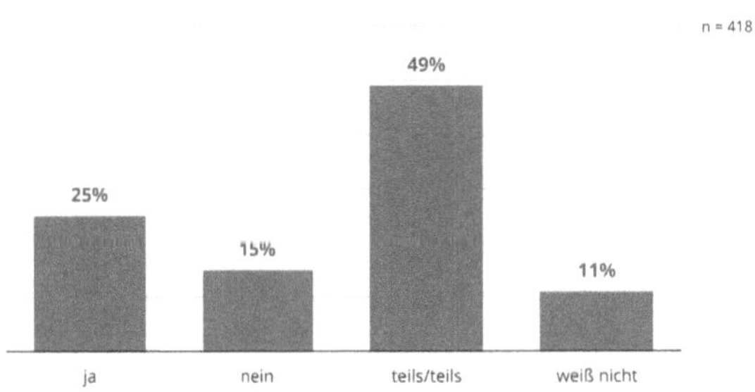

Abbildung 35: Empfundene Zugänglichkeit für Leserinnen und Leser geistes- und sozialwissenschaftlicher Publikationen

Dass die überwiegende Mehrheit der Befragten, die freie Verfügbarkeit des eigenen Volltextes im Internet (62 Prozent) und die Veröffentlichung unter einer Open-Access-Lizenz (70 Prozent) als eher weniger wichtig oder unwichtig erachtet, lässt dennoch auf ein relatives Desinteresse schließen. In allen anderen Fachgruppen hat die freie Verfügbarkeit der eigenen Texte einen höheren Stellenwert.

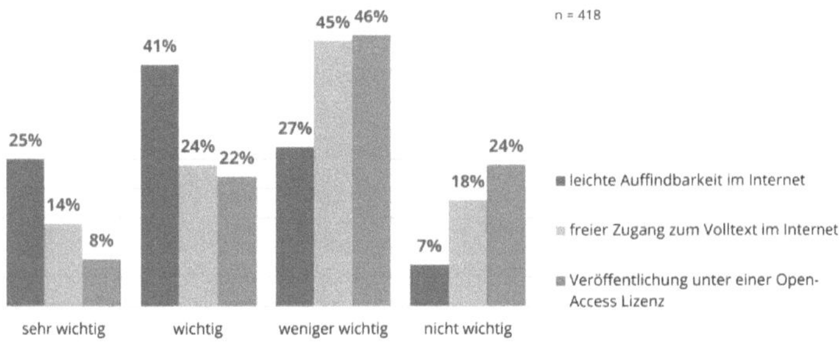

Abbildung 36: Offenheit als Kriterium bei der Veröffentlichung in den Geistes- und Sozialwissenschaften

Demgegenüber gaben 43 Prozent der Befragten an, Volltexte selbst auf Webseiten zur Verfügung zu stellen oder stellen zu lassen, und 37 Prozent der Teilnehmer und Teilnehmerinnen hatten schon mindestens ein Mal ihre Inhalte frei zugänglich publiziert. Erstaunlich ist, dass Geistes- und Sozialwissenschaftler auch die Gruppe derer stellen, die sich am besten vorstellen können, Forschungsdaten und alle weiteren Informationen, die während ihrer wissenschaftlichen Arbeit anfallen, unter bestimmten Bedingungen öffentlich zur Verfügung zu stellen (67 Prozent).

Daraus lässt sich schließen, dass unter den Wissenschaftlern und Wissenschaftlerinnen dieser Fachrichtung zwar ein grundsätzliches Interesse am Zugang zu Forschungsdaten anderer Forscher und Forscherinnen besteht (70 Prozent) und auch mehrheitliche, wenn auch unter allen Fachgruppen am geringsten ausgeprägte Zustimmung zu der Forderung nach kostenfreiem Zugang zu allen wissenschaftlichen Publikationen für Leser und Leserinnen (Open Access) besteht (68 Prozent), ein solcher aber in der praktischen Arbeit keine große Rolle spielt (37 Prozent). Das mag dadurch begründet sein, dass der eigene Zugang zu Publikationen durch die Wissenschaftler und Wissenschaftlerinnen in der Fachgruppe überwiegend als „gut" oder „sehr gut" bewertet wird und dass die Entwicklungen rund um die Öffnung von Wissenschaft und Forschung, wie im Kapitel „Grundlagen" dargestellt, eher aus den STM-Fächern kommen.

Dennoch verwundert diese ambivalente Haltung, denn gerade für die Geistes- und Sozialwissenschaften lässt sich ein besonderes Interesse an der Verbreitung von Wissen innerhalb der wissenschaftlichen Community und auch der Gesamtgesellschaft vermuten. Diese Vermutung wird dadurch bestärkt, dass in den Geistes- und Sozialwissenschaften 83 Prozent der Befragten die Anzahl der veröffentlichten Aufsätze und Beiträge am stärksten unter allen befragten Fachgruppen als wichtigen Faktor für Reputation in ihrer Disziplin erachteten. Es könnte sich jedoch bei den Zahlen statt um einen Indikator für das Interesse an Verbreitung wissenschaftlicher Informationen auch um die ungewollte Konsequenz der Leistungsbewertung nach rein quantitativen Kriterien handeln (Wissenschaftsrat 2015).

Lebenswissenschaften

In der Gruppe der Lebenswissenschaften findet die Forderung nach kostenfreiem Zugang zu allen wissenschaftlichen Publikationen für Leser und Leserinnen (Open Access) die stärkste Zustimmung unter allen vier Fachgruppen (88 Prozent). Mit 98 Prozent sind in den Lebenswissenschaften internationale Zeitschriften die wichtigste Publikationsform. Die Befragten bewerteten die Zugänglichkeit zu ihren eigenen Beiträgen mehrheitlich als „nicht so gut", „schlecht" oder „teil/teils" (68 Prozent). Zwei Drittel der befragten Lebenswissenschaftler und Lebenswissenschaftlerinnen gaben an, Interesse am Zugang zu Forschungsdaten anderer zu haben. Auch hier ist es verwunderlich, dass ein Drittel kein Interesse an dem Zugang zu den Daten anderer Forscher und Forscherinnen hat.

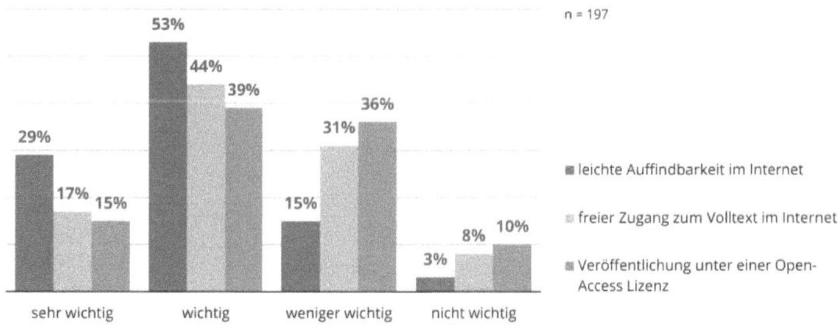

Abbildung 37: Kriterien bei der Veröffentlichung in den Lebenswissenschaften

Die 197 Befragten aus den Lebenswissenschaften bekennen sich eindeutiger zur Öffnung der wissenschaftlichen Kommunikation als die Geistes- und Sozialwissenschaftler. Der freie Zugang zu den eigenen wissenschaftlichen Beiträgen wird in der Fachgruppe von 61 Prozent als

„wichtig" oder „sehr wichtig" betrachtet und 54 Prozent der Lebenswissenschaftler gaben an, dass es ihnen mindestens „wichtig" sei, unter einer Open-Access-Lizenz zu veröffentlichen (Abbildung 37). Demnach ist in dieser Fachgruppe nicht nur die stärkste Zustimmung zur Öffnung wissenschaftlicher Kommunikation zu verzeichnen, sondern auch der stärkste praktische Verbreitungsgrad. Dass 53 Prozent der Befragten bereits frei zugänglich, zum Beispiel unter einer Open-Access-Lizenz, publiziert haben, bestätigt diese Einschätzung.

Der Zustand kann darauf zurückgeführt werden, dass die Zugangsmöglichkeiten zu wissenschaftlichen Publikationen insgesamt durch die Wissenschaftler und Wissenschaftlerinnen in der Fachgruppe überwiegend als „schlecht" beurteilt werden. Das stützt ebenfalls die These aus der Literatur (Näder 2010: 6), dass die Öffnung am stärksten in denjenigen Fachgruppen vorangetrieben wird, in denen sich die Krisen am stärksten für die Wissenschaftler und Wissenschaftlerinnen bemerkbar machen.

Naturwissenschaften

In den Naturwissenschaften unterstützten 82 Prozent der 322 Befragten die Forderung nach Open Access. Wie in den Lebenswissenschaften wurde auch in den Naturwissenschaften die internationale Zeitschrift als wichtigste Publikationsform genannt (98 Prozent). 39 Prozent der Befragten gaben an, dass sie ihre Veröffentlichungen für potenzielle Leser und Leserinnen als „gut zugänglich" bewerteten. Mit nur 69 Prozent waren die Naturwissenschaftler im Fachgruppenvergleich diejenige Gruppe unter den befragten, die am wenigsten Interesse am Zugang zu Forschungsdaten anderer Wissenschaftler und Wissenschaftlerinnen angab.

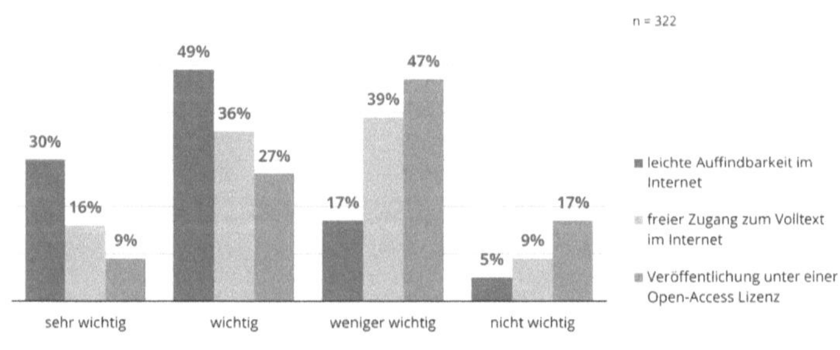

Abbildung 38: Offenheit als Kriterium bei der Veröffentlichung in den Naturwissenschaften

36 Prozent erachteten es als „wichtig" oder „sehr wichtig", unter einer Open-Access-Lizenz zu veröffentlichen, und für 52 Prozent spielten die

Veröffentlichung im Internet und der freie Zugang zu den eigenen wissenschaftlichen Beiträgen eine wichtige oder sehr wichtige Rolle. 36 Prozent gaben an, bereits frei zugänglich publiziert zu haben. Insgesamt befindet sich die Gruppe der Naturwissenschaftler und damit im Fachgruppenvergleich auf niedrigem Niveau im Mittelfeld, wenn es um die Verbreitung offener Kommunikation und die tatsächliche Umsetzung geht. Das ist auf der einen Seite verwunderlich, denn Gründe für die Entwicklung der Forderung nach Offenheit in Wissenschaft und Forschung wird neben den Fächern der Lebenswissenschaften auch den Naturwissenschaften und der Publikationsform Zeitschrift zugeschrieben (Näder 2010), auf der anderen Seite gaben 78 Prozent der Befragten an, über gute oder sehr gute Zugangsmöglichkeiten zu wissenschaftlichen Online-Zeitschriften über eine Lizenz ihrer Forschungseinrichtung zu verfügen (93 Prozent) und scheinen somit keinen direkten Veränderungsdruck zu empfinden.

Ingenieurwissenschaften

Die befragten 141 Wissenschaftler und Wissenschaftlerinnen der Ingenieurwissenschaften unterstützen ebenfalls mehrheitlich die Forderung nach Open Access (72 Prozent). Knapp einem Drittel (32 Prozent) ist es „wichtig" oder „sehr wichtig", unter einer Open-Access-Lizenz zu veröffentlichen, während 42 Prozent der freie Zugang zum Volltext der eigenen wissenschaftlichen Beiträge im Internet „wichtig" oder „sehr wichtig" ist (Abbildung 39).

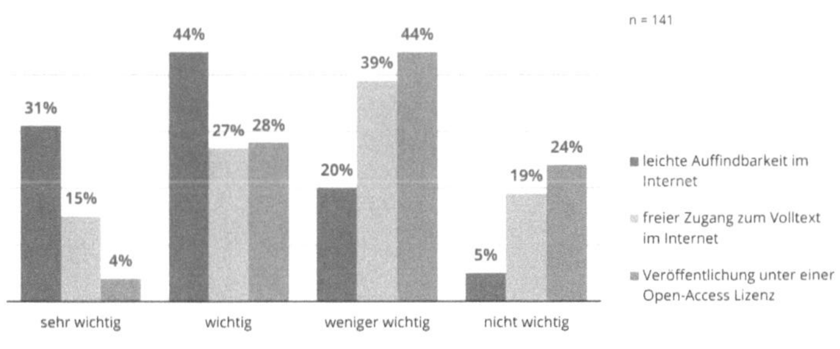

Abbildung 39: Offenheit als Kriterium bei der Veröffentlichung in den Ingenieurwissenschaften

34 Prozent haben bereits frei zugänglich publiziert und 32 Prozent finden, dass ihre Veröffentlichungen in Zeitschriften oder Büchern für potenzielle Leser und Leserinnen „gut zugänglich" sind. Wie bei den Lebenswissenschaften gaben zwei Drittel der Befragten an, Interesse am Zugang zu Forschungsdaten anderer Wissenschaftler und Wissenschaftlerinnen zu

haben. Auch in den Ingenieurwissenschaften ist mit 90 Prozent die internationale Zeitschrift die wichtigste Publikationsform. Nur 37 Prozent erachten deutschsprachige Zeitschriften als „wichtig“. Monografien spielen nur für ein Drittel (35 Prozent) der Befragten eine wichtige Rolle.

[6]

Experimentelle Untersuchung: Offenes Verfassen einer Dissertation

It is our duty to encourage young researchers to think critically about prevailing paradigms and to come up with simplifying conceptual remedies that take us away from our psychological comfort zone but closer to the truth. (Loeb 2013: 386)

Um vor allem die in der Literaturrecherche und in der Befragung extrapolierten Katalysatoren und Hindernisse, den vermuteten Aufwand sowie die damit verbundenen Bedingungen für das offene Publizieren prüfen zu können und Handlungsempfehlungen für das offene Schreiben von wissenschaftlichen Arbeiten am Beispiel von Dissertationen erstellen zu können, wurde für diese Arbeit eine offene Schreibweise als Selbstexperiment gewählt. Dabei wurde die Arbeit direkt und unmittelbar während der Erstellung für jeden jederzeit frei zugänglich auf einer Webseite (http://offene-doktorarbeit.de) im Internet veröffentlicht.

Diese experimentelle Untersuchung fragt danach, ob und wie weit die offene Erstellung einer Doktorarbeit unter den Kriterien und Forderungen von Open Access und Open Science möglich ist. Sie ergänzt die Erkenntnisse zur Praxis und zur Auseinandersetzung mit dem Wunsch nach bestimmten Zuständen im wissenschaftlichen Kommunikationssystem. Dieses Vorgehen kann weitere Treiber und Bremser für Veränderungen im wissenschaftlichen Kommunikationssystem identifizieren, exemplarisch den Aufwand für das offene Verfassen einer wissenschaftlichen Arbeit darstellen und damit ein Beispiel für ein konkretes Vorhaben der Öffnung von Wissenschaft und Forschung liefern. Darüber hinaus lässt der Erstellungsprozess dieser Arbeit Rückschlüsse für die Praxistauglichkeit der Forderung nach Öffnung des wissenschaftlichen Kommunikationssystems zu und erweitert die Ergebnisse der Befragung um eine praktische Herangehensweise.

Folgende detaillierte Fragestellungen sollen im Rahmen des Experiments bearbeitet werden:
- Wie kann eine offene wissenschaftliche (Qualifikations-)Arbeit angefertigt werden?
- Welche konkreten Herausforderungen bestehen bei der offenen Anfertigung einer solchen Arbeit?
- Welche Vorteile und welche Nachteile ergeben sich beim offenen Verfassen wissenschaftlicher Arbeiten?
- Welche Handlungsempfehlungen für das offene Verfassen einer wissenschaftlichen (Qualifikations-)Arbeit können abgeleitet werden?

Für diese Herangehensweise wurde ein (auto-)ethnografischer Ansatz gewählt, der als solcher einen primär verstehenden Zugang zur Materie sucht. Er bietet einen Rahmen, in dem sich auch Widersprüchliches thematisieren lässt und der durch die Zulässigkeit eines Methodenmix der Komplexität wissenschaftlicher Praxis gerecht werden kann. Dieser Methodenmix entspricht der Herangehensweise in den Science and Technology Studies, ermöglicht eine umfassende Darstellung und erhöht die Wahrscheinlichkeit, dass das hier geschilderte Vorgehen als Modell für andere offen verfasste wissenschaftliche Arbeiten dienen kann.

Konzeptionelle sowie technische Rahmenbedingungen

Konzeptionell war das Projekt von Anfang an so angelegt, dass die Arbeit und alle Daten unter allen Umständen jederzeit frei und offen im Internet einsehbar sein sollten. Die Bedingungen, unter denen diese Arbeit erstellt werden sollte, sollten sich so nahe wie möglich an den Forderungen einer Open Science und den genannten Erklärungen zur Öffnung wissenschaftlicher Kommunikation orientieren. Nach einer rechtlichen Klärung der offenen Schreibweise sollten die Arbeit und alle damit verbundenen Tätigkeiten, so schnell und umfassend wie möglich, jederzeit frei und offen im Internet abrufbar sein.

Initial kam dafür ein Blog auf der Grundlage der Open-Source-Lösung Wordpress zum Einsatz. Blogs, auch Weblogs genannt, beschreiben eine Reihe von Softwarelösungen, die es Internetnutzern und -nutzerinnen nach der Installation einfach ermöglichen, Einträge im Internet zu veröffentlichen. Wordpress wurde zunächst als eine solche Blogging-Plattform entwickelt. In den letzten Jahren hat sich das System jedoch zu einem umfangreichen Content-Management-System weiterentwickelt (Patel 2011). Content-Management-Systeme ermöglichen nicht nur die Darstellung von Texten in chronologischer Reihenfolge, sondern auch die Ablage und Organisation von Daten oder anderen Medien. Einer der wesentlichen Vorteile von Wordpress ist die große Anzahl von Plugins (Patel 2011). Über die Plugins kann jeder Aspekt einer Wordpress-Webseite in Bezug auf die Erstellung, Organisation und Optimierung von Inhalten mit dem Einsatz von Plugins erweitert werden. Sie werden von unabhängigen Programmierern entwickelt und überwiegend unter einer Open-Source-Lizenz freigegeben. Da die verwendete Software nicht nur der Dokumentation im Rahmen der Erstellung der vorliegenden Arbeit dienen, sondern auch als technische Plattform für die Veröffentlichung der gesamten wissenschaftlichen Arbeit selbst zur Verfügung stehen sollte, erschien Wordpress in der theoretischen Betrachtung als beste Lösung für das Vorhaben.

Zu einem späteren Zeitpunkt sollten die ersten Inhalte in einem Dokument auf Google Docs im Blog eingebunden und offen zur Verfügung gestellt werden. Google Docs ist ein kostenloses, webbasiertes Textverarbeitungssystem der Firma Google. Es ist angelehnt an die gängigen Programme von Microsoft Office oder Open Office, bietet aber einige Einschränkungen besonders für das wissenschaftliche Publizieren. So fehlen bei Google Docs die Möglichkeiten der strukturierten Ablage von Daten und die einfache Verwaltung von Quellen und Referenzen. Vor der Erstellung der Arbeit wurden unterschiedliche technische Möglichkeiten für die einfache Darstellung getestet. In der ursprünglichen Analyse wurde, wie oben dargestellt, die Veröffentlichung der Arbeit in einem Blogsystem präferiert. Aus pragmatischen Gründen wurde das Projekt später auf die Schreibplattform Authorea übertragen. Insgesamt wurde der Prozess der Wissensschaffung öffentlich dokumentiert und jederzeit einsehbar veröffentlicht. Exemplarisch fand dies in den folgenden fünf Phasen des wissenschaftlichen Erkenntnisprozesses statt:

1. Die Fragestellung und Planung der Arbeit wurde im Blog seit August 2012 veröffentlicht. Auf den generellen Übersichtsseiten des Blogs wurde das Vorhaben vorgestellt und regelmäßig zum Stand der Arbeit veröffentlicht. Das Exposé für die Doktorarbeit wurde in einem Google-Dokument verfasst und ebenfalls in den Blog eingebunden.
2. Die Ausführung der Befragung, des Schreibprozesses (seit Bestätigung durch die Promotionskommission Ende 2013) und des Experiments waren zu jeder Zeit offen einsehbar. Auf der jeweiligen Schreibplattform wurde der aktuelle Stand der Arbeit öffentlich festgehalten und im Blog wurden die Entwicklungen der Arbeit regelmäßig dokumentiert. Die Befragung wurde ebenfalls im Blog vorgestellt und dokumentiert sowie die Umfragedaten nach Abschluss der Befragung als anonymisierte Rohdaten veröffentlicht. Noch nicht bearbeitete Stellen und nicht ausformulierte Gedanken wurden ebenfalls im Text gesondert gekennzeichnet und jederzeit dokumentiert.
3. Die Analyse der Daten wurde auf Grundlage der Rohdaten durchgeführt und direkt in dem Text der Arbeit verarbeitet. Zwischenergebnisse wurden aufbereitet und vorab inklusive der jeweiligen Daten kommuniziert. Die Analyse des Experiments der offenen Anfertigung der Arbeit erfolgte ebenfalls direkt im Text und in Beiträgen auf dem Blog.
4. Das Auswertungsverfahren wurde ebenfalls im Blog dokumentiert und direkt in der Arbeit inklusive der Daten veröffentlicht. Die Grafiken und Statistiken wurden ebenfalls gesammelt auf der Webplattform dargestellt und direkt in den Text eingebunden.
5. Die Erarbeitung und Kommunikation der Ergebnisse fand ebenfalls unmittelbar und jederzeit öffentlich einsehbar auf dem Blog sowie direkt im Text der Arbeit statt. Das finale Dokument wurde abschließend auch auf der Webseite veröffentlicht.

Die Arbeit orientierte sich an der Forderung von Open Science, dass der umfassende Zugriff auf den gesamten wissenschaftlichen Erkenntnisprozess inklusive aller Daten und Informationen, die bereits bei der Erstellung, Bewertung und Kommunikation der wissenschaftlichen Erkenntnisse entstanden waren, jederzeit gegeben sein müsse. Auf der Webseite http://offene-doktorarbeit.de wurde zu jeder Zeit der gesamte Text sowie die verwendete Literatur, aber auch die Ergebnisse der empirischen Arbeit zeitnah veröffentlicht. Somit war es anderen Personen mit einem Internetanschluss möglich, im gesamten Verlauf auf den aktuellen Stand zuzugreifen. Um darüber hinaus auch den Zugriff auf die einzelnen Entwicklungsschritte der Arbeit und Daten zu ermöglichen, fand im Herbst 2014 ein Wechsel auf die Softwareentwicklungsplattform GitHub statt. Der

Forderung, die technischen Entwicklungen zu nutzen, um wissenschaftliche Erkenntnisse aller Art im Rahmen des wissenschaftlichen Erkenntnisprozesses schnellstmöglich offen zu verbreiten, wurde somit entsprochen. Die Informationen wurden nicht nur technisch über die Webseite und die Ablage der Informationen in Repositorien (Zenodo und dem GESIS-Data-Sharing-Repositorium datorium), sondern auch rechtlich über die Wahl einer open-definition-kompatiblen Creative-Commons-Lizenz (CC BY-SA) für andere les- und (weiter-)nutzbar gemacht. Eine direkte Weiternutzung des Textes und der Daten konnte jedoch im Erstellungszeitraum nicht festgestellt werden.

Die Verwendung einer system-, geräte- und lokationsunabhängigen Webseite stellte sicher, dass sämtliche Inhalte der Kommunikation während und nach der Wissensproduktion durch andere innerhalb und außerhalb der wissenschaftlichen Gemeinschaft rezipiert und weiterverwendet werden konnten. Im Blog wurden darüber hinaus Informationen im Zusammenhang mit der Erstellung der Arbeit und aus den mit der Arbeit verknüpften Vorträgen und Kolloquiumsbesuchen veröffentlicht und dokumentiert. Einzig die Möglichkeit, zu den Forschungsbemühungen beizutragen, war aufgrund der notwendigen Selbstständigkeit bei der Erstellung der wissenschaftlichen Qualifikationsarbeit eingeschränkt. So konnten Nutzer und Nutzerinnen die Blogbeiträge rund um die Dokumentation der offenen Schreibweise kommentieren und Literaturvorschläge einreichen sowie über ein Kontaktformular Nachrichten übermitteln, die Möglichkeit, direkt innerhalb der Arbeit zu intervenieren oder zu kommentieren, bestand allerdings nicht. Die Anpassung und Kommentierung des Textes sowie die Veränderung von Daten und Text , wurden ebenfalls eingeschränkt. Die Möglichkeit, die Arbeit unabhängig vom Autor unter anderem Namen weiterzuentwickeln (forken), konnte durch die Ablage des Textes als Code auf GitHub zwar nicht eingeschränkt werden, wurde jedoch nicht aktiv verwendet. Zwar machte ein Nutzer am 14. Mai 2015 von dieser Funktion Gebrauch, veränderte aber weder den Inhalt noch die Daten. Der Nutzer ist dem Autor zudem persönlich bekannt.

Durchführung der offenen Anfertigung der Dissertation

Damit die Kriterien und Argumente für oder gegen das offene Publizieren (zum Beispiel Verbreitung, Beschleunigung, Aufwand) geprüft und gegebenenfalls Handlungsempfehlungen für das offene Schreiben von wissenschaftlichen Arbeiten am Beispiel von Dissertationen erstellt werden können, werden im Folgenden die rechtlichen und technischen Herausforderungen dokumentiert und zusammengefasst.

Rechtliche Herausforderungen

Die Promotionsordnung der Fakultät Kulturwissenschaften der Leuphana Universität mit dem Stand vom 02.02.2011 (Leuphana 2011) untersagt nicht ausdrücklich das offene Verfassen einer Dissertationsarbeit, erlaubt dies aber auch nicht explizit. Zur Klärung der Frage, ob eine offene Schreibweise gegen die Regeln der Promotionsordnung der Fakultät verstößt und möglicherweise zu einem Ausschluss der Arbeit aus dem Promotionsverfahren führt, wurde nach Fertigstellung des Exposés im Januar 2013 ein offizielles Schreiben an die Promotionskommission übermittelt (Heise 2013), in dem um eine Erlaubnis der zeitgleichen Veröffentlichung des aktuellen Stands der Arbeit im Internet gebeten wurde. Um den Anforderungen der zu dieser Zeit geltenden Prüfungsordnung der Leuphana Universität zu entsprechen, wurden in dem Schreiben an die Promotionskommission die Bedingungen für die offene Erstellung der Arbeit und die vermutete Vereinbarkeit mit der Promotionsordnung dargelegt. Nach einer rechtlichen Prüfung durch das Justiziariat der Universität entsprach die Promotionskommission am 12. Dezember 2013 mehrheitlich dem Gesuch, das „offene" Verfassen der Arbeit zu gestatten. Sie stützte damit auch die Vermutung, dass die gewonnene Transparenz während des Erstellungsprozesses in diesem Fall keinen Widerspruch zu der Selbständigkeit bei der Ausarbeitung der Dissertation darstellte. Die Kommission empfahl darüber hinaus der nachfolgenden Promotionskommission, die Entstehungsform der Dissertation anzunehmen. Dennoch machte der Vorsitzende eine Mitteilung zur Unsicherheit dieser Art der Veröffentlichung, da zum Zeitpunkt der Fertigstellung „voraussichtlich eine Promotionskommission unter anderer Zusammensetzung die Annahme der Dissertation zu prüfen und zu beschließen" (Heise 2013a) haben werde.

Um den Voraussetzungen der Open-Definition und den Forderungen in den Erklärungen für die Offenheit im wissenschaftlichen Kommunikationsprozess von Budapest, Berlin und Bethesda (siehe Kapitel 2) vollumfänglich gerecht zu werden und eine möglichst umfassende Öffnung des wissenschaftlichen Erkenntnisprozesses im Rahmen dieser Arbeit zu erreichen, wurden die Inhalte und Daten der Arbeit unmittelbar, für alle frei und kostenlos unter einer Creative-Commons-Lizenz veröffentlicht. Diese kommt im Rahmen dieser Arbeit unter den Bedingungen „Weitergabe unter gleichen Bedingungen 3.0 Unported" zum Einsatz.

An dieser Stelle sei auch auf die rechtliche Möglichkeit hingewiesen, dass die Arbeit oder Derivate des Textes von Dritten vor der eigentlichen Abgabe hätten veröffentlicht werden können. Damit wäre zwar nicht direkt gegen die Auflagen der Promotionsordnung verstoßen worden, dennoch hätte dies einer erneuten Prüfung bedurft und damit voraussichtlich zu einer Verzögerung im Promotionsprozess geführt. Die Ordnung sieht zwar vor, dass die Dissertation „in begründeten Fällen teilweise vorher veröffentlicht" (Leuphana 2011) werden kann, auf die gesamte Veröffentlichung der Arbeit vorab wird aber nicht Bezug genommen. Ähnliches gilt für die erhobenen Daten. Die rechtlichen Rahmenbedingungen der Promotionsordnung können sind somit auch ein Beispiel für die Fokussierung des wissenschaftlichen Publikations- und Kommunikationssystems auf das gedruckte Wort.

Technische Herausforderungen und Umsetzung der offenen Anfertigung der Arbeit

Die Arbeit wurde bis zur Klärung der Erlaubnis durch die Promotionskommission im Dezember 2013 zur Vorbereitung der öffentlichen Publikation in einem Google-Dokument ohne Freigaben verfasst. Diese Veröffentlichungsform hatte sich bereits bei der Erstellung und Veröffentlichung des Exposés für das Promotionsvorhaben (Heise 2012a) als praktische Lösung für die Erarbeitung eines ersten Entwurfs herausgestellt. Die Blogsoftware Wordpress (Version 3.8 bis 4.3) wurde im Vorfeld des Erstellungsprozesses der Arbeit auf dem eigenen Webserver (Ubuntu Linux 14.04, Apache 2.4, PHP 5.5, MySQL 5.5) installiert und über die Domain http://offene-doktorarbeit.de im Internet für alle Internetnutzer verfügbar gemacht. Da weder beim Autor noch in der Literatur Vorerfahrungen mit dem offenen Verfassen von wissenschaftlichen Qualifikationsarbeiten vorherrschten, war geplant, unmittelbar nach Erlaubnis der offenen Anfertigung durch die Promotionskommission die Arbeit aus dem Google-Dokument in das bereits genutzte Blogsystem zu übertragen und den Schreibprozess dort bis zum Abschluss weiterzuführen.

Bei der Übertragung der bereits geschriebenen Inhalte in das Blogsystem Anfang 2014 stellte sich schnell heraus, dass die Blogsoftware für die Veröffentlichung der gesamten Arbeit in einzelnen Blogposts sehr unpraktisch und unzureichend war. Zwar ermöglichten zusätzliche Anpassungen an das System (Plugins) die Veröffentlichung von Inhalten in wissenschaftlichen Formen und Formaten, dennoch stieß das eingesetzte System bei der Länge des Inhalts schnell an seine Grenzen. Folgende weitere Gründe verhinderten letztendlich die geplante Überführung der geschriebenen Inhalte in den Blog als primäre Veröffentlichungsplattform:

- Die Blogsoftware war für ein so umfassendes wissenschaftliches Vorhaben nicht konzipiert. Die nötigen Anpassungen (Literatur- sowie Zitatverwaltung, Darstellung von Grafiken und Statistiken, öffentlich einsehbares Revisionssystem, Exportfunktion) stellten sich während der Übertragung der bestehenden Inhalte schnell als unverhältnismäßig aufwendige Aufgabe dar.
- Die Abbildung der Struktur der bis Ende 2013 verfassten einzelnen Kapitel aus dem unstrukturierten Google-Dokument als Blogposts stellte sich ebenfalls als sehr unpraktikabel heraus und erforderte zahlreiche aufwendige Anpassungen.
- Einzelne Inhalte und Formatierungen waren grundsätzlich nicht ohne Anpassungen übertragbar. Das betraf vor allem die Literaturangaben sowie die Formatierungen im Text.
- Der Schreib- und Editierprozess stellte sich ebenfalls als sehr unpraktikabel dar. Die Blogsoftware war zwar für eine schnelle Veröffentlichung von kurzen Beiträgen optimiert, bei längeren Texten erhöhten jedoch lange Ladezeiten und unflexibles Scrollen den Zeitaufwand für die Arbeit am Text.
- Trotz Anpassungen und geeigneter Plugins ist die einfache standardisierte Referenzierung von Literaturverweisen, Fußnoten und die Sammlung von Quellen mit Wordpress über mehrere Blogeinträge bisher ohne umfassende Modifikationen des Systemkerns oder die Verwendung von externen Softwarelösungen nicht möglich.
- Der Export der übergreifenden Inhalte in ein lesbares Dokument, das online einsehbar ist, war nur mit hohem zusätzlichem Aufwand möglich.
- Die strukturierte Eingabe der Inhalte und Ablage der Daten waren ebenfalls nur unter erhöhtem Aufwand möglich und verringerten die Produktivität beim Schreiben.
- Erfahrungen aus anderen Wordpress-Projekten legten die Vermutung nahe, dass die Anzahl an Revisionen der einzelnen Teile der Arbeit die Darstellung und Funktionsweise des Revisionssystems überfordert hätte.
- Aufgrund der Länge des Inhalts, der hohen Anzahl an Revisionen und der Größe der Daten verhinderten Performance-Einbußen, die ohne eine leistungsfähigere IT-Infrastruktur nicht zu beheben waren, die einfache Arbeit am Text.

Nachdem der Einsatz von Wordpress und Google Docs zwar grundlegend der Anforderung des ständigen und offenen Zugriffs auf die Arbeit entsprach, sich aber letztendlich als unzureichend und unpraktikabel für die Erstellung wissenschaftlicher Inhalte herausgestellt hatte, wurden weitere Plattformen evaluiert. Zu diesem Zeitpunkt Anfang 2014 standen jedoch keine standardisierten Lösungen für das offene Verfassen wissenschaftlicher Arbeiten zur Verfügung und die gängigen webbasierten Softwarelösungen zur Online-Textverarbeitung und -darstellung genügten meist nicht den Ansprüchen wissenschaftlicher Arbeiten. Dennoch wurden neun Plattformen und Systeme auf ihre Praxistauglichkeit für das Vorhaben evaluiert.

Nach den praktischen Tests der unterschiedlichen Plattformen kam ab Ende Juli 2014 die kollaborative, wissenschaftliche Schreibplattform Authorea zum Einsatz. Authorea hatte gegenüber allen anderen Plattformen den grundlegenden Vorteil, dass die Inhalte einfach offen einsehbar dargestellt und in die bestehende Blogplattform eingebunden werden konnten. Ein umfassendes Revisionssystem ermöglichte zudem die einfache Darstellung der Veränderungen am Text und der Versionsgeschichte aller mit dem Text verbundenen Informationen. Diese Funktion war ein grundlegender Vorteil für die offene Schreibweise. Auf Grundlage der positiven Evaluation wurden die Inhalte ebenfalls im Juli aus dem bisherigen System (Google Docs) auf die Plattform übertragen.

Der Text in Authorea wurde mit dem Textsatzsystem TeX und der Makrosprache Lamport TeX (LaTeX) verfasst. LaTeX ist ein Layoutsystem, das besonders für wissenschaftliches Veröffentlichen geeignet ist. Im Gegensatz zu gängigen Textverarbeitungsprogrammen ermöglicht dieses System die Arbeit an strukturellen Textdateien, die an bestimmten Stellen so ausgezeichnet werden, dass sie später als strukturierter Datensatz in jede mögliche Form und jedes Format übertragen und exportiert werden können. Während die üblichen Textverarbeitungsprogramme (wie zum Beispiel Microsoft Word) auf dem „What you see is what you get" (WYSIWYG) basieren, zählt man LaTeX zu den sogenannten Markup-Sprachen beziehungsweise Auszeichnungssprachen, die nicht innerhalb einer bestimmten Umgebung verwendet werden müssen (Sievers 2012). Diese Art des Textsatzes ist vor allem dann sinnvoll, wenn die finale Verwertung oder Ausgabe des Inhalts unbekannt oder variabel sein soll (Braune 2007). Darüber hinaus ermöglicht sie eine plattformübergreifende Erstellung und Ablage des Inhalts. Das Editieren des Inhalts blieb dabei vergleichsweise komfortabel, da auf der Plattform gängige Textformatierungen über einen einfachen Editor ermöglicht wurden. Im zweiten Hauptkapitel zu den Grundlagen wissenschaftlicher Kommunikation als Open-Source-Prozess wurden bereits Parallelen zwischen der Öffnung der Softwareentwicklung im Rahmen der Open-Source-Bewegung und der Öffnung von wissenschaftlicher Kommunikation gezogen und so war es nicht nur naheliegend, sondern auch notwendig, gängige Tools und Umgebungen für die Entwicklung von Software für die Erstellung der eigenen wissenschaftlichen Arbeit einzusetzen. Die strukturierte Ablage des Textes anhand von LaTeX bot die erforderliche Grundlage für eine offene Erstellung. Die Arbeit wurde im weiteren Erstellungsprozess und nach Migration des Textes aus dem Google-Dokument auf Authorea im Herbst 2014 zusätzlich mit einem GitHub-Repositorium als Ablage für den Code und die Daten hinter dem öffentlich einsehbaren Text verknüpft. Die Verknüpfung der Inhalte von der Schreibplattform mit dem Software-Repositorium GitHub hatte folgende weitere Vorteile:

- Die automatische, dezentrale Sicherung und Archivierung der Arbeit auch außerhalb von Authorea
- Die Erstellung, Bearbeitung und Synchronisierung eines lokalen Abbilds der gesamten Arbeit und der dahinterliegenden Daten auf dem Rechner über den GitHub-Desktop-Client
- Die Bearbeitung und Synchronisation der lokalen Inhalte mit denen auf GitHub und Authorea, ohne auf die Vorteile des Revisionssystems (Darstellung der einzelnen Schritte der Erstellung der Arbeit) verzichten zu müssen
- Die Möglichkeit der Bearbeitung der Arbeit über mobile Applikationen von unterwegs
- Die Möglichkeit der Bearbeitung auch ohne Internetzugang bei detaillierter und transparenter Darstellung der Veränderungen an der Arbeit
- Ein Monitoring des Fortschritts der Arbeit durch die statistische Aufbereitung und Darstellung der Entwicklung auf GitHub
- Die Möglichkeit für die Leserschaft, jederzeit die Veränderungen am Text und an den Daten nachzuvollziehen, somit eventuelle Manipulationen oder wissenschaftliches Fehlverhalten transparent nachvollziehen zu können und auch im Nachhinein verfügbar zu halten
- Eine transparente Kontrolle der Verwendung des Textes und der Daten durch Dritte innerhalb von GitHub
- Die Möglichkeit, über eine Schnittstelle (API) auf die Inhalte von anderen Diensten zuzugreifen und eigene Inhalte anderen Applikationen zur Verfügung zu stellen

Nachdem die Arbeit einen gewissen Umfang erreicht hatte, kam es zu Problemen bei der Darstellung der Inhalte über Authorea und auf der Webseite http://offene-doktorarbeit.de. Nach Rücksprache mit den Entwicklern und Entwicklerinnen stellte sich heraus, dass die Arbeit aufgrund ihrer Komplexität nicht mehr beziehungsweise nur noch eingeschränkt auf der Plattform geladen und dargestellt werden konnte. Dieser Umstand war selbst für die Entwickler unvorhersehbar gewesen. Als Grund dafür wurden unzureichende Ressourcen für die Umwandlung der LaTeX-Texte und -Daten in eine browserkompatible HTML-Darstellung vermutet (Authorea 2014). Für die Erstellung dieser Arbeit und den Anspruch, den Text jederzeit für jeden online einsehbar zu halten, hatte das zur Folge, dass für die Darstellung des Textes auf http://offene-doktorarbeit.de eine Alternative gefunden werden musste. Trotz der umfangreichen Evaluation der gängigen Softwarelösungen konnte keine geeignete Plattform gefunden werden, die die umfassende Darstellung des Textes übernehmen konnte. Eine Lösung dieses Problems bot die Programmierung eines Konverters (Readers), der den LaTeX-Datensatz aus der Datenablage (Repositorium) live importierte und in einer einfachen HTML-Ansicht unter http://live.offene-doktorarbeit zur Verfügung stellte. Dieser Reader wurde vom Autor mit Hilfe der Skriptsprache PHP programmiert. Er konnte die einzelnen .tex-Dokumente über die Schnittstelle von GitHub aus dem Repositorium auslesen und in Hypertext Markup Language (HTML) konvertieren. Dies erlaubte die Darstellung der LaTeX-Auszeichnungen in gängigen Browsern. Die erstellte Software war damit in der Lage, den jeweils aktuellen Text so automatisch zu importieren und zu interpretieren, dass die Inhalte und alle damit verknüpften Daten geräte- und plattformübergreifend über gängige Webbrowser für jeden jederzeit lesbar dargestellt werden konnten. Des Weiteren ermöglichte die Software die Darstellung eines Inhaltsverzeichnisses, errechnete die Wort- und Seitenzahl, bot eine Fortschrittsanzeige des Gesamtvorhabens, zeigte detaillierte Informationen über die letzten Änderungen an der Arbeit, ermöglichte die Ansicht auf mobilen Endgeräten und ermöglichte eine umfassende Verknüpfung mit dem Dokumentationsblog. Im Verlauf der Arbeit wurden weitere Funktionen hinzugefügt. Zum Beispiel ermöglichte eine bestimmte Auszeichnung die Markierung von Stellen innerhalb des Textes, an denen noch Nachbesserungs- oder Veränderungsbedarf bestand.

Für die grafische Darstellung der Ergebnisse aus der Befragung innerhalb des Textes und von Tabellen wurde die Open-Source-Software Datawrapper (Datawrapper 2015) in der Version 1.9.6 eingesetzt, angepasst und in den Reader eingebunden. Diese offene Softwarelösung ermöglicht die einfache und dynamische Erstellung von Graphen und Diagrammen, die Darstellung derselben und die Ausgabe der dazugehörigen Daten in einem maschinenlesbaren Format. Datawrapper wurde ebenfalls auf dem

Webserver unter http://graphs.offene-doktorarbeit.de installiert, eine Anbindung an den Reader programmiert und die Darstellung für LaTeX angepasst. Über einen LaTeX-kompatiblen Befehl konnten daraufhin Diagramme und Tabellen in die jeweils aktuelle Version der Arbeit integriert werden. Die Diagramme und Tabellen konnten trotzdem jederzeit modifiziert und angepasst werden. Für die finale Publikation stand ein Bildexport zur Verfügung, der automatisch die Einbettung einer statischen Kopie der Grafiken in das finale LaTeX-Template ermöglichte. Für die Mobilversion wurde eine angepasste Darstellung der Grafiken entwickelt und in den Reader integriert.

Die Bibliografie und die Literaturangaben wurden über die Rohdaten-Schnittstelle von GitHub und eine bestehende Open-Source-Softwarelösung (BibTeX-Browser) dargestellt. Über diese Software können die Literaturquellen direkt aus den Texten strukturiert referenziert, angesteuert und die Metainformationen in der jeweiligen Ansicht ausgegeben werden. Die Forschungsdaten wurden ebenfalls im Repositorium abgelegt und direkt aus der eigenen Reader-Lösung verlinkt. Zwar ermöglichte die individuelle Programmierung die Darstellung der gesamten Arbeit, der Bibliografie und der Daten auch ohne die direkte Verwendung von Authorea. Dennoch stellte die Lösung sicher, dass die Inhalte auch weiterhin zwischen GitHub und Authorea automatisch synchronisiert wurden und stets aktuell waren. Der Quellcode für die Reader-Applikation wurde wie die Daten und die gesamte Arbeit auf GitHub und dem Forschungsrepositorium zu dieser Arbeit als Open-Source-Software veröffentlicht (Heise 2015c).

Obwohl nach Evaluation aller webbasierten Schreibplattformen zunächst eine geeignete Lösung gefunden worden war, war es ohne eigene Programmierarbeit nicht möglich, den gesamten Inhalt der Arbeit jederzeit offen einsehbar und verfügbar zu halten. Demnach wird davon ausgegangen, dass der Erstellungsprozess einer Dissertation schon an den aktuellen technischen Möglichkeiten von Standardlösungen scheitern kann, wenn der Wissenschaftler und die Wissenschaftlerin nicht über ausreichende (Programmier-)Kenntnisse zur Bewältigung technischer Herausforderungen verfügen.

Praxistauglichkeit

Der folgende Überblick über die evaluierten Applikationen für die offene Erstellung einer wissenschaftlichen Arbeit ist wichtig, da die Öffnung wissenschaftlicher Kommunikation eng mit den technologischen

Gegebenheiten, dem vorherrschenden technischen Wissen und der Praktikabilität der Erstellung des Inhalts verknüpft ist. Die Auflistung der technologischen Gegebenheiten erscheint als sinnvoll, um die Praxistauglichkeit an den Bedürfnissen für die offene Erstellung und Darstellung zu überprüfen. Die folgende Auswahl ist exemplarisch und die Evaluation der verfügbaren Plattformen erhebt dabei weder Anspruch auf Vollständigkeit noch auf eine generelle Anwendbarkeit für die Erstellung wissenschaftlicher Publikationen.

Google Docs hat sich bereits im Rahmen der Erstellung des Promotionsexposés als einfache und praktikable Lösung für die Erstellung und Darstellung kurzer Texte herausgestellt. Google Docs ermöglicht die simultane Arbeit an einem Dokument durch mehrere Autoren und Autorinnen und ist dadurch für kollaborative Arbeiten geeignet. Veränderungen am Text konnten allerdings nur unzureichend dargestellt werden und mit zunehmender Länge des Textes verringerte sich auch die Performanz der Web-Plattform. Außerdem waren keine oder nur begrenzte Lösungen für die Darstellung umfangreicher Literaturangaben und die Verwaltung von Zitationen gegeben. Zum Zeitpunkt der Evaluation beschränkten sich die direkten Darstellungsmöglichkeiten primär auf die Google-Plattform und eine Integration in andere Seiten war nur unzureichend möglich.

Wikis, zum Beispiel *MediaWiki*, sind Online-Plattformen auf Grundlage einer Open-Source-Software, mit der Inhalte jeglicher Art, zumeist jedoch Text, von Nutzern und Nutzerinnen nicht nur über einen Webbrowser gelesen, sondern auch direkt bearbeitet werden können. Das prominenteste Beispiel ist die freie Enzyklopädie Wikipedia. Für das akademische Schreiben sind sie nur begrenzt geeignet, da Wikis vornehmlich für nicht-wissenschaftliche und verhältnismäßig kurze Texte konzipiert sind. Grundsätzlich sind über Extensions Funktionserweiterungen der jeweils eingesetzten Wikisoftware möglich. Diese Erweiterungen gibt es für viele der notwendigen Grundfunktionen für das wissenschaftliche Publizieren, allerdings werden diese in vielen Fällen nur unregelmäßig gewartet, erfüllen die Anforderungen häufig doch nur teilweise und müssen gegebenenfalls von den jeweiligen Nutzern immer wieder umfangreich angepasst werden. Wikis sind darüber hinaus auch strukturell nicht für die Erstellung und Darstellung von langen Texten geeignet und weisen Defizite bei der Handhabung auf.

Fidus Writer ist eine Online-Anwendung, bestimmt für das akademische Schreiben und Publizieren. Ähnlich wie Google Docs ermöglicht die Applikation simultanes Arbeiten mehrerer Autoren und Autorinnen an einem Dokument in Echtzeit, ist aber im Gegensatz zu dem Google-Produkt mit grundlegenden Funktionen für das akademische Publizieren angereichert. Dazu gehören unter anderem eine Zitationsverwaltung und ein Formeleditor. LaTeX-Kenntnisse sind für die Erstellung nicht nötig. Der Export der erstellten Dokumente ist auf vorgegebene Ausgabeformate beschränkt und nur in HTML, LaTeX und ePub möglich. Eine Importfunktion sowie die Anbindung an GitHub oder andere Speicherdienste sind bisher nicht vorgesehen. Die offene Darstellung oder Einbettung der erstellten Inhalte auf anderen Plattformen ist bei Fidus Writer nicht möglich. Die Entwicklung der Plattform befindet sich noch im Teststadium. Zum Testzeitpunkt ist sie nur mit aktuellen Versionen der Browser Google Chrome und Safari kompatibel und die Entwicklung hat sich Mitte 2015 vorübergehend verlangsamt (Wilm 2015).

Booktype ist eine Open-Source-Software, die es mehreren Autoren und Autorinnen ermöglicht, an einem Buch zu schreiben. Die Plattform ist ebenfalls auf nicht-wissenschaftliche Texte ausgelegt und somit fehlen grundlegende Funktionen wie eine wissenschaftliche Literaturverwaltung und umfangreiche Zitierfunktionen. Die Software bietet zwar diverse Exportformate, ist allerdings primär für die nicht-wissenschaftliche Textarbeit konzipiert. Der Bedienungskomfort und die Versionskontrolle sind eingeschränkt und die Ablage von Daten und weiteren Informationen ist nur begrenzt bis überhaupt nicht möglich. Import- und Exportfunktionen beschränken sich auf die fertige Publikation.

Authorea ist ebenfalls eine Webanwendung, die im Browser die kollaborative Textverarbeitung und die Ablage wissenschaftlicher Dokumente in einem Repositorium ermöglicht. Autoren und Autorinnen können über die Webseite wissenschaftliche Texte verfassen, editieren und darstellen sowie Bibliografien erstellen, verwalten und durchsuchen. Dazu wird der Text in einzelne Stücke zerlegt, die jeweils von einem Autor oder einer Autorin bearbeitet werden können. Die Bearbeitung kann in LaTeX oder in der Auszeichnungssprache Markdown erfolgen und ermöglicht während der Erstellung eine weitgehende Echtbilddarstellung („WYSIWYG", Kurzform für „What you see is what you get"). Darüber hinaus können Quellen und Referenzen von externen Quellen zum Beispiel über einen Digital Object Identifier (DOI) importiert werden. Die technische Infrastruktur der Plattform erlaubt es, bei der Erstellung der Arbeit Zwischenstände und Veränderungen abzulegen, zu dokumentieren und öffentlich darzustellen. Dieses Revisionssystem kann optional auch an die Softwareentwicklungsplattform GitHub angebunden werden. Die Texte können zu jeder Zeit über bestimmte Mustervorlagen (Templates) in verschiedene Formate exportiert und öffentlich oder privat verfasst werden. Die Funktion, nicht-öffentliche Texte zu verfassen, steht allerdings nur zahlenden Nutzern und Nutzerinnen zur Verfügung. Die Darstellung der Texte ist responsiv, passt sich also automatisch an die Endgeräte an und ermöglicht damit das einfache, geräteübergreifende Lesen der Inhalte.

Overleaf (ehemals *writeLaTeX*) vereint verschiedene Funktionen der bisher genannten Lösungen. So beherrscht das System eine einfache Änderungsverfolgung und eine Versionshistorie. In seiner aktuellen Version beinhaltet die Plattform alle notwendigen Funktionen, einen wissenschaftlichen Text in LaTeX zu verfassen. Die Ausgabeformate und -möglichkeiten ermöglichen den Export nach GitHub als gepacktes Dokument (ZIP) und als PDF. Einige der Funktionen stehen dabei ebenfalls nur zahlenden Nutzern und Nutzerinnen zur Verfügung, so zum Beispiel die Integration von Dropbox, mehr Speichervermögen und das Verfassen von nicht-öffentlichen Dokumenten. Dennoch richtet sich die Plattform eher an technisch versierte Nutzer mit LaTeX-Know-how. Wie bei Authorea hat man die Möglichkeit, seine Inhalte mithilfe von LaTex zu erstellen, in Ergänzung dazu aber auch Fehler im LaTeX-Code zu identifizieren und zu beheben. Im Gegensatz zu Authorea ist der öffentliche Lesemodus aber weder responsiv noch für die einfache Lesedarstellung oder Integration auf anderen Webseiten geeignet. Geplant ist außerdem die Möglichkeit, die gesamte Historie eines Projekts darzustellen. Die Änderung des Namens der Plattform Ende 2014 war mit der Ausweitung der Funktionen auf generelle Publikationsprozesse und den nicht-wissenschaftlichen Bereich verbunden (Hammersley 2014).

ShareLaTeX ist vom Funktionsumfang her ähnlich wie Overleaf, beschränkt sich aber auf die Aufgabe eines webbasierten LaTeX-Editors, ohne die Optionen, vorformatierten Text (Rich-Text) zu importieren oder zu editieren. Die Applikation spricht eine eher technisch versierte und wissenschaftliche Zielgruppe an, die in der Lage ist, LaTeX zu editieren. Neben Google Docs ist shareLaTeX die einzige Plattform, die bisher in deutscher Sprache verfügbar ist. Auch hier sind unterschiedliche Ausgabeformate und -templates vorhanden und die Nutzer und Nutzerinnen können ihre erstellten Templates anderen Nutzern zur Verfügung stellen. Darüber hinaus erlaubt die Webapplikation seit Anfang 2015 den Import von GitHub. Funktionen wie die Synchronisierung der abgelegten Daten mit GitHub, Dropbox, ein vollständiger Versionsverlauf und eine unbegrenzte Anzahl von Dokumenten stehen aber nur zahlenden Nutzern zur Verfügung.
Wie bei Overleaf eignet sich die öffentliche Darstellung von shareLaTeX-Dokumenten allerdings nicht zur einfachen Darstellung des Inhalts für Dritte oder zum Einbetten in bestehende Umgebungen.

Etherpads ist eine Art öffentlicher Notizblock mit Versionskontrolle. Es kann am ehesten mit Google Docs verglichen werden, hat aber einen viel geringeren Funktionsumfang. Wie bei Google Docs fehlen hier die Funktionen, die für das wissenschaftliche Publizieren notwendig sind. Die Inhalte werden in einem markdown-ähnlichen Format verfasst, aber die Strukturierung der Dokumente ist nur in eingeschränktem Maße möglich. Die Exportmöglichkeiten sind ebenfalls begrenzt und eine Darstellung im Lesemodus bei Beschränkung der Editierfunktion ist nur über technische Umwege machbar. Etherpads eignet sich hinsichtlich Funktionsumfang und Darstellungsmöglichkeiten im wissenschaftlichen Prozess nur für die schnelle kollaborative Erstellung und Bearbeitung von Notizen.

Die Plattform Authorea hat sich demnach bei der Evaluation als praxistauglichstes System herausgestellt. Dennoch zeigt das Selbstexperiment, dass keines der betrachteten Tools für die offene Erstellung einer wissenschaftlichen Arbeit voll und ganz geeignet ist. Bei allen Lösungen bedarf es der Anpassung, Zusammenfassung und Ergänzung von Funktionen, damit die Arbeit in vollem Umfang jederzeit öffentlich einsehbar und dokumentierbar ist.

Vor- und Nachteile

Vorteilhaft kann sich die offene Schreibweise in den Fällen erweisen, in denen eine (fach-)öffentliche Diskussion die Arbeit des Forschers oder der Forscherin positiv beeinflusst. Im Rahmen der Erstellung einer Promotion ist das nur begrenzt von Vorteil, da die Arbeit „selbstständig" (Leuphana 2011) erstellt werden muss. Es wird sich zukünftig herausstellen, in welchem Umfang Kommentare oder kollaborative Schreibweisen diese Selbstständigkeit gefährden oder ein „unerlaubtes Hilfsmittel" (Leuphana 2011) darstellen. Bei der Erstellung dieser Qualifikationsarbeit wurden die Kommentar- und kollaborativen Schreibfunktionen, die bei Authorea zur Verfügung standen, deaktiviert, um die Voraussetzungen der Promotionsordnung zu erfüllen (Heise 2013). Die einzige Möglichkeit, den Autor über die Plattform zu kontaktieren bestand per E-Mail. Auf der Webseite http://offene-doktorarbeit.de konnte man zudem Literaturempfehlungen per E-Mail einreichen. Davon wurde allerdings im gesamten Verlauf nur zwei Mal Gebrauch gemacht.

Ein weiterer Vorteil der offenen Schreibweise in den genutzten Systemen bezog sich auf die Möglichkeit, die unterschiedlichen Versionen und Revisionen der Arbeit einfach und transparent zu durchsuchen. Somit war es möglich, den Erstellungsprozess einzelner Sätze oder Absätze auch

Software / Eigenschaft	Authorea	Booktype	Etherpads	Fidus Writer	Google Docs	Overleaf	shareLaTeX	Wikis (mit Extensions)	Wordpress (mit Plug-Ins)
Einbettung in bestehende Systeme	++	+	+	+	+	+	+	+	+
Einfache Bedienbarkeit	++	+	++	+	++	+	+	+	+
Export für den wissenschaftlichen Druck	++	+	0	++	+	++	++	0	+
Liveexport in andere Systeme	+	0	0	0	0	+	+	+	+
wissenschaftliche Funktionen (z.B. Literaturverwaltung)	++	+	0	++	0	++	++	0	++
Ablage von Daten	++	0	0	0	+	++	++	+	+
Schnittstellen (Import/Export)	+	0	0	0	+	++	++	+	+
Liveansicht	++	+	++	+	++	+	+	++	++
Versionskontrolle	++	+	+	+	+	+	+	++	+
Ablage von maschinenlesbaren Texten	++	0	0	+	0	++	++	+	+

Legende: ++ möglich; + unter Einschränkungen möglich; 0 nicht vorgesehen/schwer möglichs

Tabelle 6: Praxistauglichkeit der evaluierten Systeme nach eigener Erhebung

im Nachhinein transparent nachvollziehbar und überprüfbar zu machen. Damit stehen die Arbeit und die damit verbundene wissenschaftliche Erkenntnis der (Fach-)Öffentlichkeit möglichst umfassend für Kritik offen. Für den Autor hatte dieses Vorgehen den Vorteil, dass in der drei Jahre dauernden Schreibphase jederzeit die Möglichkeit bestand, Satzkonstruktionen und Gedankengänge rückwirkend zu durchsuchen und nachzuvollziehen.

Die Aufmerksamkeit für die offene Schreibweise der Doktorarbeit im direkten Umfeld des Autors war verhältnismäßig groß. Inhaltlich hatte das zwar kaum Effekte, dennoch stieg die Anzahl der regelmäßigen Nachfragen bezüglich des Bearbeitungstands der Arbeit, nachdem der Text einsehbar war. Der soziale Druck, die Arbeit voranzubringen, stieg ebenfalls. Hinweise auf inhaltliche oder Rechtschreibfehler blieben weitgehend aus. Die Webseite http://offene-doktorarbeit.de wurde von bis zu 920 Besuchern im Monat aufgerufen (siehe Abbildung 40). Die Anzahl der Nutzer und Nutzerinnen stieg bis zum November 2015 fast linear mit der Anzahl der Blogbeiträge und der fortschreitenden Fertigstellung der Arbeit.

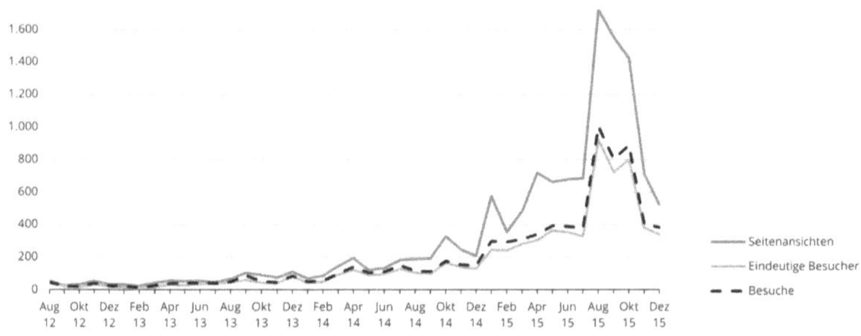

Abbildung 40: Besucherzahlen auf offene-doktorarbeit.de (via Piwik 2.16.0)

Einen weiteren Vorteil stellte die Quantifizierung des Arbeitsverhaltens dar. Durch die Ablage auf GitHub und durch das Speichern der einzelnen Arbeitsfortschritte in einem Revisionssystem war es möglich, verschiedene rudimentäre Statistiken rund um das Arbeits- und Beitragsverhalten als Autor zu erheben. So ermöglichte zum Beispiel die Erstellung einer sogenannten Punchcard Aufschlüsse darüber, an welchem Wochentag und zu welcher Uhrzeit die meisten Bearbeitungen und Veränderungen eingereicht worden waren. Die Information kann zum Beispiel dabei helfen, die Tageszeiten zu identifizieren, zu denen der Autor oder die Autorin am besten arbeiten kann. Diese Erhebungen können zum einen informative und motivierende Effekte haben, zum anderen aber auch negative Konsequenzen nach sich ziehen und zum Beispiel die Überwachung des Arbeits- und Publikationsverhaltens von Wissenschaftlern und Wissenschaftlerinnen ermöglichen. Die Folgen einer flächendeckenden Überwachung des Verhaltens werden in dieser Arbeit nicht betrachtet, bieten aber einen Ansatzpunkt für weitere Forschung.

Nachteile und Hindernisse ergaben sich zum Zeitpunkt der Erstellung dieser Arbeit aus der fehlenden Verfügbarkeit einfacher technischer, rechtlicher und konzeptioneller Standards bei der offenen Erstellung wissenschaftlicher Qualifizierungstexte und bei der Veröffentlichung von Forschungsdaten. Es fehlt an einfachen und zugänglichen Diensten und Applikationen, die es dem Autor oder der Autorin einfach machen, den Text zu erstellen und Daten zu verwalten. Auch die Darstellung des gesamten Prozesses der Erstellung wissenschaftlicher Publikationen ist bisher wenig verbreitet und nicht standardisiert. Der Rückgriff auf die Entwicklerplattform GitHub, bei der die Erfassung des Revisionsverhaltens tief im System verankert ist, stellte dabei einen pragmatischen Ausweg dar. Mit LaTeX stand zwar ein wissenschaftlicher Textsatz zur Verfügung, der auch dem Anspruch einer strukturierten Ablage von Text gerecht wurde und damit der Annahme entsprach, Text als Code zu behandeln, allerdings ist dieser kompliziert zu handhaben und an vielen Stellen fehlt ein einfaches Frontend mit dem Funktionsumfang eines gängigen Textverarbeitungsprogramms, um dieses System offen, einfach und zu jedem Zeitpunkt verfügbar nutzen zu können. Ergänzend war mit BibTeX ein Literaturdatenbanksystem für Literaturangaben für LaTeX-Dokumente verfügbar, das ebenfalls sehr komplex ist, aber umfassend unterstützt wird. Auch für BibTeX gibt es mit wenigen Ausnahmen kein einfaches Frontend und die Bearbeitung, Validierung und Darstellung ist eher aufwendig.

Die Arbeit jederzeit in jedem Zustand für jeden im Internet einsehbar zu halten, erschien am Anfang befremdlich, wurde aber nach einiger Zeit normal. Darüber hinaus stellt die ständige Befürchtung, im Bearbeitungszustand falsche oder fehlerhafte Inhalte zu verbreiten, eine weitere Hürde bei der offenen Schreibweise dar. Diese reduzierte sich allerdings im Schreibprozess durch eine geeignete Kennzeichnung des aktuellen Stands der Arbeit in der Darstellung. Bei der Erstellung dieser Arbeit wurde deshalb möglichst auffällig immer wieder auf den Werkstattcharakter der jeweils aktuellen Fassung hingewiesen.

Ein weiterer Nachteil gegenüber der analogen und geschlossenen Arbeit ist der Aufwand für die Anonymisierung und Veröffentlichung der Umfragedaten kurz nach Abschluss der Erhebung. Auch die Abklärung der rechtlichen Rahmenbedingungen nimmt bisher viel Zeit in Anspruch, ist aber ebenfalls überwindbar.

Die Gefahr, dass Inhalte fehlinterpretiert oder vorab in wissenschaftlich anerkannter Form „veröffentlicht" werden und die Arbeit somit gegebenenfalls nicht mehr als unveröffentlichte, originäre Leistung anerkannt werden kann, hat sich während des Verfassens dieser Arbeit nicht manifestiert. Dennoch empfiehlt es sich, diesen Umstand bei zukünftigen Vorhaben zu beachten.

Kritische Betrachtung der Vorgehensweise

Seit Beginn der Erstellung der Arbeit haben die technische Entwicklung und die Möglichkeiten für das digitale wissenschaftliche Publizieren einige Fortschritte gemacht. In den letzten zwei Jahren ist eine Vielzahl an Tools und Applikationen entwickelt und veröffentlicht worden, die die digitale Veröffentlichung von wissenschaftlichen Inhalten im Internet fokussieren. Diese bringen viele Vorteile für die offene Bearbeitung von wissenschaftlichen Fragestellungen. Vor allem in Bezug auf die Darstellung wissenschaftlicher Inhalte in dem Blogsystem Wordpress hat es einige interessante Entwicklungen und Modifikationen gegeben, die hier nicht in vollem Umfang berücksichtigt werden konnten. Die Begrenzung auf die Verwendung und Evaluation der im Rahmen dieser Arbeit berücksichtigten Plattformen rührt daher, dass bei fortlaufender Erarbeitung und beim Anstieg des Textvolumens ein Wechsel der Plattform trotz system- und plattformübergreifender Textformatierung immer aufwendiger und schwieriger wurde. Die im Erstellungszeitraum dieser Arbeit aus dem Umfeld der Öffnung und Digitalisierung wissenschaftlicher Forschung neu entwickelten Dienste und Tools vereinfachen dennoch zunehmend die Öffnung der wissenschaftlichen Kommunikation und Information und erleichtern die Verwaltung von Forschungsdaten und des gesamten Forschungsprozesses. Bis zum Abschluss dieser Arbeit lag jedoch keine Lösung vor, mit der diese Arbeit ganz in dem praktizierten Umfang von Offenheit hätte erstellt werden können.

Kritisch muss dabei angemerkt werden, dass Offenheit im Rahmen jedweder Kommunikation immer nur in begrenztem Maße möglich und wünschenswert ist, und so war es auch im Rahmen dieser Arbeit. Zwar wurden die Zwischenstände, Präsentationen und Entwicklungen beim Erstellungsprozess der Arbeit im Blog unter http://offene-doktorarbeit.de dokumentiert und der Text sowie Abbildungen und Daten waren jederzeit über http://live.offene-doktorarbeit.de einsehbar, doch hätte man noch weitere Möglichkeiten der Öffnung realisieren können. Die Einbeziehung externer Personen in die Erstellung des Textes, die Öffnung der Mailkommunikation im Zusammenhang mit der Arbeit, die audiovisuelle Dokumentation von Vorträgen und Diskussionen und vieles mehr wäre zwar denkbar, jedoch nicht mit dem Anspruch eines vertretbaren Aufwands und mit dem Bedürfnis nach Privatheit vereinbar gewesen – unter Umständen auch nicht mit der Promotionsordnung. So wurden zum Beispiel Gespräche mit dem Doktorvater und anderen Personen nicht dokumentiert, weil in diesem Zusammenhang eine Einschränkung der Privatheit und des wichtigen Freiraums für Austausch mit negativen Effekten auf die Erstellung der Arbeit vermutet wurde.

Die Übertragbarkeit meiner Erfahrungen aus dem Experiment der Erstellung einer offenen geisteswissenschaftlichen Arbeit auf andere Fächer ist letztlich nur begrenzt möglich. Der Aufwand bei der Datenbereitstellung, die Vorgehensweise, die Darstellungsformen und der wissenschaftliche Erkenntnisprozess können sich stark von den Gegebenheiten in anderen Disziplinen unterscheiden. Dennoch gibt es Überschneidungen bei der grundlegenden Herangehensweise für die offene Erstellung einer Arbeit. Die Konsequenzen einer Öffnung für die wissenschaftliche Gemeinschaft und Gesamtgesellschaft sind aus diesem Einzelexperiment aufgrund seiner Verortung in den Geisteswissenschaften, den begrenzten Möglichkeiten der Nutzung von kollaborativen Schreibprozessen im Rahmen einer Qualifikationsarbeit sowie der begrenzten Reichweite des Vorhabens nur eingeschränkt ableitbar. Vor allem die im Kapitel „Grundlagen" genannten Hindernisse und Befürchtungen wie Themen-, Ideen- und Datendiebstahl und Fehlinterpretation können hier nur eingeschränkt ausgeräumt werden. Dennoch wurde der Beweis angetreten, dass die offene Erstellung einer wissenschaftlichen Qualifikationsarbeit grundsätzlich möglich ist.

Handlungsempfehlungen für das Verfassen einer offenen wissenschaftlichen Arbeit

Wie erwartet muss der Aufwand für die Erstellung einer wissenschaftlichen Arbeit in einer geschlossenen Umgebung auf dem eigenen Rechner als geringer eingeschätzt werden als die offene Texterstellung im Internet unter einer offenen Lizenz. Trotz mehrfachen Wechsels der Softwareumgebung konnte letztendlich keine einfache Lösung gefunden werden, die der Bedienbarkeit und Flexibilität der geschlossenen wissenschaftlichen Textbearbeitung auf dem Desktop entspricht.

Das Experiment hat verdeutlicht, dass der Forderung nach Öffnung des gesamten wissenschaftlichen Erkenntnisprozesses und der damit verbundenen Öffnung der wissenschaftlichen Kommunikation zum Erstellungszeitpunkt dieser Arbeit nicht ohne erheblichen Mehraufwand nachgekommen werden konnte. Nur mit ausreichend Programmierkenntnissen können der Anspruch an die offene Schreibweise, die zeitnahe und umfassende Veröffentlichung von Kommunikation und Daten nach wissenschaftlichen Maßstäben erfüllt werden. Demnach müssen Wissenschaftler und Wissenschaftlerinnen in der Lage sein, die technischen Herausforderungen zu überwinden und die Rahmenbedingungen für den offenen Schreibprozess selbst zu schaffen. Weder die Forschungsinstitutionen noch private Anbieter sind bisher in der Lage, Plattformen für die Öffnung des gesamten wissenschaftlichen Prozesses anzubieten. Zu unterschiedlich sind die Anforderungen in den verschiedenen Disziplinen, zu mannigfaltig die Funktionen in den vorhandenen Applikationen, zu uneinheitlich die Standards für das digitale Publizieren und zu verschieden der Kenntnisstand bei der Verwendung digitaler Methoden und Tools.

Die skizzierten technischen Herausforderungen legen die Vermutung nahe, dass für die Öffnung des wissenschaftlichen Kommunikationsprozesses (bislang noch) mindestens rudimentäre Programmierkenntnisse auf Seiten der Wissenschaftler und Wissenschaftlerinnen erforderlich sind. Ohne Kenntnisse über Webtechnologien, Quellcodes und Datenbanken wäre die offene Darstellung dieser Arbeit nicht möglich gewesen. Trotz der Entwicklung neuer Plattformen ist bisher von einer offenen Schreibweise ohne das Verfügen über programmiertechnische Grundkenntnisse abzuraten. Liegen diese Kenntnisse vor, kann eine solche offene Anfertigung einer wissenschaftlichen (Qualifikations-)Arbeit allerdings sehr bereichernd und motivierend sein.

Den rechtlichen Herausforderungen im Rahmen der Vereinbarkeit mit dem auf den Druck der finalen Publikation ausgelegten Prozess konnte im Rahmen dieser Arbeit nur nach einiger Zeit der Prüfung mit einer schriftlichen Ausnahmeregelung der Promotionskommission begegnet werden. Diese Genehmigung wurde auf Anfrage des Autors und nach umfänglicher Prüfung erteilt. Bei der Regelung blieb allerdings ein Rest Unsicherheit, da die bei der Annahme des Promotionsvorhabens verantwortliche Promotionskommission eine positive Entscheidung der zukünftigen Promotionskommission, welche die Annahme der Dissertation durchzuführen haben würde, nicht vorwegnehmen wollte. Dies bedeutete eine erneute Prüfung des offenen Schreibprozesses bei Abgabe der Arbeit in einem dann gegebenenfalls personell veränderten Gremium und damit ein gewisses Risiko.

Insgesamt müssen die Vor- und Nachteile der offenen Schreibweise ausgewogen betrachtet werden. Die offene Erstellung dieser Arbeit hat gezeigt, dass der Forderung nach Öffnung der wissenschaftlichen Kommunikation im Rahmen einer Promotionsarbeit grundsätzlich entsprochen werden kann. Letztendlich, so das Ergebnis des eigenen Experiments, sind durch die offene Schreibweise bei Bedingungen, die mit denjenigen dieser Arbeit vergleichbar sind, weder fundamentale Vorteile noch unüberwindliche Hürden für den publizierenden Wissenschaftler oder die Wissenschaftlerin erkennbar. Die gegebenenfalls positiven Folgen der offenen Publikation von Inhalten und Daten sowie deren Nachnutzung können im Rahmen dieser Arbeit nicht betrachtet werden. Es ist jedoch davon auszugehen, dass die Reichweite dieser Arbeit und der dazugehörigen Daten, die von Arbeiten im geschlossenen Raum übersteigt. Weitere Experimente mit der offenen Forschungsarbeit sind demnach notwendig, um abschließend zu evaluieren, ob eine solche Art des Verfassens von Forschungs- und Qualifizierungsarbeiten einen fundamentalen Vorteil für die Wissenschaft und die Öffentlichkeit bringt.

Ziel des Experiments war auch die Ableitung konkreter Handlungsempfehlungen aus den Erfahrungen beim offenen Verfassen wissenschaftlicher (Qualifikations-)Arbeiten. Folgende zehn Empfehlungen, die für das Verfassen einer offenen wissenschaftlichen Arbeit berücksichtigt werden sollten, resultieren aus den Erfahrungen des Experiments:

1. Bevor sich der Autor oder die Autorin für das offene Schreiben und das zeitnahe oder zeitgleiche Veröffentlichen des jeweils aktuellen Stands der Arbeit entscheidet, sollte mit der Universität geklärt werden, ob diese Art und Weise eines kontinuierlichen Publizierens mit den Richtlinien der Institution oder den Voraussetzungen des jeweiligen finalen Veröffentlichungskanals vereinbar sind. Falls Unklarheiten bestehen, sollte eine schriftliche Erlaubnis eingefordert werden. Das gilt insbesondere für wissenschaftliche Qualifikationsarbeiten.
2. Autoren und Autorinnen, die sich für die direkte Veröffentlichung im Internet entscheiden, sollten sich vorab mit den technischen Grundlagen vertraut machen. Ein Grundverständnis von Quellcodes und Software ist dabei von großem Vorteil, wenn nicht sogar Voraussetzung. Da es bisher nur wenige standardisierte Systeme und Formate für die Erstellung wissenschaftlicher Arbeiten gibt, helfen diese Kenntnisse, Probleme und Herausforderungen zu verstehen, diese zu lösen oder gegebenenfalls zu umgehen.

3. Die gewissenhafte Auswahl der Software für die Texterstellung und Datenverarbeitung spielt eine wichtige Rolle für das Vorhaben. Die Autoren oder Autorinnen sollten von Beginn an eine Lösung wählen, die es ihnen einfach macht, den Text zu schreiben und zeitnah im Internet zu veröffentlichen. Der Aufwand für die Erstellung und die Motivation, die Arbeit voranzubringen, hängt auch mit dem Nutzungskomfort der Software zusammen. Es sollte zudem sichergestellt werden, dass die verwendete Software auch das stabile Umgehen mit großen und komplex strukturierten Text- und Datenmengen erlaubt.
4. Es empfiehlt sich, für die zeitnahe Veröffentlichung, Dokumentation und Anonymisierung der erhobenen Daten gesondert Zeit einzuplanen. Für die Veröffentlichung von Forschungsdaten sollte außerdem eine Plattform gewählt werden, die zur Gewährleistung eines hohen Qualitätsstandards ein Review durchführt und sämtliche Forschungsdaten vor der Veröffentlichung prüft. So kann sichergestellt werden, dass die nötige Anonymität gewahrt ist und die Daten nachhaltig verfügbar und auffindbar sind.
5. Die Erwartungen an die Reichweite und die Vorteile im Verlauf des offenen Verfassens der Arbeit sollten nicht zu hoch gesteckt werden. Wer das offene Verfassen nutzen will, um während des Schreibens zusätzliches Feedback oder weitere Ideen einzuholen, darf sich nicht darauf verlassen, dass das automatisch geschieht, nur weil die Arbeit jederzeit einsehbar ist. Das ist dadurch bedingt, dass es sich um eine relativ neue Herangehensweise wissenschaftlichen Arbeitens handelt. Dennoch kann über diese Art der kontinuierlichen Veröffentlichung eine beachtliche Reichweite generiert werden.
6. Die Dokumentation des Vorhabens und die damit verbundenen Tätigkeiten sind wichtig und sollten ebenfalls mit eingeplant werden. Die umfassende Dokumentation ermöglicht eine bessere Darstellung des Forschungsprojekts und der Beweggründe für das Vorhaben. Darüber hinaus können auf diesem Wege interessante Informationen (wie zum Beispiel Zeitplan und Ablauf) fortlaufend kommuniziert, Nutzer und Nutzerinnen stärker in den Erstellungsprozess mit eingebunden und der Erkenntnisprozess insgesamt transparenter und offener gestaltet werden. Auch hier ist allerdings ein Mehraufwand gegenüber der geschlossenen Erstellung von wissenschaftlichen Arbeiten zu erkennen.
7. Es sollte unbedingt auf eine offene Lizenz zurückgegriffen werden, um den Ansprüchen an Offenheit und Transparenz gerecht zu werden sowie anderen die (Weiter-)Nutzung der Inhalte und Daten möglichst umfassend zu ermöglichen.

8. Bei der Erstellung, Erhebung und Darstellung sollte jederzeit berücksichtigt werden, dass alle Texte, Daten und Informationen unwiderruflich im Internet veröffentlicht sind und gegebenenfalls auch bleiben. Die offene wissenschaftliche Arbeit erfordert demnach sehr viel Sorgfalt und Disziplin.
9. Das soziale Umfeld des Autors oder der Autorin sollte auf die Dokumentation der Arbeit hingewiesen werden, da so positiver Druck im Rahmen des Zeitplans entstehen kann. Das motiviert und erhöht die Arbeitsmoral.
10. Es empfiehlt sich, an prominenter Stelle immer wieder darauf hinzuweisen, dass es sich um eine unvollendete und laufende Arbeit handelt. Außerdem sollten die eventuellen Einschränkungen der Funktionsvielfalt (zum Beispiel keine Kommentarfunktion) in Bezug auf die Selbständigkeit der Erstellung der Arbeit klar und offen kommuniziert werden.

[7]

Diskussion: Wissenschaftliche Kommunikation im Wandel – Scientific Steady State vs. Second Scientific Revolution

The sciences are too good merely to avert attention from what science does. (Kittler 2004)

Der digitale Wandel im wissenschaftlichen Publikationssystem stellt eine Chance dar, das tradierte System so zu justieren, dass es ohne Qualitätsverlust, ohne Einschränkung der Wissenschafts- oder Publikationsfreiheit und vorbehaltlich einer angemessenen Zuordnung der Urheberschaft zu einer umfassenderen und schnelleren Verteilung von Wissen in der wissenschaftlichen Gemeinschaft und in der Gesamtgesellschaft kommen kann – so die Hoffnung der Befürworter und Befürworterinnen des Wandels hin zur Öffnung wissenschaftlicher Kommunikation im Rahmen von Open Access. Der Mediziner und Wissenschaftshistoriker Michael Hagner fasst diese Chance wie folgt zusammen:

> Zum ersten Mal überhaupt in der Geschichte der Wissenschaften verfügen diese über ein Medium, das ihnen eine auf ihre Interessen hin zugeschnittene Tagesaktualität offeriert, die dem nahekommt, was Massenmedien wie Tageszeitung, Radio und Fernsehen früher bereits der Allgemeinheit anbieten konnten (Hagner 2015: 50).

Das Potenzial der Digitalisierung und die damit einhergehenden Möglichkeiten der Öffnung wissenschaftlicher Kommunikation sind jedoch noch viel umfassender und weitreichender. Neben der Chance für einen freien und offenen Zugang zu finalen wissenschaftlichen Publikationen eröffnet sich im Rahmen dieser Entwicklung erstmals auch die Möglichkeit für den umfassenden Zugriff auf Daten anderer Wissenschaftler und Wissenschaftlerinnen und die Öffnung des gesamten wissenschaftlichen Erkenntnisprozesses. Im Verlauf der Arbeit wurde gezeigt, dass in diesem Zusammenhang umfangreiche Konsequenzen für die tradierte Klassifikation, die Abgrenzung und Einordnung von wissenschaftlicher Kommunikation, die bestehenden Paradigmen wissenschaftlicher Praxis, die Ressourcenverteilung, die Kriterien für den Reputationserwerb und für die regulierenden Prinzipien im Rahmen wissenschaftlicher Diskurse zu vermuten sind. Somit scheint die Frage legitim, ob es sich bei diesen teilweise noch bevorstehenden neuen Möglichkeiten und Veränderungen tradierter wissenschaftlicher Praxis „nur" um eine schlichte Anpassung oder um eine wissenschaftliche Revolution handelt (Kuhn 2012).

Ein Ziel dieser Arbeit war die Darstellung und Analyse der theoretischen Annahmen und unterschiedlichen Definitionsversuche rund um die Etablierung des Zugangs zu wissenschaftlichen Erkenntnisprozessen beziehungsweise eines umfassenden Zugriffs auf diese. Es wurden Hindernisse und Katalysatoren für die Etablierung der beiden Konzepte anhand theoretischer und empirischer Betrachtungen ausgeführt, Grundannahmen aus der Literatur extrahiert, um die Auffassungen und Meinungen der befragten Wissenschaftler und Wissenschaftlerinnen ergänzt und den eigenen Erfahrungen in einem Selbstversuch unter den praktischen Gegebenheiten im wissenschaftlichen Alltag gegenübergestellt. Dabei konnte eine Diskrepanz zwischen der Idee der Öffnung wissenschaftlicher Kommunikation und dem Interesse der wissenschaftlichen Gemeinschaft an dieser Idee sowie zwischen den theoretischen Möglichkeiten und der gelebten wissenschaftlichen Praxis belegt werden.

In diesem Kapitel werden die Ergebnisse der durchgeführten Befragung, des Selbstexperiments, die Argumentationsstränge der Debatten zum Wandel der wissenschaftlichen Kommunikation in der Literatur im Rahmen der Digitalisierung und die zu Beginn der Arbeit formulierten Forschungsfragen abschließend diskutiert. Ziel ist es, zu einer differenzierten, zusammenfassenden Betrachtung der Ergebnisse zu gelangen und diese in den Kontext der Fragestellungen der Arbeit zu stellen und kritisch zu diskutieren.

Wesentliche Aspekte von Open Access und Open Science

Die Literaturrecherche hat deutlich gemacht, dass unterschiedliche Definitionen für die Begriffe Open Access und Open Science bestehen. Im Folgenden wird eruiert, welche Annäherungen an die Begrifflichkeiten als besonders sinnvoll erachtet werden, welche Vermutungen in der Literatur darüber vorherrschen, warum die Öffnung von Wissen in den verschiedenen wissenschaftlichen Disziplinen unterschiedlich stark etabliert ist und welchen Einfluss Offenheit und der freie Zugang auf das wissenschaftliche Reputationssystem haben kann.

Eine eng gefasste begriffliche Abgrenzung der beiden Konzepte ist aktuell noch nicht möglich. Zu facettenreich sind die unterschiedlichen Anknüpfungspunkte sowie die Entwicklungen und Eigenheiten in den unterschiedlichen wissenschaftlichen Disziplinen und Arbeitsbereichen. Als zentraler Annäherungspunkt dient in dieser Arbeit deshalb die präzise Definition des gemeinsamen Attributs „Open" und eine damit einhergehende Verknüpfung mit der Open-Definition (Open Definition 2014). Die Open-Definition dient dabei als Rahmen für die rechtliche, technische und politische Ausrichtung der beiden Konzepte und beschreibt vor allem die Grundlagen, wann zum Beispiel ein wissenschaftliches Werk, ein beliebiger Teil des wissenschaftlichen Erkenntnisprozesses oder ein Datensatz den Bedingungen entspricht, um kompatibel mit der Idee von Offenheit zu sein.

Open Access

Open Access hat sich in den letzten 25 Jahren zu der meistgenannten Lösung für die beschriebenen Herausforderungen im wissenschaftlichen Kommunikations- und Publikationssystem entwickelt (Brembs 2015). Seit den ersten Experimenten mit der Öffnung des Zugangs zu wissenschaftlichen Publikationen in der zweiten Hälfte des 20. Jahrhunderts existieren mehrere heterogene Definitionsansätze von Open Access und es bestehen unterschiedliche Auffassungen über die verschiedenen Modelle und Wege, die zu dem Ziel der Öffnung wissenschaftlicher Kommunikation führen können. War die Eingrenzung von Open Access bis Anfang der 2000er Jahre noch sehr vage, haben die „drei Bs" (Budapest Open Access Initiative, Bethesda Stellungnahme und Berliner Erklärung) einen Beitrag zur Vereinheitlichung der Forderungen geleistet. Die Erklärungen stimmen in wesentlichen Merkmalen überein (Albert 2006), unterscheiden sich aber in ihrem Ausgestaltungs-, Auswirkungs- und Bezugsrahmen (Näder 2010).

Das erschwert die Abgrenzung des Begriffs „Open Access“ und eine konstruktive Reaktion auf die Forderungen nach der Öffnung des Zugangs zu wissenschaftlichen Erkenntnissen nachhaltig. Näder fasst diese Situation wie folgt zusammen:

> Selbst nach der vollständigen Rezeption aller drei Erklärungen bleibt schließlich ein gewisser Interpretationsspielraum: Etwa hinsichtlich der Frage, ob ein Dokument auch dann dem Open-Access-Gedanken entspricht, wenn die in den beiden jüngeren Erklärungen geforderten Zusatzmaterialien nicht mitgeliefert werden und das Dokument erst nach Ablauf der vertraglichen Schutzfrist online zugänglich gemacht wird. (Näder 2010)

Will man zu einer gemeinsamen Rahmendefinition von Open Access kommen, könnte ein Ansatz das Streben nach einer gemeinsamen und eindeutigen Definition des Attributs „Open“ sein. Das erscheint sinnvoll, um die Entwicklung von Offenheit in Wissenschaft und Forschung in ihrer ursprünglich gedachten Form wie auch in anderen Bereichen des offenen Wissens, in denen der Begriff „Open“ verwendet wird, wie zum Beispiel im Rahmen offener Verwaltungs- und Regierungsdaten, nicht nachhaltig zu gefährden. Eine Grundlage dafür bietet die Open-Definition (Open Definition 2014), die im Gegensatz zu den meisten Erklärungen von Open Access ständig weiterentwickelt wird und eine klare Abgrenzung zu „nicht open“ beinhaltet, ohne Bezug auf konkrete Publikationsformen, Prozesse oder den Kern ihrer Aussagen zu verwässern. Nach dieser Definition ist Wissen dann als „open“ zu bezeichnen, „wenn jede/r darauf frei zugreifen, es nutzen, verändern und teilen kann – eingeschränkt höchstens durch Maßnahmen, die Ursprung und Offenheit des Wissens bewahren“ (Open Definition 2014). In der Definition sind die Anforderungen „Offene Werke“, „Offene Lizenzen“ und „Akzeptable Bedingungen“ klar beschrieben. Was die Definition auslässt, ist ein zeitlicher Horizont zwischen Erstellung und Veröffentlichung der Inhalte.

Eine Annäherung ex negativo bietet die Annäherung an den Gegensatz von „Open“, zum Beispiel über die Definition von „Closed Access“ und die Präzisierung dessen, was im Rahmen der Digitalisierung und Öffnung von Wissenschaft und Forschung seitens der wissenschaftlichen Gemeinschaft als nicht wünschenswert gilt. Auf diesem Weg könnte das Dilemma der unklaren Definition von „Open Access“ benannt und trotzdem an den ursprünglichen kulturellen, politischen und gesellschaftlichen Werten der Öffnung von wissenschaftlicher Kommunikation sowie an den Eigenheiten der unterschiedlichen Fächer und Arbeitsweisen festgehalten werden.

Diese Herangehensweise, eine Negativdefinition zu erstellen, erscheint auch deshalb als zielführende Alternative, weil die aktuellen Herausforderungen im Rahmen der Öffnung von wissenschaftlicher Kommunikation einfach zu heterogen erscheinen, als dass sie nur über die Forderungen der ursprünglichen Erklärungen der „three Bs" und die Definition, was Open Access ist, gemeistert werden können. Darüber hinaus könnte eine solche Definition aus der wissenschaftlichen Gemeinschaft heraus die veränderten Rahmenbedingungen der wissenschaftlichen Traditionslinien berücksichtigen, unter denen Offenheit möglicherweise auch weitere Bezugspunkte aufweist als die genannten Debatten um die Öffnung wissenschaftlicher Inhalte für die Gesamtgesellschaft.

Die Zeit, die seit der ersten Grundsatzerklärung zu Open Access in Budapest vergangen ist, hat gezeigt, dass die Abhängigkeit und Stabilität des wissenschaftlichen Kommunikationssystems größer ist als zunächst angenommen und der „Faustische Pakt [...] stabiler ist als gedacht" (Hagner 2015: 75). Als Konsequenz zeigt das tradierte wissenschaftliche Publikationssystem bisher eine gewisse Veränderungsresistenz im wissenschaftlichen Kommunikationssystem und auch nach zwei Jahrzehnten bleibt das etablierte Publikationssystem der Verlage weitgehend stabil (Hanekop 2014). Die Thesen von der Veränderungsresistenz und von der Stabilität des aktuellen wissenschaftlichen Kommunikationssystems konnten acht Jahre nach der ersten Befragung (Hanekop 2007) durch die Ergebnisse der Befragung im Rahmen dieser Arbeit erneut bestätigt werden. Trotz der weitreichenden Zustimmung unter den befragten Wissenschaftlern und Wissenschaftlerinnen zur Öffnung der wissenschaftlichen Kommunikation, des erfolgreichen Selbstversuchs der offenen Anfertigung dieser Qualifikationsarbeit, der langjährigen Annäherung der Wissenschaften an digitale Kommunikationstechniken und deren zunehmender Verbreitung im wissenschaftlichen Alltag bleiben die bestehenden Strukturen der wissenschaftlichen Kommunikation stabil und die Outputformate konstant.

Open Science

Open Science umfasst weitreichende Modernisierungsvorhaben und betrifft neben dem reinen Zugang zu finalen wissenschaftlichen Erkenntnissen (Open Access) die größtmögliche Öffnung des gesamten wissenschaftlichen Erkenntnisgewinnungsprozesses. Open Science greift demnach die politischen Ideale von Open Access auf und ergänzt sie um die notwendigen weiteren praktischen Aspekte zur Veränderung des wissenschaftlichen Kommunikationssystems. Die Probleme bei der Umsetzung des Konzepts ähneln dabei den Herausforderungen von Open Access und beziehen sich ebenfalls auf Unklarheiten bei der konkreten Ausgestaltung von „Offenheit". Diese sind bei Open Science jedoch noch umfassender, da sie sich nicht nur auf den Zugang zu publiziertem Wissen und finalen wissenschaftlichen Erkenntnissen, sondern auch auf den Zugriff auf den gesamten wissenschaftlichen Prozess beziehen. Open Science beeinflusst nicht nur das Thema Zugang zu publikationsfertigem Wissen, sondern ebenso die Themen Steuerung, wissenschaftliche Prozesse, Datenschutz, Qualitätssicherung und Archivierung sowie grundlegende Aspekte wie die Freiheit der Wissenschaft.

Im Gegensatz zu Open Access gibt es bisher nur wenige Erklärungen und Statements, die eine klare definitorische Annäherung an Open Science ermöglichen. Die formulierten Ziele einer Öffnung wissenschaftlicher Forschungsprojekte nach den Kriterien von Open Science bauen überwiegend auf vergleichbaren Ansätzen der Deklarationen von Open Access auf und können als Weiterentwicklung derselben betrachtet werden. Wie bei dem Konzept zur Öffnung des Zugangs zu finalen wissenschaftlichen Publikationen ist eine solche fächerübergreifende Definition im Moment noch sehr unpraktikabel. Daher scheint auch bei Open Science eine Annäherung über die Open-Definition zielführender zu sein. Die Konzentration auf die Open-Definition als Rahmen und eine fehlende Aushandlung der konkreten Wege und der Kriterien von Open Science bergen jedoch auch die Gefahr, dass das genannte Ziel von Open Science in der konkreten Umsetzung verwässert wird. Andererseits zeigen die Entwicklungen der letzten Jahre, dass genau dieser Rahmen wichtig ist, um durch experimentelle Ansätze (wie dem offenen Verfassen von wissenschaftlichen Arbeiten) die konkreten Kriterien für Open Science zu verhandeln, ohne dabei das Kernziel des möglichst umfassenden Zugriffs auf den wissenschaftlichen Prozess aufgrund der alltäglichen Herausforderungen bei der Umsetzung aus den Augen zu verlieren.

Die Umsetzung solcher Open-Science-Experimente und -Initiativen kann und darf dabei nicht nur auf der Grundlage von Vorgaben, Gesetzen oder Richtlinien erfolgen, sondern muss primär verbesserte Rahmenbedingungen schaffen, um neues Wissen produzieren und verbreiten zu können sowie dem gesellschaftlichen Auftrag des Wissenschaftssystems gerecht zu werden. Dazu müssen Anreize für die einzelnen Wissenschaftler und Wissenschaftlerinnen so gesetzt werden, dass deren Eigeninteresse mit dem Wohl der Wissenschaft und damit dem der Öffentlichkeit harmoniert (Brembs 2015). Diese Anreize sollten dabei nicht nur wissenschaftsextern definiert und praktiziert werden, sondern müssen von der wissenschaftlichen Gemeinschaft selbst koordiniert und in das bestehende System der wissenschaftlichen Kommunikation eingebunden werden.

Bezüglich der zeitlichen Dimension der Veröffentlichung von wissenschaftlichen Inhalten, die von der Open-Definition nicht abdeckt wird und die auch in den Erklärungen von Budapest, Bethesda und Berlin nur unzureichend definiert ist, könnte Open Science eine Lösung darstellen. Denn es wird in diesem Konzept eine unmittelbare, möglichst umfassende und für jeden frei verfügbare Veröffentlichung der Informationen im Rahmen wissenschaftlicher Erkenntnisprozesse angestrebt. Während bei Open Access die finale Publikation, maximal angereichert durch die darin referenzierten Daten, im Vordergrund steht und diese in vielen Fällen auch erst nach einer gewissen Embargofrist veröffentlicht werden kann, greift die Verbreitung von Inhalten im Sinne von Open Science viel früher und weiter. Die finale Publikation ist dabei eher als nachgelagertes und abschließendes Ergebnis zu betrachten.

Folgt man dieser Betrachtungsweise, sind die zeitlichen und rechtlichen Herausforderungen bei der Veröffentlichung finaler wissenschaftlicher Erkenntnisse in Form von Open-Access-Publikationen bei Open Science als nachgelagert zu betrachten. Bei einer Realisierung des Konzepts von Open Science geht es um die kontinuierliche Veröffentlichung wissenschaftlicher Ergebnisse im Rahmen von öffentlich-finanzierten Arbeitsumgebungen unter den Bedingungen der Open-Definition. Dabei ist die möglichst umfassende Akkumulation von Beweisen ein wesentlicher Teil der wissenschaftlichen Methode der Selbstkorrektur (Nosek 2015). Eine größtmögliche Offenheit des wissenschaftlichen Erkenntnisprozesses ist demnach auch zentral für das Ziel der Wahrheitsfindung.

Angelehnt an die These der Sprachwissenschaftlerin Gabriele Graefen für die Entwicklung von Wissenschaft gilt, dass für eine erfolgreiche Implementierung von Open Science in den wissenschaftlichen Alltag ein gesamtgesellschaftlicher Bedarf für das zu öffnende Wissen bestehen und die entsprechende Leistung von Individuen zu persönlichen Vorteilen führen muss. Nur dann kann eine Umorientierung von geschlossener, individueller wissenschaftlicher Betätigung hin zu offener, gesellschaftlich anerkannter und zur Kenntnis genommener, kollektiv betriebener Wissenschaft stattfinden (Graefen 2007). Ergänzend muss die detaillierte Ausgestaltung dieser Entwicklung unter Beteiligung der Wissenschaftler und Wissenschaftlerinnen vonstattengehen, da das System sonst Gefahr läuft, sich zu „sporadischer individueller wissenschaftlicher Betätigung" (Graefen 2007) zurückzuentwickeln.

Eine Voraussetzung für Open Science ist folglich, dass „wissenschaftliche Daten, Codes und Volltexte sowie zum Teil das Lese-, Gutachter- und Lehrverhalten der Wissenschaftler zu einem großen Teil transparent werden" (Brembs 2015). Von dieser Forderung ausgeschlossen sind die Informationen, die die Privatsphäre der Wissenschaftler und Wissenschaftlerinnen sowie der Untersuchungssubjekte betreffen und den Datenschutz im Rahmen der Datenerhebung, Verbreitung und Verarbeitung negativ beeinflussen. Als weitere Voraussetzungen sollten nach Graefen (Graefen 2007)

- die technischen Möglichkeiten der schnellen Erstellung, Vervielfältigung und Verbreitung von wissenschaftlicher Kommunikation,
- die Zugänglichkeit zum gesamten Forschungsprozess,
- die Möglichkeit Wissenschaft(en) von anderen Formen der Information und Kommunikation zu unterscheiden,
- die ökonomische und politische Nutzbarkeit von Wissenselementen, so dass Forschung als ein Mittel der Verwertung gelten kann, sowie
- die durch Ausbildungsprozesse gefestigte Existenz einer beruflich mit Forschung befassten ‚Schicht' von Fachleuten, Wissenschaftlern und Wissenschaftlerinnen
- betrachtet werden.

Die Etablierung von Open Science hängt demnach nicht von der Ausgestaltung einer abstrakten Definition ab, sondern vielmehr von der konkreten Gestaltung der offenen wissenschaftlichen Praxis und ihrer Grenzen. Die offene Erstellung dieser Arbeit als Experiment und die Entwicklung von Handlungsempfehlungen für die offene Anfertigung wissenschaftlicher Arbeiten (siehe Kapitel 6) leisten hierfür einen konkreten Beitrag für die Gestaltung und die Durchführung von Open Science. Dass diese Arbeit die erste Doktorarbeit ist, die mit dem Anspruch an einen größtmöglichen Grad an Offenheit und unter den Bedingungen der Open-Definition erstellt wurde, zeigt dabei auch einen Mangel an Experimentierfreudigkeit seitens der wissenschaftlichen Gemeinschaft, was die zukünftige Gestaltung der wissenschaftlichen Kommunikation im Rahmen der Forderungen nach Offenheit und unter den veränderten Bedingungen der Digitalisierung angeht.

Faktoren, die die Öffnung von Wissenschaft und Forschung beeinflussen

Ein weiteres Ziel dieser Arbeit war die Identifikation von Faktoren, welche die Öffnung von Wissenschaft und Forschung beeinflussen. Diese Faktoren wurden anhand der Literatur herausgearbeitet und im Rahmen der durchgeführten Umfrage abgefragt. Die erhobenen Daten wurden statistisch ausgewertet und zusammenfassend dargestellt.

In der Literatur und von den Befragten wurden als Argumente für die Öffnung vor allem die beschleunigte Wissensverbreitung und die neuen Möglichkeiten für die Kommunikation innerhalb und außerhalb der wissenschaftlichen Gemeinschaft genannt. Demgegenüber wurden als Hindernisse neben den fehlenden etablierten Reputationskriterien für die Bewertung von offener Wissenschaft auch die Gefahren der Fehlinterpretation und Falschinformation durch die freie und umfassende Verfügbarkeit von wissenschaftlichen Informationen genannt. Der ebenfalls häufig genannte erhöhte zeitliche Mehraufwand für die Bereitstellung der wissenschaftlichen Publikationen und Forschungsdaten sowie die bisher geringe Veröffentlichung von offenen Inhalten stärkt die Vermutung, dass Wissenschaftler und Wissenschaftlerinnen selbst keinen großen Druck verspüren, ihr Veröffentlichungsverhalten zu verändern. Das mag auch an dem Umstand liegen, dass sie trotz der Publikationskrise und anderen Faktoren, die zu einem Marktungleichgewicht im wissenschaftlichen Kommunikationssystem geführt haben, in einer komfortablen Situation sind beziehungsweise von den Auswirkungen der Krise bisher kaum oder (noch) nicht betroffen sind.

In der Debatte und in den Erhebungen rund um die Öffnung von Wissenschaft und Forschung werden viele Faktoren genannt, die den bisher für die Gesamtgesellschaft intransparenten und geschlossenen wissenschaftlichen Erkenntnisprozess hin zu einer Öffnung in unterschiedlicher Weise beeinflussen. Die Argumente erscheinen dabei als sehr vielseitig und facettenreich, konzentrieren sich aber im Kern auf acht Aspekte:

- Im Rahmen der Alltagsbetrachtung beeinflussen rechtliche Bedenken die offene wissenschaftliche Kommunikation (siehe Ergebnisse der Befragung in Kapitel 5).
- Fehlende Reputations- und Qualitätssicherungsmechanismen hindern Wissenschaftler und Wissenschaftlerinnen daran, die eigenen wissenschaftlichen Erkenntnisprozesse zu öffnen oder die Ergebnisse frei zur Verfügung zu stellen (Herb 2015).

- Fehlende Infrastrukturen beziehungsweise die fehlende Integration in bestehende Strukturen sowie fehlendes Know-how der Wissenschaftler und Wissenschaftlerinnen stellen weitere Gründe für den geringen Öffnungsgrad in Wissenschaft und Forschung dar (European Commission 2015b).
- In den wissenschaftstheoretischen Diskursen wird die Wissenschafts-, Presse- und Publikationsfreiheit oft als Argument gegen den Druck, wissenschaftliche Inhalte zu öffnen, angeführt (Fehling 2014). Mithilfe der Befragung konnte diese Annahme allerdings nicht mehrheitlich bestätigt werden (siehe Ergebnisse der Befragung in Kapitel 5).
- Ergänzend zu anderen Studien ist festgestellt worden, dass die Verfügbarkeit von digitalen Technologien, deren erhöhte Kapazität und Verbreitung einen wesentlichen Einflussfaktor auf die Entwicklung von Open Access und Open Science darstellen (European Commission 2015b). Der Wunsch nach größerer Verbreitung wissenschaftlicher Erkenntnisse und nach mehr Möglichkeiten zum kollaborativen Arbeiten spielt bei dieser Betrachtung eine herausragende Rolle und begünstigt die Entwicklung (siehe Ergebnisse der Befragung in Kapitel 5).
- Dem Interesse an der Öffnung wissenschaftlicher Kommunikation steht allerdings die Befürchtung eines hohen Mehraufwands für die wissenschaftliche Praxis gegenüber. Die Befragung hat gezeigt, dass ein großer Teil der befragten Wissenschaftler und Wissenschaftlerinnen bei der Öffnung der Kommunikation wissenschaftlicher Prozesse einen großen Mehraufwand erwartet (siehe Kapitel 5).
- Im Rahmen des offenen Verfassens dieser Arbeit ist deutlich geworden (siehe Kapitel 6), dass bisher für die möglichst umfangreiche und offene Bereitstellung wissenschaftlicher Kommunikation nur wenige Tools und adäquate Dienste zur Verfügung stehen. Neben der geringen Anzahl an kommerziellen Lösungen ist der größte Teil der wissenschaftlichen Open-Source-Forschungssoftware qualitativ eher minderwertig, ineffizient, undokumentiert und wird nur selten weiterentwickelt oder gepflegt (Hey 2015).
- Dass die befragten Wissenschaftler und Wissenschaftlerinnen die vorherrschenden Zeitschriften- und Monografienkrise als einen eher unwichtigen Katalysator für die Öffnung wissenschaftlicher Kommunikation identifiziert haben (siehe Kapitel 5), unterstützt die Annahme des geringen Interesses an dem Thema und dass sich viele Akteure der Konflikthaftigkeit, in der sich das System befindet, nicht bewusst sind. Dies nährt die Befürchtung, dass sich trotz effizienterer Verfahren und neuer Technologien nichts an dem System ändern lässt (Parks 2002).

Die Ergebnisse und der Vergleich mit der SOFI-Studie aus 2007 zeigen dabei deutlich, dass die Verschärfung der Situation in den letzten zehn Jahren bisher nur vereinzelt zu Verhaltensänderungen im Publikations- und Kommunikationsverhalten der Wissenschaftler und Wissenschaftlerinnen geführt hat. Dabei gibt es zwar Unterschiede zwischen den Disziplinen, dennoch beeinflussen die fehlenden Anreizsysteme für Wissenschaftler und Wissenschaftlerinnen auf regionaler, nationaler und internationaler Ebene den Prozess vom geschlossenen System wissenschaftlicher Kommunikation hin zu einer Öffnung maßgeblich negativ.

Bedeutung der Konzepte von Open Access und Open Science im Rahmen wissenschaftlicher Reputation

Wissenschaftliche Reputation basiert, wie im zweiten Kapitel dargestellt, auf einem System der Verbreitung neuer und der Adaption bestehender wissenschaftlicher Erkenntnisse. Unter dieser Prämisse sollten Offenheit und freier Zugang zu wissenschaftlicher Kommunikation als Grundpfeiler des wissenschaftlichen Diskurses und des Reputations- und Machtsystems selbstverständlich sein. In der Praxis ist dieses System aber selbstreferenziell und auf die wissenschaftliche Gemeinschaft beschränkt. Es haben nur diejenigen Zugriff auf das System, die bereits Teil des Systems sind oder die beginnen, sich den Normen und Regeln des Systems anzupassen. Die Gesamtgesellschaft ist von dem Diskurs in vielen Fällen ausgeschlossen oder hat erst nach einer gewissen Zeit die Möglichkeit, auf Informationen und Erkenntnisse zuzugreifen. Das aktuelle System festigt demnach die Machtposition derjenigen, die das System derzeit prägen.

Im Rahmen der Identifikation von Katalysatoren und Hindernissen für den Prozess zur Öffnung der wissenschaftlichen Kommunikation stellen die fehlenden Reputationsmechanismen eine der größten Beschränkungen für die Verbreitung dar. Ferner wurden fehlende Qualitätssicherungsmaßnahmen in der Befragung im Rahmen dieser Arbeit (siehe Kapitel 5) und anderer Erhebungen (European Commission 2015b) besonders häufig bei den Argumenten gegen die Verbreitung von offener wissenschaftlicher Kommunikation erwähnt. Die bisher genutzten bibliometrischen Verfahren erfreuen sich noch immer großer Beliebtheit. Sie haben eine Absicherungsfunktion bezüglich der vermuteten Qualität einer Publikation und bisher noch kein an die neuen Möglichkeiten angepasstes Äquivalent gefunden. Da auch die Forschungsförderung auf diesen tradierten Verfahren der

Evaluation von Forschung aufbaut, ist diesbezüglich noch kein Wandel absehbar.

Es ist davon auszugehen, dass die Möglichkeit, wissenschaftliche Reputation zu erlangen, einen Einfluss auf die Verbreitung des Konzepts eines offenen Zugangs zu Wissenschaft hat und nicht umgekehrt. Die bestehenden digitalen Bewertungssysteme haben in der Wissenschaftssteuerung allerdings bisher nur begrenzt Einzug gehalten. So kann noch keine abschließende Beantwortung der Frage stattfinden, wie genau die Öffnung der Kommunikation einen Einfluss auf das Konzept und die Kriterien der wissenschaftlichen Reputation innerhalb und außerhalb der wissenschaftlichen Community haben wird.

Auffällig bei der Auswertung der durchgeführten Befragung war die geringe Befürwortung und Praktizierung einer offenen wissenschaftlichen Kommunikation bei den jüngeren Altersgruppen beziehungsweise denen, die am Anfang ihrer wissenschaftlichen Karriere stehen. Demgegenüber zeigte diese Altersgruppe das verhältnismäßig größte Interesse an den Forschungsdaten anderer Wissenschaftler und Wissenschaftlerinnen. Gerade bei den „reputationshungrigen" Nachwuchswissenschaftlern und -wissenschaftlerinnen scheint zwar ein Interesse an Offenheit vorzuherrschen, allerdings auch eine Zurückhaltung bei der Bereitschaft, eigene wissenschaftliche Inhalte frei zu veröffentlichen. Demnach ist davon auszugehen, dass die Sensibilisierung der Nachwuchswissenschaftler und -wissenschaftlerinnen für die Wichtigkeit der offenen Kommunikation ausbaufähig ist.

Aufwand für die Öffnung des gesamten wissenschaftlichen Erkenntnisprozesses

Im Vergleich zum Publizieren von Texten in einer geschlossenen Umgebung ist das offene Verfassen einer wissenschaftlichen Publikation noch immer mit Mehraufwand verbunden und teilweise ohne technische Vorkenntnisse nicht ohne Weiteres durchführbar – wie im Selbstexperiment gezeigt. Dies ist zum einen darin begründet, dass die genutzten Softwareprodukte und -plattformen die Veröffentlichung der Arbeit und der gesamten Erkenntnis- und Kommunikationsprozesse noch nicht vollumfänglich und einfach ermöglichen. Zum anderen sind die Richtlinien, Rahmenbedingungen, Anreizsysteme und Vorgaben für wissenschaftliche Arbeiten an Universitäten und Forschungseinrichtungen nicht darauf ausgelegt „offen" angewendet zu werden.

34 Prozent der Befragten sahen einen erhöhten zeitlichen Mehraufwand für die Bereitstellung der wissenschaftlichen Publikationen und/oder der Forschungsdaten. 31 Prozent schätzten den Gesamtaufwand für das offene Publizieren als „gering" ein. Unter den Teilnehmern und Teilnehmerinnen im Rahmen der Online-Befragung gaben demgegenüber zwar nur 15 Prozent an, dass sie der (Mehr-)Aufwand davon abhält, die eigenen wissenschaftlichen Inhalte ohne finanzielle, rechtliche oder technische Barrieren öffentlich zur Verfügung zu stellen, doch die tatsächliche Anzahl der veröffentlichen wissenschaftlichen Inhalte durch Umfrageteilnehmer ist bedeutend geringer. Rund 20 Prozent der befragten Wissenschaftler und Wissenschaftlerinnen waren nicht in der Lage, den Aufwand zu bewerten. 28 Prozent der Befragten schätzten den Aufwand für die Veröffentlichung von Publikationen unter den Kriterien von Open Access als mittelgroß oder groß ein, für die Veröffentlichung von Forschungsdaten vermuteten sogar 55 Prozent einen großen Aufwand.

Diese Unsicherheit und die Hervorhebung des vermuteten Mehraufwands sowie fehlende Anreizsysteme hemmen die Weiterentwicklung hin zu einer möglichst umfassenden Öffnung des Systems. Es ist davon auszugehen, dass allein die Veränderungen im Rahmen der Forschungsförderung nicht ausreichen werden, um Wissenschaftler und Wissenschaftlerinnen perspektivisch davon zu überzeugen, den gesamten Erkenntnisprozess zu öffnen. Weitere Experimente wie die offene Ausarbeitung sowie die Erarbeitung von Handlungsempfehlungen für das offene Verfassen wissenschaftlicher Arbeiten sind nötig, um die Auseinandersetzung mit Offenheit wissenschaftlicher Kommunikation zu befördern.

Von Open Access zu Open Science: Anpassung der bestehenden wissenschaftlichen Praxis oder wissenschaftliche Revolution?

Die forschungsleitende Hypothese dieser Arbeit lautete, dass sich Open Access in einer Übergangsphase befindet, die derzeit noch überwiegend von der reinen offenen Bereitstellung wissenschaftlicher Publikationen geprägt wird, langfristig aber zur Öffnung weiterer Teile der wissenschaftlichen Kommunikation als wesentliche Grundlage für den Wissenszuwachs in der Gesamtgesellschaft (Open Science) führen wird. Nach der Analyse der Debatten um die Öffnung von Wissenschaft und Forschung, der Ergebnisse der Befragung und den gewonnenen Erkenntnissen im Selbstversuch kann diese Hypothese bisher noch nicht für die Mehrheit der

Wissenschaftler und Wissenschaftlerinnen bestätigt werden beziehungsweise teilt ein Großteil der wissenschaftlichen Gemeinschaft diese Einstellung noch nicht. Hervorzuhebendes Indiz dafür ist die dargestellte Diskrepanz zwischen der sehr positiven Einstellung der Befragten zur Idee einer Öffnung der wissenschaftlichen Kommunikation und der geringen praktischen Verbreitung und Umsetzung dieser Idee im wissenschaftlichen Alltag.

Trotz des mehrheitlichen Interesses an dem Zugang zu wissenschaftlichen Daten und Informationen anderer Wissenschaftler und Wissenschaftlerinnen, der grundsätzlichen Bereitschaft, Forschungsdaten und alle weiteren Informationen, die während der wissenschaftlichen Arbeit anfallen, öffentlich zur Verfügung zu stellen, einer mehrheitlichen Unterstützung der Forderungen nach kostenfreiem Zugang zu allen wissenschaftlichen Publikationen für Leser und Leserinnen, fehlt es noch immer an einem Aushandlungsprozess der genauen Ausgestaltung von „Offenheit". Bisher ist unklar, auf welche Bereiche der wissenschaftlichen Arbeit sich die Forderungen nach Öffnung genau beziehen, wie diese Offenheit unter realen Bedingungen praktiziert werden kann und wie sich die Kriterien für die wissenschaftliche Arbeit sowie die Qualitäts- und Leistungsbemessung durch diese Entwicklung verändern sollen.

Zwar begünstigen die technologischen Entwicklungen auch ohne diese Ausgestaltung die Möglichkeiten für die Verbreitung und das Teilen von wissenschaftlichen Daten und Informationen im Erkenntnisprozess, dennoch ist dieser Prozess bisher eher als Begleiterscheinung der Digitalisierung zu betrachten. Der Kern wissenschaftlichen Arbeitens ist davon bisher nur begrenzt beeinflusst und die tatsächliche Verbreitung offener wissenschaftlicher Kommunikationsverfahren nach den Kriterien von Open Science und unter den Bedingungen der Open-Definition ist nach wie vor gering. Seitens der Produzenten des Wissens werden vor allem das Fehlen von Reputations- und Anerkennungsmechanismen, funktionierenden Geschäftsmodellen, die Angst vor Ideendiebstahl und das Fehlen von standardisierten Qualitätssicherungsmaßnahmen als Hindernisse für die weitere Verbreitung angeführt. In der Praxis fehlen darüber hinaus einfache und standardisierte technische Möglichkeiten für die offene Erstellung wissenschaftlicher Arbeiten und der Aufwand für die Öffnung wissenschaftlicher Erkenntnisprozesse übersteigt weiterhin den bisher üblichen Aufwand wissenschaftlicher Arbeiten. Die dargestellten Herausforderungen im aktuellen wissenschaftlichen Kommunikationssystem und die identifizierten Katalysatoren für die Öffnung wissenschaftlicher Kommunikation haben demnach bisher nicht zu einem grundsätzlichen

Umdenken im Handeln der wissenschaftlichen Akteure oder zu einer Anpassung der Kriterien für wissenschaftliches Arbeiten unter diesen veränderten Bedingungen beigetragen.

Die Debatten um die Veränderungen im wissenschaftlichen Kommunikationssystem fokussieren sich bislang vor allem auf die Steigerung von Effizienz im Rahmen von anwendungsrelevanter Forschung unter den Bedingungen der bestehenden wissenschaftlichen Praxis, die Förderung von Wissenstransfer für die wirtschaftliche Verwertung und die Schaffung von Rahmenbedingungen für privatwirtschaftliche Aneignung von wissenschaftlichen Erkenntnissen. Die Betrachtung der Hindernisse und Katalysatoren für eine wirkliche Öffnung wissenschaftlicher Kommunikation erfolgt in diesem Zusammenhang nur unter den etablierten Kriterien für den Reputationserwerb. Eine grundlegende Diskussion der Konsequenzen dieser Veränderungen für die Modi gesellschaftlicher Wissensproduktion ist bisher weder innerhalb noch außerhalb der wissenschaftlichen Gemeinschaft erkennbar (Buss 2001).

[8]

Zusammenfassung und Ausblick

When [...] the profession can no longer evade anomalies that subvert the existing tradition of scientific practice — then begin the extraordinary investigations that lead the profession at last to a new set of commitments, a new basis for the practice of science. The extraordinary episodes in which that shift of professional commitments occurs are the ones known in this essay as scientific revolutions. (Kuhn 2012: 6)

Wissenschaft und Forschung sind eng mit den Normen der schnellen Weitergabe von Forschungsergebnissen, einer Umgebung des Wissensaustauschs, Co-Autorenschaft und dem kumulativen Lernen sowie Innovationen verbunden (Partha 1994). Folglich scheint eine möglichst unbeschränkte und offene wissenschaftliche Kommunikation für das Wissenschaftssystem theoretisch unverzichtbar. In der wissenschaftlichen Realität basiert die wissenschaftliche Arbeit jedoch weitgehend auf einem von der Gesamtgesellschaft abgeschlossenen System und beruht noch immer auf der Annahme, dass das, „was nicht gedruckt wird, kaum Chancen hat, die Entwicklung des Faches zu beeinflussen“ (Luhmann 1997).

In dieser Arbeit wurden die Herausforderungen für das System der wissenschaftlichen Kommunikation im Rahmen der Digitalisierung und für die Öffnung dieser Kommunikation umfassend dargestellt und analysiert. Die Entwicklungen im Bereich der Öffnung wissenschaftlicher Kommunikation wurden aus geistes- und kulturwissenschaftlicher Perspektive genauer untersucht und den bisherigen Erkenntnissen über die Öffnung wissenschaftlicher Kommunikation gegenübergestellt sowie das Ergebnis dieser Gegenüberstellung diskutiert.

Mithilfe der quantitativen Methode einer Online-Befragung wurde unter 1.112 Wissenschaftlern und Wissenschaftlerinnen analysiert, welche Auffassungen und Annahmen in Bezug auf den postulierten Wandel wissenschaftlicher Kommunikation im Rahmen von Offenheit und Digitalisierung vorherrschen und inwiefern diese mit anderen Aspekten des wissenschaftlichen Kommunikationssystems korrelieren. Die gewonnenen Erkenntnisse wurden in den Kontext bisheriger Untersuchungen und der autoethnografisch erhobenen Erkenntnisse aus der offenen Anfertigung dieser Arbeit gestellt.

Zusammenfassend kann festgestellt werden, dass es bisher weder gelungen ist, die Anreize für die einzelnen Wissenschaftler und Wissenschaftlerinnen so zu setzen, dass deren Eigeninteresse in Bezug auf die Verbreitung von Erkenntnissen mit dem Wohl der Wissenschaft und dem der Öffentlichkeit gleichermaßen harmonieren, noch gab es bisher staatliche Interventionen, die zu einer fundamentalen Veränderung im Publikationsverhalten geführt hätten. Das wissenschaftliche Kommunikationssystem bleibt bisher stabil, die Kommunikationsformate wie Monografie und Journal behalten noch immer ihren hohen Stellenwert und die zunehmende Nutzung digitaler Werkzeuge führt bisher zu keiner strukturellen Veränderung von Wissenschaft. Bisher ebenfalls unbeantwortet bleibt die Frage, inwiefern und in welchem Umfang die Öffnung des wissenschaftlichen Erkenntnisprozesses einen wünschenswerten Schritt darstellen, welche Nebenfolgen durch eine offene Wissensproduktion entstehen und ob es sich bei den postulierten Veränderungen um eine wissenschaftliche Revolution oder um kleinere Anpassungen an die bestehenden Paradigmen und traditionsgebundenen Aktivitäten der Wissenschaft handelt.

Sicher hingegen ist, dass es sich bei den aktuellen Entwicklungen um die Vorläufer eines umfassenden Medienwandels handelt, der neue Chancen eröffnet, aber auch Herausforderungen für die Wissenschaft mit sich bringt. Diese Entwicklungen bieten neue Möglichkeiten für die aktive Veröffentlichung von Supplementen und (Roh-)Daten, sie unterstützen die Bereitschaft der Forschenden, auch Daten zu teilen, die eine These falsifizieren, zurückgezogene Artikel sichtbar zu machen und den wissenschaftlichen Erkenntnisprozess dahingehend zu öffnen, dass effektive Mechanismen zur Verfolgung wissenschaftlichen Fehlverhaltens installiert und die bestehenden Mechanismen zur Selbstkorrektur gestärkt werden können. In der notwendigen Auseinandersetzung muss jedoch auch behandelt werden, welche Aspekte zusätzlich zur oder anstatt der traditionell ermittelten wissenschaftlichen Reputation von Wissenschaftlern und Wissenschaftlerinnen an Relevanz gewinnen, wie vernetzte Computer und Algorithmen eingesetzt werden, um der vermehrten Verfügbarkeit von Informationen – Folge einer Überwindung der erzwungenen Datenreduktion analoger Medien – gerecht zu werden. Darüber hinaus muss erörtert werden, wie sich in diesem Zusammenhang die Wahrheitskriterien ändern, welche Möglichkeiten sich in welcher Weise für eine Neuordnung der wissenschaftlichen Kommunikation anbieten und wie die wissenschaftliche Gemeinschaft diese Technologien und Geschäftsmodelle – vielleicht auch zusammen mit Bewegungen wie der Open-Source-Bewegung – prägen möchte. Dabei muss neu verhandelt werden, welche Werte für die wissenschaftliche Praxis durch neue Medientechnologien definiert oder von der Bewegung für das freie und offene Netz übernommen werden können.

Neben der Erkenntnis, dass die Hindernisse für die Veränderungen nicht ausschließlich technischer oder finanzieller, sondern auch sozialer Natur sind (Nosek 2012), muss weiterhin die rechtliche Klärung für die Zweitverwertung von Inhalten als wichtiger Katalysator für die weitere Entwicklung gesehen werden. Darüber hinaus fehlen noch immer etablierte Reputationsmechanismen, die die Öffnung wissenschaftlicher Kommunikation befördern. Diese Mechanismen können aber nur dann erfolgreich sein, wenn eine Diskussion über die Gestaltung der Zukunft wissenschaftlicher Kommunikation innerhalb der wissenschaftlichen Gemeinschaft unterstützt und die wissenschaftlichen Institutionen für diese Diskussion den notwendigen Raum und die Anreize schaffen.

Wird dieser Raum nicht geschaffen und die Öffnung der wissenschaftlichen Kommunikation weiterhin maßgeblich über externe und politisch motivierte Maßnahmen angestrebt, ist zu vermuten, dass rein kommerzielle, forschungs- und steuerungspolitische Interessen sowie das Interesse an der Förderung von Wissenstransfers und wirtschaftlicher Verwertung von wissenschaftlichen Inhalten negative Konsequenzen auf das Wahrheitsmonopol und die Unabhängigkeit der Wissenschaft haben werden.

Verlage wie Elsevier und andere wirken in diesem Zusammenhang seit Dekaden auf die forschungspolitische Agenda ein und versuchen, ihre wirtschaftlichen Interessen im Rahmen des Wandels durchzusetzen (Hirschi 2015: 15, Elsevier 2012). Die wissenschaftliche Gemeinschaft muss durch das Hinterfragen der bestehenden Kriterien wissenschaftlichen Arbeitens, das Experimentieren mit neuen Möglichkeiten der Kommunikation, die Förderung der Katalysatoren für die Öffnung und die Beseitigung von Hindernissen den unvermeidlichen Wandel im Rahmen der Digitalisierung proaktiv gestalten. Wenn in diesem Prozess schon Verlage fordern, dass „Autoren in einem gesunden, unverzerrten freien Markt frei wählen sollten, wo sie publizieren" (Brussels Declaration 2007), muss sich die wissenschaftliche Gemeinschaft fragen lassen, ob sie oder Verlage die Ausgestaltung des wissenschaftlichen Kommunikationssystems übernehmen sollten und ob sie in der Vergangenheit die Publikationsfreiheit ausreichend und selbstbestimmt mit dem Ziel der möglichst umfassenden Verbreitung von Wissen genutzt haben.

Die Öffnung wissenschaftlicher Kommunikation und der wissenschaftliche Alltag

Die Ergebnisse der durchgeführten Befragung zeigen eine mehrheitliche Zustimmung und ein überwiegend großes Interesse an der Öffnung wissenschaftlicher Kommunikation. Im wissenschaftlichen Alltag haben dieses Interesse und die Zustimmung zu digitalen und offenen Verfahren der Kommunikation bisher jedoch noch immer nicht zu einer fundamentalen Veränderung des Publikations- und Veröffentlichungsverhaltens geführt. Dem theoretischen und ideellen Interesse an der Öffnung steht somit ein praktisches Desinteresse an der Auseinandersetzung mit dem Thema im Alltag gegenüber.

Ein Grund dafür liegt darn, wie die Entwicklung der Forderungen um die Öffnung wissenschaftlicher Kommunikation fachlich verortet sind. Die ersten offenen Publikationsvorhaben und Entwicklungen zu Open Access erfolgten aus den STM-Fächern (Science, Technology, Medicine), die von der Zeitschriftenkrise viel stärker und früher betroffen waren als andere Fächer. Die aus dieser Entwicklung resultierenden Erklärungen und Bestrebungen führten bisher allerdings zu erheblichen „Vorbehalten hinsichtlich der Sinnhaftigkeit und Durchführbarkeit von Open Access, die wiederum zu Desinteresse oder Polarisierung bei vielen Vertretern dieser Disziplinen" (Näder 2010) führten. Diese Polarisierung stellt weiterhin eine große Herausforderung für die Etablierung und Verbreitung der Konzepte für die Öffnung wissenschaftlicher Kommunikation dar. Derzeit ist eine effektive fächerübergreifende Plattform für die Öffnung wissenschaftlicher Kommunikation und ein gemeinsames Handeln der wissenschaftlichen Gemeinschaft nur schwer vorstellbar.

Sucht man nach weiteren Gründen für die mangelnde praktische Umsetzung von offener wissenschaftlicher Kommuniktion im wissenschaftlichen Alltag trotz eines theoretischen Interesses daran, wird deutlich, dass unter anderem unvollständiges Wissen über die wirtschaftlichen Aspekte wissenschaftlicher Informationsversorgung eine Rolle spielt. In der untersuchten Literatur wird diese Diskrepanz mit der komfortablen Situation der Wissenschaftler und Wissenschaftlerinnen begründet. Sie befänden sich in einem System, in dem die meisten Mitglieder der wissenschaftlichen Gemeinschaft keinen oder nur einen geringen unmittelbaren Anreiz hätten, sich aktiv mit dem Publikationssystem und möglichen Veränderungen zu beschäftigen, weil sie weder die Kosten des Publikationssystems tragen müssten (Sietmann 2007), noch eine Auseinandersetzung mit den finanziellen Aspekten für notwendig erachten würden (Herb 2010). Darüber hinaus kommt es im Zuge der zunehmend quantitativen Bewertung von Forschungsleistungen und der vornehmlichen Berücksichtigung quantitativer Indikatoren (deren Qualitätsmessung nach wissenschaftlichen Methoden kritisiert werden kann) bei der Bewertung für die Mittelzuweisung zu einer Entwicklung von Fehlanreizen, weil unter anderem die reine Anzahl der Veröffentlichungen und das Renommee der ausgewählten Verlage, nicht aber die Qualität der Veröffentlichung im Vordergrund stehen.

Der offenbar geringe Bedarf an Veränderung im Alltag der Wissenschaftler und Wissenschaftlerinnen kann als weiterer Grund für die schleppende Umsetzung genannt werden. Es gibt kaum positive Anreize, sich mit der Entscheidung, wo und wie veröffentlicht wird oder mit den Konsequenzen dieser Entscheidung auseinanderzusetzen, da diese im wissenschaftlichen Reputationssystem bisher nicht oder nur unzureichend abgebildet und honoriert werden können oder dort anders bewertet werden. Neben den begrenzten finanziellen und zeitlichen Ressourcen, sich mit den umfangreichen Aspekten der Informationsversorgung auseinanderzusetzen, gibt es zudem weiterhin rechtliche Unsicherheiten, die die Wissenschaftler und Wissenschaftlerinnen davon abhalten, ihre Kommunikation zu öffnen.

Für die schleppende Umsetzung von Offenheit in der wissenschaftlichen Kommunikation sind nicht allein das Beharrungsvermögen der wissenschaftlichen Akteure, Unsicherheit über alternative Publikationsmodelle und die rechtliche Situation sowie die Existenz von Gruppen, die in die Bewahrung der Ineffizienz des gegenwärtigen Systems investiert haben, verantwortlich. Die eingangs genannten fachspezifischen Unterschiede und Eigenheiten der wissenschaftlichen Kommunikation, wie zum Beispiel die unterschiedlichen Publikationsformen, werden in einer solchen Perspektive unterschätzt. Möglichkeiten und Debatten bleiben bisher bewusst überwiegend auf die jeweilige Disziplin beschränkt und berücksichtigen selten andere Forschungsrichtungen.

Christopher Kelty macht für das alltägliche Desinteresse an der Praktizierung von Offenheit im wissenschaftlichen Kommunikationssystem und Alltag zwei Aspekte aus: Erstens ist die Auseinandersetzung mit Offenheit außerordentlich komplex und zweitens ziemlich langweilig (Kelty 2014a: 203). Darüber hinaus würden durch die umfassende Auseinandersetzung mit dem wissenschaftlichen Publikationsmarkt „Praktiken auf dem Spiel stehen, die dem Tun vieler Geisteswissenschaftler [...] Sinn und Legitimität zu verleihen scheinen" (Hirschi 2015: 6) und die deswegen lieber nicht hinterfragt werden.

Die Ergebnisse der durchgeführten Befragung nähren diese Befürchtungen und lassen vermuten, dass das Gros der Wissenschaftler und Wissenschaftlerinnen auch in naher Zukunft keine hervorgehobene Rolle bei der Gestaltung der Transformation der Kommunikation einnehmen wird und trotz der Möglichkeiten zur Veränderung eher der Status quo bewahrt werden wird (Nosek 2012). Diese Befürchtung hat auch Relevanz im Spannungsfeld zwischen Wissenschaft und Politik, in dem Wissenschaftler und Wissenschaftlerinnen für sich in Anspruch nehmen, als Strategen im politischen Kampf um Glaubwürdigkeit für die wissenschaftliche Arbeit zu agieren (Latour 2013). Diese Rolle nehmen sie aktuell allerdings nur unzureichend wahr. Eine tief greifende Debatte innerhalb der wissenschaftlichen Gemeinschaft über die historischen und aktuellen Entwicklungen der wissenschaftlichen Kommunikationsmedien sowie deren Konsequenzen für den wissenschaftlichen Alltag findet bisher nicht oder nur im begrenzten Maße statt. Anstatt einer umfassenden Diskussion und der aktiven Gestaltung der Entwicklungen aus dem wissenschaftsintrinsischen Wunsch nach Verbesserungen bei der Verbreitung wissenschaftlicher Erkenntnisse heraus, wie mithilfe der Drucktechnologie im 17. Jahrhundert, beschränkt sich die Debatte im 21. Jahrhundert trotz technologischer Fortschritte von vergleichbarer Bedeutung noch immer primär auf (Verlust-) Ängste.

Die zukünftige Auseinandersetzung mit den Katalysatoren und Hindernissen muss sich auch auf die notwendigen Anpassungen bei der

Qualitätssicherung und auf Veränderungen des wissenschaftlichen Reputationssystems sowie deren Konsequenzen beziehen. Die Öffnung wissenschaftlicher Publikationen kann nur als erster Schritt in Richtung einer Öffnung des gesamten wissenschaftlichen Erkenntnisprozesses verstanden werden. Die dabei entstehenden notwendigen Anpassungen der Methoden, um gute wissenschaftliche Praxis bei der Digitalisierung wissenschaftlicher Arbeit zu einem Standard zu machen, obliegt ebenfalls der Wissenschaftsgemeinschaft selbst. Vor allem in Anbetracht der Tatsache, dass diese neu zu verhandelnden Kriterien für die wissenschaftliche Praxis unter dem Einsatz neuer Medientechnologien sowie den Bedingungen von Offenheit einen direkten und unmittelbaren Einfluss auf die Bewertung und (Selbst-)Steuerung der Wissenschaft haben, muss die Wissenschaftsgemeinschaft Verantwortung übernehmen und diesen Prozess aktiv gestalten. Diese Verantwortung sollte nicht durch die Wahl „gar nicht mehr auf der Universitätsseite zu erscheinen oder keine jährlichen Geldmittel für [...] Publikationsergebnisse zu erhalten" (Warnke 2012) entschieden werden, sondern durch eine aktive Ausgestaltung der Rahmenbedingungen der wissenschaftlichen Kommunikation und damit auch der Steuerung des wissenschaftlichen Systems.

Die Öffnung der wissenschaftlichen Kommunikation ist mit vielen Anstrengungen für die akademische Gemeinschaft verbunden, kann aber als „vielleicht kostbarstes Geschenk des Internets an die Wissensgesellschaft" betrachtet werden, wenn sie nicht ausschließlich durch die „ökonomischen Interessen des Informationskapitalismus" (Hagner 2015: 65) gelenkt wird, sondern sich maßgeblich auf die Aufgabe konzentriert, dem gesamtgesellschaftlichen Auftrag des Wissenschaftssystems gerecht zu werden. Jeder Autor und jede Autorin entscheidet selbst, im Bewusstsein der Folgen der Zugänglichkeit ihrer Forschungen für andere, ob und wie Forschungsergebnisse verbreitet werden. Die Erfüllung akademischer Erwartungen an die Veröffentlichung von Erkenntnissen unter Berücksichtigung fachinterner Regeln, unter der Verwendung der gegebenen intellektuellen Rahmenbedingungen und dem Anspruch, mit Kollegen und Kolleginnen zurechtzukommen, macht es allerdings sehr einfach, den sozialen Idealismus und die mehrheitliche Bekenntnis zu Offenheit (Hagner 2015: 66) auf den akademischen Syllabus zu beschränken und sich nicht an (aktivistischen) Veränderungsprozessen zu beteiligen (Flood 2013: 25). Diese Diskrepanz zwischen dem Bekenntnis der Wissenschaftler und Wissenschaftlerinnen zu Offenheit bei der wissenschaftlichen Kommunikation und der tatsächlich praktizierten offenen Kommunikations- und Arbeitsweise konnte durch die Ergebnisse der Befragung im Rahmen dieser Arbeit belegt werden (siehe Kapitel 5).

Katalysatoren und Hindernisse für die Etablierung der Öffnung wissenschaftlicher Kommunikation

In den Augen der befragten Wissenschaftler und Wissenschaftlerinnen stehen der Beschleunigung der Wissensverbreitung (befürwortet von 64 Prozent) und der offenen Verfügbarkeit bereits finanzierter Forschung für alle (befürwortet von 55 Prozent) vor allem das Fehlen von etablierten Reputationskriterien für die Bewertung von offener Wissenschaft (43 Prozent), die Gefahr der Fehlinterpretation und die Gefahr von Falschinformation (40 Prozent) sowie ein erhöhte zeitlicher Mehraufwand für die Bereitstellung der wissenschaftlichen Publikationen und/oder Forschungsdaten (34 Prozent) entgegen. Die 1.112 Befragten gaben mehrheitlich an, dass sie rechtliche Bedenken (39 Prozent) und Unwissenheit in Bezug auf die Erlaubnis (29 Prozent) davon abhält, wissenschaftliche Inhalte ohne finanzielle, rechtliche oder technische Barrieren öffentlich zur Verfügung zu stellen.

In der Auswertung der Daten wurde vor allem deutlich, dass die Hindernisse eine größere Verteilung aufwiesen als die Katalysatoren und dass die Verbreitung offener wissenschaftlicher Kommunikationsverfahren nicht unwesentlich mit der Fachrichtung der jeweiligen Autoren und Autorinnen korreliert. Darüber hinaus scheint ungeachtet der vielfältigen Kritik am aktuellen Publikations- und Kommunikationssystem dieses auch nach zwei Jahrzehnten noch immer weitgehend stabil zu sein. Die Ergebnisse der Befragung belegen die in der Literatur immer wieder beschriebene Diskrepanz zwischen dem Interesse an und dem Verständnis für Offenheit sowie der tatsächlich praktizierten offenen Kommunikations- und Arbeitsweise (Yiotis 2013, Bartling 2013, Hagner 2015, Fecher 2015).

Viele Programme der Forschungsförderungsorganisationen zielen noch immer auf die Publikation nach klassischem Muster ab und nur sehr langsam kommt es zur Unterstützung von digitaler Forschungsinfrastruktur oder Softwareentwicklungsprogrammen (Hey 2015). Dies behindert die nötigen Veränderungsprozesse im Rahmen der Digitalisierung des wissenschaftlichen Alltags und befördert das Beharrungsvermögen, das aktuelle wissenschaftliche Kommunikationssystem zu unterstützen. Förderorganisationen müssen jedoch die Veränderungen der wissenschaftlichen

Praxis durch die neuen Medientechnologien akzeptieren und ihre Verantwortung wahrnehmen, indem sie die zusätzlichen Ressourcen, die für die Schaffung der strukturellen Grundlagen, die mit der Öffnung von Wissenschaft und Forschung verbunden sind, zur Verfügung stellen (Mennes 2013, Patlak 2010). Um diese Bemühungen voranzubringen, müssen sich Förderorganisationen mehr denn je ihrer Rolle als „einflussreiche Akteure im komplexen und sich wandelnden Markt für wissenschaftliche Publikationen" (Wein 2010: 287) bewusst werden und entscheiden, ob sie die Umsetzung der gemeinsamen Nutzung von Daten durch gezielte Anreize fördern (Mennes 2013). Bisher ist diese kollaborative Nutzung wissenschaftlicher Daten nur sehr gering verbreitet und obwohl es einen leicht ansteigenden Trend gibt, bleiben noch immer bis zu 86 Prozent der veröffentlichten Daten bisher ungenutzt beziehungsweise unzitiert (Peters 2015).

Die Entwicklungen der letzten Jahre zeigen auch, dass Verlage aktiv daran arbeiten, den digitalen Wandel zu nutzen, um ihre komfortable Situation im System der wissenschaftlichen Kommunikation zu sichern, wenn nicht sogar auszubauen. Dabei stellen die technischen und finanziellen Defizite nur einen Teil der Gründe dar, die der Umsetzung des ursprünglichen Ideals einer Öffnung der wissenschaftlichen Kommunikation für die Gesamtgesellschaft im Wege stehen und die für die Beständigkeit des aktuellen Systems und die starke Rolle der Verlage bei der Neugestaltung der wissenschaftlichen Kommunikation sorgen. Würden die wissenschaftliche Gemeinschaft und die Fachgesellschaften wie auch die Bibliotheken den Wandel weg von abonnementbasierten Modellen stärker unterstützen, wäre die Entwicklung womöglich bereits weiter fortgeschritten (Nosek 2012).

25 Jahre nach den ersten Versuchen, einen offenen Zugang zu wissenschaftlicher Kommunikation mithilfe digitaler Netze umzusetzen und nach einer Vielzahl weicher Erklärungen und Bekenntnisse für die Öffnung wissenschaftlicher Kommunikation, gibt es kaum noch Zweifel, dass sich das System verändern wird. Dennoch bestehen weiterhin grundsätzliche Bedenken und Unklarheiten bezüglich der genauen Ausgestaltung von Offenheit wissenschaftlicher Kommunikation, ebenso bezüglich der Frage, ob diese Öffnung noch dem ursprünglichen Anspruch auf Verbesserung des Systems gerecht werden kann, und insbesondere bezüglich der Frage, wie sich die Vor- und Nachteile dieser Entwicklung schließlich zueinander verhalten werden (Hagner 2015). Bisher hat sich ein Großteil der wissenschaftlichen Gemeinschaft eher verhalten aktiv an der Gestaltung des Veränderungsprozesses beteiligt. Sollte es durch das weitere Ausbleiben der Gestaltung aus der wissenschaftlichen Gemeinschaft heraus zu einem

Eingriff der Politik oder anderer Gesellschaftsgruppen in diesen „sensiblen Bereich" kommen,

> muss besonders acht auf die komplexe Geschichte der Organisationen der öffentlichen Wissenschaft gegeben und die potenzielle Fragilität der eigentümlichen institutionellen Matrix respektiert werden, in der sich die moderne Forschung entwickelt hat und aufgeblüht ist (David 1998).

Bloßes teilnahmsloses Abwarten seitens der wissenschaftlichen Gemeinschaft birgt die Gefahr, dass die Organisationen und die Selbstständigkeit der öffentlichen Wissenschaft negativ beeinflusst werden. Darüber hinaus müssen die Rahmenbedingungen von allen Seiten ausgehandelt werden, unter denen die Digitalisierung der wissenschaftlichen Kommunikation im Einklang mit der Öffnung wissenschaftlicher Kommunikation stattfinden kann (Mennes 2013).

Erkenntnisse aus dem offenen Verfassen der Arbeit

Neben den theoretischen Hemmnissen bei der Etablierung einer offenen Wissenschaft behindern ganz praktische Aspekte die möglichst umfassende und frei verfügbare Veröffentlichung der Informationen im Rahmen wissenschaftlicher Erkenntnisprozesse. Die zur Verfügung stehenden Plattformen und Applikationen waren im Jahr 2015 noch nicht ausgereift, etabliert und zweckdienlich genug, um ohne großen Mehraufwand offene Wissenschaft im Alltag zu praktizieren. Dabei gilt es zu berücksichtigen, dass die wissenschaftliche Arbeit trotz zunehmender Digitalisierung seit Dekaden auf die geschlossene Publikation und den nicht-öffentlichen Publikationsprozess ausgelegt ist sowie dem Druck des Marktmodus als dominante Governance-Form von Wissenschaft ausgesetzt ist.

Die Erstellung der Arbeit orientierte sich an der Forderung, dass der möglichst umfassende Zugriff auf den gesamten wissenschaftlichen Erkenntnisprozess inklusive aller Daten und Informationen, die bereits bei der Erstellung, Bewertung und Kommunikation der wissenschaftlichen Erkenntnisse entstanden waren und zur Reproduzierbarkeit der Ergebnisse beitrugen, jederzeit gegeben sein sollte. Das bedeutet jedoch nicht, dass jedes Protokoll oder jeder Ansatz veröffentlicht wurde. Dabei handelte es sich nur um die offene Kommunikation sämtlicher Aktivitäten im Rahmen der Anfertigung der Promotion, die zur Nachvollziehbarkeit der wissenschaftlichen Qualität und Erkenntnisse sowie des Erkenntnisprozesses beitrugen. Eine Erkenntnis des Experiments der offenen Anfertigung ist, dass der offene wissenschaftliche Erkenntnisprozess nach den Forderungen von Open Science und der Open-Definition zwar grundsätzlich möglich ist, die Möglichkeiten für die Anfertigung von offenen wissenschaftlichen (Qualifikations-)Arbeiten (bisher) aber dennoch als unzureichend zu bezeichnen sind.

Stellt man die gewohnte wissenschaftliche Arbeitsweise dem offenen Erstellungsprozess dieser Arbeit gegenüber, so muss die Arbeit auf dem lokalen Computer (selbst bei der Verwendung internetbasierter Dienste) in einem geschlossenen Umfeld noch immer als wesentlich unkomplizierter als das öffentliche Verfassen einer Arbeit bewertet werden. Das hat zum einen mit den gewohnten und etablierten strukturellen, technischen sowie rechtlichen Umgebungen wissenschaftlicher Arbeit zu tun, die überwiegend inkompatibel mit der offenen Darstellung und Verbreitung von Inhalten sind. Zum anderen müssen die fehlenden Möglichkeiten und Funktionen für die offene Arbeitsweise sowie die daraus resultierenden Einschränkungen bei der Bedienbarkeit und den Abläufen durch mehr Aufwand und manuelle Arbeit seitens der Forscher und Forscherinnen kompensiert werden.

So erscheint es fast verständlich, dass bisher nur eine Minderheit offene Webplattformen für die wissenschaftliche Kommunikation (Perkel 2014) nutzt und die Mehrheit der im Rahmen dieser Arbeit befragten Wissenschaftler und Wissenschaftlerinnen bei der Öffnung von Forschungsdaten einen Mehraufwand befürchtet, wenngleich die Daten durch den zunehmenden Einsatz computerunterstützter wissenschaftlicher Verfahren bereits digital vorliegen. Ergänzend zeigen die Ergebnisse des Selbstexperiments, dass die Offenlegung des gesamten Erkenntnisprozesses bei der Erstellung dieser Arbeit ohne programmiertechnische Vorkenntnisse schwer bis nicht möglich gewesen wäre. So musste bei der Erstellung der Arbeit eigens Software programmiert werden, um dem Anspruch der permanenten und umfassenden Verfügbarkeit der Arbeit sowie der generierten Daten gerecht zu werden (Heise 2015c). Fehlende Standards und technische Hürden bieten noch immer große Herausforderungen bei der Auswertung, Erstellung und Darstellung der wissenschaftlichen Inhalte. Darüber hinaus können die spezifischen Anforderungen für die möglichst umfassende Öffnung des wissenschaftlichen Erkenntnisprozesses von den gängigen Lösungen bisher nicht erfüllt werden. Die notwendige (Weiter-)Entwicklung der Plattformen wird jedoch nur dann stattfinden, wenn die Nachfrage nach solchen Lösungen steigt. Die wissenschaftliche

Gemeinschaft ist auch hier gefragt, diese Nachfrage (zum Beispiel durch Experimente mit offener wissenschaftlicher Kommunikation) zu erzeugen und bei der Entwicklung solcher Lösungen eine aktive und gestaltende Rolle einzunehmen.

Allerdings bedeutet das bisher für den „Open Scientist" entweder selbst befähigt zu sein programmieren beziehungsweise bestehende Software den eigenen spezifischen Bedürfnissen anpassen zu können. Ist dies nicht der Fall, müssen Bibliotheken, Rechenzentren oder andere wissenschaftliche Institutionen die infrastrukturellen Rahmenbedingungen schaffen, so dass auch Wissenschaftler und Wissenschaftlerinnen ohne solche Kenntnisse den gesamte wissenschaftlichen Prozess offen und transparent gestalten können. Im Rahmen des laufenden strukturierten Promotionsverfahrens war kein solches Angebot verfügbar, das dieses Wissen über Daten und Codes vermittelt oder das Vorhaben aktiv technisch unterstützt hätte.

Diese Expertise wird in Zukunft nicht nur für die offene Erstellung eigener Arbeiten von Bedeutung sein. Sie ist auch deshalb wichtig, weil im Gegensatz zum Träger- und Speichermedium Papier das wissenschaftliche Wissen im Rahmen der Digitalisierung zunehmend als Code gespeichert wird. Die Übermittlung von Wissen bei der wissenschaftlichen Kommunikation kann aber von den beteiligten Akteuren nur profund verstanden werden, wenn auf technisches Wissen zurückgegriffen werden kann und die Übermittlungswege und -formate transparent und offen gestaltet sind (Davis 2011). Die wissenschaftliche Gemeinschaft darf dieser Auseinandersetzung mit den technologischen Arbeitsmitteln und dem digitalen Wandel nicht aus dem Weg gehen, sondern ist gefordert, ihre Logik zu verstehen. Johannes Näder zitiert in diesem Zusammenhang den französischen Philosophen Régis Debray, dem zufolge

> ein Diskurs über die Zwecke und Werte, der sich nicht auf einen präzisen Zustand der zur Verfügung stehenden Mittel stützt, [...] ein leerer Diskurs [ist]. Aber ein Diskurs über die Innovation, der diese nicht im Lichte der Erinnerung genau untersucht, ist ein gefährlicher Diskurs (Näder 2010: 117, Debray 2003: 246).

Genau in diesem Diskurs liegt auch eine Quelle des revolutionären Selbstverständnisses, das zumindest Teile der Open-Bewegung ausmacht und das Konsequenzen für das gesamte wissenschaftliche System hat: Im digitalen Zeitalter besteht der Kern kommunizierbaren Wissens nicht mehr aus dem gedruckten Wort, sondern aus Code und Daten. Will man demzufolge die Rohform von Wissen lesen, verstehen, interpretieren oder verändern – alles Grundvoraussetzungen für die Erstellung wissenschaftlicher (Qualifikations-)Arbeiten – muss man diesen Code lesen, verstehen und schreiben können. Die Vorteile von digitalem Teilen und Verbreiten von Wissen erfüllen sich folglich bisher nur für den, der für die Migration das nötige Know-how hat. Der zunehmende Grad an Digitalisierung im Arbeitsalltag der Wissenschaftler und Wissenschaftlerinnen führt zu der Notwendigkeit, sich mit allen produzierten Daten auseinanderzusetzen und einen experimentell-forschenden Umgang mit ihnen zu suchen. Dabei ist die Übertragung und Veränderung analoger Arbeitsweisen und Methoden, von Speicher- und Arbeitsmedien sowie von Tools in digitale Formate für die Gewinnung von Wissen als unausweichlich zu betrachten. Eine ausgewogenene Betrachtung dieser Entwicklungen findet bei der Ausbildung von Nachwuchswissenschaftlern und -wissenschaftlerinnen bisher viel zu wenig Berücksichtigung.

Neben den technischen und strukturellen Herausforderungen bei der Erstellung einer offenen Arbeit birgt diese Art der Anfertigung einer wissenschaftlichen Qualifikationsarbeit zusätzlich die Gefahr, weder von der wissenschaftlichen Gemeinschaft noch von der wissenschaftlichen Institution anerkannt oder akzeptiert zu werden. Im Falle dieser Arbeit wurde nach schriftlicher Anfrage (Heise 2013) bei der zum Zeitpunkt der Zulassung amtierenden Promotionskomission der direkten und unmittelbaren Veröffentlichung des Schreibprozesses der Dissertation stattgegeben, vorbehaltlich der gleichbleibenden Interpretation der Promotionsordnung durch die amtierende Promotionskommission bei Abgabe der Arbeit (Heise 2013a).

Chancen und Herausforderungen für die wissenschaftliche Gemeinschaft

> *Die Freiheit von Fremdbestimmung verpflichtet die wissenschaftliche Gemeinschaft und ihre Mitglieder zu verantwortlicher Selbstbestimmung. (Oezmen 2015: 69)*

Die Öffnung wissenschaftlicher Kommunikation und der digitale Wandel haben unbestreitbar Konsequenzen für die Möglichkeiten der Verbreitung, Erstellung und Speicherung wissenschaftlicher Informationen (Gould 2009: 233). Sie erlauben eine grundlegende Neujustierung der Produktion von Wissen, die Neuordnung von wissenschaftlichen Werten und Praxen sowie eine neue Form der wissenschaftlichen Kommunikation. Diese Situation kann als einmalige Chance für die notwendige Neugestaltung wissenschaftlicher Kommunikation unter Berücksichtigung der Herausforderungen im aktuellen System betrachtet werden (Näder 2010). Offenheit in Wissenschaft und Forschung spricht dabei den Kern der Produktion von Wissen an und betrifft folglich nicht nur die Wissenschaft, sondern auch die Gesamtgesellschaft (Mussell 2013). Die Digitalisierung wissenschaftlicher Arbeitsprozesse und die Nutzung der neuen Möglichkeiten des kollaborativen Austauschs (Science 2.0) sowie die freie und offene Publikation finaler Forschungsergebnisse (Open Access) können zu einer umfassenden Öffnung wissenschaftlicher Kommunikation für die Gesamtgesellschaft (Open Science) führen.

Die Abgrenzung von Open Access zu Open Science im Rahmen wissenschaftlicher Kommunikation wurde in dieser Arbeit auf Grundlage der Unterscheidung von „Zugang zu Wissen" (Open Access) und „Zugriff auf Wissen" (Open Science) durchgeführt (siehe Kapitel 2). Open Access und die damit verbundene Verfügbarkeit von wissenschaftlichen Publikationen als Ergebnis von wissenschaftlicher Forschung betrifft demnach nur einen Teil der grundlegenden Neuordnung wissenschaftlicher Kommunikation. Open Science als Sammelbegriff betrifft nicht nur den digitalen Zugang zu bereits veröffentlichten wissenschaftlichen Publikationen, sondern fordert die Transformation des gesamten wissenschaftlichen Prozesses sowie die Möglichkeit des umfassenden Zugriffs auf diesen.

Für das wissenschaftliche System bedeutet diese Transformation auch, dass nach der Aushandlung und Anpassung der genannten Rahmenbedingungen des wissenschaftlichen Publizierens sowie nach der weitreichenden Etablierung von Open Access eine Neujustierung der Qualitätssicherungsmaßnahmen und Selektionsmechanismen von Wissenschaft im Rahmen einer Open Science notwendig ist. Diese Neujustierung ist dabei eng mit der Frage nach der zukünftigen Rolle der Universität und des Hochschulwesens verbunden. Dabei ist die Ablösung des gedruckten Buchs „als Leitmedium der Universität" durch andere Kommunikationsmittel „lediglich als ein Epiphänomen einzustufen" (Warnke 2012), denn die Digitalisierung und zunehmende Verbreitung von Softwaresystemen verwässert auch die bisherigen Kriterien der Wissenschaft.

Eine „Systemanalyse [...] des akademischen Alltagslebens könnte ein wenig Klarheit und damit vielleicht auch Rückgewinnung von Gestaltungsraum geben" (Warnke 2012). Das gilt auch für die Produktion und den Vertrieb von Wissen. Durch eine solche Analyse können die Wandlungsprozesse rund um die Digitalisierung und die Öffnung wissenschaftlicher Kommunikation zu einer neuen Chance werden, die Erstellung und Verbreitung des Wissens wieder stärker an die Universität zu binden.

Läutete der Buchdruck die Moderne ein und legte den Grundstein für die wissenschaftliche Kommunikation, wie wir sie heute kennen, kann durch die Digitalisierung eine erneute Revolution des wissenschaftlichen Systems bevorstehen. Die unmittelbare und umfassende Bereitstellung der wissenschaftlichen Kommunikation stellt das wissenschaftliche System aber innerhalb und außerhalb der wissenschaftlichen Gemeinschaft vor neue Herausforderungen. Das Aufbrechen der strikten Unterscheidung wissenschaftlicher Kommunikation in formelle und informelle sowie interne und externe Kommunikation und die Konsequenzen für die Wahrheitskriterien, Bewertung und Einordnung derselben stellt dabei nur einige von vielen Aufgaben dar.

Bei Berücksichtigung dieser Herausforderungen und der Rückgewinnung von Gestaltungsraum ist zu hoffen, dass der digitale Wandel und die Öffnung wissenschaftlicher Kommunikation zu besseren Bedingungen für die Schaffung und die Bewahrung von Wissen führen. Sollten die Zeiten des „stürmischen Wachstums der Wissenschaft" (Koelbel 2002) dennoch vorüber sein, lässt sich ein Grund dafür im Festhalten an der Geschlossenheit des wissenschaftlichen Kommunikationssystems sehen. Ein Wandel hin zur Offenheit wissenschaftlicher Kommunikation darf jedoch nicht mit Einschränkungen der Unabhängigkeit und Freiheit von Wissenschaft einhergehen und den wissenschaftlichen Akteuren und der Universität nicht „die Fähigkeit genommen werden, Nein zu sagen" (Neidhardt 2006: 12). Das ist tatsächlich aus diversen Gründen eine Herausforderung: Erstens entzieht sich die wissenschaftliche Gemeinschaft bisher der Verantwortung, den Wandel so zu gestalten, dass die Wissenschafts- und Publikationsfreiheit größtmöglich gewahrt wird, und zweitens muss gewährleistet werden, dass der Wettbewerb um die Autorengebühren und die Publikationsgeschwindigkeit nicht zu einer Bedrohung für die Zukunft der Wissenschaftskommunikation werden (Beall 2012, Lossau 2007).

Aus der Forderung nach „unbeschränktem Zugang zur gesamten wissenschaftlichen Zeitschriftenliteratur" (BOAI 2012) ist ein gesamtgesellschaftliches und umfassendes Modernisierungsvorhaben der Wissenschaft geworden, das neben dem Aspekt der Zugänglichkeit zu Wissen und Wissenschaft eine Vielzahl an weiteren Unzulänglichkeiten thematisiert, bei denen es auch um den Fortbestand öffentlicher Forschung geht (Brembs 2015). Mit Blick auf die Umsetzung und Etablierung der Konzepte von

Offenheit werden demnach, anders als in ursprünglichen Forderungen nach Offenheit im wissenschaftlichen Kommunikationssystem intendiert, auch Einschränkungen der akademischen Freiheit befürchtet (Hagner 2015).

Die Entwicklungen im Rahmen der Digitalisierung und der Öffnung von wissenschaftlicher Kommunikation müssen von der wissenschaftlichen Community gestaltet werden, wenn sie nicht machtlos den Kräften ausgeliefert sein will, „die von außen auf die Publikation und Rezeption ihrer Schriften einwirken" (Hirschi 2015: 6). Die Frage ist, ob sie entscheidet, die Konsequenzen der Digitalisierung als Gefahr für den Fortbestand der Wissenschaft einfach nur zu ignorieren, als reines digitales Abbild der analogen Realität der wissenschaftlichen Kommunikation zu verstehen und das aktuelle System mit all seinen Vor- und Nachteilen zu bewahren oder ob sie es wagt, eine zweite wissenschaftliche Revolution einzuläuten, die zu einer umfassenden Wissensverbreitung innerhalb der Gesamtgesellschaft und dadurch zu einer grundlegenden Veränderung des aktuellen wissenschaftlichen Systems führen könnte.

Die Forderung nach Offenheit von Wissenschaft und Forschung muss demnach nicht nur als „Strategie" gegen die unterschiedlichen Krisen im wissenschaftlichen Kommunikationssystem und für die Gestaltung des digitalen Wandels verstanden werden. Die Gestaltung dieser Strategie ausschließlich den STM-Forschern zu überlassen wird im Ergebnis zu einer weiteren interdisziplinären Polarisierung beziehungsweise zu Gegenreaktion anderer Disziplinen führen und hätte eine weitere Verwässerung und Fehlleitung der ursprünglichen Ansätze zur Folge (Näder 2010). Open Access und Open Science müssen auch als Ansatz für eine zukünftige Sicherung der Freiheit von Wissenschaft verstanden werden. Sind wissenschaftliche Aktivitäten nicht offen zugänglich, steigt die Gefahr, dass die öffentliche Unterstützung für die Wissenschaft erodiert und die Menschen Vertrauen in ein System verlieren, das sie nicht unmittelbar verstehen können (Resnik 2005). Bisher haben sich Wissenschaftler und Wissenschaftlerinnen für die Forderung nach Öffnung und Digitalisierung der wissenschaftlichen Kommunikation „erstaunlich wenig [...] interessiert" (Hagner 2015: 67). Als Folge dieses Desinteresses fehlt es noch immer an konkreten Ansätzen, wie dieser Forderung nach Öffnung und Digitalisierung der wissenschaftlichen Kommunikation begegnet werden soll, wie diese praktiziert werden kann, welche Grenzen der Öffnung notwendig sind und wie die Neugestaltung der Kriterien für die wissenschaftliche Arbeit sowie die Qualitäts- und Leistungsbemessung ausgestaltet werden sollen. Darüber hinaus müssen in diesem Zusammenhang auch stärker Themen wie Privatheit in der Wissenschaft und die Notwendigkeit der Freiheit von wissenschaftlichen

Tätigkeiten im abgeschlossenen Raum betrachtet werden. Entzieht sich die wissenschaftliche Community diesen Auseinandersetzungen weiterhin, ist zu befürchten, dass langfristig die Freiheit von Wissenschaft und Forschung eingeschränkt und zunehmend rein politische und wirtschaftliche Interessen darüber entscheiden (Warnke 2012), wie, wann, wo und wozu Wissenschaftler und Wissenschaftlerinnen in Zukunft kommunizieren werden.

Wenn Wissenschaftler und Wissenschaftlerinnen sich in der Auseinandersetzung mit einer Öffnung von Kommunikation weiterhin vornehmlich mit den Anforderungen der eigenen Karriere und wirtschaftlichen Eigeninteressen befassen (Resnik 2005), besteht außerdem die Gefahr einer weiteren Verschließung wissenschaftlicher Kommunikation beziehungsweise einer (Aus-)Nutzung der Open-Bewegung durch privatwirtschaftliche Marktmechanismen zur Verwertung und Steuerung von Wissenschaft. Jegliche Abweichung, Einschränkung und Verwässerung von Openness begünstigt diese negative (Weiter-)Entwicklung zu einer rein privatwirtschaftlichen oder von politischen Interessen gesteuerten Wissenschaft. Die Vermutung liegt nahe, dass eine Allokation und Nutzung von Ressourcen für den wissenschaftlichen Erkenntnisprozess, die ausschließlich auf Grundlage von Marktmechanismen erfolgt, die Heterogenität und auch die Effizienz der Produktion von neuem Wissen langfristig negativ beeinflussen wird.

Es gilt diesbezüglich weiterhin zu betonen, dass wir uns bei diesen Aushandlungsprozessen erst am Anfang befinden. Mehr als 500 Jahre Buchdruck und 350 Jahre wissenschaftliches Journal stehen nur 25 Jahren Internet gegenüber. Vor 350 Jahren waren es Wissenschaftler, die sich zusammentaten, um eine neue Philosophie für die Förderung von Wissen zu etablieren und das erste wissenschaftliche Journal zu gründen. Sicher ist auch, dass es nicht allein bei der Forderung nach dem Zugang zu wissenschaftlichen Publikationen bleiben wird. Die Umsetzung von Open Access wird früher oder später auch in einer Forderung nach Öffnung des wissenschaftlichen Erkenntnisprozesses münden. Wie bei Open Access ist auch hier die wissenschaftliche Gemeinschaft gefragt, die Ausgestaltung aktiv und konstruktiv-kritisch zu beeinflussen und die Chancen für die Universität nutzbar zu machen.

Ausblick und Anknüpfungspunkte für weitere Forschungsbemühungen

We have reached a period in science somewhat similar to that encountered by our colleagues of 300 years ago. Creative and inventive minds must now discover new methods for coping with the scientific literature. (Porter 1964: 229)

Die Transformation des wissenschaftlichen Kommunikationssystems von der Gutenberg-Galaxis in die Turing-Galaxis verlangt eine Neugestaltung der Rahmenbedingungen für die wissenschaftliche Kommunikation und eine Neudefinition der Rollen aller Beteiligten in diesem System. Die neuen Formen in der Darstellung wissenschaftlicher Informationen sollten als Chance für eine aktive Verbesserung, Gestaltung und Modifikation wissenschaftlicher Kommunikation verstanden und genutzt werden. Diese Neugestaltung unter Wahrung der Freiheiten des wissenschaftlichen Systems funktioniert jedoch nur, wenn die Beteiligten ihre Rolle als aktive Gestalter und Gestalterinnen wahrnehmen. Sie müssen dabei in angemessener Form agieren und unbedingt vermeiden, dass der Öffnungs- und Digitalisierungsprozess das wissenschaftliche System technologisch oder ökonomisch rückständiger macht als das bisherige System. Diese Arbeit hat den Anspruch durch ihre offene Ausarbeitung und die Erarbeitung von Handlungsempfehlungen für das offene Verfassen wissenschaftlicher (Qualifikations-)Arbeiten einen ersten praktischen Beitrag zu der Debatte über Neugestaltung wissenschaftlicher Kommunikation zu leisten und Anknüpfungspunkte für weitere Forschungsbemühungen zu bieten.

Als wichtige Felder für weitere zukünftige Evaluationen sind die Themen Datenschutz und der Missbrauch von Forschung zu nennen. Den Schutz der Privatsphäre gegen den immensen Wert von Open-Access-(Daten-)Nutzung auszugleichen und auszuhandeln stellt dabei eine wichtige zukünftige Herausforderung dar. Dabei sollten in einer Debatte nicht nur die nicht sofort überschaubaren Auswirkungen und Konsequenzen berücksichtigt, sondern auch die Vorteile gewissenhaft abgewogen werden. In diesem Zusammenhang bedarf es auch eines gemeinsamen Aushandlungsprozesses von wissenschaftlicher Gemeinschaft, Politik und Gesellschaft.

Ein weiterer Anknüpfungspunkt für Forschungsbemühungen ergibt sich aus der Umstellung des Publikationssystems vom Verkauf der Inhalte auf eine Voraberstattung der Kosten für die Publikation von wissenschaftlichen Erkenntnissen durch die öffentliche Hand. Im Rahmen der damit einhergehenden Transformation der Geschäftsmodelle von Verlagen hin zur freien Verfügbarkeit der veröffentlichten wissenschaftlichen Inhalte für die Gesamtgesellschaft sollte untersucht werden, wie verhindert werden kann, dass die Erstattung von Autorengebühren (APCs) für die offenen Publikationen nicht zu falschen Entwicklungen und Fehlanreizen führen, die einen kommerziellen Open-Access-Markt befeuern, der zu einer ungerechtfertigten Verteuerung von APCs und zu einer weiteren Konzentration im Publikationsmarkt führen könnte. Die Fragestellungen sind, wie in dieser Arbeit dargestellt, eng mit den Publikationsentscheidungen der wissenschaftlichen Autoren und Autorinnen sowie mit der Erlangung von symbolischem wissenschaftlichem Kapital verbunden.

Die mögliche Konkurrenz zwischen der wissenschaftlichen und medialen Kommunikation als Folge einer offenen wissenschaftlichen Kommunikation stellt einen weiteren Ansatz für Untersuchungen dar. Es muss in diesem Zusammenhang hinterfragt werden, ob und inwieweit das Wahrheitsmonopol der Wissenschaft durch das Aufmerksamkeitsmonopol der Medien im Rahmen der Möglichkeiten des offenen Zugangs zu Wissenschaft und des Zugriffs auf Wissen negativ beeinflusst werden könnte (Weingart 2005). Die Herausforderungen müssen dabei offensiv den Möglichkeiten und Chancen gegenübergestellt werden. Hierbei sind auch die jüngsten Entwicklungen um das Thema Bürgerwissenschaft (Citizen Science) genauer zu berücksichtigen. Diese sollten dabei im Kontext ähnlicher Entwicklungen, wie zum Beispiel im Bereich des Bürgerjournalismus (Citizen Journalism), betrachtet werden.

Weitere Fragestellungen ergeben sich in Hinblick auf die mögliche Kontrolle, Überwachung und Quantifizierung individueller wissenschaftlicher Tätigkeiten im Rahmen einer Open Science oder die (Selbst-)Steuerung von Wissenschaft. Als eine Folge der offenen Anfertigung dieser Arbeit wurde jeder Schritt umfassend mit Zeitstempel und weiteren Metainformationen dokumentiert und somit nachvollziehbar gemacht. Diese Informationen können genutzt werden, um den Arbeitsprozess einzelner Wissenschaftler und Wissenschaftlerinnen zu überwachen und auf den Erstellungsprozess einzuwirken. Als Erkenntnis aus diesem offenen Erstellungsprozess kann vermutet werden, dass diese neuen Kontroll- und Überwachungsmöglichkeiten der wissenschaftlichen Arbeit auch eine Herausforderung für die Freiheit und den Datenschutz von Wissenschaftlern und Wissenschaftlerinnen sowie ihrer Tätigkeit darstellen können.

Die vorliegende Arbeit befindet sich an vielen Stellen mitten im Spannungsfeld der Forderungen nach Öffnung von wissenschaftlicher Kommunikation, technologischen Entwicklungen und ihren sozialen Konsequenzen sowie der zunehmenden Digitalisierung wissenschaftlicher Arbeit. Trotz der teilweise hitzigen Debatten in der Literatur und den Auseinandersetzungen innerhalb und außerhalb der wissenschaftlichen Gemeinschaft auf diesen Themenfeldern fehlt es bisher noch immer an einem konkreten Aushandlungsprozess, wie diese Entwicklungen aus Sicht der wissenschaftlichen Gemeinschaft in Zukunft konkret (mit-)gestaltet werden können und welche Auswirkungen sie auf die Wissenschaft haben werden und sollen. Ein Ergebnis dieser Arbeit ist, dass Anreizsysteme für eine nachhaltige Auseinandersetzung mit den Themenfeldern von Open Access und Open Science fehlen und ein geringes Interesse an Experimenten mit den neuen Möglichkeiten des wissenschaftlichen Kommunizierens konstatiert werden kann. Es gilt Strategien zu finden, wie die notwendige Aushandlung innerhalb der wissenschaftlichen Gemeinschaft und eine neue Experimentierfreudigkeit mit wissenschaftlicher Kommunikation stimuliert werden kann, um die zukünftigen Kriterien von Wissenschaft zu gestalten.

Literatur

Adema, J. (2010): *Overview of Open Access Models for Ebooks in the Humanities and Social Sciences.* OAPEN Foundation. http://project.oapen.org/images/documents/openaccess-models.pdf. Letzter Zugriff am 16.05.15.

Adema, J. (2014): *Open Access: Critical Keywords for the Digital Humanities.* Centre for Digital Cultures, Leuphana University. http://cdckeywords.leuphana.com/open_access. Letzter Zugriff am 16.05.15.

Adema, J. & Hall, G. (2013): The Political Nature of the Book: On Artists' Books and Radical Open Access. *New formations: A Journal of Culture/Theory/Politics* 78 (1), 138–156. http://dx.doi.org/10.3898/NewF.78.07.2013. Letzter Zugriff am 29.06.15.

Adler, N. J. & Harzing, A.-W. (2009): When Knowledge Wins: Transcending the Sense and Non-sense of Academic Rankings. *Academy of Management Learning and Education* 8 (1), 72–95. http://www.harzing.com/download/wkw.pdf. Letzter Zugriff am 10.05.15.

Albert, K. M. (2006): Open Access: Implications for Scholarly Publishing and Medical Libraries. *Journal of the Medical Library Association* 94 (3), 253–262. http://www.ncbi.nlm.nih.gov/pmc/articles/PMC1525322/. Letzter Zugriff am 16.05.15.

Aleksic, J. et al. (2014): *The Open Science Peer Review Oath.* https://zenodo.org/record/12273. Letzter Zugriff am 11.12.15.

ALLEA (2012): *Open Science for the 21st Century: Declaration of All European Academies.* ALL European Academies, The European Federation of National Academies of Sciences and Humanities. http://www.allea.org/Content/ALLEA/General%20Assemblies/General%20Assembly%202012/OpenScience%20Rome%20Declaration%20final_web.pdf. Letzter Zugriff am 16.05.15.

Altman, D. G. (1994): The Scandal of Poor Medical Research. *BMJ: British Medical Journal* 308 (6924), 283.

American Society for Cell Biology (2013): *The San Francisco Declaration on Research Assessment (DORA).* http://am.ascb.org/dora/. Letzter Zugriff am 20.07.15.

Angermüller, J., Hempel, L., Krasmann, S. & Bröckling, U. (2010): Wissenschaft zählen: Regieren im digitalen Panoptikum. *Leviathan: Berliner Zeitschrift für Sozialwissenschaft* (Sonderheft 25), 174–190. http://www.johannes-angermuller.net/pub/pdf/Angermueller2010Wissenschaftzaehlen.pdf. Letzter Zugriff am 25.08.14.

Antelman, K. (2004): Do Open-Access Articles Have a Greater Research Impact? *College and Research Libraries* 65 (5), 372–382. http://crl.acrl.org/content/65/5/372.full.pdf+html. Letzter Zugriff am 24.05.14.

Aschoff, V. (1974): Aus der Geschichte der Nachrichtentechnik. In: Aschoff, V. (Hrsg.): *Aus der Geschichte der Nachrichtentechnik: 24. Jahresfeier am 22. Mai 1974 (= Band 244 von Rheinisch-Westfälische Akademie der Wissenschaften)*, S. 13–54. Westdeutscher Verlag, Opladen.

Aschoff, V. (1974): *Aus der Geschichte der Nachrichtentechnik: 24. Jahresfeier am 22. Mai 1974* (= Vorträge der Rheinisch-Westfälische Akademie der Wissenschaften, Band 244). Westdeutscher Verlag, Opladen.

Atkinson, P., Coffey, A., Delamont, S. & Lofland, L. (2001): *Handbook of Ethnography.* SAGE Publications, London.

Atteslander, P. (2008): *Methoden der empirischen Sozialforschung.* Walter de Gruyter, Berlin.

Auer, P. & Baßler, H. (2007): *Reden und Schreiben in der Wissenschaft,* 1. Auflage. Campus Verlag, Frankfurt am Main.

Authorea (2014): *Issue 125: 502 Bad Gateway message.* Authorea, Inc. https://www.authorea.com/issues/125. Letzter Zugriff am 22.08.15.

Ayaß, R. & Bergmann, J. (2011): *Qualitative Methoden der Medienforschung.* Verlag für Gesprächsforschung, Mannheim.

Bachmann, G. & Wittel, A. (2011): Medienethnographie. In: Ayaß, R. & Bergmann, J. (Hrsg.): *Qualitative Methoden der Medienforschung*, S. 183–215. Verlag für Gesprächsforschung, Mannheim. http://www.verlag-gespraechsforschung.de/2011/pdf/medienforschung.pdf1. Letzter Zugriff am 29.05.15.

Baggs, J. G. (2006): Open Access. *Research in Nursing & Health* 29 (1), 1–2. http://dx.doi.org/10.1002/nur.20113. Letzter Zugriff am 16.06.15.

Ball, R. (2011): Das Zeitalter der dynamischen Dokumente. *Recherche – Zeitung für Wissenschaft*. http://epub.uni-regensburg.de/23160/1/ball-wissenschaftskommunikation.html. Letzter Zugriff am 23.07.15.

Bär, C. (2009): Wissenschaftliche Qualitätssicherung in der Krise? *Mitteilungen der Deutschen Mathematiker-Vereinigung* 17 (4), 212–214. http://page.math.tu-berlin.de/ mdmv/archive/17/mdmv-17-4-212.pdf. Letzter Zugriff am 26.06.15.

Bargheer, M. (2002): *Qualitätskriterien und Evaluierungswege für wissenschaftliche Internetressourcen: Ein Report für die bibliothekarische und dokumentarische Praxis*. Report zum DFG-Projekt: Datenbankbasierte Clearinghouses im Kontext digitaler Bibliotheken. Niedersächsische Staats- und Universitätsbibliothek Göttingen, Göttingen. http://webdoc.gwdg.de/ebook/aw/2003/bargheer/v10.pdf. Letzter Zugriff am 11.06.14.

Bargheer, M. (2006): *Open Access und Universitätsverlage: Auswege aus der Publication Crisis*. In: Hagenhoff, S. (Hrsg.): *Internetökonomie der Medienbranche*, S. 173–199. Universitätsverlag Göttingen, Göttingen. http://www.univerlag.uni-goettingen.de/bitstream/handle/3/isbn-3-938616-29-6/mediaconomy_book.pdf. Letzter Zugriff am 10.09.14.

Bargheer, M. (2009): *Was ist Open Access?* Niedersächsische Staats- und Universitätsbibliothek Göttingen. http://open-access.net/de/allgemeines/was_bedeutet_open_access/. Letzter Zugriff am 01.09.14.

Bargheer, M. & Schmidt, B. (2015): *Gute wissenschaftliche Praxis*. Technische Informationsbibliothek (TIB). http://dx.doi.org/10.2314/coscv2.8. Letzter Zugriff am 01.09.14.

Barlösius, E. (2008): Urteilsgewissheit und wissenschaftliches Kapital. In: Matthies, H. & Simon, D. (Hrsg.): *Wissenschaft unter Beobachtung: Effekte und Defekte von Evaluationen*, S. 248–264. VS Verlag für Sozialwissenschaften, Wiesbaden. http://link.springer.com/chapter/10.1007%2F978-3-531-90863-2_15. Letzter Zugriff am 01.09.15.

Bartling, S. & Friesike, S. (2014): *Opening Science: The Evolving Guide on How the Internet Is Changing Research, Collaboration and Scholarly Publishing*. Springer International Publishing, Cham.

Bartling, S. & Friesike, S. (2014): Towards Another Scientific Revolution. In: Bartling, S. & Friesike, S. (Hrsg.): *Opening Science: The Evolving Guide on How the Internet Is Changing Research, Collaboration and Scholarly Publishing*, S. 3–15. Springer International Publishing, Cham. http://book.openingscience.org/basics_background/towards_another_scientific_revolution.html. Letzter Zugriff am 26.08.14.

Batinic, B. (2001): Datenqualität bei internetbasierten Befragungen. In: Theobald, A., Dreyer, M. & Starsetzki, T. (Hrsg.): *Online-Marktforschung: Theoretische Grundlagen und praktische Erfahrungen*, S. 115–132. Gabler Verlag, Wiesbaden.

Bauer, B. (2006): Kommerzielle Open Access Publishing-Geschäftsmodelle auf dem Prüfstand: Ökonomische Zwischenbilanz der Gold Road to Open Access an drei österreichischen Universitäten. *GMS Medizin – Bibliothek – Information* 3 (6). http://www.egms.de/static/de/journals/mbi/2007-6/mbi000050.shtml. Letzter Zugriff am 15.05.15.

Bauerlein, M., Gad-el-Hak M., Grody W., McKelvey B., Trimble SW. (2010): We Must Stop the Avalanche of Low-quality Research. *The Chronicle of Higher Education*. https://chronicle.com/article/We-Must-Stop-the-Avalanche-of/65890/. Letzter Zugriff am 26.05.15.

BBAW (2015): *Empfehlungen zur Zukunft des wissenschaftlichen Publikationssystems*. Berlin-Brandenburgische Akademie der Wissenschaften, Berlin. http://www.bbaw.de/

publikationen/stellungnahmen-empfehlungen/wisspublikation. Letzter Zugriff am 26.05.15.

Beall, J. (2012): Predatory Publishers Are Corrupting Open Access. *Nature* 489 (179). http://www.nature.com/news/predatory-publishers-are-corrupting-open-access-1.11385. Letzter Zugriff am 16.06.15.

Beall, J. (2015): *Beall's List of Predatory Publishers 2015*. http://scholarlyoa.com/2015/01/02/bealls-list-of-predatory-publishers-2015/. Letzter Zugriff am 27.08.15.

Beals, M. H. (2013): Rapunzel and the Ivory Tower: How Open Access Will Save the Humanities (from Themselves). *Journal of Victorian Culture* 18 (4), 543–550.

Beasley, C. J. (2005): Publish or Perish. *The Leading Edge* 24 (9), 872. https://library.seg.org/doi/abs/10.1190/tle24090872.1. Letzter Zugriff am 10.12.15.

Beck, K. (2005): *Computervermittelte Kommunikation im Internet*. Oldenbourg Wissenschaftsverlag, München.

Beck, S., Niewöhner, J. & Sörensen, E. (2014): *Science and Technology Studies: Eine sozialanthropologische Einführung*. Transcript Verlag, Bielefeld. http://books.google.de/books?id=-Ta3JBAAAQBAJ. Letzter Zugriff am 10.02.14.

Beckedahl, M., Biselli, A. & Meister, A. (2014): *Jahrbuch Netzpolitik 2014*. epubli GmbH, Berlin. https://pound.netzpolitik.org/wp-upload/JahrbuchNetzpolitik2014.pdf. Letzter Zugriff am 10.02.15.

Benz, A., Lütz, S., Schimank, U. & Simonis, G. (2007): *Handbuch Governance: Theoretische Grundlagen und empirische Anwendungsfelder*. VS Verlag für Sozialwissenschaften, Wiesbaden.

Berliner Erklärung (2003): *Berlin Declaration on Open Access to Knowledge in the Sciences and Humanities*. http://oa.mpg.de/openaccess-berlin/berlin_declaration.pdf. Letzter Zugriff am 16.05.15.

Bernius, S., Hanauske, M., König, W. & Dugall, B. (2009): Open Access Models and Their Implications for the Players on the Scientific Publishing Market. *Economic Analysis and Policy (EAP)* 39 (1), 103–115. http://www.sciencedirect.com/science/article/pii/S031359260950046X. Letzter Zugriff am 16.05.15.

Besch, W., Betten, A., Reichmann, O. & Sonderegger, S. (1998): *Sprachgeschichte: Ein Handbuch zur Geschichte der deutschen Sprache und ihrer Erforschung – Teilband 1*. Walter de Gruyter, Berlin.

Beverungen, A., Bohm, S. & Land, C. (2012): The Poverty of Journal Publishing. *Organization* 19 (6), 929–938. http://repository.essex.ac.uk/6179/1/The_Poverty_of_Journal_Publishing-proof.pdf. Letzter Zugriff am 16.05.15.

Beverungen, A., Hoedemaekers, C. & Veldman, J. (2014): Charity and Finance in the University. *Critical Perspectives on Accounting* 25 (1), 58–66.

Bierschenk, T. (2014): *Entwicklungsethnologie und Ethnologie der Entwicklung: Deutschland, Europa, USA*. (= Arbeitspapiere des Instituts für Ethnologie und Afrikastudien der Johannes Gutenberg-Universität, Nr. 150). http://www.ifeas.uni-mainz.de/Dateien/AP_150.pdf.

Binswanger, M. (2014): *Excellence by Nonsense: The Competition for Publications in Modern Science*. In: Bartling, S. & Friesike, S. (Hrsg.): *Opening Science: The Evolving Guide on How the Internet Is Changing Research, Collaboration and Scholarly Publishing*, S. 49–72. Springer International Publishing, Cham. http://book.openingscience.org/basics_background/excellence_by_nonsense.html. Letzter Zugriff am 17.07.15.

Björk, B.-C. (2004): Open Access to Scientific Publications – an Analysis of the Barriers to Change? *Information Research* 9 (2). https://helda.helsinki.fi/bitstream/handle/10227/647/bjork.pdf. Letzter Zugriff am 28.06.15.

Björk, B.-C. (2012): The Hybrid Model for Open Access Publication of Scholarly Articles: A Failed Experiment? *Journal of the American Society for Information Science and Technology*

63 (8), 1496–1504. http://openaccesspublishing.org/hybrid/hybrid.pdf. Letzter Zugriff am 28.06.15.

Björk, B.-C., Welling, P., Laakso, M., Majlender, P., Hedlund, T. & Guðnason, G. (2010): Open Access to the Scientific Journal Literature: Situation 2009. *PLoS ONE* 5 (6), e11273. http://dx.doi.org/10.1371/journal.pone.0011273. Letzter Zugriff am 28.06.15.

Blythe, E. & Chachra, V. (2005): The Value Proposition in Institutional Repositories. *Educause review* 40 (5), 76–77. http://er.educause.edu/~/media/files/article-downloads/erm0559.pdf.

BOAI (2002): *Budapest Open Access Initiative – Erklärung*. http://www.budapestopenaccessinitiative.org/translations/german-translation. Letzter Zugriff am 16.05.15.

BOAI (2012): *Budapest Open Access Initiative – Zehn Jahre nach der Open-Access-Initiative von Budapest: Den Standard auf Offen setzen*. http://www.budapestopenaccessinitiative.org/boai-10-translations/german-translation. Letzter Zugriff am 16.05.15.

Böckenförde, E.-W. (1974): Grundrechtstheorie und Grundrechtsinterpretation. *Neue juristische Wochenschrift NJW* 27 (35), 1529–1538.

Böhme, G. (1978): *Wissenschaftssprachen und die Verwissenschaftlichung der Erfahrung*. In: Zimmermann, J. (Hrsg.): *Sprache und Welterfahrung*, S. 89–109. Wilhelm Fink Verlag, München.

Bonaccorsi, A. & Rossi, C. (2003): Why Open Source Software Can Succeed. *Research Policy* 32 (7), 1243–1258. http://dx.doi.org/10.1016/S0048-7333(03)00051-9. Letzter Zugriff am 25.01.16.

Bonim, M. (2010): Analoges Geld für digitale Zeilen: Der Publikationsmarkt der Wissenschaft. *Leviathan* 38 (3), 293–312. Letzter Zugriff am 25.01.16.

Bonitz, M. (1990): SCI auf CD-ROM oder das größte Expertensystem der Welt? *Informatik* 37 (1), 37–40.

Bonitz, M. (1998): Wird der Matthäus-Effekt in der Wissenschaft meßbar bleiben. In: Fuchs-Kittowski, K., Laitko, H., Parthey, H. & Umstätter, W. (Hrsg.): *Wissenschaft und digitale Bibliothek: Wissenschaftsforschung Jahrbuch 1998*, S. 231–237. Gesellschaft für Wissenschaftsforschung e. V. (GeWiF Berlin), Berlin. http://www.wissenschaftsforschung.de/JB98_231-238.pdf. Letzter Zugriff am 16.05.15.

Bortz, J. & Döring, N. (2006): *Forschungsmethoden und Evaluation*. Springer, Berlin/Heidelberg.

Bortz, J. & Döring, N. (2006): Qualitative Methoden. In: Bortz, J. & Döring, N. (Hrsg.): *Forschungsmethoden und Evaluation*, S. 295–350. Springer, Berlin/Heidelberg.

Bortz, J. & Döring, N. (2006): Von einer interessanten Fragestellung zur empirischen Untersuchung. In: Bortz, J. & Döring, N. (Hrsg.): *Forschungsmethoden und Evaluation*, S. 35–94. Springer, Berlin/Heidelberg.

Bourdieu, P. (1988): *Homo Academicus*. Stanford University Press, Stanford.

Bourdieu, P. (1998): *Vom Gebrauch der Wissenschaft: Für eine klinische Soziologie des wissenschaftlichen Feldes*. UVK, Konstanz.

Bourdieu, P. (2005): *Die verborgenen Mechanismen der Macht,* Nachdruck der Erstauflage von 1992. VSA-Verlag, Hamburg.

Bowker, G. C. & Star, S. L. (2000): *Sorting Things Out: Classification and Its Consequences*. MIT Press, Cambridge, Massachusetts. http://lexus.ischool.utexas.edu/Winget_Megan/2010/Fall/INF381/Readings/BowkerStar_SortingChaps9-10.pdf. Letzter Zugriff am 27.08.15.

Bradley, J.-C. (2007): *Open Notebook Science Using Blogs and Wikis*. http://precedings.nature.com/documents/39/version/1/files/npre200739-1.pdf. Letzter Zugriff am 25.01.16.

Bradley, J.-C. & Neylon, C. (2008): Data on Display. *Nature* 455 (7211).

Braune, K., Lammarsch, J. & Lammarsch, M. (2007): *LaTeX: Basissystem, Layout, Formelsatz*. Springer-Verlag, Berlin/Heidelberg.

Brembs, B. (2013): *By Replacing Journal Rank With an Institution-based Reputation System, the Looming Crisis in Science Can Be Averted.* http://blogs.lse.ac.uk/impactofsocialsciences/2013/07/30/solutions-to-the-looming-crisis-in-science/. Letzter Zugriff am 30.07.13.

Brembs, B. (2015): Open Science als eine Lösung der Infrastrukturkrise in der Wissenschaft. *Information – Wissenschaft & Praxis* 66 (2-3), 151–158. http://www.degruyter.com/view/j/iwp.2015.66.issue-2-3/iwp-2015-0027/iwp-2015-0027.xml. Letzter Zugriff am 11.07.15.

Brembs, B., Button, K. & Munafò, M. (2013): Deep Impact: Unintended Consequences of Journal Rank. *Frontiers in Human Neuroscience* 7 (291). http://journal.frontiersin.org/article/10.3389/fnhum.2013.00291/full. Letzter Zugriff am 25.05.15.

Brintzinger, K.-R. (2010): Piraterie oder Allmende der Wissenschaften? *Leviathan* 38 (3), 331–346.

Brischoux, F. & Cook, T. R. (2009): Juniors Seek an End to the Impact Factor Race. *BioScience* 59 (8), 638–639. http://bioscience.oxfordjournals.org/content/59/8/638.full.pdf+html. Letzter Zugriff am 16.05.15.

Brouwer, J. & Mulder, A. (2004): *Feelings Are Always Local.* V2_publishing, Rotterdam.

Brown, M. B. (2014): Politicizing Science: Conceptions of Politics in Science and Technology Studies. *Social Studies of Science* 45 (1), 3–30.

Brüggemann-Klein, A. (1995): Wissenschaftliches Publizieren im Umbruch. *Informatik Forschung und Entwicklung* 10 (4), 171–179. http://dx.doi.org/10.1007/s004500050025. Letzter Zugriff am 25.01.16.

Bundesverfassungsgericht (1973): *Hochschul-Urteil, BVerfG, 29.05.1973 – 1 BvR 424/71; 1 BvR 325/72.* https://dejure.org/dienste/vernetzung/rechtsprechung?Gericht=-BVerfG&Datum=29.05.1973&Aktenzeichen=1%20BvR%20424/71. Letzter Zugriff am 08.10.15.

Bunz, M. (2013): *Why ‚Open' Isn't Progressive Anymore.* http://mercedesbunz.net/2013/08/19/why-open-isnt-progressive-anymore/. Letzter Zugriff am 25.08.15.

Bunz, M. (2014): *Kritik an Offenheit: Steht „Open" (wie in Open Access) nicht mehr für Fortschritt?* http://berlinergazette.de/kritik-an-open-konjunktur/. Letzter Zugriff am 16.05.15.

Burckhardt, D., Hohls, R. & Prinz, C. (2007): *Geschichte im Netz: Praxis, Chancen, Visionen. Beiträge der Tagung .hist 2006* (= Veröffentlichungen von Clio-oline, Nr. 2). http://edoc.hu-berlin.de/e_histfor/10_I/PDF/ElektronischesPublizieren_2007-10-I.pdf. Letzter Zugriff am 14.05.15.

Burkhardt, M. (2015): *Digitale Datenbanken: Eine Medientheorie im Zeitalter von Big Data.* Transcript Verlag, Bielefeld. http://www.transcript-verlag.de/OpenAccess/download/?fileName=/content/oa/oa9783839430286.pdf. Letzter Zugriff am 24.05.15.

Burns, T. W., O Connor, D. J. & Stocklmayer, S. M. (2003): Science Communication: A Contemporary Definition. *Public Understanding of Science* 12 (2), 183–202. Letzter Zugriff am 27.08.15.

Buss, K.-P. & Wittke, V. (2001): Wissen als Ware: *Überlegungen zum Wandel der Modi gesellschaftlicher Wissensproduktion am Beispiel der Biotechnologie.* *SOFI-Mitteilungen* 29, 7–21. http://www.sofi.uni-goettingen.de/fileadmin/SOFI-Mitteilungen/Nr._29/buss-wittke.pdf. Letzter Zugriff am 08.10.15.

Case, M. M. (2000): ARL Promotes Competition through SPARC. *Journal of Library Administration* 29 (3-4), 227–235.

Catanzaro, B. J. (1991): *The SPARC Technical Papers.* Springer, New York.

Chalmers, A. F. (1976): *What Is This Thing Called Science?* University of Queensland Press, St Lucia.

Chalmers, I. & Glasziou, P. (2009): Avoidable Waste in the Production and Reporting of Research Evidence. *The Lancet* 374 (9683), 86–89. http://dx.doi.org/10.1016/S0140-6736(09)60329-9. Letzter Zugriff am 15.10.14.

Chan, A.-W. (2008): Bias Spin, and Misreporting: Time for Full Access to Trial Protocols and Results. *Plos Med* 5 (11). http://dx.doi.org/10.1371/journal.pmed.0050230. Letzter Zugriff am 01.06.14.

Chan, A.-W., Song, F., Vickers, A., Jefferson, T. & Dickersin, K. (2014): Increasing Value and Reducing Waste: Addressing Inaccessible Research. *The Lancet* 383 (9913), 257–266. http://dx.doi.org/10.1016/S0140-6736(13)62296-5. Letzter Zugriff am 10.10.14.

Cherubini, P. (2008): Impact Factor Fever. *Science* 322 (5899), 191b. http://dx.doi.org/10.1126/science.322.5899.191b. Letzter Zugriff am 16.05.15.

Chesbrough, H. (2003): *Open Innovation: The New Imperative for Creating and Profiting from Technology*. Harvard Business School Press, Harvard.

Chesbrough, H., Vanhaverbeke, W. & West, J. (2006): *Open Innovation: Researching a New Paradigm*. Oxford University Press, Oxford.

Chibnik, M. (2015): Open Access. *American Anthropologist* 117 (2), 225–228. http://dx.doi.org/10.1111/aman.12231. Letzter Zugriff am 16.06.15.

Chun, W. H. K. & Keenan, T. (2006): *New Media, Old Media: A History and Theory Reader*. Psychology Press, Hove.

Clapham, P. (2005): Publish or Perish. *BioScience* 55 (5), 390. http://bioscience.oxfordjournals.org/content/55/5/390.full.pdf. Letzter Zugriff am 16.05.15.

Cloes, R. & Schappert, C. (2009): *Das Für und Wider der urheberrechtlichen Diskussion im Zusammenhang mit dem „Heidelberger Appell"*. Deutscher Bundestag, Wissenschaftlicher Dienst, Berlin. https://www.bundestag.de/blob/190744/cf5adb527e25eb026a1004e5fb4a45dc/heidelbergerappell-data.pdf. Letzter Zugriff am 01.09.14.

Cope, B. & Kalantzis, M. (2014): Changing Knowledge Ecologies and the Transformation of the Scholary Journal. In: Cope, B. & Phillips, A. (Hrsg.): *The Future of the Academic Journal*, S. 9–85. Chandos Publishing, Oxford. http://books.google.de/books?id=3p7_AwAAQBAJ. Letzter Zugriff am 19.11.14.

Cope, B. & Phillips, A. (2014): *The Future of the Academic Journal*. Chandos Publishing, Oxford.

Council of the European Union (2007): *Council Conclusions on Scientific Information in the Digital Age: Access, Dissemination and Preservation*, Brüssel. https://ec.europa.eu/digital-agenda/sites/digital-agenda/files/council_conclusions_nov2007.pdf. Letzter Zugriff am 11.08.15.

Creative Commons (2009): *Namensnennung – Weitergabe unter gleichen Bedingungen 3.0 Deutschland*. https://creativecommons.org/licenses/by-sa/3.0/de/. Letzter Zugriff am 23.06.15.

Creative Commons (2015a): *History*. https://creativecommons.org/about/history. Letzter Zugriff am 06.10.15.

Creative Commons (2015b): *State of the Commons*. https://stateof.creativecommons.org/. Letzter Zugriff am 06.10.15.

Curry, S. (2015): Peer Review, Preprints and the Speed of Science. *The Guardian*, 07.09.2015. http://www.theguardian.com/science/occams-corner/2015/sep/07/peer-review-preprints-speed-science-journals. Letzter Zugriff am 07.09.15.

David, P. A. (1998): Common Agency Contracting and the Emergence of „Open Science" Institutions. *The American Economic Review* 88 (2), 15–21. http://www.compilerpress.ca/Competitiveness/Anno/Anno%20David%20Common%20Agency%20Contracting%20and%20the%20Emergence%20of%20Open%20Science.htm. Letzter Zugriff am 13.05.15.

Davis, P. M. (2011): Open Access, Readership, Citations: A Randomized Controlled Trial of Scientific Journal Publishing. *The FASEB Journal* 25 (7), 2129–2134. http://www.fasebj.org/content/25/7/2129.full. Letzter Zugriff am 25.05.15.

De Solla Price, Derek J. (1982): *Little Science, Big Science: Von der Studierstube zur Großforschung*. Suhrkamp Verlag, Frankfurt am Main.

De Vries, J. (2001): Peer Review: The Holy Cow of Science. In: Fredriksson, E. (Hrsg.): *A Century of Science Publishing: A Collection of Essays*, S. 231–244. IOS Press, Amsterdam. http://ebooks.iospress.nl/Download/Pdf/29518. Letzter Zugriff am 24.05.14.

Dear, P. (1985): Totius in Verba: Rhetoric and Authority in the Early Royal Society. *ISIS* 76 (2), 144.

Debray, R. (2003): *Einführung in die Mediologie*. Haupt Verlag, Bern/Stuttgart/Wien.

Dechartres, A. & Ravaud, P. (2015): Better Prioritization to Increase Research Value and Decrease Waste. *BMC Medicine* 13 (1). http://dx.doi.org/10.1186/s12916-015-0492-3. Letzter Zugriff am 15.10.14.

Descher, S. (2012): Ethos und Pathos in den Wissenschaften: Ethos und Pathos des Logos. Wissenschaftliches Ethos und Pathos der Wissenschaften in historischer und systematischer Perspektive. In: JLTonline (Hrsg.): *JLTonline Conference Proceedings*. De Gruyter, Berlin. http://www.jltonline.de/index.php/conferences/article/view/463/1147. Letzter Zugriff am 23.01.16.

Destatis (2014): *Bildung und Kultur: Personal an Hochschulen. Fachserie 11* 4.4. https://www.destatis.de/DE/Publikationen/Thematisch/BildungForschungKultur/Hochschulen/PersonalHochschulen2110440137004.pdf?__blob=publicationFile. Letzter Zugriff am 26.01.16.

Deutsche Bundesbank (2014): *Verhältniszahlen aus Jahresabschlüssen deutscher Unternehmen von 2010 bis 2011*. http://www.bundesbank.de/Redaktion/DE/Downloads/Veroeffentlichungen/Statistische_Sonderveroeffentlichungen/Statso_6/statso_6_2014_05_2010_2011.pdf?__blob=publicationFile. Letzter Zugriff am 16.05.15.

Deutsche Forschungsgemeinschaft (2006): *Open Access und Forschungsförderung durch die Deutsche Forschungsgemeinschaft*. http://www.dfg.de/dfg_magazin/forschungspolitik_standpunkte_perspektiven/open_access. Letzter Zugriff am 06.10.15.

Deutsche Forschungsgemeinschaft (2011): *Pressemitteilung – Haltlose und absurde Kritik: DFG-Präsident weist Vorwurf der Intransparenz zurück*. Datum: 07.07.2011. http://www.dfg.de/download/pdf/dfg_im_profil/reden_stellungnahmen/2011/stellungnahme_kleiner_haltlose_kritik_jv_110707.pdf. Letzter Zugriff am 27.08.15.

Deutsche Forschungsgemeinschaft (2014): *DFG Fachkollegien* (Stand: 9. August 2014). http://www.dfg.de/dfg_profil/gremien/fachkollegien/liste/. Letzter Zugriff am 09.08.14.

Deutsche Forschungsgemeinschaft (2014a): *Verwendungsrichtlinien Sachbeihilfen – Drittmittel – mit Leitfaden für Abschlussberichte und Regeln guter wissenschaftlicher Praxis*. http://www.dfg.de/formulare/2_02/2_02_de.pdf. Letzter Zugriff am 06.10.15.

Deutsche UNESCO-Kommission (2007): *Open Access: Chancen und Herausforderungen – Ein Handbuch*. Deutsche UNESCO-Kommission.

Deutscher Bundestag (1949): *Die Grundrechte*. https://www.bundestag.de/bundestag/aufgaben/rechtsgrundlagen/grundgesetz/gg_01/245122. Letzter Zugriff am 08.10.15.

Dickersin, K. & Chalmers, I. (2011): Recognizing Investigating and Dealing with Incomplete and Biased Reporting of Clinical Research. *JRSM* 104 (12), 532–538.

Diemer, A. & König, G. (1991): Was ist Wissenschaft? In: Hermann, A. & Schönbeck, C. (Hrsg.): *Technik und Wissenschaft*, S. 3–28. VDI Verlag, Düsseldorf. http://dx.doi.org/10.1007/978-3-642-95786-4_1. Letzter Zugriff am 26.01.16.

DOAJ (2015): *About DOAJ*. https://doaj.org/about. Letzter Zugriff am 29.06.15.

Dobratz, S. (2007): Open Source Software zur Realisierung von Institutionellen Repositorien. *Zeitschrift für Bibiliothekswesen und Bibliographie* 54 (4/5), 199–206.

Dong, P., Loh, M. & Mondry, A. (2005): The Impact Factor Revisited. *Biomedical Digital Libraries* 2 (1), 7.

Dorschel, J. (2006): *Open Access und Urheberrecht: Open Source in neuem Gewand*. In: Hagenhoff, S. (Hrsg.): *Internetökonomie der Medienbranche*, S. 235–263. Universitätsverlag Göttingen, Göttingen. http://www.univerlag.uni-goettingen.de/bitstream/handle/3/isbn-3-938616-29-6/mediaconomy_book.pdf. Letzter Zugriff am 18.05.15.

Dreier, T., Spiecker gen. Döhmann, I., van Raay, A. & Fischer V. (2016): *Informationen der öffentlichen Hand – Zugang und Nutzung* (= Studien zur Informationsfreiheit, Band 3). Nomos Verlag, Baden-Baden.

Edsall, J. T. (1976): Scientific Freedom and Responsibility. *Molecular and Cellular Biochemistry* 11 (2), 113–124. http://link.springer.com/article/10.1007/BF01792794. Letzter Zugriff am 26.06.15.

Egger, M., Smith, G. D., Schneider, M. & Minder, C. (1997): Bias in Meta-Analysis Detected by a Simple Graphical Test. *BMJ* 315 (7109), 629–634.

Eichhorn, W. (2004): *Online-Befragung: Methodische Grundlagen, Problemfelder, praktische Durchführung.* http://www2.ifkw.uni-muenchen.de/ps/we/cc/onlinebefragung-rev1.0.pdf. Letzter Zugriff am 20.05.14.

Eisenstein, E. L. (1997): *Die Druckerpresse: Kulturrevolutionen im frühen modernen Europa.* Springer, Wien/New York.

Ekins, S. & Williams, A. J. (2014): Curing TB with Open Science. *Tuberculosis* 94 (2), 183–185. http://www.sciencedirect.com/science/article/pii/S1472979213001698. Letzter Zugriff am 26.01.16.

Ellis, C., Adams, T. E. & Bochner, A. P. (2010): Autoethnografie. In: Mey, G. & Mruck, K. (Hrsg.): *Handbuch Qualitative Forschung in der Psychologie*, S. 345–357. VS Verlag für Sozialwissenschaften, Wiesbaden.

Ellis, C., Adams, T. E. & Bochner, A. P. (2011): Autoethnography: An Overview. *Historical Social Research* 36 (4), 273–290.

Elsevier B. V. (2012): *Journal Prices, Discounts and Access – A message to the Research Community.* https://www.elsevier.com/about/company-information/policies/message-on-prices-and-access. Letzter Zugriff am 11.08.15.

Engels, A. & Knoll, L. (2012): *Wirtschaftliche Rationalität: Soziologische Perspektiven.* VS Verlag für Sozialwissenschaften, Wiesbaden.

Erhardt, D. (2011): *Hochschulen im strategischen Wettbewerb: Empirische Analyse der horizontalen Differenzierung deutscher Hochschulen.* Westdeutscher Verlag, Opladen. http://books.google.de/books?id=PWspBAAAQBAJ. Letzter Zugriff am 10.05.14.

European Commission (2006): *Study on the Economic and Technical Evolution of the Scientific Publication Markets in Europe.* DG research, Brüssel. http:/ec.europa.eu/research/science-society/pdf/scientific-publication-study_en.pdf. Letzter Zugriff am 25.05.15.

Evans, J. A. (2008): Electronic Publication and the Narrowing of Science and Scholarship. *Science* 321 (5887), 395–399. http://www.researchgate.net/profile/James_Evans5/publication/51410264_Electronic_publication_and_the_narrowing_of_science_and_scholarship/links/02bfe510fdf79a68d2000000.pdf. Letzter Zugriff am 18.05.15.

Eve, M. P. (2013): Utopia Fading: Taxonomies, Freedom and Dissent in Open Access Publishing. *Journal of Victorian Culture* 18 (4), 536–542.

Eysenbach, G. (2006): Citation Advantage of Open Access Articles. *Plos Biology* 4 (5), e157. http://dx.doi.org/10.1371/journal.pbio.0040157. Letzter Zugriff am 16.05.15.

Fabrizio, K. R. & Di Minin, A. (2008): Commercializing the Laboratory: Faculty Patenting and the Open Science Environment. *Research Policy* 37 (5), 914–931. http://web1.sssup.it/pubblicazioni/ugov_files/302922_ADM0920%20Fabrizio%20Di%20Minin%20Commercializing%20the%20lab%20Research%20Policy.pdf. Letzter Zugriff am 13.05.15.

Fanelli, D. (2012): Negative Results Are Disappearing from Most Disciplines and Countries. *Scientometrics* 90 (3), 891–904.

Fanelli, D. & Scalas, E. (2010): Do Pressures to Publish Increase Scientists' Bias: An Empirical Support from US States Data. *PLoS ONE* 5 (4). http://dx.doi.org/10.1371/journal.pone.0010271. Letzter Zugriff am 16.05.15.

Fangerau, H. (2014): *Publikationsklausel*. In: Lenk, C., Duttge, G. & Fangerau, H. (Hrsg.): *Handbuch Ethik und Recht der Forschung am Menschen*, S. 229–232. Springer-Verlag, Berlin/Heidelberg.

Fecher, B. (2014): *How the Past Defines the Present: Understanding the Path Dependance of Academic Publishing*. http://www.hiig.de/en/how-the-past-defines-the-present-understanding-the-path-dependancy-of-academic-publishing/. Letzter Zugriff am 01.09.14.

Fecher, B. & Friesike, S. (2013): *Open Science: One Term, Five Schools of Thought*. German Council for Social and Economic Data (RatSWD), Berlin. http://ssrn.com/abstract=2272036. Letzter Zugriff am 16.05.15.

Fecher, B., Friesike, S. & Hebing, M. (2015): What Drives Academic Data Sharing? *PLoS ONE* 10 (2). http://dx.doi.org/10.1371%2Fjournal.pone.0118053. Letzter Zugriff am 01.08.15.

Fehling, M. (2014): Verfassungskonforme Ausgestaltung von DFG-Förderbedingungen zur Open-Access-Publikation. *Zeitschrift für Ordnung der Wissenschaft* 4 (2014), 179–214. http://www.ordnungderwissenschaft.de/pdf/2014-4/PDFs_Gesamtpdf/04_01_fehling_dfg.pdf. Letzter Zugriff am 21.07.15.

Feyerabend, P. (1986): *Wider den Methodenzwang*. Suhrkamp Verlag, Frankfurt am Main. http://www.philoscience.unibe.ch/documents/kursarchiv/WS02/feyerabend.pdf. Letzter Zugriff am 05.06.14.

Feynman, R. P. (1974): Cargo Cult Science. *Engineering and Science* 37 (7), 10–13. http://resolver.caltech.edu/CaltechES:37.7.CargoCult. Letzter Zugriff am 01.09.14.

Fladung, R. B. & Dugall, B. (2003): Erwerbung: Ausweg aus der Zeitschriftenkrise? Ein Entscheidungsmodell für den Bezug elektronischer Zeitschriften im konsortialen Rahmen. *Bibliotheksdienst* 37 (12).

Flood, M., Martin, B. & Dreher, T. (2013): Combining Academia and Activism: Common Obstacles and Useful Tools. *The Australian Universities' Review* 55 (1), 17–26. http://files.eric.ed.gov/fulltext/EJ1004394.pdf. Letzter Zugriff am 10.08.15.

Foucault, M. (1981): *Archäologie des Wissens*. Suhrkamp Verlag, Frankfurt am Main.

Foucault, M. (1991): *Die Ordnung des Diskurses*. Fischer-Taschenbuch-Verlag, Frankfurt am Main. https://www.ruhr-uni-bochum.de/diskurstheorie/Bibliographie___Texte/michelfoucault-diskursordnung.pdf. Letzter Zugriff am 23.06.15.

Foucault, M. (2000): Was ist ein Autor? In: Jannidis, F., Lauer, G., Martinez, M. & Winko, S. (Hrsg.): *Texte zur Theorie der Autorenschaft*, S. 198–229. Reclam, Stuttgart.

Foucault, M. & Konersmann, R. (2003): *Die Ordnung des Diskurses – Inauguralvorlesung am Collège de France, 2. Dezember 197*. Fischer-Taschenbuch-Verlag, Frankfurt am Main.

Foucault, M. & Seitter, W. (1977): *Überwachen und Strafen: Die Geburt des Gefängnisses*. Suhrkamp Verlag, Frankfurt am Main.

Fox, M. F. (1983): Publication Productivity among Scientists: A Critical Review. *Social Studies of Science* 13 (2), 285–305.

Frankfurter Allgemeine Zeitung (2009): Geistiges Eigentum: Autor darf Freiheit über sein Werk nicht verlieren. *Frankfurter Allgemeine Zeitung*, 22.03.2009. http://www.faz.net/aktuell/feuilleton/geistiges-eigentum-autor-darf-freiheit-ueber-sein-werk-nicht-verlieren-1922814.html. Letzter Zugriff am 01.09.14.

Fredriksson, E. (2001): *A Century of Science Publishing: A Collection of Essays*. IOS Press, Amsterdam

Frey, B. S. (2005): Gutachten im Wissenschaftsprozess. *Soziologie* 34 (2), 166–173.

Fritsch, J. (2015): Wissenschaft braucht Freiheit – Freiheit erfordert Verantwortung! *Biospektrum* 21 (3), 251.

Frize, M. (2013): A Transition from the ‚Old' to the ‚New' Science. In: Frize, M. (Hrsg.): *Laura Bassi and Science in 18th Century Europe: The Extraordinary Life and Role of Italy's Pioneering Female Professor*, S. 61–69. Springer, Berlin/Heidelberg. http://dx.doi.org/10.1007/978-3-642-38685-5_6. Letzter Zugriff am 26.01.16.

Frize, M. (2013): *Laura Bassi and Science in 18th Century Europe: The Extraordinary Life and Role of Italy's Pioneering Female Professor.* Springer, Berlin/Heidelberg.

Fröhlich, G. (2009): Die Wissenschaftstheorie fordert Open Access. *Telepolis.* http://www.heise.de/tp/artikel/31/31020/1.html. Letzter Zugriff am 25.07.15.

Frosio, G. & Derclaye, E. (2014): *Open Access Publishing: A Literature Review.* http://www.create.ac.uk/publications/open-access-publishing-a-literature-review/. Letzter Zugriff am 15.05.15.

Frost, J. & Brockmann, J. (2014): When Qualitative Productivity Is Equated with Quantitative Productivity: Scholars Caught in a Performance Paradox. *Zeitschrift für Erziehungswissenschaft* 17 (S6), 25–45.

Früh, W. (2011): *Inhaltsanalyse: Theorie und Praxis.* UVK, Konstanz.

Fuchs-Kittowski, K., Laitko, H., Parthey, H. & Umstätter, W. (1998): *Wissenschaft und digitale Bibliothek: Wissenschaftsforschung Jahrbuch 1998.* Gesellschaft für Wissenschaftsforschung e. V. (GeWiF Berlin), Berlin.

Garcia de Figuerola, C. & Merlo, J. A. (2010): Open Knowledge: Challenges and Facts. *Online Information Review* 34 (4), 520–539. http://hdl.handle.net/10366/121866. Letzter Zugriff am 29.06.15.

Garfield, E. (1999): Journal Impact Factor: A Brief Review. *Canadian Medical Association Journal* 161 (8), 979–980.

Garvey, W. D. (2014): *Communication: The Essence of Science. Facilitating Information Exchange among Librarians, Scientists, Engineers and Students.* Elsevier Science, Amsterdam.

Gasteiner, M. (2010): *Digitale Arbeitstechniken für Geistes- und Kulturwissenschaften.* Böhlau Verlag, Wien/Köln/Weimar.

Gasteiner, M. & Haber, P. (2010): *Digitale Arbeitstechniken für die Geistes- und Kulturwissenschaften,* 1. Auflage. UTB, Wien.

Gerber, A. (2014): Science Caught Flat-Footed: How Academia Struggles with Open Science Communication. In: Bartling, S. & Friesike, S. (Hrsg.): *Opening Science: The Evolving Guide on How the Internet Is Changing Research, Collaboration and Scholarly Publishing,* S. 73–80. Springer International Publishing, Cham. http://book.openingscience.org/basics_background/science_caught_flat_footed.html. Letzter Zugriff am 17.07.15.

Gerhards, J. & Schäfer, M. S. (2007): Demokratische Internet-Öffentlichkeit? Ein Vergleich der öffentlichen Kommunikation im Internet und in den Printmedien am Beispiel der Humangenomforschung. *Publizistik* 52 (2), 210–228. http://dx.doi.org/10.1007/s11616-007-0084-0. Letzter Zugriff am 26.01.16.

Gersmann, G. (2007): Elektronisches Publizieren – Einleitung. In: Burckhardt, D., Hohls, R. & Prinz, C. (Hrsg.): *Geschichte im Netz: Praxis, Chancen, Visionen. Beiträge der Tagung .hist 2006* (= Veröffentlichungen von Clio-oline, Nr. 2), S. 105–110. http://edoc.hu-berlin.de/histfor/10_I/PDF/ElektronischesPublizieren_2007-10-I.pdf. Letzter Zugriff am 14.05.15.

Gibbons, M. et al. (1994): *The New Production of Knowledge: The Dynamics of Science and Research in Contemporary Societies.* SAGE Publications, London/Thousand Oaks/New Dehli.

Giesecke, M. (1991): *Der Buchdruck in der frühen Neuzeit.* Suhrkamp Verlag, Frankfurt am Main.

Gieseke, L. (1995): *Vom Privileg zum Urheberrecht: Die Entwicklung des Urheberrechts in Deutschland bis 1845.* Nomos Verlag, Baden-Baden.

Gillespie, T., Boczkowski, P. J. & Foot, K. A. (2014): *Media Technologies: Essays on Communication, Materiality, and Society.* MIT Press, Cambridge, Massachusetts.

Gläser, J. (2006): *Wissenschaftliche Produktionsgemeinschaften: Die soziale Ordnung der Forschung.* Campus Verlag, Frankfurt/New York.

Gläser, J. & Lange, S. (2007): Wissenschaft. In: Benz, A., Lütz, S., Schimank, U. & Simonis, G. (Hrsg.): *Handbuch Governance: Theoretische Grundlagen und empirische Anwendungsfelder*, S. 437–451. VS Verlag für Sozialwissenschaften, Wiesbaden.

Gläser, J. & Laudel, G. (1999): *Theoriegeleitete Textanalyse? Das Potential einer variablenorientierten qualitativen Inhaltsanalyse* (= WZB Discussion Paper. WZB p 99-401). http://bibliothek.wzb.eu/pdf/1999/p99-401.pdf. Letzter Zugriff am 16.05.15.

Glasziou, P. (2014): The Role of Open Access in Reducing Waste in Medical Research. *Plos Med* 11 (5). http://dx.doi.org/10.1371/journal.pmed.1001651. Letzter Zugriff am 01.06.14.

Goodrum, A. A., McCain, K. W., Lawrence, S. & Giles, C. L. (2001): Scholarly Publishing in the Internet Age: A Citation Analysis of Computer Science Literature. *Information Processing & Management* 37 (5), 661–675. http://clgiles.ist.psu.edu/papers/IPM-2001-scholarly-publishing.pdf. Letzter Zugriff am 16.05.15.

Götting, H.-P. & Lauber-Rönsberg, A. (2015): Open Access und Urheberrecht. *Zeitschrift für Ordnung der Wissenschaft* 3 (2015), 137–146. http://www.ordnungderwissenschaft.de/2015-3/Gesamt/03_02_goetting_lauber-roensberg_open-access_und_urheberrecht_odw.pdf. Letzter Zugriff am 21.07.15.

Gould, T. H. P. (2009): The Future of Academic Publishing: Application of the Long-tail Theory. *Publishing Research Quarterly* 25 (4), 232–245.

Gowers, W. T. (2012): *The Cost of Knowledge*. http://thecostofknowledge.com/. Letzter Zugriff am 11.08.15.

Graefen, G., Thielmann, W., Auer, P. & Bassler, H. (2007): *Der wissenschaftliche Artikel*. In: Auer, P. & Baßler, H. (Hrsg.): *Reden und Schreiben in der Wissenschaft*, 1. Auflage, S. 67–98. Campus Verlag, Frankfurt am Main. http://epub.ub.uni-muenchen.de/13670/1/graefen_13670.pdf. Letzter Zugriff am 12.05.14.

Graf, K. (2004): Wissenschaftliches E-Publizieren mit „Open-Access" – Initiativen und Widerstände. *Historical Social Research/Historische Sozialforschung* 29 (1), 64–75. http://nbn-resolving.de/urn:nbn:de:0168-ssoar-50493. Letzter Zugriff am 01.06.15.

Grand, A., Wilkinson, C., Bultitude, K. & Winfield, A. F. T. (2012): Open Science A New „Trust Technology"? *Science Communication* 34 (5), 679–689.

Greif, S. (2003): Patente als Instrumente zur Erfassung und Bewertung wissenschaftlicher Leistungen. *Evaluation wissenschaftlicher Institutionen: Wissenschaftsforschung Jahrbuch*, 103–118. http://www.wissenschaftsforschung.de/JB03_103-118.pdf. Letzter Zugriff am 10.05.14.

Gruber, H. (2005): *Hinführung zum wissenschaftlichen Arbeiten*. Institut für Ethnologie, Frankfurt am Main. https://www.uni-frankfurt.de/48891434/Hinfuehrung-zum-wiss-Arbeiten.pdf. Letzter Zugriff am 06.10.15.

Guédon, J.-C. (2001): *In Oldenburg's Long Shadow: Librarians, Research Scientists, Publishers, and the Control of Scientific Publishing*. Association of Research Libraries, Washington, DC. http://www.arl.org/storage/documents/publications/in-oldenburgs-long-shadow.pdf. Letzter Zugriff am 28.06.15.

Guédon, J.-C. (2004): The ‚Green' and ‚Gold' Roads to Open Access: The Case for Mixing and Matching. *Serials Review* 30 (4), 315–328. http://eprints.rclis.org/5860/. Letzter Zugriff am 16.05.15.

Haberle, P. (2002): *Jahrbuch des öffentlichen Rechts der Gegenwart. Neue Folge: Band 50*. Mohr Siebeck, Tübingen. http://books.google.de/books?id=PYWtL2g1YvMC. Letzter Zugriff am 10.05.14.

Habermas, J. (1981): *Theorie des kommunikativen Handelns*, 1. Auflage. Suhrkamp Verlag, Frankfurt am Main.

Hackett, E. J., Amsterdamska, O., Lynch, M. & Wajcman, J. (2008): *The Handbook of Science and Technology Studies*. MIT Press, London.

Hagenhoff, S. (2006): *Internetökonomie der Medienbranche*. Universitätsverlag Göttingen, Göttingen.

Hagner, M. (2009): Open access als Traum der Verwaltungen. *Frankfurter Allgemeine Zeitung*. http://www.wiss.ethz.ch/uploads/tx_jhpublications/2009_open_access.pdf. Letzter Zugriff am 13.05.15.

Hagner, M. (2015): *Zur Sache des Buches*. Wallstein Verlag, Göttingen.

Hajjem, C., Harnad, S. & Gingras, Y. (2005): Ten-Year Cross-Disciplinary Comparison of the Growth of Open Access and How it Increases Research Citation Impact. *IEEE Data Engineering Bulletin* 28 (4), 39–47. http://eprints.soton.ac.uk/262906/. Letzter Zugriff am 25.05.15.

Hall, G. (2008): *Digitize this book! The politics of New Media, or Why We Need Open Access Now*. University of Minnesota Press, Minneapolis.

Hall, M. B. (1965): Oldenburg and the Art of Scientific Communication. *The British Journal for the History of Science* 2 (4), 277. http://dx.doi.org/10.1017/S0007087400002454.

Hall, M. B. (1992): *The Library and Archives of the Royal Society, 1660–1990*. The Royal Society, London. https://royalsociety.org/~/media/library/The%20library%20and%20archives%20of%20the%20royal%20society%201660-1990%20Marie%20Boas%20Hall.pdf. Letzter Zugriff am 12.05.15.

Hamilton, D. P. (1990): Publishing by – and for? – the Numbers. *Science* 250 (4986), 1331–1332. http://www.garfield.library.upenn.edu/papers/hamilton1.html. Letzter Zugriff am 14.05.15.

Hammersley, J. (2014): *WriteLaTeX Is Continued Overleaf*. https://www.overleaf.com/blog/190-writelatex-is-continued-overleaf. Letzter Zugriff am 21.06.15.

Hanekop, H. (2014): Wandel des wissenschaftlichen Publikationssystems durch das WWW? Die Wirkung wissenschaftlicher Suchportale und Suchmaschinen. *kommunikation@gesellschaft* 15 (Sonderausgabe), 1–28. http://nbn-resolving.de/urn:nbn:de:0168-ssoar-378492. Letzter Zugriff am 16.05.15.

Hanekop, H. & Wittke, V. (2006): Das wissenschaftliche Journal und seine möglichen Alternativen: Veränderungen der Wissenschaftskommunikation durch das Internet. In: Hagenhoff, S. (Hrsg.): *Internetökonomie der Medienbranche*, S. 202–234. Universitätsverlag Göttingen, Göttingen. http://www.univerlag.uni-goettingen.de/bitstream/handle/3/isbn-3-938616-29-6/mediaconomy_book.pdf. Letzter Zugriff am 10.09.14.

Hanekop, H. & Wittke, V. (2007): *Ergebnisse der Befragung von Wissenschaftlern über ihre Publikations- und Rezeptionsstrategien im Spannungsfeld zwischen dem Wunsch nach freiem Zugang und den Institutionen der Reputationsvermittlung*. http://www.sofi-goettingen.de/index.php?id=881. Letzter Zugriff am 16.05.15.

Hanekop, H. & Wittke, V. (2007a): *Fragebogen zu wissenschaftlichen Publikationen im Internet: Wissenschaftler als Leser und Autoren*. http://www.sofi-goettingen.de/fileadmin/Heidi_Hanekop/Material/Fbwisspub_final.pdf. Letzter Zugriff am 20.05.14.

Hanekop, H. & Wittke, V. (2008): Befragungsergebnisse: Wissenschaftliche Publikationen im Internet. *Mitteilungen aus dem SOFI* 1 (2), 5–7. http://www.sofi-goettingen.de/fileadmin/Heidi_Hanekop/Material/Mitteilungen_Wissenschaftliche_Publikationen_im_Internet.pdf. Letzter Zugriff am 16.05.15.

Hansen, G. (2005): Zugang zu wissenschaftlicher Information: Alternative urheberrechtliche Ansätze. *GRUR International*, 378–388. http://www.gerd-hansen.net/app/download/16511674/Hansen_GRUR_Int_2005_378ff.pdf. Letzter Zugriff am 18.05.15.

Harmon, S. H. E., Caulfield, T. & Joly, Y. (2012): Commercialization versus Open Science: Making Sense of the Message(s) in the Bottle. *Medical Law International* 12 (1), 3–10.

Harnad, S. (1995): A Subversive Proposal for Electronic Publishing: An Internet Discussion about Scientific and Scholarly Journals and Their Future. *Journal of Consciousness Studies* 1. http://eprints.soton.ac.uk/253351/. Letzter Zugriff am 13.05.15.

Harter, S. (2006): Scholarly Communication and the Digital Library: Problems and Issues. *Journal of Digital Information* 1 (1). https://journals.tdl.org/jodi/index.php/jodi/article/view/4. Letzter Zugriff am 15.05.15.

Hartmann, F. (2008): *Medien und Kommunikation*. facultas.wuv, Wien.

Hartung, M. (2011): *Datenaufbereitung, Transkription, Präsentation*. In: Ayaß, R. & Bergmann, J. (Hrsg.): *Qualitative Methoden der Medienforschung*, S. 475–488. Verlag für Gesprächsforschung, Mannheim. http://www.verlag-gespraechsforschung.de/2011/pdf/medienforschung.pdf. Letzter Zugriff am 29.05.15.

Haustein, S. (2012): *Multidimensional Journal Evaluation: Analyzing Scientific Periodicals Beyond the Impact Factor*. De Gruyter Saur, Berlin/Boston.

Havemann, F. (2002): *Bibliometrische Daten für die Debatte um den Wandel der Universität: Expertise für die Berlin-Brandenburgische Akademie der Wissenschaften im Rahmen der Förderinitiative „Politik, Wissenschaft und Gesellschaft" des Bundesministeriums für Bildung und Forschung*. Berlin-Brandenburgische Akademie der Wissenschaften, Berlin. http://141.20.126.8/fhavem/Havemann.pdf. Letzter Zugriff am 21.09.14.

Havemann, F., Parthey, H. & Umstätter, W. (2007): *Integrität wissenschaftlicher Publikationen in der Digitalen Bibliothek (WiFo2007): Wissenschaftsforschung Jahrbuch 2007*. Gesellschaft für Wissenschaftsforschung e. V. (GeWiF Berlin).

Heise, C. (2012): *Exposé für das Dissertationsvorhaben: Open Science und Open Access*: Eine praxistheoretische Studie zum Verständnis der Konzepte vor dem Hintergrund von Differenzierung zwischen verschiedenen wissenschaftlichen Disziplinen und wissenschaftlicher Reputation. http://offene-doktorarbeit.de/eingereichtes-expose/. Letzter Zugriff am 09.08.12.

Heise, C. (2013): *Brief an die Prüfungskommission zur Freigabe für das „offene" Schreiben*. http://offene-doktorarbeit.de/eingereichtes-expose/. Letzter Zugriff am 09.08.13.

Heise, C. (2013a): *Leuphana Universität erlaubt offenes Schreiben meiner Promotion*. http://offene-doktorarbeit.de/leuphana-universitaet-erlaubt-offenes-schreiben-meiner-promotion/. Letzter Zugriff am 12.12.13.

Heise, C. (2013b): Open Access und Open Educational Resources: Gemeinsames Handeln für die Öffnung von Wissen. In: Ludwig, L., Narr, K., Frank, S. & Staemmler, D. (Hrsg.): *Lernen in der digitalen Gesellschaft – offen, vernetzt, integrativ: Abschlussbericht*, S. 114–117. Internet & Gesellschaft Collaboratory e.V, Berlin. http://www.collaboratory.de/w/Datei:Ini7_lernen.pdf. Letzter Zugriff am 13.05.15.

Heise, C. (2014): *Bundestag: Stellungnahme für das öffentliche Fachgespräch zum Thema „Open Data" im Rahmen der 19. Sitzung des Ausschusses Digitale Agenda*. https://www.bundestag.de/blob/338564/381e6a38351ae3e3b6924ed5644fb1eb/stellungnahme_heise-data.pdf. Letzter Zugriff am 29.11.14.

Heise, C. (2015): *Punchcart, Code Frequency und Commits – Wann arbeite ich wieviel an der Doktorarbeit*. http://offene-doktorarbeit.de/punchcart-wann-arbeite-ich-an-der-doktorarbeit/. Letzter Zugriff am 11.08.15.

Heise, C. (2015a): *Umfragedaten: Von Open Access zu Open Science – Wissenschaftliche Kommunikation im Rahmen der Digitalisierung*. GESIS Datenarchiv für Sozialwissenschaften. http://dx.doi.org/10.7802/74. Letzter Zugriff am 20.12.15.

Heise, C. (2015b): *Umfrage: Von Open Access zu Open Science – Wissenschaftliche Kommunikation im Rahmen der Digitalisierung*. ZENODO. http://dx.doi.org/10.5281/zenodo.14563. Letzter Zugriff am 20.12.15.

Heise, C. (2015c): *Authorea-github-tex-reader: Alpha-release Version 0.34*. ZENODO. http://dx.doi.org/10.5281/zenodo.21441. Letzter Zugriff am 26.01.16.

Heise, C. & Bunz, M. (2012): *Freier Zugang zu staatlich finanzierter Wissenschaft*. http://blog.enquetebeteiligung.de/2012/10/freier-zugang-zu-staatlich-finanzierter-wissenschaft/. Letzter Zugriff am 26.08.14.

Herb, U. (2006): Journale, Impact Factor, radikale Monopole und Karrieren. *Telepolis*. http://www.heise.de/tp/artikel/23/23531/. Letzter Zugriff am 25.08.14.

Herb, U. (2008): Vermessung der Wissenschaft. *Telepolis*. http://scidok.sulb.uni-saarland.de/volltexte/2008/1973. Letzter Zugriff am 16.05.15.

Herb, U. (2010): Sociological Implications of Scientific Publishing: Open Access, Science, Society, Democracy and the Digital Divide. *First Monday* 15 (2). http://firstmonday.org/ojs/index.php/fm/article/view/2599. Letzter Zugriff am 10.08.14.

Herb, U. (2012): *Empfehlungen, Stellungnahmen, Deklarationen und Aktivitäten wissenschaftspolitischer Akteure zur Gestaltung des wissenschaftlichen Kommunikationssystems*. Berlin-Brandenburgischen Akademie der Wissenschaften, Berlin. http://edoc.bbaw.de/volltexte/2013/2517/. Letzter Zugriff am 01.06.14.

Herb, U. (2012a): *Offenheit und wissenschaftliche Werke: Open Access, Open Metrics, Open Science und Open Knowledge*. Universaar Universitätsverlag des Saarlandes, Saarbrücken. http://universaar.uni-saarland.de/monographien/volltexte/2012/87/pdf/Onlineversion_Open_Initiatives_Ulrich_Herb.pdf. Letzter Zugriff am 15.05.15.

Herb, U. (2012b): *Open Initiatives: Offenheit in der digitalen Welt und Wissenschaft*. Universaar Universitätsverlag des Saarlandes, Saarbrücken.

Herb, U. (2013): *Open Metrics: Jenseits des Zitatkartells*. iRights.info. http://irights.info/artikel/open-metrics-jenseits-des-zitatkartells/10447. Letzter Zugriff am 25.08.14.

Herb, U. (2015): *Open Science in der Soziologie: Eine interdisziplinäre Bestandsaufnahme zur offenen Wissenschaft und eine Untersuchung ihrer Verbreitung in der Soziologie*. Werner Hülsbusch, Glückstadt. http://dx.doi.org/10.5281/zenodo.31234. Letzter Zugriff am 12.10.14.

Hermann, A. & Schönbeck, C. (1991): *Technik und Wissenschaft*. VDI Verlag, Düsseldorf.

Hess, T. & Rauscher, B. (2006): Internettechnologien in der Medienbranche: Mobile Dienste und Wissenschaftskommunikation im Fokus. In: Hagenhoff, S. (Hrsg.): *Internetökonomie der Medienbranche*, S. 1–19. Universitätsverlag Göttingen, Göttingen. http://www.uni-verlag.uni-goettingen.de/bitstream/handle/3/isbn-3-938616-29-6/mediaconomy_book.pdf. Letzter Zugriff am 10.09.14.

Hesse, C. (2002): The Rise of Intellectual Property, 700 BC–AD 2000: An idea in the Balance. *Daedalus*, 26–45. http://epicenter.media.mit.edu/ mako/foss-reading/hess-2002-the_rise.pdf. Letzter Zugriff am 18.05.15.

Hey, T. & Payne, M. C. (2015): Open Science Decoded. *Nature Physics* 11 (5), 367–369. http://www.nature.com/nphys/journal/v11/n5/full/nphys3313.html. Letzter Zugriff am 13.07.15.

Hicks, D. M. & Katz, S. J. (1996): Where Is Science Going? *Science Technology and Human Values* 21 (4), 379–406.

Hilf, E. R. (2004): Zehn Jahre Open Access – und nun die wirtschaftliche Nutzung? *Medien Wirtschaft – Zeitschrift für Medienmanagement und Kommunikationsiökonomie* 3 (1), 146–148. http://www.isn-oldenburg.de/ hilf/vortraege/medienwirtschaft/openaccess/. Letzter Zugriff am 16.05.15.

Himpele, K. (2011): *Traumjob Wissenschaft? Karrierewege in Hochschule und Forschung*. W. Bertelsmann, Bielefeld. http://books.google.de/books?id=2i21wRgShIUC. Letzter Zugriff am 10.05.14.

Hippel, E. v. & Krogh, G. v. (2003): Open Source Software and the „Private-collective" Innovation Model: Issues for Organization Science. *Organization Science* 14 (2), 209–223. http://dspace.mit.edu/bitstream/handle/1721.1/66145/SSRN-id1410789.pdf. Letzter Zugriff am 17.07.15.

Hirschauer, S. (2004): Peer Review Verfahren auf dem Prüfstand. *Zeitschrift für Soziologie* 33 (1), 62–83. http://www.zfs-online.org/index.php/zfs/article/viewFile/1155/692. Letzter Zugriff am 16.05.15.

Hirschi, C. & Spoerhase, C. (2015): Die Gefährdung des geisteswissenschaftlichen Buches. *MERKUR – Deutsche Zeitschrift für europäisches Denken* 69 (788), 5–18. https://

volltext.merkur-zeitschrift.de/index.php?url_ver=Z39.88-2004&rft_val_fmt=info:ofi/fmt:kev:mtx:journal&rtf.jtitle=MERKUR&rft.atitle=Die+Gef%C3%A4hrdung+des+geisteswissenschaftlichen+Buches&rft.volume=69&rft.issue=1&rft.spage=5&rft.epage=18. Letzter Zugriff am 15.05.15.

Hoepman, J.-H. & Jacobs, B. (2007): Increased Security Through Open Source. *Communications of the ACM* 50 (1), 79–83. http://arxiv.org/pdf/0801.3924.pdf. Letzter Zugriff am 11.05.15.

Hofmann, J. (2004): *Das neue Urheberrecht – Schranke der Wissensgesellschaft im digitalen Zeitalter*, Düsseldorf. http://www.boeckler.de/pdf/p_arbp_085.pdf. Letzter Zugriff am 18.05.15.

Hofmann, J. (2016): *Open Access: Ein Lackmustest*. In: Dreier, T., Spiecker gen. Döhmann, I., van Raay, A. & Fischer V. (Hrsg.): *Informationen der öffentlichen Hand – Zugang und Nutzung* (= Studien zur Informationsfreiheit, Band 3), S. 511–535. Nomos Verlag, Baden-Baden. http://papers.ssrn.com/sol3/papers.cfm?abstract_id=2515844. Letzter Zugriff am 06.10.15.

Hofmann, J. & Bergmann, B. (2014): *Open Access: Auf dem Weg zur politischen Erfolgsgeschichte?* In: Beckedahl, M., Biselli, A. & Meister, A. (Hrsg.): *Jahrbuch Netzpolitik 2014*, S. 165–180. epubli GmbH, Berlin. https://pound.netzpolitik.org/wp-upload/JahrbuchNetzpolitik2014.pdf. Letzter Zugriff am 10.02.15.

Hofmann, J. & Busch, A. (2012): *Politik und die Regulierung von Information* (= Sonderheft Politische Vierteljahresschrift, Band 46). Nomos Verlag, Baden-Baden.

Hollricher, K. (2009): Der Wandel der Publikationskulturen: Ein interdisziplinärer Rundgang. *Gegenworte* (21). http://edoc.bbaw.de/frontdoor/index/index/docId/618. Letzter Zugriff am 23.07.15.

Holub, R. C. (2013): *Reception Theory*. Routledge, New York.

Honneth, A. & Saar, M. (2003): *Michel Foucault: Zwischenbilanz einer Rezeption. Frankfurter Foucault-Konferenz 2001*, 1. Auflage, Originalausgabe Suhrkamp Verlag, Frankfurt am Main.

Hornbostel, S. (1997): *Wissenschaftsindikatoren: Bewertungen in der Wissenschaft*. Westdeutscher Verlag, Opladen. http://nbn-resolving.de/urn:nbn:de:0168-ssoar-10611. Letzter Zugriff am 20.09.14.

Hornbostel, S. & Simon, D. (2006): *Wie viel (In-)Transparenz ist notwendig? Peer Review Revisited*. Institut für Wirtschaftsinformatik, Universität Göttingen, Bonn. http://www.forschungsinfo.de/publikationen/download/working_paper_1_2006.pdf. Letzter Zugriff am 19.09.15.

Huber, M. (2005): Reform in Deutschland: Organisationssoziologische Anmerkungen zur Universitätsreform. *Soziologie: Forum der Deutschen Gesellschaft für Soziologie* 34 (4), 391–403. http://link.springer.com/article/10.1007%2Fs11617-005-0210-1. Letzter Zugriff am 26.01.16.

Humboldt Stiftung (2009): *Publikationsverhalten in unterschiedlichen wissenschaftlichen Disziplinen*. Alexander von Humboldt-Stiftung, 2. Auflage. https://www.humboldt-foundation.de/pls/web/docs/F13905/12_disk_papier_publikationsverhalten2_kompr.pdf. Letzter Zugriff am 16.05.15.

IEEE (2011): *Trendz in Information Sciences and Computing (TISC) 2011: 3rd International Conference*. Institute of Electrical and Electronics Engineers, New York.

Initiative D21 (2014): *D21 – Digital-Index 2014: Die Entwicklung der digitalen Gesellschaft in Deutschland*, Berlin. http://www.initiatived21.de/wp-content/uploads/2014/11/141107_digitalindex_WEB_FINAL.pdf. Letzter Zugriff am 21.06.15.

Institut für Textkritik (2009): *Für Publikationsfreiheit und die Wahrung der Urheberrechte*. http://www.textkritik.de/urheberrecht/. Letzter Zugriff am 01.09.14.

International Association of STM Publishers (2007): *Brussels Declaration*. http://www.stm-assoc.org/public-affairs/resources/brussels-declaration/. Letzter Zugriff am 21.06.15.

Ioannidis, J. P. A. (2005): Why Most Published Research Findings Are False. *Plos Med* 2 (8), e124. http://journals.plos.org/plosmedicine/article?id=10.1371/journal.pmed.0020124. Letzter Zugriff am 01.09.14.

Irmer, M. (2011): *Wissenschaftliche Mediennutzung: Erwartungen und Motive bei der Nutzung klassischer und elektronischer Rezeptions- und Publikationsplattformen.* Lit Verlag, Berlin/Münster/Wien/Zürich.

Irwin, A. (2008): *STS Perspectives on Scientific Governance.* In: Hackett, E. J., Amsterdamska, O., Lynch, M. & Wajcman, J. (Hrsg.): *The Handbook of Science and Technology Studies*, S. 583–607. MIT Press, London.

Jacobs, N. (2006): *Open Access: Key Strategic, Technical and Economic Aspects*. Chandos Publishing, Oxford. http://www.eprints.org/community/blog/index.php?/archives/93-Open-Access-Key-Strategic-Technical-and-Economic-Aspects.html. Letzter Zugriff am 02.11.15.

Jäger, G. (1993): Die theoretische Grundlegung in Gieseckes Der Buchdruck in der frühen Neuzeit: Kritische Überlegungen zum Verhältnis von Systemtheorie, Medientheorie und Technologie. *Internationales Archiv für Sozialgeschichte der deutschen Literatur* 18 (1), 180–196. https://epub.ub.uni-muenchen.de/6411/1/6411.pdf. Letzter Zugriff am 14.10.15.

Jahn, N., Lösch, M. & Horstmann, W. (2011): *Persönliche Publikationslisten im WWW – Webometrische Aspekte wissenschaftlicher Selbstdarstellung am Beispiel der Universität Bielefeld.* In: Schomburg, S., Leggewie, C., Lobin, H. & Puschmann C. (Hrsg.): *Digitale Wissenschaft: Stand und Entwicklung digital vernetzter Forschung in Deutschland*, S. 227–232. Hbz, Köln. https://pub.uni-bielefeld.de/download/2295509/2295530.

Jänich, V. (2002): *Geistiges Eigentum: Eine Komplementärerscheinung zum Sacheigentum?* Mohr Siebeck, Tübingen.

Jannidis, F., Lauer, G., Martinez, M. & Winko, S. (2000): *Texte zur Theorie der Autorenschaft.* Reclam, Stuttgart.

Jansen, D., Wald, A., Franke, K., Schmoch, U. & Schubert, T. (2007): Drittmittel als Performanzindikator der Wissenschaftlichen Forschung. *Kölner Zeitschrift für Soziologie und Sozialpsychologie* 59 (1), 125–149.

Jerram, P. (2010): *2010 PLoS Progress Update*. http://blogs.plos.org/plos/2011/07/2010-plos-progress-update/. Letzter Zugriff am 30.07.15.

JLTonline (2012): *JLTonline Conference Proceedings*. De Gruyter, Berlin.

Jochum, U. (2009): Im Namen der Freiheit. *Frankfurter Rundschau,* 06.04.2009. https://web.archive.org/web/20090412031816/http://www.fr-online.de/in_und_ausland/kultur_und_medien/feuilleton/1712640_Allianz-der-Wissenschaftsorganisationen-Im-Namen-der-Freiheit.html. Letzter Zugriff am 01.09.14.

Joseph, H. (2006): *The Scholarly Publishing and Academic Resources Coalition: An Evolving Agenda.* SPARC. http://www.sparc.arl.org/news/scholarly-publishing-and-academic-resources-coalition-evolving-agenda-sparc-article. Letzter Zugriff am 15.05.15.

Journalism++ Cologne (2015): *Datawrapper: Version 1.9.2*. https://github.com/datawrapper/datawrapper. Letzter Zugriff am 10.05.15.

Jubb, M., Cook, J., Hulls, D., Jones, D. & Ware, M. (2011): Costs, Risks and Benefits in Improving Access to Journal Articles. *Learned Publishing* 24 (4), 247–259. http://www.ingentaconnect.com/content/alpsp/lp/2011/00000024/00000004/art00002?crawler=true&mimetype=-application/pdf. Letzter Zugriff am 06.10.15.

Kaden, B. (2009): *Library 2.0 und Wissenschaftskommunikation.* Simon-Verlag für Bibliothekswissen, Berlin.

Kaden, B. (2011): Erprobung diskursstärkender Mittel: Johannes Näder mediologisiert das Wissenschaftsmilieu. Rezension zu Johannes Näder (2010) Open Access. Wissenschaftliche Verwertung im Zeitalter von Digitalität und Internet. *LIBREAS. Library Ideas* (18). http://libreas.eu/ausgabe18/texte/11kaden03.htm. Letzter Zugriff am 26.01.16.

Kaesler, D. (2002): *Max Weber Schriften 1894–1922*. Alfred Kröner Verlag, Stuttgart.

Kaldewey, D. (2010): Umkämpfte Begriffe in hochschulpolitischen Diskursen. *Die Hochschule: Journal für Wissenschaft und Bildung* (1), 102–118. http://www.hof.uni-halle.de/journal/texte/10_1/dhs_1_10.pdf#page=102. Letzter Zugriff am 10.05.14.

Kansa, E. (2014): *It's the Neoliberalism, Stupid: Why instrumentalist arguments for Open Access, Open Data, and Open Science Are Not Enough*. London School of Economics and Political Science, LSE Impact Blog. http://blogs.lse.ac.uk/impactofsocialsciences/2014/01/27/its-the-neoliberalism-stupid-kansa/. Letzter Zugriff am 25.08.15.

Kelty, C. (2004): Opening the Brown Box: Networks, Science and Infrastructure. In: Brouwer, J. & Mulder, A. (Hrsg.): *Feelings Are Always Local*. V2_publishing, Rotterdam. http://books.google.de/books?id=18uP2gfl-ScC. Letzter Zugriff am 16.05.15.

Kelty, C. (2008): *Two Bits: The Cultural Significance of Free Software*. Duke University Press, Duham/London. http://twobits.net/pub/Kelty-TwoBits.pdf. Letzter Zugriff am 03.12.15.

Kelty, C. (2014): *The Fog of Freedom*. In: Gillespie, T., Boczkowski, P. J. & Foot, K. A. (Hrsg.): *Media Technologies: Essays on Communication, Materiality, and Society*. MIT Press, Cambridge, Massachusetts. http://kelty.org/or/papers/Kelty_2014_Fog_of_Freedom.pdf. Letzter Zugriff am 05.08.15.

Kelty, C. (2014a): Beyond Copyright and Technology: What Open Access Can Tell Us about Precarity, Authority, Innovation, and Automation in the University Today. *Cultural Anthropology* 29 (2), 203–215. http://www.culanth.org/articles/734-beyond-copyright-and-technology-what-open-access. Letzter Zugriff am 11.11.15.

Kempny, S. (2013): Zur Entstehung des Grundrechts auf Wissenschaftsfreiheit. *Zeitschrift der Savigny-Stiftung für Rechtsgeschichte: Germanistische Abteilung* 130 (1), 423–434.

Kiley, R. & Terry, R. (2006): Open Access to the Research Literature: A Funders Perspective. In: Jacobs, N. (Hrsg.): *Open Access: Key Strategic, Technical and Economic Aspects*. Chandos Publishing, Oxford. http://eprints.rclis.org/7531/1/Chapter_10_final.pdf. Letzter Zugriff am 14.10.15.

King, D. W. & Alvarado-Albertorio, F. M. (2008): Pricing and Other Means of Charging for Scholarly Journals: A Literature Review and Commentary. *Learned Publishing* 21 (4), 248–272.

Kittler, F. (1995): Computeranalphabetismus. In: Schubert, S. (Hrsg.): *Innovative Konzepte für die Ausbildung: 6. GI-Fachtagung Informatik und Schule, INFOS ´95, Chemnitz, 25.-28. September 1995*, S. 245–258. Springer, Berlin/Heidelberg.

Kittler, F. (1996): Dem Schöpfer auf die Schliche – Auf der Suche nach einem universalen Zeichensystem: Gottfried Wilhelm Leibniz zum 350. Geburtstag. *Frankfurter Allgemeine Zeitung* (149).

Kittler, F. (1999): *Wissenschaft als Open-Source-Prozeß*. http://hydra.humanities.uci.edu/kittler/os.html. Letzter Zugriff am 10.02.14.

Kittler, F. (2004): Universities: Wet, Hard, Soft, and Harder. *Critical Inquiry* 31 (1), 244–255. http://csmt.uchicago.edu/kittleruniversities.pdf. Letzter Zugriff am 14.06.15.

Klecha, S. & Krumbein, W. (2008): *Die Beschäftigungssituation von wissenschaftlichem Nachwuchs*. VS Verlag für Sozialwissenschaften, Wiesbaden.

Klecha, S. & Reimer, M. (2008): Wissenschaft als besonderer Arbeitsmarkt: Grundtypologien des Umgangs mit unsicherer Beschäftigung beim wissenschaftlichen Personal. In: Klecha, S. & Krumbein, W. (Hrsg.): *Die Beschäftigungssituation von wissenschaftlichem Nachwuchs*, S. 13–87. VS Verlag für Sozialwissenschaften, Wiesbaden.

Knop, K. (2008): *Buch*. In: Sander, U., Gross, F. von & Hugger, K.-U. (Hrsg.): *Handbuch Medienpädagogik*, S. 377–383. VS Verlag für Sozialwissenschaften, Wiesbaden.

Koenen, E. J. (1997): Was ändert sich durch Medienwandel – und was nicht? Zur Modernisierung moderner Medienkommunikation. In: Rehberg, K.-S. (Hrsg.): *Differenz und Integration: Die Zukunft moderner Gesellschaften. Verhandlungen des 28. Kongresses der*

Deutschen Gesellschaft für Soziologie im Oktober 1996 in Dresden, S. 244–248. Westdeutscher Verlag, Opladen. http://nbn-resolving.de/urn:nbn:de:0168-ssoar-139118. Letzter Zugriff am 13.05.15.

Kohler, J. (1980): *Urheberrecht an Schriftwerken und Verlagsrecht*. Scientia Verlag, Aalen.

Kölbel, M. (2002): Wachstum der Wissenschaftsressourcen in Deutschland 1650–2000: Eine empirische Studie zur Anzahl der Hochschulen und Professoren sowie der Forschungsausgaben. *Berichte zur Wissenschafts-Geschichte* 25 (1), 1.

Konneker, C. & Lugger, B. (2013): *Public Science 2.0 – Back to the Future*. *Science* 342 (6154), 49–50.

Kornmeier, M. (2007): *Wissenschaftstheorie und Wissenschaftliches Arbeiten*. http://ir.nmu.org.ua/handle/123456789/137523. Letzter Zugriff am 12.10.14.

Kretzenbacher, H. L. & Weinrich, H. (1995): *Linguistik der Wissenschaftssprache*. Walter de Gruyter, Berlin.

Krohn, W., Groß, M. & Hoffmann-Riem, H. (2005): Einleitung zu Realexperimente. In: Krohn, W., Groß, M. & Hoffmann-Riem, H. (Hrsg.): *Realexperimente: Ökologische Gestaltungsprozesse in der Wissensgesellschaft*. Transcript Verlag, Bielefeld. http://www.uni-bielefeld.de/soz/personen/krohn/realexperimente.pdf. Letzter Zugriff am 22.07.15.

Kromrey, H. (2013): *Empirische Sozialforschung: Modelle und Methoden der standardisierten Datenerhebung und Datenauswertung*. VS Verlag für Sozialwissenschaften, Wiesbaden.

Kronick, D. A. (1978): Authorship and Authority in the Scientific Periodicals of the Seventeenth and Eighteenth Centuries. *The Library Quarterly: Information, Community, Policy* 48 (3), 255–275. http://www.jstor.org/stable/4306967. Letzter Zugriff am 26.06.15.

Kronick, D. A. (1990): *Peer Review in 18th-Century Scientific Journalism*. *JAMA* 263 (10), 1321–1322. http://dx.doi.org/10.1001/jama.1990.03440100021002. Letzter Zugriff am 06.10.15.

Krücken, G. (2001): Wissenschaft im Wandel? Gegenwart und Zukunft der Forschung an deutschen Hochschulen. In: Stölting, E. & Schimank, U. (Hrsg.): *Die Krise der Universitäten*, S. 326–345. VS Verlag für Sozialwissenschaften, Wiesbaden.

Krumholz, H. M. & Peterson, E. D. (2014): Open Access to Clinical Trials Data. *JAMA* 312 (10), 1002–1003. http://dx.doi.org/10.1001/jama.2014.9647. Letzter Zugriff am 16.06.15.

Kruse, J. (2003): *Multimedia mobil: Dienste und Inhalte über mobile Plattformen*. Verlag Reinhard Fischer, München.

Kuhlen, R. (2002): Universal Access – Wem gehört Wissen? In: Poltermann, A. (Hrsg.): *Gut zu Wissen: Links zur Wissensgesellschaft*, S. 164–197. Westfälisches Dampfboot, Münster. http://nbn-resolving.de/urn:nbn:de:bsz:352-opus-76997. Letzter Zugriff am 15.05.15.

Kuhlen, R. (2007): *Open Access – Ein Paradigmenwechsel für die öffentliche Bereitstellung von Wissen: Entwicklungen in Deutschland* (= Bid: Textos universitaris de Biblioteconomia i Documentació, Nr. 18). http://www.ub.edu/bid/18kuhle3.htm. Letzter Zugriff am 18.05.15.

Kuhn, T. (2012): *The Structure of Scientific Revolutions*, 2. Auflage. University of Chicago Press, Chicago. http://projektintegracija.pravo.hr/_download/repository/Kuhn_Structure_of_Scientific_Revolutions.pdf. Letzter Zugriff am 16.05.15.

Kurtz, M. J., Eichhorn, G. & Accomazzi, A. et al. (2005): The Effect of Use and Access on Citations. *Information Processing and Management* 41 (6), 1395–1402. http://www.sciencedirect.com/science/article/pii/S0306457305000361. Letzter Zugriff am 25.05.15.

Laakso, M., Welling, P., Bukvova, H., Nyman, L., Björk, B.-C. & Hedlund, T. (2011): The Development of Open Access Journal Publishing from 1993 to 2009. *PLoS ONE* 6 (6). http://dx.doi.org/10.1371/journal.pone.0020961. Letzter Zugriff am 16.05.15.

Lamnek, S. (1993): *Qualitative Sozialforschung: Methoden und Techniken*, 2. Auflage. Psychologie Verlags Union, Weinheim.

Landrain, T., Meyer, M., Perez, A. M. & Sussan, R. (2013): Do It Yourself Biology: Challenges and Promises for an Open Science and Technology Movement. *Systems and Synthetic*

Biology 7 (3), 115–126. http://www.ncbi.nlm.nih.gov/pmc/articles/PMC3740105/. Letzter Zugriff am 17.06.15.

Lange, B. P. (2008): *Medienwettbewerb, Konzentration und Gesellschaft: Interdisziplinäre Analyse von Medienpluralität in regionaler und internationaler Perspektive.* VS Verlag für Sozialwissenschaften, Wiesbaden.

Larivière, V., Gingras, Y. & Archambault, É. (2009): The Decline in the Concentration of Citations, 1900–2007. *Journal of the American Society for Information Science and Technology* 60 (4), 858–862. http://arxiv.org/ftp/arxiv/papers/0809/0809.5250.pdf. Letzter Zugriff am 25.05.15.

Larsen, P. O. & Ins, M. v. (2010): The Rate of Growth in Scientific Publication and the Decline in Coverage Provided by Science Citation Index. *Scientometrics* 84 (3), 575–603. http://www.ncbi.nlm.nih.gov/pubmed/20700371. Letzter Zugriff am 22.09.15.

Latour, B. & Woolgar, S. (2013): *Laboratory Life: The Construction of Scientific Facts.* Princeton University Press, Princton. http://home.ku.edu.tr/~mbaker/CSHS503/LatourLabLif.pdf. Letzter Zugriff am 10.11.15.

Lawrence, S. & Giles, C. L. (1999): Searching the Web: General and Scientific Information Access. *Communications Magazine, IEEE* 37 (1), 116–122.

Lawrence, S. (2001): Free Online Availability Substantially Increases a Paper's Impact. *Nature* 411 (6837), 521. http://dx.doi.org/10.1038/35079151. Letzter Zugriff am 16.05.15.

Lee, C. J., Sugimoto, C. R., Zhang, G. & Cronin, B. (2012): Bias in Peer Review. *Journal of the American Society for Information Science and Technology* 64 (1), 2–17.

Lenk, C., Duttge, G. & Fangerau, H. (2014): *Handbuch Ethik und Recht der Forschung am Menschen.* Springer-Verlag, Berlin/Heidelberg.

Lerner, J. & Tirole, J. (2001): The Open Source Movement: Key Research Questions. *European Economic Review* 45 (4-6), 819–826.

Lessing, L. (2011): *The Architecture of Access to Scientific Knowledge: Just How Badly We Have Messed This Up.* CERN Colloquium and Library Science Talk. http://cdsweb.cern.ch/record/1345337. Letzter Zugriff am 24.05.14.

Leuphana Universität (2011): *Promotionsordnung der Fakultät Kulturwissenschaften der Leuphana Universität Lüneburg* (Stand: 02.02.2011). Fakultät Kulturwissenschaften. http://www.leuphana.de/fileadmin/user_upload/grad_school/files/Bewerbung/Promotion/PromO_Kultur.pdf. Letzter Zugriff am 09.08.12.

Lewis, D. W. (2011): *The Future of Academic Library Materials Expenditures: A Thought Experiment. University Library Faculty and Staff Research.* http://hdl.handle.net/1805/6110. Letzter Zugriff am 22.07.15.

Lewis, D. W. (2012): The Inevitability of Open Access. *College and Research Libraries* 73 (5), 493–506. Letzter Zugriff am 16.05.15.

Lievrouw, L. A. (2010): Social Media and the Production of Knowledge: A Return to Little Science? *Social Epistemology* 24 (3), 219–237.

Loeb, A. (2013): Thinking Outside the Simulation Box. *Nature Physics* 9 (7), 384–386. https://www.cfa.harvard.edu/ loeb/nphys.pdf. Letzter Zugriff am 04.10.15.

Lossau, N. (2007): Der Begriff „Open Access". In: Deutsche UNESCO-Kommission (Hrsg.): *Open Access: Chancen und Herausforderungen – Ein Handbuch*, S. 18–22. Deutsche UNESCO-Kommission. http://www.unesco.de/fileadmin/medien/Dokumente/Kommunikation/Handbuch_Open_Access.pdf. Letzter Zugriff am 12.07.15.

Ludwig, L., Narr, K., Frank, S. & Staemmler, D. (2013): *Lernen in der digitalen Gesellschaft – offen, vernetzt, integrativ: Abschlussbericht.* Internet & Gesellschaft Collaboratory e. V, Berlin.

Luhmann, N. (1970): Selbststeuerung der Wissenschaft. In: Luhmann, N. (Hrsg.): *Soziologische Aufklärung 1: Aufsätze zur Theorie sozialer Systeme*, S. 232–252. VS Verlag für Sozialwissenschaften, Wiesbaden.

Luhmann, N. (1997): *Die Gesellschaft der Gesellschaft*. Suhrkamp Verlag, Frankfurt am Main.

Luhmann, N. (1998): *Die Wissenschaft der Gesellschaft*, 3. Auflage. Suhrkamp Verlag, Frankfurt am Main. https://steffenroth.files.wordpress.com/2012/03/wissenschaft-der-gesellschaft-niklas-luhmann.pdf. Letzter Zugriff am 16.05.15.

Luhmann, N. (2015): *Soziologische Aufklärung 5: Konstruktivistische Perspektiven*. VS Verlag für Sozialwissenschaften, Wiesbaden.

Lüscher, T. F. (2014): Qualität und Integrität bei der Erstellung und Veröffentlichung wissenschaftlicher Ergebnisse. *Herz* 39 (5), 551–557.

Luther, M. (1876): *Wider Hans Worst und andere Stücke persönlich-polemischen Inhalts*. Velhagen und Klasing, Bielefeld/Leipzig. http://nbn-resolving.de/urn:nbn:de:hbz:6:1-122690. Letzter Zugriff am 18.05.15.

Lutz, A. (2012): *Zugang zu wissenschaftlichen Informationen in der digitalen Welt: Ein urheberrechtlicher Beitrag zu den Wissenschaftsschranken und zu einem zwingenden Zweitveröffentlichungsrecht*. Mohr Siebeck, Frankfurt am Main.

Lyotard, J. F. (1979): *Das postmoderne Wissen: Ein Bericht*, 8. Auflage. Passagen Verlag, Wien.

MacKenzie, D. & Wajcman, J. (1999): *The Social Shaping of Technology*. Oxford University Press, Oxford. http://www.research.ed.ac.uk/portal/files/14197281/Social_Shaping_of_Technology.pdf. Letzter Zugriff am 16.05.15.

MacKie-Mason, J. K., & Lougee, W. P. (2008): *Economics and Usage of Digital Libraries: Byting the Bullet* (= SPO Scholarly Monograph Series). http://quod.lib.umich.edu/s/spobooks/5621225.0001.001. Letzter Zugriff am 16.05.15.

Manovich, L. (2001): *The Language of New Media*. MIT Press, Cambridge, Massachusetts. http://dss-edit.com/plu/Manovich-Lev_The_Language_of_the_New_Media.pdf. Letzter Zugriff am 19.11.15.

Mantz, R. (2007): *Open Source, Open Content und Open Access-Gemeinsamkeiten und Unterschiede: Open Source Jahrbuch 2007*. http://www.opensourcejahrbuch.de/download/jb2007/osjb2007-06-03-mantz.pdf. Letzter Zugriff am 17.07.15.

Marotzki, W. & Sandbothe, M. (2000): *Subjektivität und Öffentlichkeit: Kulturwissenschaftliche Grundlagenprobleme virtueller Welten*. Herbert von Halem Verlag, Berlin.

Martin, M.-O. (2008): *Publizistische Freiheit und Persönlichkeitsschutz: Zu den Grenzen der Verwertbarkeit realer Biografien*. Universitätsverlag Göttingen, Göttingen. http://univerlag.uni-goettingen.de/bitstream/handle/3/isbn-978-3-940344-48-9/martin.pdf. Letzter Zugriff am 19.12.15.

Maso, I. (2001): Phenomenology and Ethnography. In: Atkinson, P., Coffey, A., Delamont, S. & Lofland, L. (Hrsg.): *Handbook of Ethnography*, S. 136–144. SAGE Publications, London.

Matthies, H. & Simon, D. (2008): *Wissenschaft unter Beobachtung: Effekte und Defekte von Evaluationen*. VS Verlag für Sozialwissenschaften, Wiesbaden.

May, C. & Sell, S. K. (2006): *Intellectual Property Rights: A Critical History*. Lynne Rienners Publishers, Boulder.

Mayen, T. (1992): *Der grundrechtliche Informationsanspruch des Forschers gegenüber dem Staat*. Duncker and Humblot, Berlin.

Mayntz, R. (1996): *Politik und Wissenschaft – ein Spannungsverhältnis. Spektrum der Wissenschaft* (5), 34–37. http://www.spektrum.de/alias/dachzeile/politik-und-wissenschaft-ein-spannungsverhaeltnis/823031. Letzter Zugriff am 01.09.14.

Mayntz, R., Neidhardt, F., Weingart, P. & Wengenroth, U. (2008): *Wissensproduktion und Wissenstransfer: Wissen im Spannungsfeld von Wissenschaft, Politik und Öffentlichkeit*. Transcript Verlag, Bielefeld.

Mayr, P. & Tosques, F. (2005): Webometrische Analysen mit Hilfe der Google Web APIs. *Information Wissenschaft und Praxis* 56 (1), 41–48. http://eprints.rclis.org/5916/1/Mayr_Tosques_IWP05.pdf. Letzter Zugriff am 28.06.15.

Mayring, P. (1999): *Einführung in die qualitative Sozialforschung: Eine Anleitung zu qualitativem Denken*. Psychologie Verlags Union, Weinheim.

McGuigan, G. S. & Russell, R. D. (2008): The Business of Academic Publishing: A Strategic Analysis of the Academic Journal Publishing Industry and Its Impact on the Future of Scholarly Publishing. *Electronic Journal of Academic and Special Librarianship* 9 (3). http://southernlibrarianship.icaap.org/content/v09n03/mcguigan_g01.html. Letzter Zugriff am 21.09.14.

McLuhan, M. (1962): *The Gutenberg Galaxy: The Making of Typographic Man*. University of Toronto Press, Toronto.

Meier, F. & Schimank, U. (2009): Matthäus schlägt Humboldt? New Public Management und die Einheit von Forschung und Lehre. *Beiträge zur Hochschulforschung* 31 (1), 42–61. http://www.ihf.zfb.mwn.de/uploads/media/1-2009-meier-schimank.pdf. Letzter Zugriff am 10.05.14.

Mennes, M., Biswal, B. B., Castellanos, F. X. & Milham, M. P. (2013): Making Data Sharing Work: The FCP/INDI Experience. *Neuroimage* 82, 683–691.

Mersch, C. (2014): *Die Welt der Patente: Soziologische Perspektiven auf eine zentrale Institution der globalen Wissensgesellschaft*. Transcript Verlag, Bielefeld.

Merton, R. K. (1968): The Matthew Effect in Science: The Reward and Communication Systems of Science Are Considered. *Science* 159 (3810), 56–63.

Merton, R. K. (1969): Behavior Patterns of Scientists. *American Scientist* 57 (1), p 1–23. http://www.jstor.org/stable/27828438. Letzter Zugriff am 22.09.15.

Merton, R. K. (1973): The Normative Structure of Science. In: Merton, R. K. (Hrsg.): *The Sociology of Science: Theoretical and Empirical Investigations*. University of Chicago Press, Chicago. http://www.collier.sts.vt.edu/5424/pdfs/merton_1973.pdf. Letzter Zugriff am 22.09.15.

Merton, R. K. (1973a): *The Sociology of Science: Theoretical and Empirical Investigations*. University of Chicago Press, Chicago.

Merton, R. K. (1985): *Entwicklung und Wandel von Forschungsinteressen: Aufsätze zur Wissenschaftssoziologie*. Suhrkamp Verlag, Frankfurt am Main.

Mey, G. & Mruck, K. (2010): *Handbuch Qualitative Forschung in der Psychologie*. VS Verlag für Sozialwissenschaften, Wiesbaden.

Meyer, E. T. & Schroeder, R. (2013): *Digital Transformations of Scholarship and Knowledge*. Oxford University Press.

Mietchen, D. (2012): Wissenschaft zum Mitmachen, Wissenschaft als Prozess: Offene Wissenschaft. In: Herb, U. (Hrsg.): *Open Initiatives: Offenheit in der digitalen Welt und Wissenschaft*, S. 55–64. Universaar Universitätsverlag des Saarlandes, Saarbrücken. http://fiz1.fh-potsdam.de/volltext/saarland/12124.pdf. Letzter Zugriff am 16.05.15.

Mikl-Horke, G. (2010): *Soziologie: Historischer Kontext und soziologische Theorie-Entwürfe*. Oldenbourg Wissenschaftsverlag, München.

Mikl-Horke, G. (2011): *Historische Soziologie – Sozioökonomie – Wirtschaftssoziologie*. VS Verlag für Sozialwissenschaften, Wiesbaden.

Miner, E. D., Wessen, R. R. & Cuzzi, J. N. (2007): *The Discovery of the Saturn RRing System*. In: Miner, E. D., Wessen, R. R. & Cuzzi, J. N. (Hrsg.): *Planetary Ring Systems*, S. 17–33. Praxis Publishing, Chichester.

Minjeong, K. (2007): The Creative Commons and Copyright Protection in the Digital Era: Uses of Creative Commons Licenses. *Journal of Computer-Mediated Communication* 13 (1), 187–209.

Mirowski, P. & van Horn, R. (2005): The Contract Research Organization and the Commercialization of Scientific Research. *Social Studies of Science* 35 (4), 503–548.

Molloy, J. C. (2011): The Open Knowledge Foundation: Open Data Means Better Science. *Plos Biology* 9 (12). http://dx.doi.org/10.1371%2Fjournal.pbio.1001195. Letzter Zugriff am 26.01.16.

Moxham, N. (2015): 350 Years of the Scientific Journal: Celebrating the Anniversary of Philosophical Transactions. *The Guardian*, 06.03.2015. https://www.theguardian.com/science/the-h-word/2015/mar/06/350-years-of-the-scientific-journal-celebrating-the-anniversary-of-philosophical-transactions. Letzter Zugriff am 06.03.15.

Mukherjee, A. & Stern, S. (2009): Disclosure or Secrecy? The Dynamics of Open Science. *International Journal of Industrial Organization* 27 (3), 449–462. http://www.sciencedirect.com/science/article/pii/S0167718708001240. Letzter Zugriff am 06.03.15.

Müller, U. (2010): Open Access: Eine Bestandsaufnahme. In: Gasteiner, M. & Haber, P. (Hrsg.): *Digitale Arbeitstechniken für die Geistes- und Kulturwissenschaften*, 1. Auflage, S. 185–201. UTB, Wien. http://edoc.hu-berlin.de/oa/bookchapters/ref4s5HhIL5qo/PDF/26vaT7I3naSfg.pdf. Letzter Zugriff am 06.03.15.

Müller, U. & Schirmbacher, P. (2009): *Peer Review bei Open-Access-Zeitschriften*. Humboldt-Universität zu Berlin. http://edoc.hu-berlin.de/dissertationen/mueller-uwe-thomas-2008-12-17/PDF/mueller.pdf. Letzter Zugriff am 20.08.14.

Müller-Langer, F. & Watt, R. (2010): *Copyright and Open Access for Academic Works*. University Library of Munich, Germany. http://ideas.repec.org/p/pra/mprapa/24095.html. Letzter Zugriff am 25.08.14.

Münch, R. (2006): Drittmittel und Publikationen. *Soziologie* 35 (4), 440–461.

Murray-Rust, P., Neylon, C., Pollock, R. & Wilbanks, J. (2010): *Panton Principles – Principles for Open Data in Science*. http://pantonprinciples.org/. Letzter Zugriff am 20.07.15.

Musner, L. & Wunberg, G. (2003): *Kulturwissenschaften: Forschung, Praxis, Positionen*. Rombach, Wien.

Mussell, J. (2013): Open Access. *Journal of Victorian Culture* 18 (4), 526–527. http://dx.doi.org/10.1080/13555502.2013.865980. Letzter Zugriff am 16.06.15.

Näder, J. (2010): *Open Access: Wissenschaftliche Verwertung im Zeitalter von Digitalität und Internet*. W. e. b. Universitätsverlag. http://www.qucosa.de/fileadmin/data/qucosa/documents/16076/2015-02-27_%20N%C3%A4derOpenAccess.pdf. Letzter Zugriff am 16.06.15.

Namjoo, M. (1991): Implementations: ASIC vs. Custom Design. In: Catanzaro, B. J. (Hrsg.): *The SPARC Technical Papers*, S. 121–129. Springer, New York.

Neidhardt, F. (2006): Fehlerquellen und Fehlerkontrollen in den Begutachtungssystemen der Wissenschaft. In: Hornbostel, S. & Simon, D. (Hrsg.): *Wie viel (In-)Transparenz ist notwendig? Peer Review Revisited*, S. 280–292. Institut für Wirtschaftsinformatik, Universität Göttingen, Bonn. http://www.forschungsinfo.de/Publikationen/Download/working_paper_1_2006.pdf. Letzter Zugriff am 10.05.14.

Neidhardt, F. (2010): Selbststeuerung der Wissenschaft: Peer Review. In: Simon, D., Knie, A. & Hornbostel, S. (Hrsg.): *Handbuch Wissenschaftspolitik*, S. 280–292. VS Verlag für Sozialwissenschaften, Wiesbaden.

Neuroth, H., Lossau, N. & Rapp Andrea (2013): *Evolution der Informationsinfrastruktur: Kooperation zwischen Bibliothek und Wissenschaft*. Verlag Werner Hülsbusch, Glückstadt. http://dx.doi.org/10.3249/webdoc-39006. Letzter Zugriff am 26.01.16.

Neymeyer, H. (2010): Methoden diskurs-analytischer Ansätze. In: Nünning, V. & Nünning, A. (Hrsg.): *Methoden der literatur- und kulturwissenschaftlichen Textanalyse*, S. 177–200. J. B. Metzler Verlag, Stuttgart.

Nielsen, M. (2011): *Open Science: Michael Nielsen at TEDxWaterloo*. http://www.youtube.com/watch?v=DnWocYKqvhw. Letzter Zugriff am 15.10.14.

Nosek, B. A. (2015): Estimating the Reproducibility of Psychological Science. *Science* 349 (6251), aac4716-aac4716. http://dx.doi.org/10.1126/science.aac4716. Letzter Zugriff am 26.01.16.

Nosek, B. A. & Bar-Anan, Y. (2012): Scientific Utopia: I. Opening Scientific Communication. *Psychological Inquiry* 23 (3), 217–243. http://arxiv.org/ftp/arxiv/papers/1205/1205.1055.pdf. Letzter Zugriff am 01.08.15.

Nünning, V. & Nünning, A. (2010): *Methoden der literatur- und kulturwissenschaftlichen Textanalyse*. J. B. Metzler Verlag, Stuttgart.

Nüttgens, M. (2014): *Charakteristika der Open-Source-Softwareentwicklung*. http://www.enzyklopaedie-der-wirtschaftsinformatik.de/wi-enzyklopaedie/lexikon/uebergreifendes/Kontext-und-Grundlagen/Markt/Open-Source-Software/Open-Source-Prozess/index.html/. Letzter Zugriff am 16.07.15.

Odlyzko, A. (1997): The Economics of Electronic Journals. *First Monday* 2 (8). http://dx.doi.org/10.5210/fm.v2i8.542. Letzter Zugriff am 16.05.15.

Odlyzko, A. (2008): *The Rapid Evolution of Scholarly Communication*. Michigan Publishing/University of Michigan Library, Ann Arbor. http://dx.doi.org/10.3998/spobooks.5621225.0001.001. Letzter Zugriff am 16.05.15.

Otthaus, N. (2012): *Institutionelle Repositorien und Universitätsbibliotheken: Entwicklungsstand und Perspektive*. Fachhochschule Köln, Institut für Informationswissenschaft.

Open Knowledge (2014): *The Open Definition: Version 2.0*. http://opendefinition.org/. Letzter Zugriff am 10.05.15.

Open Source Initiative (2003): *Open Source Definition: Version 1.9*. http://opensource.org/osd. Letzter Zugriff am 17.07.15.

Organisation for Economic Cooperation Development (2004): *Declaration on Access to Research Data from Public Funding*. http://acts.oecd.org/Instruments/ShowInstrumentView.aspx?InstrumentID=157#_ftn0. Letzter Zugriff am 11.08.15.

Organisation for Economic Cooperation Development (2015): *Making Open Science a Reality*. https://www.innovationpolicyplatform.org/sites/default/files/DSTI-STP-TIP%282014%299-REV2-for%20declassification%20-%20US%20and%20other%20comments%20addressed-numbers-removed.pdf. Letzter Zugriff am 10.10.15.

Osterloh, M. & Frey, B. S. (2008): *Anreize im Wissenschaftssystem: Arbeitspapier*, Zürich. https://www.uzh.ch/iou/orga/ssl-dir/wiki/uploads/Main/Anreize_final_12.9.08.pdf. Letzter Zugriff am 16.05.15.

Özmen, E. (2015): Wissenschaft. Freiheit. Verantwortung: Über Ethik und Ethos der freien Wissenschaft und Forschung. *Ordnung der Wissenschaft* 2 (2015). http://www.uni-regensburg.de/philosophie-kunst-geschichte-gesellschaft/werteentwicklung-zivilgesellschaftliches-engagement/medien/05_2015_oezmen_wissenschaft_odw.pdf. Letzter Zugriff am 21.07.15.

Padova, T. de (2013): *Leibniz, Newton und die Erfindung der Zeit*. Piper ebooks, München.

Paletschek, S. (2002): Die Erfindung der Humboldtschen Universität. *Historische Anthropologie* 10 (2).

Pannewitz, J. (2002): *World Wide Web-gestützte Befragungen in der empirischen Sozialforschung: Ein Erfahrungsbericht*. Wissenschaftszentrum Berlin für Sozialforschung, Berlin. http://http://www.ssoar.info/ssoar/bitstream/handle/document/11321/ssoar-2002-pannewitz-world_wide_web-gestutzte_befragungen_in.pdf. Letzter Zugriff am 26.01.16.

Pannewitz, J. (2003): Befragungen per Internet: Kaum Zeit- und Kostenvorteile. *WZB-Mitteilungen* 10, 51–53.

Pansegrau, P., Taubert, N. C. & Weingart, P. (2011): *Wissenschaftskommunikation in Deutschland*. http://pub.uni-bielefeld.de/luur/download?func=downloadFile&recordOId=-2651069&fileOId=2651071. Letzter Zugriff am 27.08.15.

Parks, R. P. (2002): The Faustian Grip of Academic Publishing. *Journal of Economic Methodology* 9 (3), 317–335. http://econwpa.repec.org/eps/mlc/papers/0202/0202005.pdf. Letzter Zugriff am 18.05.15.

Partha, D. & David, P. A. (1994): Toward a New Economics of Science. *Research Policy* 23 (5), 487–521. http://www.compilerpress.ca/Competitiveness/Anno/Anno%20Dasgupta%20&%20David%20Toward%20a%20new%20economics%20of%20science%20Policy%20Research%201994.htm. Letzter Zugriff am 13.05.15.

Patel, S. K., Rathod, V. R. & Parikh, S. (2011): *Joomla, Drupal and WordPress – a Statistical Comparison of Open Source CMS*. In: IEEE (Hrsg.): *Trendz in Information Sciences and Computing (TISC) 2011: 3rd International Conference*, S. 182–187. Institute of Electrical and Electronics Engineers, New York.

Patlak, M. (2010): Open-Source Science Makes Headway. *Journal of the National Cancer Institute* 102 (16), 1221–1223.

Peek, R. P. & Newby, G. B. (1996): *Scholarly Publishing: The Electronic Frontier*, 1. Auflage. MIT Press, Cambridge, Massachusetts.

Perkel, J. M. (2014): Scientific Writing: The Online Cooperative. *Nature* 514 (7520), 127–128. http://dx.doi.org/10.1038/514127a. Letzter Zugriff am 26.01.16.

Petermann, S. (2005): Rücklauf und systematische Verzerrungen bei postalischen Befragungen: Eine Analyse der Bürgerumfrage Halle 2003. *ZUMA Nachrichten* 29 (57), 55–78. http://nbn-resolving.de/urn:nbn:de:0168-ssoar-207530. Letzter Zugriff am 08.10.15.

Peters, I., Kraker, P., Lex, E., Gumpenberger, C. & Gorraiz, J. (2015): *Research Data Explored: Citations versus Altmetrics*. ArXiv Preprint. *arXiv:1501.03342*. Letzter Zugriff am 13.07.15.

Peters, M. A. (2014): Open Science, Philosophy and Peer Review. *Educational Philosophy and Theory* 46 (3), 215–219.

Peters, S. (2012): *Gut beraten durch die Promotion*. Gabler Verlag, Wiesbaden.

Peukert, A. (2014): *Ein wissenschaftliches Kommunikationssystem ohne Verlage – zur rechtlichen Implementierung von Open Access als Goldstandard wissenschaftlichen Publizierens (A Scholarly Communication System Without Publishers – On the Legal Implementation of Open Access as the Gold Standard of Scientific Publications)*. In Grünberger, M. & Leible S. (Hrsg.): Die Kollision von Urheberrecht und Nutzerverhalten im Informationszeitalter, S. 145–172. https://papers.ssrn.com/sol3/papers.cfm?abstract_id=2268901. Letzer Zugriff am 12.11.17.

Pfeiffer, C., Mößle, T. & Baier, D. (2013): Zensur versus Forschungsfreiheit. *Datenschutz und Datensicherheit – DuD* 37 (7), 428–433. http://dx.doi.org/10.1007/s11623-013-0172-4. Letzter Zugriff am 26.01.16.

PLOS (2000): *Public Library of Science Initiative – Open Letter*. https://web.archive.org/web/20001204161400/http://www.publiclibraryofscience.org/. Letzter Zugriff am 20.07.15.

PLOS (2003): *Public Library of Science Initiative – Open Letter*. https://web.archive.org/web/20030426061206/http://www.plos.org/support/openletter.shtml. Letzter Zugriff am 10.10.15.

Poltermann, A. (2002): *Gut zu Wissen: Links zur Wissensgesellschaft*. Westfälisches Dampfboot, Münster.

Popper, K. (2005): *The Logic of Scientific Discovery*. Routledge, London/New York.

Porter, J. R. (1964): The Scientific Journal – 300th Anniversary. *Bacteriological reviews* 28 (3), 210. http://www.ncbi.nlm.nih.gov/pmc/articles/PMC441225/. Letzter Zugriff am 10.08.14.

Potthast, J. (2010): Science and Technology Studies. In: Simon, D., Knie, A. & Hornbostel, S. (Hrsg.): *Handbuch Wissenschaftspolitik*, S. 91–105. VS Verlag für Sozialwissenschaften, Wiesbaden.

Poynder, R. (2011): Suber: Leader of a Leaderless Revolution. *Information Today* 28 (7). http://www.infotoday.com/it/jul11/Suber-Leader-of-a-Leaderless-Revolution.shtml. Letzter Zugriff am 16.05.15.

Procter, R., Williams, R. & Stewart, J. et al. (2010): Adoption and Use of Web 2.0 in Scholarly Communications. *Philosophical Transactions of the Royal Society A: Mathematical Physical and Engineering Sciences* 368 (1926), 4039–4056.

Procter, R. N. et al. (2010): *If You Build It, Will They Come? How Researchers Perceive and Use Web 2.0*. Research Network Information, London. http://wrap.warwick.ac.uk/56246/. Letzter Zugriff am 01.06.14.

Pscheida, D. (2010): *Das Wikipedia-Universum: Wie das Internet unsere Wissenskultur verändert*. Transcript Verlag, Bielefeld.

Pscheida, D. et al. (2015): *Ergebnisse des Science 2.0-Survey 2014: Nutzung von Social Media und onlinebasierten Anwendungen in der Wissenschaft*. Sächsische Landesbibliothek- Staats- und Universitätsbibliothek Dresden, Dresden. http://nbn-resolving.de/urn:nbn:de:bsz:14-qucosa-163135. Letzter Zugriff am 26.01.16.

Raab-Steiner, E. & Benesch, M. (2012): *Der Fragebogen: Von der Forschungsidee zur SPSS*. UTB, Stuttgart.

Rassenhövel, S. (2010): *Performancemessung im Hochschulbereich: Theoretische Grundlagen und empirische Befunde*. Gabler Verlag. http://books.google.de/books?id=c6N_gG_FkRMC. Letzter Zugriff am 10.05.14.

Redhead, C. (2013): *Principles of Transparency and Best Practice in Scholarly Publishing*. Open Access Scholarly Publishers Association. http://oaspa.org/principles-of-transparency-and-best-practice-in-scholarly-publishing/. Letzter Zugriff am 27.06.15.

Rehberg, K.-S. (1997): *Differenz und Integration: Die Zukunft moderner Gesellschaften. Verhandlungen des 28. Kongresses der Deutschen Gesellschaft für Soziologie im Oktober 1996 in Dresden*. Westdeutscher Verlag, Opladen.

Reichert, K. (2009): Seitenweise Schutz. *Potsdamer Neueste Nachrichten (Tagesspiegel)*, 02.05.2009, 2. http://www.pnn.de/fragen-des-tages/175914/. Letzter Zugriff am 22.07.15.

Reinhart, M. & Sirtes, D. (2006): Wie viel Intransparenz ist für Entscheidungen über exzellente Wissenschaft notwendig? In: Hornbostel, S. & Simon, D. (Hrsg.): *Wie viel (In-) Transparenz ist notwendig? Peer Review Revisited*, S. 280–292. Institut für Wirtschaftsinformatik, Universität Göttingen, Bonn. http://www.forschungsinfo.de/Publikationen/Download/working_paper_1_2006.pdf. Letzter Zugriff am 21.07.15.

Rekdal, O. B. (2014): Academic Urban Legends. *Social Studies of Science* 44 (4), 638–654. http://www.ncbi.nlm.nih.gov/pmc/articles/PMC4232290/. Letzter Zugriff am 14.05.15.

Rescher, N. (1978): *Scientific Progress: A Philosophical Essay on the Economics of Research in Natural Science*. University of Pittsburgh Press, Pittsburgh.

Resnik, D. B. (2005): *The Ethics of Science: An Introduction*. Routledge, London/New York. http://sharifphilosophy.com/wp-content/uploads/2013/05/The_Ethics_of_Science.pdf. Letzter Zugriff am 26.01.16.

Reuß, R. (2009): *Kurze Antwort auf eine nicht ganz so überraschende Replik*. http://www.textkritik.de/digitalia/antwort.pdf. Letzter Zugriff am 01.09.14.

RIN (2010): *Open to All? Case Studies of Openness in Research*. A joint RIN/NESTA report, London. http://www.rin.ac.uk/system/files/attachments/NESTA-RIN_Open_Science_V01_0.pdf. Letzter Zugriff am 27.06.15.

Roberts, P. (1999): Scholarly Publishing, Peer Review and the Internet. *First Monday* 4 (4). http://firstmonday.org/ojs/index.php/fm/article/viewArticle/661. Letzter Zugriff am 26.06.15.

Roberts, R. J. (2001): *PubMed Central: The GenBank of the Published Literature. Proceedings of the National Academy of Sciences* 98 (2), 381–382. http://www.pnas.org/content/98/2/381.short. Letzter Zugriff am 26.01.16.

Ross, J. S. & Krumholz, H. M. (2013): Ushering in a New Era of Open Science Through Data Sharing: The wall Must Come Down. *JAMA* 309 (13), 1355–1356. http://dx.doi.org/10.1001/jama.2013.1299. Letzter Zugriff am 16.06.15.

Rost, J. (2004): *Lehrbuch Testtheorie – Testkonstruktion*. Hans Huber Verlag, Bern.

Rost, M. (1998): Die Modernisierung des wissenschaftlichen Diskurses. *Perspektive 21* (= Brandenburgische Hefte für Wissenschaft und Politik 1998), 51–57. http://www.maroki.de/pub/sociology/mr_mdwd.html. Letzter Zugriff am 21.09.14.

Rother, C. (2002): *Siebenbürgen und der Buchdruck im 16. Jahrhundert: Mit einer Bibliographie Siebenbürgen und der Buchdruck*. Harrassowitz Verlag, Wiesbaden.

Roure, D. de (2010): Towards Open Science: The MyExperiment Approach. *Concurrency and Computation: Practise and Experience* 22 (17), 2335–2353.

Ruppelt, G., Hauke, P. & Clair, G. S. (2005): *Bibliothekswissenschaft – quo vadis?/Library Science – quo vadis? Eine Disziplin zwischen Traditionen und Visionen. Programme – Modelle – Forschungsaufgaben*. De Gruyter Saur, Berlin/Boston.

Russell, A. L. (2014): *Open Standards and the Digital Age: History, Ideology, and Networks*. Cambridge University Press, Cambridge, UK.

Rutenfranz, U. (1997): *Wissenschaft im Informationszeitalter: Zur Bedeutung des Mediums Computer für das Kommunikationssystem Wissenschaft*. Westdeutscher Verlag, Opladen.

Sandbothe, M. (2000): Pragmatische Medienphilosophie und das Internet: Subjektivität und Öffentlichkeit. Kulturwissenschaftliche Grundlagenprobleme virtueller Welten. In: Marotzki, W. & Sandbothe, M. (Hrsg.): *Subjektivität und Öffentlichkeit: Kulturwissenschaftliche Grundlagenprobleme virtueller Welten*, S. 82–101. Herbert von Halem Verlag, Berlin.

Sander, U., Gross, F. von & Hugger, K.-U. (2008): *Handbuch Medienpädagogik*. VS Verlag für Sozialwissenschaften, Wiesbaden.

Schekman, R. (2013): How Journals Like Nature, Cell and Science are Damaging Science. *The Guardian*, 09.12.2013. http://www.theguardian.com/commentisfree/2013/dec/09/how-journals-nature-science-cell-damage-science. Letzter Zugriff am 16.05.15.

Scheliga, K. & Friesike, S. (2014): Putting Open Science Into Practice: A Social Dilemma? *First Monday* 19 (9). http://dx.doi.org/10.5210/fm.v19i9.5381. Letzter Zugriff am 10.05.15.

Schelten, A. (1997): *Testbeurteilung und Testerstellung: Grundlagen der Teststatistik und Testtheorie für Pädagogen und Ausbilder in der Praxis*. Franz Steiner Verlag, Stuttgart.

Schimank, U. & Volkmann, U. (2012): Die Ware Wissenschaft: Die fremdreferentiell finalisierte wirtschaftliche Rationalität von Wissenschaftsverlagen. In: Engels, A. & Knoll, L. (Hrsg.): *Wirtschaftliche Rationalität: Soziologische Perspektiven*, S. 165–183. VS Verlag für Sozialwissenschaften, Wiesbaden.

Schimank, U. & Winnes, M. (2001): Jenseits von Humboldt? Muster und Entwicklungspfade des Verhältnisses von Forschung und Lehre in verschiedenen europäischen Hochschulsystemen. In: Stölting, E. & Schimank, U. (Hrsg.): *Die Krise der Universitäten*, S. 295–325. VS Verlag für Sozialwissenschaften, Wiesbaden.

Schirmbacher, P. (2007): *Open Access – ein historischer Abriss*. In: Deutsche UNESCO-Kommission (Hrsg.): *Open Access: Chancen und Herausforderungen – Ein Handbuch*, S. 22–25. Deutsche UNESCO-Kommission. http://www.unesco.de/fileadmin/medien/Dokumente/Kommunikation/Handbuch_Open_Access.pdf. Letzter Zugriff am 12.07.15.

Schirmbacher, P. & Müller, U. (2009): Das wissenschaftliche Publizieren – Stand und Perspektiven. *cms-journal* 32 (Juni). http://edoc.hu-berlin.de/cmsj/32/schirmbacher-peter-7/PDF/schirmbacher.pdf. Letzter Zugriff am 10.05.14.

Schlögl, R. & Velden, T. (2005): Internet und Wissenschaft: Das Konzept von Open Access für wissenschaftliches Arbeiten. In: Ruppelt, G., Hauke, P. & Clair, G. S. (Hrsg.): *Bibliothekswissenschaft – quo vadis?/Library Science – quo vadis? Eine Disziplin zwischen Traditionen und Visionen: Programme – Modelle – Forschungsaufgaben*, S. 209–216. De Gruyter Saur, Berlin/Boston.

Schmidt, B. (2007): Auf dem „goldenen" Weg? Alternative Geschäftsmodelle für Open-Access-Primärpublikationen. *Zeitschrift für Bibliothekswesen und Bibliographie* 54

(4-5), 177–182. http://zs.thulb.uni-jena.de/servlets/MCRFileNodeServlet/jportal_derivate_00062484/j07-h4-5-auf-6.pdf. Letzter Zugriff am 10.10.14.

Schmidt, B. & Ilg-Hartbecke, K. (2009): Open Access am Standort Deutschland: Erweiterte Perspektiven für die Wissenschaft. *GMS Medizin – Bibliothek – Information* 9 (1). http://pub.uni-bielefeld.de/publication/2491564. Letzter Zugriff am 28.06.15.

Schmoch, U. (2003): *Hochschulforschung und Industrieforschung: Perspektiven der Interaktion.* Campus Verlag, Frankfurt am Main. http://books.google.de/books?id=tI_7q8d5-qkC. Letzter Zugriff am 20.05.14.

Schmoch, U. (2009): *Geeignete Ansätze zur Messung wissenschaftlicher Leistung. Beiträge zur Hochschulforschung* 31 (1), 26–41. http://www.ihf.zfb.mwn.de/uploads/media/1-2009-schmoch.pdf. Letzter Zugriff am 25.08.14.

Schomburg, S., Leggewie, C., Lobin, H. & Puschmann C. (2011): *Digitale Wissenschaft: Stand und Entwicklung digital vernetzter Forschung in Deutschland.* Hbz, Köln. Letzter Zugriff am 28.06.15.

Schubert, S. (1995): *Innovative Konzepte für die Ausbildung: 6. GI-Fachtagung Informatik und Schule, INFOS ´95, Chemnitz, 25.-28. September 1995.* Springer, Berlin/Heidelberg.

Schulze, M. & Stockmann, R. (2013): Open Science und Networked Science: Offenheit und Vernetzung als Leitmotive und Visionen einer digitalen Wissenschaft im 21. Jahrhundert. In: Neuroth, H., Lossau, N. & Rapp Andrea (Hrsg.): *Evolution der Informationsinfrastruktur: Kooperation zwischen Bibliothek und Wissenschaft*, S. 31–39. Werner Hülsbusch, Glückstadt. http://dx.doi.org/10.3249/webdoc-39006. Letzter Zugriff am 16.05.15.

Science (2001): Is a Government Archive the Best Option? *Science* 291 (5512), 2318b–2319. http://dx.doi.org/10.1126/science.291.5512.2318b. Letzter Zugriff am 21.01.16.

Seidenfaden, L., Ortelbach, B., Hagenhoff, S. & Schumann, M. (2005): Grundlagen und aktuelle Herausforderungen in der Wissenschaftskommunikation. *Arbeitsberichte der Abteilung Wirtschaftsinformatik II* (23). http://webdoc.sub.gwdg.de/ebook/serien/lm/arbeitsberichte_wi2/2005_23.pdf. Letzter Zugriff am 27.08.15.

Siegfried, T. (2013): Replacing Paradigms Requires Open Minds. *Science News.* https://www.sciencenews.org/blog/context/replacing-paradigms-requires-open-minds. Letzter Zugriff am 16.05.15.

Sietmann, R. (2007): *Quo vadis, Wissensgesellschaft?* In: Deutsche UNESCO-Kommission (Hrsg.): *Open Access: Chancen und Herausforderungen – Ein Handbuch*, S. 11–18. Deutsche UNESCO-Kommission. http://www.unesco.de/fileadmin/medien/Dokumente/Kommunikation/Handbuch_Open_Access.pdf. Letzter Zugriff am 12.07.15.

Sievers, M. (2012): Erstellung wissenschaftlicher Arbeiten mit LaTeX & Co. – ein Plädoyer für guten Textsatz. In: Peters, S. (Hrsg.): *Gut beraten durch die Promotion*, S. 125–134. Gabler Verlag, Wiesbaden. http://dx.doi.org/10.1007/978-3-8349-3727-8_13. Letzter Zugriff am 26.01.16.

Simon, D., Knie, A. & Hornbostel, S. (2010): *Handbuch Wissenschaftspolitik.* VS Verlag für Sozialwissenschaften, Wiesbaden.

Singh, S. (2008): India Takes an Open Source Approach to Drug Discovery. *Cell* 133 (2), 201–203.

Smith, A. (1999a): *Why digitize?* Council on Library Resources, Inc., Washington, DC. http://files.eric.ed.gov/fulltext/ED427787.pdf. Letzter Zugriff am 20.08.14.

Smith, P. (1990): Killing the spirit: Higher education in America. *The New England Quarterly* 69 (2), 312–314.

Smith, R. (1999b): Opening up BMJ Peer Review. *BMJ* 318 (7175), 4–5. http://www.ncbi.nlm.nih.gov/pmc/articles/PMC1114535/. Letzter Zugriff am 26.06.15.

Smith, R. (2006): Peer Review: A Flawed Process at the Heart of Science and Journals. *Journal of the Royal Society of Medicine* 99 (4), 178–182. http://www.ncbi.nlm.nih.gov/pmc/articles/PMC1420798/. Letzter Zugriff am 26.06.15.

Solhdju, K. (2011): *Selbstexperimente: Die Suche nach der Innenperspektive und ihre epistemologischen Folgen*. Wilhelm Fink Verlag, Paderborn.

SPARC (2015): *What Does SPARC Do?* http://www.sparc.arl.org/about. Letzter Zugriff am 21.09.15.

Spindler, G. (2006): *Rechtliche Rahmenbedingungen von Open Access-Publikationen*. Universitätsverlag Göttingen, Göttingen.

Stafford, N. (2010): Science in the Digital Age. *Nature* 467 (7317), 19–21.

Stallman, R. M. (2002): *Free Software, Free Society: Selected Essays of Richard M. Stallman*. GNU Press, Boston. https://www.gnu.org/philosophy/fsfs/rms-essays.pdf. Letzter Zugriff am 16.05.15.

Steele, C. (2006): *Open All Hours? Institutional Models for Open Access*. https://digitalcollections.anu.edu.au/handle/1885/43260. Letzter Zugriff am 26.06.15.

Steiner, H. (1998): *Das Autorenhonorar – seine Entwicklungsgeschichte vom 17. bis 19. Jahrhundert*. Harrassowitz Verlag, Wiesbaden.

Stengel, D., Ekkernkamp, A., Haider, E., Frank, M. & Seifert, J. (2013): Qualität in der klinischen Forschung. *Trauma und Berufskrankheit* 15 (3), 148–153.

Stöber, R. (2014): *Deutsche Pressegeschichte: Von den Anfängen bis zur Gegenwart*. UVK, Konstanz. http://www.uvk.de/uploads/tx_gbuvkbooks/PDF_L/9783825227166_L.pdf. Letzter Zugriff am 15.06.15.

Stölting, E. & Schimank, U. (2001): *Die Krise der Universitäten*. VS Verlag für Sozialwissenschaften, Wiesbaden.

Suber, P. (2002): Open Access to the Scientific Journal Literature. *Journal of Biology* 1 (1), 3. http://jbiol.biomedcentral.com/articles/10.1186/1475-4924-1-3. Letzter Zugriff am 25.06.15.

Suber, P. (2003): *The Taxpayer Argument for Open Access*. SPARC Open Access Newsletter. http://dash.harvard.edu/bitstream/handle/1/4725013/suber_taxpayer.htm?sequence=1. Letzter Zugriff am 10.07.14.

Suber, P. (2004): *Praising Progress, Preserving Precision*. SPARC Open Access Newsletter. http://nrs.harvard.edu/urn-3:HUL.InstRepos:4736612. Letzter Zugriff am 10.02.14.

Suber, P. (2012): *Open Access*. MIT Press, Cambridge, Massachusetts. https://mitpress.mit.edu/books/open-access. Letzter Zugriff am 16.05.15.

Suber, P. (2015): *Open Access Overview: Focusing on Open Access to Peer-Reviewed Research Articles and Their Preprints*. Harvard Office for Scholarly Communication. http://legacy.earlham.edu/ peters/fos/overview.htm. Letzter Zugriff am 25.06.15.

Suber, P. et al. (2003): *Bethesda Statement on Open Access Publishing*. http://dash.harvard.edu/bitstream/handle/1/4725199/suber_bethesda.htm?sequence=1. Letzter Zugriff am 16.05.15.

Süss, S. (2006): Wandel der Forschung und dysfunktionale Effekte des zunehmenden Wettbewerbs um wissenschaftliche Reputation: Eine Fallstudie aus der Betriebswirtschaftslehre. *Die Hochschule: Journal für Wissenschaft und Bildung* 15 (1), 84–97. http://www.hof.uni-halle.de/journal/texte/06_1/Suess_Wandel_der_Forschung.pdf. Letzter Zugriff am 25.08.14.

Szabo, I. (2013): *Geschichte der mechanischen Prinzipien und ihrer wichtigsten Anwendungen*. Birkhäuser, Basel.

Szczesny, P. (2014): *Science 2.0 – and Now What?* http://de.slideshare.net/freesci/science-20-and-now-what-32798483. Letzter Zugriff am 26.06.15.

Szilagyi, E. (2011): *Leistungsschutzrecht für Verleger? Eine rechtstatsächliche Untersuchung zur Wiederherstellung des Interessenausgleichs zwischen Verlegern, Urhebern und Allgemeinheit*. Herbert Utz Verlag, München.

Tennant, J. & Mounce, R. (2015): *Open Research Glossary*. http://dx.doi.org/10.6084/m9.figshare.1482094. Letzter Zugriff am 20.07.15.

Tenopir, C., Allard, S. & Douglass, K. et al. (2011): Data Sharing by Scientists: Practices and Perceptions. *PLoS ONE* 6 (6). http://dx.doi.org/10.1371/journal.pone.0021101. Letzter Zugriff am 22.07.15.

The European Commission (2013): *Final Report on the Public Consultation on Open Research Data.* Digital Single Market, Brüssel. http://ec.europa.eu/research/science-society/document_library/pdf_06/report_2013-07-open_research_data-consultation.pdf. Letzter Zugriff am 20.05.15.

The European Commission (2015): *Validating the results of the Public Consultation on Science 2.0: Science in Transition.* Europäischer Wirtschafts-und Sozialausschuss, Brüssel. http://www.eesc.europa.eu/resources/docs/validation-of-the-results-of-the-public-consultation-on-science-20.pdf. Letzter Zugriff am 20.05.15.

The European Commission (2015a): *Digital Agenda for Europe: New trends in Open Science.* Digital Single Market. http://ec.europa.eu/digital-agenda/en/open-science. Letzter Zugriff am 25.07.15.

Theobald, A., Dreyer, M. & Starsetzki, T. (2001): *Online-Marktforschung: Theoretische Grundlagen und praktische Erfahrungen.* Gabler Verlag, Wiesbaden.

Thielsch, M. T. & Weltzin, S. (2009): *Online-Befragungen in der Praxis.* In: Brandenburg, T. & Thielsch, M. T. (Hrsg.): *Praxis der Wirtschaftspsychologie: Themen und Fallbeispiele für Studium und Praxis*, 69–85. http://www.soziologie.phil.uni-erlangen.de/system/files/6_thielsch_2009_onlinebefragungen_prakt._anleitung.pdf. Letzter Zugriff am 12.10.14.

Thurnherr, D. (2014): *Biosecurity und Publikationsfreiheit: Die Veröffentlichung heikler Forschungsdaten im Spannungsfeld.* Bundesamt für Bauten und Logistik, Bern. http://www.ekah.admin.ch/fileadmin/ekah-dateien/dokumentation/publikationen/d-EKAH_Buch_11_Biosecurity.pdf. Letzter Zugriff am 26.06.15.

Tkacz, N. (2012): From Open Source to Open Government: A Critique of Open Politics. *Ephemera: Theory and Politics in Organization* 12 (4), 386–405. http://wrap.warwick.ac.uk/53295/. Letzter Zugriff am 16.05.15.

Tkacz, N. (2014): *Open: Critical Keywords for the Digital Humanities.* Centre for Digital Cultures, Leuphana University. http://cdckeywords.leuphana.com/open/. Letzter Zugriff am 10.05.15.

Troll, D. A. (2002): How and Why Libraries Are Changing: What We Know and What We Need to Know. *Libraries and the Academy* 2 (1), 97–121. http://repository.cmu.edu/cgi/viewcontent.cgi?article=1064&context=lib_science. Letzter Zugriff am 28.06.15.

Troy, I. & Werle, R. (2012): Wissen handelbar gemacht? Politik und Patente. In: Hofmann, J. & Busch, A. (Hrsg.): *Politik und die Regulierung von Information* (= Sonderheft Politische Vierteljahresschrift, Band 46), S. 152–189. Nomos Verlag, Baden-Baden. http://pubman.mpdl.mpg.de/pubman/item/escidoc:1539326/component/escidoc:1859197/PVS_46_2012_Troy.pdf. Letzter Zugriff am 11.05.15.

Umstätter, W. (2007): Qualitätssicherung in wissenschaftlichen Publikationen. In: Havemann, F., Parthey, H. & Umstätter, W. (Hrsg.): *Integrität wissenschaftlicher Publikationen in der Digitalen Bibliothek (WiFo2007): Wissenschaftsforschung Jahrbuch 2007*, S. 9–49. Gesellschaft für Wissenschaftsforschung e. V. (GeWiF Berlin). http://edoc.hu-berlin.de/miscellanies/wifo2007/PDF/wifo2007-9-49.pdf. Letzter Zugriff am 10.05.14.

UNESCO (2007): *List of Participants – High Level Group of Visionaries on Knowledge Acquisition and Sharing.*

UNESCO (2007a): *Kronberg Declaration on the Future of Knowledge Acquisition and Sharing.* http://portal.unesco.org/ci/en/files/25109/11860402019Kronberg_Declaration.pdf/Kronberg%2BDeclaration.pdf. Letzter Zugriff am 15.05.15.

http://www.unesco.de/fileadmin/medien/Dokumente/Kommunikation/kronberg_participants.pdf. Letzter Zugriff am 15.05.15.

van de Sompel, H. & Lagoze, C. (2000): The Santa Fe Convention of the Open Archives Initiative. *D-Lib magazine* 6 (2). http://www.dlib.org/dlib/february00/vandesompel-oai/02vandesompel-oai.html. Letzter Zugriff am 16.05.15.

van Noorden, R. (2013): The True Cost of Science Publishing. *Nature* 495 (7442), 426–429. http://www.nature.com/news/open-access-the-true-cost-of-science-publishing-1.12676. Letzter Zugriff am 26.08.15.

Waltman, L., Tijssen, R. J. W. & van Eck, N. J. (2011): Globalisation of Science in Kilometres. *Journal of Informetrics* 5 (4), 574–582. http://arxiv.org/ftp/arxiv/papers/1103/1103.3648.pdf. Letzter Zugriff am 24.05.14.

Ware, M. (2008): Peer Review in Scholarly Journals: Perspective of the Scholarly Community-Results from an International Study. *Information Services and Use* 28 (2), 109–112. http://publishingresearchconsortium.com/index.php/prc-documents/prc-research-projects/36-peer-review-full-prc-report-final/file. Letzter Zugriff am 24.05.14.

Ware, M. & Mabe, M. (2015): *The STM Report, Fourth Edition: Celebrating the 350th Anniversary of Journal Publishing.* http://www.stm-assoc.org/2015_02_20_STM_Report_2015.pdf. Letzter Zugriff am 26.06.15.

Warnke, M. (2011): *Theorien des Internet – zur Einführung.* Junius-Verlag, Hamburg.

Warnke, M. (2012): Betriebssysteme der Wissenschaft. *Zeitschrift für Medienwissenschaft* 379 (7), 152–156. https://www.diaphanes.net/buch/artikel/2027. Letzter Zugriff am 26.06.15.

Weber, M. (2002): Wissenschaft als Beruf: 1919. In: Kaesler, D. (Hrsg.): *Max Weber Schriften 1894–1922*, S. 474–511. Alfred Kröner Verlag, Stuttgart. http://www.wsp-kultur.uni-bremen.de/summerschool/download%20ss%202006/Max%20Weber%20-%20Wissenschaft%20als%20Beruf.pdf. Letzter Zugriff am 14.07.15.

Webster, J. & Watson, R. T. (2002): Analyzing the Past to Prepare for the Future: Writing a Literature Review. *Management Information Systems Quarterly* 26 (2), xiii–xxiii. https://web.njit.edu/~egan/Writing_A_Literature_Review.pdf. Letzter Zugriff am 14.07.15.

Wein, F. (2010): OA – das A und O des wissenschaftlichen Kommunizierens von morgen? *Bibliotheksdienst* 44 (3-4), 284–287. http://www.bibliotheksverband.de/fileadmin/user_upload/Kommissionen/Kom_ErwBest/Publikationen/2009-Kurzbericht_zu_Open_Access.pdf. Letzter Zugriff am 26.06.15.

Weiner, G. (2001): The Academic Journal: Has It a Future? *Education Policy Analysis Archives* (9), 9. http://epaa.asu.edu/ojs/article/view/338. Letzter Zugriff am 15.02.15.

Weingart, P. (1998): Ist das Wissenschafts-Ethos noch zu retten? Mertons Verhaltensregeln und die veränderten Bedingungen der Wissensproduktion. *Gegenworte: Zeitschrift für den Disput über Wissen* (2), 13–17. http://www.ekkehard-friebe.de/Weingart-Wissenschafts-Ethos.pdf. Letzter Zugriff am 15.02.15.

Weingart, P. (2001): *Die Stunde der Wahrheit? Zum Verhältnis der Wissenschaft zu Politik, Wirtschaft und Medien in der Wissensgesellschaft.* Velbrück Wissenschaft, Weilerswist-Metternich.

Weingart, P. (2005): *Die Wissenschaft der Öffentlichkeit.* Velbrück Wissenschaft, Weilerswist-Metternich. http://www.velbrueck-wissenschaft.de/pdf_ausfuehrlich/978-3-934730-03-8.pdf. Letzter Zugriff am 22.07.15.

Weinrich, H. (1995): Sprache und Wissenschaft. In: Kretzenbacher, H. L. & Weinrich, H. (Hrsg.): *Linguistik der Wissenschaftssprache*, S. 3–15. De Gruyter, Berlin.

Weishaupt, K. & Schirmbacher, P. (2009): *Überblick zum goldenen Weg zu Open Access in Deutschland und international*. *Cms-journal* (32). http://edoc.hu-berlin.de/cmsj/32/weishaupt-karin-24/PDF/weishaupt.pdf. Letzter Zugriff am 10.05.14.

Wellcome Trust (2003): *Economic Analysis of Scientific Research Publishing: A Report Commissioned by the Wellcome Trust.* http://www.wellcome.ac.uk/About-us/Publications/Reports/Biomedical-science/WTD003181.htm. Letzter Zugriff am 20.09.14.

Weller, K. & Puschmann, C. (2011): *Twitter for Scientific Communication: How Can Citations/ References Be Identified and Measured?* http://www.websci11.org/fileadmin/websci/ Posters/153_paper.pdf. Letzter Zugriff am 14.07.15.

Wenzel, H. (2003): Vom Anfang und vom Ende der Gutenberg-Galaxis: Historische Medienumbrüche im Für und Wider der Diskussion. In: Musner, L. & Wunberg, G. (Hrsg.): *Kulturwissenschaften: Forschung, Praxis, Positionen*, S. 339–355. Rombach, Wien.

Wenzel, H. (2007): *Mediengeschichte vor und nach Gutenberg*. Wissenschaftliche Buchgesellschaft, Darmstadt.

Westermayer, T. (2006): Review: Realexperimente: Ökologische Gestaltungsprozesse in der Wissensgesellschaft [Real Experiments: Ecological Design Processes in the Knowledge Society]. *Forum Qualitative Sozialforschung* 7 (4). http://www.qualitative-research.net/ index.php/fqs/article/view/196. Letzter Zugriff am 13.05.15.

Willinsky, J. (2005): The Unacknowledged Convergence of Open Source Open Access, and Open Science. *First Monday* 10 (8). http://journals.uic.edu/ojs/index.php/fm/article/ view/1265. Letzter Zugriff am 13.05.15.

Willinsky, J. (2006): *The Access Principle: The Case for Open Access to Research and Scholarship.* MIT Press, Cambridge, Massachusetts. http://mitpress.mit.edu/sites/default/files/titles/ content/9780262512664_Download_the_full_text.pdf. Letzter Zugriff am 24.05.14.

Wilm, J. (2015): *Is Fidus Writer dead?* http://fiduswriter.org/2015/06/08/is-fidus-writer-dead/. Letzter Zugriff am 13.07.15.

Winkler-Nees, S. (2011): *Anforderungen an wissenschaftliche Informationsinfrastrukturen* (= Working Paper Series des Rates für Sozial-und Wirtschaftsdaten). http://www.econstor.eu/bitstream/10419/75325/1/662519396.pdf. Letzter Zugriff am 11.05.15.

Winterhager, N. (2014): *Drittmittelwettbewerb im universitären Forschungssektor.* VS Verlag für Sozialwissenschaften, Wiesbaden.

Wissenschaftsrat (1993): *Pressemitteilung – 3 Milliarden DM Drittmittel für die Hochschulen: Schere zwischen Grundmitteln und Drittmitteln der Hochschulen öffnet sich weiter*, 11.03.1993, Köln. http://www.wissenschaftsrat.de/download/archiv/pm_1193.pdf?PHPSESSID=98f66e f9d349215a88dac4a36fd3115d. Letzter Zugriff am 07.10.14.

Wissenschaftsrat (2015): *Empfehlungen zu wissenschaftlicher Integrität.* Wissenschaftsrat, Köln. http://www.wissenschaftsrat.de/download/archiv/4609-15.pdf. Letzter Zugriff am 24.08.15.

Wittmann, R. (1999): *Geschichte des deutschen Buchhandels*. C. H. Beck, München.

Woelfle, M., Olliaro, P. & Todd, M. H. (2011): Open science Is a Research Accelerator. *Nature Chemistry* 3 (10), 745–748. http://www.nature.com/nchem/journal/v3/n10/full/nchem.1149. html. Letzter Zugriff am 17.06.15.

Wunderlich, W. & Schmid, B. (2008): *Die Zukunft der Gutenberg-Galaxis: Tendenzen und Perspektiven des Buches. Facetten der Medienkultur.* Haupt Verlag, Bern/Stuttgart/Wien.

Yiotis, K. (2005): The Open Access Initiative: A New Paradigm for Scholarly Communications. *Information Technology and Libraries* 24 (4), 157–162. http://ejournals.bc.edu/ojs/index. php/ital/article/view/3378. Letzter Zugriff am 15.05.15.

Zimmermann, J. (1978): *Sprache und Welterfahrung*. Wilhelm Fink Verlag, München.

Abbildungen

Tabellen